Imigrante ideal

Fábio Koifman

Imigrante ideal
o Ministério da Justiça e a entrada de estrangeiros no Brasil (1941-1945)

1ª edição

CIVILIZAÇÃO BRASILEIRA

Rio de Janeiro
2012

Copyright © Fábio Koifman, 2012

PROJETO GRÁFICO DE MIOLO
Evelyn Grumach e João de Souza Leite

FOTO DE CAPA
Palácio Monroe, no Rio de Janeiro, onde durante o Estado Novo funcionou o Ministério da Justiça e Negócios Interiores e o Serviço de Visto.

A assinatura de Getúlio Vargas utilizada na capa refere-se aos despachos feitos por ele em processos do Serviço de Visto do Ministério da Justiça.

CIP-BRASIL. CATALOGAÇÃO NA FONTE
SINDICATO NACIONAL DOS EDITORES DE LIVROS, RJ

K83i
Koifman, Fábio, 1964-
Imigrante ideal: o Ministério da Justiça e a entrada de estrangeiros no Brasil (1941-1945) / Fábio Koifman; prefácio do professor Celso Lafer. – Rio de Janeiro: Civilização Brasileira, 2012.

Inclui bibliografia
ISBN 978-85-200-1026-6

1. Imigrantes – Brasil – História. 2. Imigração – Política governamental – Brasil – História. 3. Brasil – Política e governo – 1930-1945. 4. Brasil – História – Estado Novo, 1937-1945. I. Título.

CDD: 981.06
CDU: 94(81).082/.083

12-4837

Todos os direitos reservados. Proibida a reprodução, armazenamento ou transmissão de partes deste livro, através de quaisquer meios, sem prévia autorização por escrito.

Este livro foi revisado segundo o novo Acordo Ortográfico da Língua Portuguesa.

Direitos desta edição adquiridos pela
EDITORA CIVILIZAÇÃO BRASILEIRA
Um selo da
EDITORA JOSÉ OLYMPIO LTDA.
Rua Argentina, 171 – Rio de Janeiro, RJ – 20921-380
Tel.: 2585-2000

Seja um leitor preferencial Record.
Cadastre-se e receba informações sobre nossos lançamentos e nossas promoções.

Atendimento e venda direta ao leitor:
mdireto@record.com.br ou (21) 2585-2002

Impresso no Brasil
2012

*Este livro é dedicado à memória de meus avós,
João e Rebecca; Luís e Liza.*

Sumário

Agradecimentos	9
Prefácio	11
Introdução	25

CAPÍTULO 1 O Serviço de Visto do MJNI — 47
1.1 *O acervo do Serviço de Visto do MJNI* — 47
1.2 *A pasta da Justiça e Negócios Interiores* — 52
1.3 *Os procedimentos do Serviço de Visto do MJNI* — 62

CAPÍTULO 2 Apontamentos a respeito do pensamento eugênico no Brasil — 67

CAPÍTULO 3 Fragmentos e referências eugenistas no pensamento de Francisco Campos — 85
3.1 *Francisco Campos e os estrangeiros educadores* — 88
3.2 *Francisco Campos e suas fontes* — 90
3.3 *Referências ao pensamento eugenista em texto de Francisco Campos* — 93

CAPÍTULO 4 Ernani Reis: o porteiro do Brasil — 131

CAPÍTULO 5 Das regras e dos sistemas — 157
5.1 *Identificar, controlar, selecionar e restringir* — 157
5.2 *A Comissão de Permanência de Estrangeiros* — 165
5.3 *O Serviço de Registro de Estrangeiros* — 170
5.4 *O debate em torno da entrada de refugiados: a elaboração do Decreto-Lei 3.175 (7/4/1941)* — 173
5.5 *As respostas e propostas de Francisco Campos* — 185

CAPÍTULO 6 A entrada em vigor do Decreto-Lei 3.175/41 — 203

6.1 *O Decreto-Lei 3.175/41: a base legal do Serviço de Visto do MJNI* — 203
6.2 *Informe-se os cônsules: o início dos trabalhos no Serviço de Visto do MJNI* — 208
6.3 *Instruções da Circular 1.522 do MRE: como aplicar e como se aplicou a lei* — 211
6.4 *Dificuldades e soluções encontradas pelos cônsules brasileiros* — 247

CAPÍTULO 7 A eugenia nas entrelinhas — 283

7.1 *Dos requisitos físicos e morais: a necessária apresentação ao consulado* — 284
7.2 *Deficientes físicos: "Aleijados e mutilados"* — 287
7.3 *Das imperfeições* — 292
7.4 *Surdos-mudos* — 306
7.5 *Indeferidas etnias* — 312
7.6 *Orientais* — 342
7.7 *"Morenos" americanos* — 360
7.8 *Idosos* — 367

CAPÍTULO 8 O imigrante ideal vem da Suécia — 375

CAPÍTULO 9 Ernani Reis e a imprensa — 401

9.1 *Reflexões sobre a eugenia, o racismo e os imigrantes no pensamento de Ernani Reis* — 401
9.2 *A notícia da morte de Ernani Reis na imprensa* — 416

Conclusão — 419
Fontes e bibliografia — 425
Lista de abreviaturas — 435
Índice onomástico — 437

Agradecimentos

Agradeço a todos que me ajudaram de diferentes formas na elaboração do presente livro: Carlos Fico, Orlando de Barros, Cláudio de Moura Rangel, Marilena de Jesus Balsa, Henrique Samet, Jeronymo Movschowitz, Paulo Valadares, Henrique Koifman, João Uchôa Cavalcanti Netto, Theophilo de Azeredo Santos, Álvaro da Costa Franco, João Crisóstomo, Max Nahmias, Anat Falbel, Nachman Falbel, Alberto Dines, Avraham Milgram, Stela Damiani Barros, Maurício Fuks e William Martins.

Sou especialmente grato aos filhos, à nora e aos sobrinhos de Ernani Reis, que mui gentilmente contribuíram com depoimentos, informações e cópias de arquivo, além de publicações relativas à história familiar dos Reis.

Agradeço imensamente àqueles que dispuseram do seu precioso tempo, me concederam entrevistas e, dessa forma, puderam me ajudar a nortear o texto.

Sigo eterno devedor dos voluntariosos e pacientes funcionários do Arquivo Nacional: Sátiro Nunes, Ana Celeste Indolfo, Valéria Maria Alves Morse, Joyce Helena Köhler Roehrs, Rosane Soares Coutinho, José Cosme de Oliveira e Adilson dos Santos; e do Arquivo Histórico do Itamaraty: Rosiane Graça Rigas Martins, Sebastião Vieira Machado e José Luiz Miranda.

Agradeço aos meus filhos, pais e irmãos pela ajuda e pelo carinho nos momentos mais difíceis.

Agradeço especialmente a minha mulher, Karla Guilherme Carloni, que, além de contribuir na pesquisa e com críticas ao texto, sempre me apoiou com amor.

Agradeço à minha banca de defesa da tese de doutorado que acabou por produzir esse livro, composta pelos professores doutores Celso Lafer; Orlando de Barros; José Murilo de Carvalho; Marieta de Morais Ferreira e Carlos Fico

Prefácio

I

Este livro é, com ajustes e revisões, a tese de doutoramento apresentada e defendida por Fábio Koifman em 2007 no Instituto de Filosofia e Ciências Sociais da Universidade Federal do Rio de Janeiro. Tive o prazer de integrar a banca examinadora e de realçar, na ocasião, a qualidade do seu trabalho, que combina concepção, pesquisa, desenvolvimento do tema e clareza de redação. Tenho agora a satisfação de, ao assinar este prefácio, retomar e ampliar considerações que fiz quando da defesa pública da tese.

Fábio Koifman examina no seu livro o significado histórico-político do funcionamento do Serviço de Visto do Ministério da Justiça e Negócios Interiores no período de 1941-1945. Esse serviço atuou como "porteiro do Brasil", para valer-me da sua formulação. Os porteiros abrem ou fecham os portões, dando ou não acesso a algum lugar. No caso do livro de Fábio Koifman, a metáfora designa a maneira pela qual o Estado brasileiro, no exercício da sua competência territorial, tratou, por meio desse Serviço, de restringir o acesso de estrangeiros ao nosso país.

II

Na época histórica investigada por Fábio Koifman, o tema tem um alcance mais geral, que transcende o Brasil e cabe realçar neste prefácio, pois insere-se no contexto de um inédito surgimento, em larga escala, de refugiados e apátridas no plano internacional. Para essa nova realidade contribuiu a desagregação dos grandes impérios multinacionais — o czarista, o otomano, o austro-húngaro — por ocasião do término da Primeira Guerra Mundial. Essa desagregação magnificou o problema das minorias linguísticas, étnicas e religiosas em Estados nacionais, situação que propiciou, no período entre as duas guerras mundiais, uma tensão entre os direitos dos povos e os direitos dos homens, uma vez que, com frequência, essas minorias não estavam à vontade e não se sentiam em casa com uma organização da vida coletiva baseada na preponderância do princípio das nacionalidades. Para lidar com essas tensões, os diversos tratados de paz contemplaram um regime próprio de proteção internacional das minorias, que coube à Sociedade das Nações tentar administrar, especialmente por meio de seu Comitê de Minorias.

Essas tensões se agravaram com a maré montante da xenofobia no pós-Primeira Guerra Mundial e com a crise de 1929, que ensejou a tendência ao isolamento protecionista da autarquia econômica. Isso, em conjunto, levou a restrições à livre circulação das pessoas, o que tornou inviável a dinâmica das grandes correntes migratórias para as Américas que caracterizara o século XIX. Essas, cabe lembrar, deram um sentido operativo à afirmação de Thomas Jefferson na sua mensagem presidencial ao Congresso norte-americano em 1801: *"Every man has a right to live somewhere on the earth."*

Sobrecarga adicional para o crepitar das tensões acima mencionadas adveio com o cancelamento em massa da nacionalidade, levado adiante pela União Soviética e pela Alemanha nazista, no totalitário e discricionário exercício soberano de motivações político-ideológicas. A motivação, no caso da Alemanha nazista, foi o racismo antissemita, o que explica por que, na Europa, tantos refugiados e apátridas, nesse período, eram de origem judaica.

É nesse enquadramento histórico e político que as minorias, os refugiados e os apátridas tornaram-se *displaced people*. São os expulsos da trindade Povo-Estado-Território — para me reportar à análise de Hannah Arendt em *Origens do totalitarismo* — que se converteram em *sans papiers*. Esses, com a perda efetiva da cidadania, deixaram de usufruir dos benefícios do princípio da legalidade, inclusive porque não tiveram o respaldo de Estados que sobre eles pudessem ou quisessem

PREFÁCIO

exercer a tutela jurídica de competência pessoal da soberania. Assim, por falta de um vínculo apropriado com uma ordem jurídica, agravado pelas insuficiências normativas e pela precariedade política da ordem jurídica internacional, os *displaced people* passaram a ter enormes dificuldades para encontrar um lugar num mundo como o do século XX, totalmente organizado e politicamente ocupado. Acabaram tornando-se indesejáveis, *de facto* e *de jure*, para os quais, naquela época, fechou-se a maior parte das portas dos países, entre elas as do Brasil. Como disse Jorge de Lima no seu poema "A noite desabou sobre os cais" — que Lasar Segall ilustrou evocando a estética da tristeza do "Navio de emigrantes" — para os indesejáveis perdidos no mar à procura do porto, a geografia era o Cabo Não.

É nesse contexto histórico — que deu margem ao que hoje se chamaria de um "tema global" (que em outras modalidades continua na ordem do dia e dele se ocupa o Alto Comissariado da ONU para os Refugiados) — que o livro de Fábio Koifman examina as especificidades do Serviço de Visto do Ministério da Justiça, que, atuando como porteiro do Brasil, incumbiu-se da tarefa de barrar o acesso aos qualificados como indesejáveis.

III

Independentemente da sua vontade, os *displaced people* tiveram as suas vidas impactadas pela dinâmica política de uma "era de extremos". Padeceram, assim, para falar com Norberto Bobbio, do mal sofrido de uma pena sem culpa. Como em texto de 1943, *We Refugees,* diz Hannah Arendt, que viveu essa experiência: para o ser humano que perdeu o seu lugar na comunidade política, perdeu o seu lar e, portanto, a familiaridade da vida cotidiana, perdeu o seu trabalho e, com isso, a confiança de que tem alguma utilidade no mundo, perdeu a sua língua e, dessa maneira, a espontaneidade das reações, a simplicidade dos gestos e a expressão natural dos sentimentos, a sua humanidade só pode ser reconhecida e resgatada pelo acaso imprevisível da amizade, da simpatia, da generosidade ou do amor.

Da ocorrência, no caso do Brasil, desse acaso imprevisível tratou, de maneira circunstanciada, Fábio Koifman no seu *Quixote nas trevas: o embaixador Souza Dantas e os refugiados do nazismo*. O embaixador Souza Dantas integrou o pequeno número de diplomatas de várias nacionalidades que, contrariando as instruções de seus governos, concederam vistos e salvaram seres humanos, cujo destino provável teria sido os campos de concentração.

Neste livro ele retoma a sua análise do período numa outra perspectiva organizadora: a da origem e do modo como foram, *ex parte principis*, aplicadas essas instruções, descumpridas por raras pessoas que, como o embaixador Souza Dantas, tiveram a sensibilidade *ex parte populi* em relação aos deslocados do mundo. O recorte histórico do foco da sua pesquisa provém do Decreto-Lei 3.175 (7/4/1941), que conferiu, no âmbito do Estado brasileiro, ao Serviço de Visto do Ministério da Justiça e Negócios Interiores a plenitude da competência para tratar do ingresso de estrangeiros no Brasil.

As normas do Decreto-Lei 3.175/41 e sua aplicação pelo Serviço de Visto obedeceram a uma política imigratória seletiva e restritiva que contrasta com o que ocorreu antes da década de 1930 no Brasil. A base da análise de Fábio Koifman está lastreada num exaustivo estudo da documentação dos processos e das consultas oriundos do Serviço de Visto do Ministério da Justiça, que hoje estão depositados no Arquivo Nacional. Essa documentação indica que tipo de imigrantes o Estado Novo considerou, no período 1941-1945, "indesejáveis" e o limitado número que aceitou como "desejáveis". Assim, ele dá uma contribuição própria a um tema que, a partir de outras bases documentais e com destaque para o antissemitismo, foi objeto de relevantes pesquisas — muito especialmente as de Maria Luiza Tucci Carneiro em *O antissemitismo na Era Vargas: fantasmas de uma geração (1930-1945)* e de Jeffrey H. Lesser em *O Brasil e a questão judaica: imigração, diplomacia e preconceito*.

Na discussão da especificidade histórica da origem dessas políticas restritivas no Brasil, Fábio Koifman parte da recepção e da adaptação, em nosso país, de políticas eugenistas.

PREFÁCIO

IV

Qual é o papel das ideias, no caso as propostas pelas políticas eugenistas, na conformação das políticas imigratórias restritivas no Estado Novo? Isaiah Berlin, que se notabilizou como um dos grandes estudiosos da história das ideias no século XX, alargou, na sua obra, o entendimento da relação entre as ideias e a realidade. Observou que as ideias não são mônadas, geradas num vazio. Relacionam-se com outras ideias e crenças, compondo um clima intelectual que, por sua vez, encontra maior ou menor receptividade e ressonância em distintas circunstâncias históricas.

O clima intelectual da década de 1930 favoreceu a preponderância cultural das ideias contempladas pelas políticas eugenistas, motivando, no Brasil, ações e sentimentos que tiveram papel relevante nos processos políticos, junto com fatores materiais como a crise de 1929 e a dinâmica da mudança histórica, como a trazida pelo advento do Estado Novo, implantado em 1937.

A eugenia, concebida como o espectro de teorias preocupadas em buscar o aperfeiçoamento físico e mental da espécie e as condições mais propícias à reprodução e ao melhoramento da raça humana, foi originalmente elaborada na Europa pelo inglês Francis Galton — um discípulo de Darwin — e teve importantes desdobramentos e desenvolvimento nos Estados Unidos. Foi igualmente trabalhada e recepcionada no Brasil com as características próprias de uma "tropicalização", como diz Fábio Koifman. A eugenia, em nosso país, contemplou as contribuições da ciência em matéria de higiene, saneamento, esportes, mas também, considerando a composição multiétnica da população brasileira e o clima intelectual da época, levou em conta as aspirações racistas do "dever ser" de um "apropriado" *mix* constitutivo do povo do Brasil. A discussão a respeito do acesso de estrangeiros, no período estudado por Fábio Koifman, foi influenciada pelas políticas eugenistas, com a nota própria dada pelo nacionalismo de caráter xenófobo do Estado Novo.

É por essa razão que a legislação do período, na trilha do pensamento eugenista que influiu na elaboração da Constituição de 1934 — e que levou em conta o Imigration Restriction Act dos Estados Unidos de

IMIGRANTE IDEAL

1924 e preconceituosas inquietações com a imigração japonesa —, deu continuidade ao que, no Brasil, se iniciou em 1934 (cf. Constituição de 1934, art. 121, §6°): fixou quotas para o ingresso de estrangeiros a serem admitidos no país, calculadas com base numa porcentagem de número dos que, tendo a mesma nacionalidade, emigraram para o Brasil entre 1884 e 1933. A legislação do Estado Novo, na linha da Constituição de 1934 (cf. art. 121, §6° e §7°), também fala da necessidade de assegurar a integridade étnica, social, econômica e moral da nação, além de se preocupar com o problema da assimilação dos estrangeiros e dos seus descendentes brasileiros na vida nacional (cf. Decreto-Lei 3.010 [20/8/1938]; Decreto-Lei 1.545 [25/8/1939]).

Francisco Campos, o ministro da Justiça que elaborou o Decreto Lei 3.175/41 — cuja ementa diz "Restringe a imigração e dá outras providências" —, teve, entre as suas fontes inspiradoras, o pensamento eugenista norte-americano, como mostra Fábio Koifman. Foi desse pensamento que se valeu para radicalizar uma perspectiva restricionista extremada em relação à entrada de estrangeiros, na convicção de que a imigração representava, para o Brasil, uma fonte potencial de problemas econômicos e sociais.

O pensamento eugenista norte-americano aclimatado no Brasil serviu para legitimar e embasar decisões com justificativas tidas como teóricas e científicas. Essas tinham a sua compatibilidade com o empenho e o espírito da racionalização da administração pública que foi uma das características da presidência Vargas e da qual a criação e a implementação do Departamento de Administração do Serviço Público (DASP) é expressão maior. Nesse sentido, o Decreto-Lei 3.175/41 estava em sintonia com outras facetas da ideia-força da modernização autoritária que o Estado Novo encarnou.

Com efeito, como apontou Bolívar Lamounier, uma das notas identificadoras do pensamento autoritário no Brasil — que teve em Francisco Campos um dos seus grandes expoentes — foi a de buscar um "objetivismo tecnocrático" no trato do problema da organização do poder no país. Inspirado pelo pensamento eugenista, o "objetivismo tecnocrático" da época traduziu-se, no Decreto-Lei 3.175/41, numa generalizada proibição

PREFÁCIO

para a concessão de vistos temporários e permanentes, relacionando, ao mesmo tempo, os critérios das exceções admissíveis à regra. Cabe observar que é por obra desse "objetivismo tecnocrático" que o Estado Novo, como um regime autoritário mas não totalitário, não introduziu o "princípio do Führer", como observou num contexto mais amplo Karl Lowenstein no seu *Brazil under Vargas*.

Faço, assim, o registro de que o livro de Fábio Koifman é uma meritória contribuição para a história da recepção das ideias e do que foi, no Brasil, uma discutível "originalidade da cópia". Explora e bem, como diria Isaiah Berlin, a relação entre as ideias e a realidade, alargando, assim, o entendimento do lastro que o "tropicalizado" pensamento eugenista norte-americano conferiu, na época, ao "objetivismo tecnocrático" dos porteiros do Brasil.

V

O Decreto-Lei 3.175/41 foi concebido e elaborado por Francisco Campos, como este livro documenta de maneira circunstanciada. O decreto-lei, cabe observar, não é um texto isolado. Integra a plataforma de atuação de Francisco Campos como ministro da Justiça do Estado Novo, plataforma que teve como ponto de partida a Constituição de 1937, da qual foi o redator. Nesse sentido e muito mais do que outros expoentes do pensamento autoritário brasileiro — como Azevedo Amaral e, antes dele, Alberto Torres —, Francisco Campos foi um teórico que levou adiante suas ideias no exercício do poder governamental. Essas tinham como cerne, como observou Jarbas Medeiros no seu *Ideologia autoritária no Brasil 1930/1945*, a montagem de um Estado nacional, antiliberal e moderno.

Foi nesse contexto que se dedicou a reformar as instituições jurídicas (Códigos de Processo Penal e Civil, Código Penal) e a implantação da centralização política, por meio do Decreto-Lei 1.202 (8/4/1939), que dispôs sobre a administração dos estados e dos municípios e organizou o sistema dos interventores. Foi especificamente nesse contexto que cuidou da legislação conexa com o Decreto-Lei 3.175/41: as leis de nacionalidade (naturalização inclusive), de repressão à atividade política de estrangeiros, de expulsão e extradição que ele qualificou em seu livro de 1940, *O Estado Nacional*, como "um magnífico campo de leis nacionalizadoras, decretado pelo Estado Novo", de grande significado "na história da nossa pátria", posto que exprimem um novo "estado de consciência coletiva".

Na mesma linha deu destaque à lei de fronteiras (Decreto-Lei 1.164 [18/3/1939]). Esse implementou o art. 165 da Constituição de 1937, que fixou em 150 quilômetros a faixa de fronteiras, estabelecendo normas sobre a ocupação e a concessão de terras nessas áreas do território nacional. A justificativa para essa legislação, nas palavras de Francisco Campos em *O Estado Nacional*, era a de que no Brasil "é preciso criar o que poderemos chamar de consciência de fronteira, isto é, fazer com que a fronteira deixe de constituir somente um traço no mapa para ser um sentimento, alguma coisa de orgânico e inseparável da nação. É preciso povoar a fronteira, impregná-la de brasilidade, vigiá-la". A "consciência de fronteiras" está vinculada ao sentido atribuído pela legislação estado-novista ao território nacional como unidade econômica, comercial e alfandegária, cabendo, no entender de Francisco Campos, tão somente ao poder central regular matéria pertinente, como registra Jarbas Medeiros. É no contexto dessa visão geral de regulação do interno brasileiro que se insere o Decreto-Lei 3.175/41.

Francisco Campos, no período de sua gestão no Ministério da Justiça, como é sabido, logrou impulsionar com bastante sucesso a sua visão no âmbito do Estado Novo. No campo do controle imigratório, no qual também tinham competências jurídicas o Ministério das Relações Exteriores e o Ministério do Trabalho, conseguiu impor, com o respaldo do presidente Vargas, a exclusividade da competência do seu ministério. A análise desse processo, empreendida por Fábio Koifman, é, nesse sentido, um excelente exemplo — e esse é outro mérito do seu livro — de como se trava a luta política no contexto interno do circunscrito pluralismo que caracteriza os regimes burocrático-autoritários, na conhecida análise de Juan Linz. Nessa luta política dentro da estrutura do Estado Novo, Francisco Campos terçou armas com uma personalidade de proa como

PREFÁCIO

Oswaldo Aranha, valendo-se, como mostra Fábio Koifman, do seu inegável talento, do seu completo domínio da técnica jurídica e daquilo que Karl Lowenstein qualificou como a sua *endless resourcefulness*.

Em relação ao tema dos *displaced people*, que sucintamente discuti neste prefácio com base no que expus no meu *A reconstrução dos direitos humanos — Um diálogo com o pensamento de Hannah Arendt*, a postura de Francisco Campos é inequívoca. Nas suas palavras em Exposição de Motivos ao Presidente Vargas, devidamente registrada por Fábio Koifman: "O Brasil, que não contribuiu para que se criassem na Europa as perseguições e as dificuldades de vida, não se pode converter numa fácil hospedaria da massa de refugiados. [...] Não nos serve esse *white trash*, rebotalho branco que todos os países civilizados refugam, inclusive aqueles que, como a Inglaterra e os Estados Unidos, com mais insistente frequência invocam os princípios liberais e humanitários".

Por isso, na discussão nos bastidores, voltada para a preocupação do governo de impedir a entrada de novos refugiados — leiam-se os "israelitas" — em texto dirigido ao presidente com o primeiro esboço do que veio a ser o Decreto-Lei 3.175/41, afirma Francisco Campos que a ordem e o bem-estar públicos não devem ser sacrificados "por amor de utopias ou de um vistoso humanitarismo praticado em detrimento do país".

O antissemitismo e o racismo estão presentes nas fontes materiais do Decreto-Lei 3.175/41, como documenta de maneira inequívoca Fábio Koifman. No entanto, não é esse o motivo único da severa restrição nele contemplada, fruto de uma visão mais geral, de cunho negativo, sobre o papel da imigração.

Para Francisco Campos, a imigração livre não consultava o interesse do país e tinha deixado de ser um assunto de natureza econômica para tornar-se uma questão de polícia. Daí o papel que, na matéria, tocava ao seu ministério, e não ao Itamaraty ou ao Ministério do Trabalho. Segundo ele, cabia não aos imigrantes, mas ao povo brasileiro, povoar o país. Em síntese, desconfiava de maneira xenófoba da sinceridade e da qualidade de todos os candidatos a visto. Na precisa formulação de Fábio Koifman: "Adepto da completa restrição da imigração, independentemente da origem étnica do proponente, a condição de judeu poderia se constituir agravante para Campos, mas a ausência dessa característica não se confirmava necessariamente em uma autorização para a concessão do visto." É por isso que a regra geral do Decreto-Lei 3.175/41 foi a da suspensão da concessão de vistos, temporários ou permanentes.

Esse apanhado do papel de Francisco Campos, tal como pesquisado por Fábio Koifman, é uma contribuição para o entendimento desse personagem de grande relevo político e intelectual na vida brasileira. Explica, na interação entre teoria e prática, e também nessa até agora menos conhecida área de pesquisa do livro de Fábio Koifman, a sua relevante parcela de responsabilidade na implantação do autoritarismo no Brasil.

Na discussão do seu perfil, permito-me, com base na leitura do livro de Fábio Koifman, acrescentar uma observação pessoal. Hannah Arendt, discutindo Eichmann, elaborou o conceito da banalidade do mal, apontando que a sua característica é a incapacidade de pensar o alcance da radicalidade do mal perpetrado. Não é esse, seguramente, o caso de Francisco Campos. Nele, o seu papel no mal da implantação do autoritarismo no Brasil tem a sombria grandeza da envergadura do pensamento.

VI

Políbio dizia que o começo é mais da metade e alcança o fim. Essa observação do historiador grego, que era do agrado de Hannah Arendt, me vem à mente ao pensar sobre o Decreto-Lei 3.175/41, concebido por Francisco Campos. Com efeito, mesmo depois da sua efetiva saída do Ministério da Justiça, que se deu logo após o início da vigência do decreto, as suas normas restritivas foram zelosamente aplicadas pelos seus sucessores no Ministério da Justiça estado-novista. Esse alcance no tempo da "ideia a realizar", concebida por Francisco Campos, resultou da ação de Ernani Reis, a quem coube, na prática, a execução do decreto e a efetiva função, como mostra Fábio Koifman, de porteiro do Brasil.

Ernani Reis concentrou em suas mãos, no âmbito do Ministério da Justiça, a partir de abril de 1941, o poder sobre a entrada de estrangeiros, pois as suas apreciações e os seus pareceres, devidamente embasados

PREFÁCIO

no "objetivismo tecnocrático" do Estado Novo, foram seguidos pelos ministros e, regra geral, convalidados pelo presidente Vargas, quando em grau de recurso os processos chegavam à Presidência da República.

Ernani Reis foi um colaborador próximo de Francisco Campos. Era burocrata qualificado e tinha, como funcionário público, atuado na elaboração da legislação brasileira sobre o acesso e a permanência de estrangeiros. A análise da sua personalidade, da sua trajetória de vida e do seu papel na aplicação do Decreto-Lei 3.175/41 é uma das contribuições mais interessantes deste livro, pois ilumina uma atuação praticamente desconhecida pela pesquisa histórica anterior. Nesse sentido, Fábio Koifman empreendeu um estudo original do que concretamente significou a atuação de um funcionário do segundo escalão no período do Estado Novo.

Realço o alcance dessa contribuição lembrando que, em termos mais gerais — para recorrer com liberdade à formulação de Antonio Candido no seu livro sobre o segundo escalão e o seu papel no Império —, é sobre o primeiro escalão que incidem os faróis da história, ficando o segundo, que usualmente assimila o ideário do primeiro, perdido para a memória da posteridade. Fábio Koifman ilumina com a sua pesquisa não só a atuação do segundo escalão, como mostra de que modo Ernani Reis, com não banal competência burocrática, absorveu, complementou e executou o ideário de Francisco Campos, sobre quem os faróis da história têm dado a devida atenção no trato da implantação do autoritarismo no Brasil.

A complementaridade do par Francisco Campos/Ernani Reis, vale dizer, da interação entre o primeiro e o segundo escalão, num regime burocrático-autoritário como foi o do Estado Novo, explica como a história não pode ser apreendida apenas pelo jogo das grandes forças sociais, econômicas e políticas, pois as pessoas e as suas personalidades, no exercício do mando, dão ao processo histórico a dimensão própria da sua especificidade. Em síntese, o estudo do par Francisco Campos/Ernani Reis, neste livro, é uma análise modelar de como, num regime político burocrático-autoritário, o arbítrio *ex parte principis* do exercício do poder se deu sob o manto da "legalidade" de um "objetivismo tecnocrático".

San Tiago Dantas, em *Figuras do direito*, deu ao seu texto sobre Francisco Campos o título "Logos e pragma", realçando, desse modo, que nele se combinavam a mais alta especulação teórica e o realismo mais pragmático da captação dos fatos e das normas. Deu, nesse mesmo livro, ao seu estudo sobre Clovis Bevilacqua, o título de "Ciência e consciência", apontando que a fórmula era reveladora, na obra e no percurso do grande jurista, do equilíbrio e do decoro "entre a inteligência que cria e o senso moral que legitima".

Recorro à argúcia analítica de San Tiago Dantas para apontar de que maneira Clovis, com ciência e consciência, teve a antevisão das consequências do que significou o "logos e pragma" de Francisco Campos na concepção e redação do Decreto-Lei 3.175/41.

Com efeito, como consultor jurídico do Ministério das Relações Exteriores, Clovis, em parecer de 15 de outubro 1932 — no início, portanto, da maré montante do eugenismo e da xenofobia — ao se opor a um projeto sobre o controle do ingresso de estrangeiros no Brasil, assim se manifestou:

> O arbítrio dado ao governo para limitar ou suspender a entrada, no território nacional, de indivíduos pertencentes a determinadas raças ou origens não conquista a minha adesão. Não me parece fundada em bons motivos morais e científicos a classificação das raças em superiores e inferiores; e deixar à fantasia de dominadores de ocasião o direito de selecionar, depreciativamente, os grupos étnicos, não se harmoniza, creio eu, com a boa política, segundo a definiu José Bonifácio.

Conclui Clovis o seu parecer fazendo votos — não cumpridos — de que a Constituinte futura "providencie no sentido de melhor atender aos interesses da humanidade, da sociedade brasileira e da cultura moral, eliminando as arestas da xenofobia, que se insinuaram na reforma constitucional".

José Bonifácio, lembro eu, tratando do caráter geral dos brasileiros, apontou que "A povoação do Brasil é um misto de índios de diversas tribos, negros de diversas regiões e de europeus e de judeus" e, em metáfora metalúrgica, indicou que o povo brasileiro deveria resultar de uma nova liga que amalgamasse, em um corpo sólido e político, o metal heterogêneo da população.

PREFÁCIO

VII

Apontei neste prefácio que, em contraposição ao livro anterior de Fábio Koifman sobre o embaixador Souza Dantas, o ponto de partida organizador de *Imigrante ideal: o serviço de visto do Ministério da Justiça (1941-1945)* é o da perspectiva dos governantes. No entanto, ele não se esqueceu de incorporar de maneira pertinente neste livro a perspectiva *ex parte populi* dos refugiados e de suas famílias. Ela está presente, como verá o leitor, na cuidadosa e abrangente análise dos processos que tramitaram pelo Serviço de Visto do Ministério da Justiça. Esses processos, na sua linguagem, entreabrem, ainda que de forma contida, a narrativa dos dramas pessoais, daqueles que estavam sofrendo e vivendo uma pena sem culpa e que não lograram acesso nem aos passaportes nem aos vistos para a vida, como os concedidos nas trevas da "era dos extremos" pelo embaixador Souza Dantas.

Pierre Vidal-Naquet, no livro *L'Histoire est mon combat*, de entrevistas dadas a Dominique Bourel e Helène Monsacré, discute numa passagem a relação entre história e memória, com destaque para a memória do antissemitismo. Observa que não cabe identificar história e narrativa e que tudo não é relativo e tudo não é narrativa, mas que existe um jogo, uma interação constante, entre memória e história. Assim, para ele a memória deve entrar na história como objeto de estudo.

Concluo, assim, este prefácio, apontando que foi isso o que também fez Fábio Koifman ao incorporar a memória como objeto de estudo da história. Por isso, *Imigrante ideal: o Ministério da Justiça e a entrada de estrangeiros no Brasil (1941-1945)* pelo jogo das perspectivas e pelo modo como soube combinar memória e história, é, no equilíbrio de uma sabedoria metodológica, uma significativa contribuição para o entendimento da matéria que superiormente pesquisou.

CELSO LAFER
São Paulo, abril de 2010

Introdução

Se estivessem animados daquele cuidado primário do historiador, que é o de documentar-se, os ácidos comentaristas, que pretenderam escrever à margem da história de nossos dias, teriam poupado a dignidade de sua pena. Aqui, portanto, lhes oferecemos alguns subsídios.[1]

O estudo da imigração em um país como o Brasil remete a um amplo leque de considerações, nuances, detalhes e fatos. Ao pesquisar e escrever um livro a respeito do assunto, o autor vê-se envolvido constantemente em um sem-número de possibilidades e considerações. Por essa razão, insisti em manter um único fio condutor temático: o Ministério da Justiça e Negócios Interiores (MJNI), seus funcionários, o pensamento e a prática desses. Considerei que havia inconvenientes em pretender mencionar todos os aspectos e todas as contextualizações. Temi produzir digressões, que transformariam o texto em uma espécie de tratado incompleto, pois mesmo um tratado não comportaria abrigar a vastidão do tema.

Somente a análise, por si só, de cerca de dois mil processos remanescentes do Serviço de Visto do MJNI, que funcionou entre 1941 e 1945, já me colocou frente ao risco de escrever um livro cujo número de páginas tenderia ao exagero. Sendo assim, privilegiei alguns temas, deixando outros para um trabalho futuro, meu ou de outro pesquisador que queira continuar a tarefa.

---

[1] REIS, Ernani. "Fatos e ideias da semana". *A Noite*. Rio de Janeiro, 2/7/1944. Ernani Reis assinava as suas iniciais: ESR.

Dessa forma, optei por redigir os capítulos de maneira a situar e contextualizar os debates, indicando possíveis elementos formadores do pensamento daqueles que idealizaram e elaboraram diretamente a política em relação à entrada de estrangeiros no Brasil e participaram dela.

O primeiro capítulo indica subsídios a respeito da fonte primária essencial à pesquisa, seja em relação ao acervo pesquisado, seja também como o sistema burocrático o produziu.

O segundo capítulo situa os personagens nas manifestações e expressões de seu tempo, em especial no que toca ao aspecto particularmente brasileiro das concepções relacionadas ao chamado movimento eugenista ocorrido no país, no que tange aos seus significados próprios.

O terceiro capítulo traz indicações de leituras mencionadas pelo ministro da Justiça, Francisco Campos, e que, provavelmente, o influenciaram, especialmente aquelas retiradas de uma exposição de motivos, de 52 páginas, que Campos preparou para Getúlio Vargas com o intuito de instruí-lo a respeito da elaboração de lei restritiva à imigração.[2] Das referidas 52 páginas do ministro optei por utilizar apenas as 21 introdutórias, que constituem a exposição de motivos do documento, pois elas contêm aspectos teóricos, doutrinários e considerações genéricas relacionados ao tema da imigração. Foi dali que procurei extrair os indícios do que influenciou o pensamento de Francisco Campos a respeito de imigração, sejam leituras ou outras fontes. O restante do documento foi utilizado principalmente quando tratei da aplicação específica do pensamento do ministro ao caso brasileiro.

O quarto capítulo trata das informações biográficas de Ernani Reis, o principal agente incumbido pelo Estado Novo de participar da elaboração e da prática das políticas que se consideraram necessárias em relação à entrada de estrangeiros no Brasil durante o período.

---

[2] Exposição de motivos é a denominação dada ao preâmbulo ou às considerações, que antecedem os textos dos projetos de lei ou de qualquer resolução, para mostrar as suas vantagens e sua necessidade. É uma justificativa às medidas ou regras que se consignam nas leis apresentadas para aprovação ou em quaisquer outras resoluções de ordem administrativa. Na linguagem administrativa do Estado Novo, era o nome dado a certo tipo de ofício dirigido por ministro de Estado ao presidente da República.

INTRODUÇÃO

O quinto capítulo descreve o sistema de controle, seleção e restrição que passou a ser implementado no Brasil logo em seguida à instituição do Estado Novo. Trata também do debate que houve a respeito da eficácia desse sistema, de suas deficiências, bem como das percepções que gerou, as quais equacionaram problemas, resultando em propostas para as suas soluções.

O sexto capítulo trata do decreto-lei que transferiu a competência do Ministério das Relações Exteriores (MRE) para o Ministério da Justiça e Negócios Interiores (MJNI), no que tange à concessão de vistos de estrangeiros para ingresso no Brasil. Trata também das regras decorrentes da nova lei e da forma como foram cumpridas.

O sétimo capítulo expõe as evidências relacionadas à aplicação prática de ideias oriundas do pensamento eugenista.

O oitavo capítulo demonstra que apesar das razões oficialmente alegadas pelo Estado Novo para justificar a vinda de certos imigrantes em vez de outros, em verdade a prática estabelecida da política imigratória daquele momento era de inspiração eugenista.

O nono e último capítulo reproduz alguns dos textos publicados por Ernani Reis na imprensa durante o Estado Novo e os dois obituários publicados quando da morte dele.

A vasta historiografia produzida a respeito do assunto indicou que política imigratória liberal fez com que o Brasil adotasse por muitas décadas, entre o século XIX e as primeiras décadas do século XX, uma prática de completa abertura e incentivo à imigração. Entre as principais preocupações das elites dirigentes e dos governos estava "o fim de encher os espaços vazios do nosso território"[3] e o branqueamento da população.[4]

O discurso racista frequentemente atribuía o atraso e muitos dos problemas brasileiros à "má-formação étnica" da população. A vinda de novos imigrantes, de preferência de origem europeia, que não fossem negros, era vista como solução.

---

[3]A ideia aparece em muitos documentos e discursos do chamado primeiro governo Vargas. REIS, Ernani. "Imigração e sentimento nacional". *A Noite*. Rio de Janeiro, 21/11/1943.

[4]Entre outras obras que tratam do assunto, ver: SKIDMORE, Thomas. *Preto no branco: raça e nacionalidade no pensamento brasileiro*. Rio de Janeiro: Paz e Terra, 1989.

Com o passar dos anos, as percepções relativas ao assunto puderam ser modificadas em virtude da experiência resultante da convivência dos brasileiros com imigrantes de diferentes origens e etnias que chegaram ao país.

No limiar dos anos 1930, seja por suas próprias experiências ou por influências de ideias chegadas do exterior, setores das elites participaram de intenso debate a respeito da imigração ou, mais precisamente, do tipo de imigrante que desejavam e do que não desejavam. O estrangeiro considerado ideal ou "indesejável" para encher os imensos vazios do território nacional para contribuir para a formação do povo brasileiro conforme o que consideravam como o desejável.

Não por acaso, ideias eugenistas — em suas diferentes formas e expressões — ganharam expressivo espaço nessa mesma época, quando os partidários do eugenismo formularam propostas para a política imigratória, propostas essas que ao longo do primeiro governo Vargas foram sendo realmente implementadas.

As razões que levaram à implantação de um sistema tão rigoroso de controle e seleção de estrangeiros eram apresentadas ao público como coerentes com a política que buscava reforçar os valores e ideais nacionais. Já em seu discurso realizado em 2 de janeiro de 1930, quando ainda era candidato à Presidência da República, Vargas mencionou que "durante muitos anos encaramos a imigração, exclusivamente, sob os seus aspectos econômicos imediatos; é oportuno entrar a obedecer ao critério étnico, submetendo a solução do problema do povoamento às conveniências fundamentais da nacionalidade".[5]

A matriz étnica, cultural e religiosa dos brasileiros evocada por Vargas em seu discurso era a portuguesa e, portanto, europeia. Tanto no discurso oficial quanto nas publicações dos intelectuais da época encontramos perfeita afinação, havendo concordância nas justificativas para a política migratória adotada, embora tais alegações não passassem de meras concepções ideológicas.

---

[5]Apud REIS, Ernani, op. cit., 21/11/1943.

INTRODUÇÃO

Diversos outros grupos de estrangeiros eram genericamente associados a problemas relacionados à ameaça de "desfiguração" e "desnaturamento" do povo brasileiro.[6] Tal ameaça teria sido gerada em decorrência da política de livre imigração. O chamado "enquistamento" das minorias nacionais ou étnicas seria parte da extensão desse mesmo problema. Aliás, o que por muito tempo foi apontado como solução para povoar regiões remotas passou também a ser mencionado como "problema imigratório do Brasil",[7] pois o enquistamento passou a ser visto como uma ameaça à unidade nacional. A propósito, Ernani Reis, partindo de vários discursos que coletou de Vargas, assim os sintetizou, numa tentativa de interpretar e explicar o pensamento do presidente da República:

Ora, a introdução maciça de populações com o fim de encher os espaços vazios do nosso território, isto é, a introdução de uma quantidade tal de imigrantes que superasse a nossa capacidade atual de assimilação, significaria fatalmente a desfiguração e o desnaturamento, do ponto de vista nacional, de vastas extensões do solo pátrio. Da tentativa de acrescer demograficamente o país resultaria, destarte, uma diminuição espiritual da pátria e essa diminuição espiritual poderia tornar-se, mais tarde, um fator da própria redução material da pátria, a saber uma ameaça à sua unidade. Igual consequência teria, de outra parte, a admissão de contingentes demográficos que a nossa própria experiência e a lição da história têm demonstrado pouco suscetíveis de fusão e também daqueles cuja fusão representa uma força contrária à tendência para a perfeita diferenciação de um tipo nacional. Só nos povos que pertencem ao nosso grande tronco étnico e cultural poderemos ir buscar imigrantes de cujos descendentes seja razoável esperar que se integrem no conjunto da nação brasileira e correspondam ao seu desejo de perpetuar-se com os outros, estejam hoje no terreno político em que estiverem.[8]

---

[6]Idem. As expressões aparecem com regularidade na correspondência do Conselho de Imigração e Colonização (CIC) e em artigos publicados na *Revista de Imigração e Colonização*. Rio de Janeiro: s/ed.
[7]MARTINELLI, Ociola. "O serviço de Registro de Estrangeiros do Distrito Federal (Relatório dos trabalhos realizados em 1939)". *Revista de Imigração e Colonização*, ano I, nº 3, out., 1940, Rio de Janeiro, s/ed., p. 479.
[8]REIS, Ernani, op. cit., 21/11/1943.

A Constituição de 1934 trouxe as primeiras expressivas restrições à entrada de estrangeiros. No período da implantação do Estado Novo, em 1937, seja por questões internas ou externas, o assunto passou a ganhar uma dimensão maior. O governo ocupou-se especialmente da matéria e a agilidade na tomada e aplicação das decisões — decorrente do regime centralizado e ditatorial no qual a vontade do presidente não recebia qualquer tipo de contestação — promoveu profundas modificações na vida dos estrangeiros que já viviam no Brasil e nas possibilidades dos que pretenderam imigrar para o país. O Estado Novo tratou de intervir impositivamente, buscando fazer as suas propostas de inserção nacional dos estrangeiros conforme seus projetos nacionalistas, que incluíam uma política imigratória claramente seletiva e restricionista.

Naquela época, talvez em decorrência ainda da perduração da herança positivista, que tanto influenciou o pensamento social brasileiro no passado, os argumentos em favor das políticas públicas não raro se apresentavam revestidos de certa racionalidade técnica e científica. Isso também aconteceu com a política imigratória de Vargas, servindo os argumentos cientificistas para se contrapor à suspeita de que, quanto a isso, o regime de Vargas se orientava por um sentimento xenófobo. Essas explicações apareciam nos jornais, em artigos publicados em revistas produzidas pelo Estado ou em livros de intelectuais engajados no regime, como foi o caso, por exemplo, de Azevedo Amaral, que em 1938 assim declarou:

> Razões de ordem étnica, motivos políticos, sociais e econômicos e considerações atinentes à segurança nacional impõem ineludivelmente certas medidas que afastem possíveis inconvenientes e perigos decorrentes da imigração não fiscalizada. Encarando a questão sob o ponto vista eugênico, quando esse assunto ainda não interessava à opinião pública, como aconteceu mais tarde, tivemos ensejo de pleitear a adoção de providências que assegurassem o controle efetivo do poder federal sobre a entrada de imigrantes no país. Mas há uma enorme diferença entre a determinação de regras restritivas do afluxo de imigrantes indesejáveis e a oposição sistemática de barreiras a elementos de que carecemos imperiosamente

não apenas como unidades trabalhadoras, mas, em escala não menos considerável, como fatores necessários no processo de caldeamento em que se está formando a etnia brasileira. A entrada de correntes imigratórias de origem europeia é realmente uma das questões de maior importância na fase de evolução que atravessamos e não é exagero afirmar-se que do número de imigrantes de raça branca que assimilarmos nos próximos decênios depende literalmente o futuro da nacionalidade.[9]

O tema era debatido com relativa abertura durante o Estado Novo. Ao abordar o assunto das justificativas para a manutenção da política de livre imigração de portugueses — bem como de naturais de Estados americanos[10] —, o argumento corrente era baseado, invariavelmente, na já mencionada compatibilidade do "elemento português" com a composição étnica brasileira, que constituía a "nossa matriz", base da preservação da nacionalidade e da cultura do país. Já a entrada de imigrantes de outras nacionalidades deveria submeter-se a critérios rigorosos e restritivos. A forma de apresentar o assunto ao público fazia-se com cuidado, para evitar que fosse tida como explicitamente racista.[11]

A livre entrada de portugueses, admitida pela necessidade de preservar a nacionalidade e a cultura brasileiras e que tinha como pano de fundo o projeto político relacionado ao ideal do branqueamento, trouxe em si mesmo uma implícita e inexorável valoração dos seres humanos e as consequentes contradições.

Conforme tratarei de demonstrar, além das justificativas de natureza cultural, alguns vieses econômicos vinculados a certos estereótipos foram levados ao público em versões para justificar a política de restrição da entrada de estrangeiros que não fossem portugueses.

---

[9]AMARAL, Azevedo. *O Estado autoritário e a realidade nacional*. Rio de Janeiro: José Olympio, 1938, pp. 287-288.
[10]Como naturais dos Estados americanos, compreendiam-se os latino-americanos e os dos Estados Unidos. Os estrangeiros das Guianas, ilhas do Caribe (então possessões estrangeiras) e do Canadá não estavam incluídos entre as exceções. Somente a partir de fins de 1943 é que os canadenses passaram a ser considerados, para os fins relativos aos critérios de concessão de vistos para o Brasil, como naturais de um Estado americano.
[11]Sobre o assunto, ver: MOVSCHOWITZ, Jeronymo. *Nem negros nem judeus: a política imigratória de Vargas e Dutra (1930-1954)*. Rio de Janeiro: PPGH-Uerj, 2001.

IMIGRANTE IDEAL

E os estereótipos eram do tipo que indicavam que a grande maioria dos imigrantes que chegavam não possuía qualquer tipo de formação técnica ou profissional. Em razão disso, dirigiam-se aos grandes centros urbanos, onde encontravam mais oportunidades, mas também ali concorriam diretamente com o trabalhador nacional. Quando possuíam recursos, os estrangeiros se dedicavam a profissões "parasitárias", como o pequeno comércio ou a especulação imobiliária. Em resumo, seriam concorrentes, exploradores, e não "elementos" que agregariam qualquer valor econômico ao país.

Portugal não era, naquele momento, exatamente um exemplo de desenvolvimento econômico e tecnológico. A contínua emigração daqueles nacionais para a antiga colônia representava, justamente, uma busca por melhores condições de vida. E quais seriam as características e ocupações dos imigrantes que seguiam vindo do país ibérico? Em que se diferenciariam dos estereótipos comuns à maioria dos imigrantes daquele momento, no que tange à formação técnica ou profissional?

Os processos relativos aos pedidos de autorização de concessão de visto arquivados no Serviço de Visto do MJNI podem indicar se os argumentos de natureza econômica que apareceram nos discursos (e até na legislação) para justificar a rígida restrição de imigrantes serviram para, na prática, produzir impedimentos que foram determinados pelas mesmas autoridades que pregavam tais restrições, especialmente pelo fato de elas terem estado envolvidas na elaboração dessas leis e terem acabado como responsáveis por aplicá-las. A prática pode dizer se as razões que apareceram, de fato, foram consideradas ou trataram-se unicamente de argumentos para impedir que os elementos considerados indesejáveis deixassem de entrar no país. Se as razões apresentadas eram mesmo de caráter econômico ou relacionadas a aspectos "físicos e morais", conforme o eufemismo comum estabelecido para qualificar eugenicamente os estrangeiros.

O português Manuel Marinho Pinto, por exemplo, cuja guia da Divisão de Passaportes do MRE remetida ao Serviço de Visto do MJNI informou, em novembro de 1943, que "o interessado possui no Rio de Janeiro vários prédios, dos quais aufere mensalmente uma renda de

INTRODUÇÃO

Cr$ 3.630,00", teve o seu pedido de concessão aprovado sem maiores transtornos ou exigências.[12] E não foi o único.

Outros tantos estrangeiros no período de funcionamento do Serviço de Visto do MJNI, especialmente portugueses, que declaram como profissão ou ocupação serem simplesmente "proprietários" de imóveis no Brasil, ao solicitar vistos permanentes para regressar ao país, tiveram seus pedidos deferidos,[13] embora em algumas oportunidades os cônsules, preocupados em cumprir o que estava expresso nas regras, demonstrassem preocupações neste sentido: "Pedido encaminhado a este ministério por se tratar de pessoa que, provavelmente, vem exercer profissão remunerada na zona urbana do Rio."[14]

A prática revela que, embora tais atividades tivessem aparecido no discurso como uma das justificativas para as restrições que foram estabelecidas em relação à entrada de estrangeiros, elas não se constituíram em motivo de embaraço para os imigrantes considerados desejáveis.

Conforme demonstrarei ao longo do texto, tal contradição foi mencionada por aqueles que trabalharam no MJNI, especialmente Francisco Campos e Ernani Reis. Mas a determinação do governo, em especial de Vargas, de "melhorar" a composição étnica do povo brasileiro por meio da vinda de portugueses fez com que, também nesse aspecto, a lei tivesse uma aplicação seletiva.

Entretanto, outro aspecto que incorria em necessária contradição

---

[12] AN, Serviço de Visto (doravante, SV): 1.028/43.

[13] O número de processos de solicitação de visto de entrada no Brasil que obtiveram deferimento no MJNI no qual a profissão indicada dos solicitantes é respondida como "proprietário" de imóveis no Brasil é expressivo, constituindo a maioria de portugueses. Como exemplo: AN, SV: 378/4 (Joaquim Rodrigues Órfão); SV: 408/43 (Miguel Campos); SV: 969/43 (Francisca da Graça Matos) e AN, SV: s/n [43] (Augusto Luiz Mandim).

[14] AN, SV: 721/43. Relativo ao requerimento encaminhado no Rio de Janeiro pelo motorista Manuel José Pimenta Barreto solicitando a concessão de visto permanente para uma prima portuguesa, Conceição Guedes. O parecer de Ernani Reis, em 11/8/1943, relativo a esse processo foi sumário: "Tendo em vista a nacionalidade, Decreto-Lei 3.175, de 1941, art. 2º, nº. 1, proponho o deferimento." O ministro aprovou o parecer no dia seguinte. No processo relativo ao português Manuel Joaquim Pinto (AN, SV: 626/43) aparece a mesma frase: "A consulta é encaminhada a este ministério atendendo a que o interessado vem exercer funções remuneradas em zona urbana atendendo à nacionalidade." Em parecer muito curto, considerando o Decreto-Lei 3.175/41, art. 2º, nº. 1, Ernani Reis propôs em 10/7/1943 o deferimento.

de princípios não encontrou resistência alguma entre os membros do governo. O discurso justificava a livre imigração portuguesa por vinculá-la à herança cultural e à afinidade étnica. Contudo, durante o Estado Novo, aqueles que estiveram incumbidos de selecionar os novos imigrantes demonstraram grande interesse em atrair os que de forma alguma poderiam ser encaixados no padrão desejado, por exemplo, os imigrantes suecos. Não por acaso, tal política ou prática deixou de ganhar publicidade. Mas tornou-se indício consistente de que a seleção pretendida dos estrangeiros e o interesse pela vinda desse tipo de imigrante não estiveram única e necessariamente relacionados a preocupações limitadas à manutenção da unidade nacional e da identidade moral, étnica e cultural, tal qual apareceu nas justificativas dirigidas ao público, mas também contextualizados ideal e calcadamente em uma pretensa "melhoria" eugênica dos brasileiros.

Além dos portugueses, os cidadãos naturais dos Estados americanos foram incluídos entre as exceções estabelecidas na lei que restringiu a concessão de vistos. O movimento emigratório para o Brasil de nacionais de Estados americanos não era de fato expressivo e as tentativas de imigração que surgiram entre 1941 e 1945 foram cuidadosamente selecionadas e controladas pelo Serviço de Visto do MJNI. Levando em consideração esses aspectos, duas razões podem ter se constituído então nas razões basilares para que, mesmo diante de tantas contradições, Vargas considerasse como ideal a entrada de portugueses e a mantivesse livre durante todo esse período.

A primeira razão dizia respeito à conduta política. A maioria dos potenciais imigrantes portugueses era composta de gente de origem modesta e de limitada instrução técnica e cultural[15] e ainda proveniente da ditadura salazarista. Em última análise, Vargas acreditava que tais imigrantes não eram portadores de "ideias dissolventes", diferentemente de muitos intelectuais recém-emigrados da Alemanha, França, Áustria

---

[15]AN, Relações de Vapores. Consultadas sistematicamente as listas de passageiros de vapores chegados ao Brasil entre 1940 e 1942, percebe-se que a maioria absoluta dos lusitanos imigrantes viajava em terceira classe. Nas mesmas listas, aparecem informações sobre a profissão de cada passageiro. Por meio desse recurso, portanto, é possível fazer tal afirmação.

INTRODUÇÃO

etc., que em poucos meses no Brasil já estavam publicando artigos que induziam reflexões sobre os mais diferentes temas junto aos brasileiros,[16] tendendo a fugir ao controle político do Estado Novo, o que, de certa forma, seria potencialmente perigoso para a ditadura.

A segunda razão estava na continuidade da política do branqueamento. Os chamados "quistos étnicos" eram indicações de que outras correntes imigratórias de europeus não possuíam, de acordo com a terminologia da época, o mesmo grau de "fusibilidade" que os portugueses. Vargas e parte das elites brasileiras estavam convencidos de que a composição étnica "não branca" de boa parte dos brasileiros explicaria o atraso e as dificuldades do país. Consideravam também que entre todos os grupos de imigrantes já chegados, os portugueses aparentemente casavam-se mais com os "não brancos" aqui residentes. Dessa forma, apesar das contradições aqui apontadas, seriam considerados como imigrantes ideais.[17]

Em relação a outros povos, inclusive europeus, os elaboradores da política imigratória brasileira da época atribuíam maior ou menor padrão de "fusibilidade", compreendido então como decorrente de valores étnicos ou culturais. Os judeus eram considerados "inassimiláveis" e "infusíveis", pois dessa maneira eram classificados como indesejáveis.

A compreensão dessa lógica, exposta aqui de forma muito simplificada, permite indicar possíveis explicações para os que questionam a

---

[16]Como se deu com Otto Maria Carpeaux, Ernest Feder, entre tantos outros. Ernest Feder, expressivo pensador alemão e também amigo próximo de Stefan Zweig, chegou ao Brasil portando um visto concedido pelo embaixador Souza Dantas. Em 1942 o intelectual e o diplomata esforçaram-se no sentido de que o irmão de Ernest (Arthur Feder) e os sogros (Carlos Zobel e Fanny Zobel-Vandesburg), todos ainda na França não ocupada, pudessem receber vistos para o Brasil e dessa forma escapassem de ser entregues aos nazistas. O pedido foi encaminhado em abril de 1942 e apesar da intervenção de Cassiano Ricardo, José Sabóia Viriato de Medeiros, Múcio Leão, Ribeiro Couto, João Neves da Fontoura e Alceu de Amoroso Lima, além das inúmeras cartas dirigidas a Getúlio Vargas e ao ministro da Justiça, Marcondes Filho, até 30/12/1942, o pedido foi sistematicamente negado. Marcondes Filho afirmou sobre Ernest Feder que "tratando-se de um estrangeiro, não deixa de ser estranho — colaborador regularmente [sic] em vários jornais brasileiros" e opinou pelo indeferimento, no que foi seguido por Getúlio Vargas. Em novo recurso em dezembro de 1942, Ernani Reis novamente negou o pedido, deixando claro que "[...] podemos dizer, mais, que foi precisamente para dar fim à imigração de pessoas dessa natureza que foi baixado o Decreto-Lei 3.175". AN, SV: 195/42.
[17]Ver: MOVSCHOWITZ, Jeronymo, op. cit.

diferença entre o racismo, o preconceito e a presença de valores próprios à eugenia na legislação e na prática seletiva do Estado Novo relativas ao imigrante potencial, o que contrastava com o relativo bom trato que o Estado dispensava aos homens de todas as etnias já residentes no Brasil.

Do ponto de vista interno, adotaram-se diversas políticas e ações, de que o presente livro não se propõe ocupar. Tais práticas resultaram muitas vezes de observações feitas por funcionários diretamente nos locais onde havia comunidades de imigrantes e descendentes, em várias cidades de diferentes estados brasileiros, como, por exemplo, as viagens realizadas com fins investigatórios específicos em fins da década de 1930 por membros do Conselho de Imigração e Colonização (CIC).[18] Os estudos daí resultantes influenciaram nas posturas para com os estrangeiros que pretenderam imigrar para o Brasil nos anos seguintes. De qualquer modo, as autoridades brasileiras mostravam-se interessadas no prosseguimento do ingresso de estrangeiros, embora doravante viessem a ser admitidos pretensamente mediante seleção criteriosa, conforme regras bem elaboradas.

Até aqui a historiografia que se debruçou sobre a prática governamental relativa à entrada de estrangeiros e ao seu controle durante o Estado Novo teve como base, objeto e fonte primária especialmente certos maços documentais guardados no Arquivo Histórico do Itamaraty (AHI).[19] Por um lado, deu a entender que o centro de concepção e elaboração das políticas restritivas estivesse baseado tão somente no Itamaraty e o MRE não fosse apenas parte ou o executor final de uma política elaborada em conjunto pelos ministérios — especialmente o MJNI — e comandada diretamente por Vargas.[20]

---

[18]Ibidem.

[19]Em especial, os maços de documentos arquivados por tema. Na correspondência do MRE todos os documentos recebiam um código relativo ao assunto inserido na secretaria do ministério visando ao procedimento de catalogação e arquivo. Enquanto uma das vias se mantinha arquivada no fundo original, normalmente a correspondência regular entre as representações consulares e diplomáticas brasileira no exterior, outra era arquivada em um maço específico temático.

[20]Entre outros, ver: CARNEIRO, Maria Luiza Tucci. *O anti-semitismo na Era Vargas: fantasmas de uma geração (1930-1945)*. São Paulo: Brasiliense, 1988.

INTRODUÇÃO

Posteriormente alguns autores questionaram ou buscaram relativizar a rigidez ou a real aplicação prática das restrições publicadas nos decretos-lei e circulares encaminhadas às representações diplomáticas e consulares brasileiras no exterior.[21] Especialmente Jeffrey Lesser interpretou que a continuidade da entrada de imigrantes considerados indesejáveis no período pudesse estar relacionada à não efetivação rígida das restrições ou a uma significativa flexibilização das regras. Tal interpretação foi criticada com propriedade, especialmente por Avraham Milgram[22] e por outros historiadores, em publicações nos primeiros anos do século XXI.[23] A despeito dessas opiniões contrárias, Lesser segue afirmando na mesma linha que

> Na abordagem tradicional, a política [imigratória] em si representa realidade. Ou seja, há uma bibliografia muito ampla que trata da questão de políticas imigratórias racistas contra judeus, japoneses, ciganos, chineses, católicos da Europa do leste, hindus e outros. E, com certeza, as políticas foram racistas e discriminatórias, baseadas em grande parte em estereótipos comuns da época. Mas a pergunta que formulo neste momento é um pouco diferente: "O que quer dizer uma política imigratória? Ou seja, como é possível analisar-se política imigratória no Brasil quando se verificam proibições não cumpridas e políticas racistas contra grupos imigratórios que não são aplicadas a membros dos mesmos grupos quando estão no Brasil?". Essas perguntas são extremamente importantes. Analisando-se apenas as leis imigratórias e os debates sobre as leis, um pesquisador não vai encontrar documentação suficiente evidenciando as contradições. E, desenvolvendo minha análise simplesmente a partir de leis, ou, embasada em discursos oficiais, cria-se uma tendência de forjar uma imagem de certos grupos como os exclusivamente oprimidos, ainda quando esses grupos estão adquirindo *status* na sociedade brasileira.[24]

---

[21]LESSER, Jeffrey H. *O Brasil e a questão judaica: imigração, diplomacia e preconceito.* Rio de Janeiro: Imago, 1995.

[22]MILGRAM, Avraham. "Reseñas". *EIAL — Estudios Interdisciplinarios de America Latina y el Caribe.* v. 6, nº 2, Universidad de Tel Aviv, Israel, 1995, pp. 145-150.

[23]Entre outros, KOIFMAN, Fábio. *Quixote nas trevas: o embaixador Souza Dantas e os refugiados do nazismo.* Rio de Janeiro: Record, 2002.

[24]LESSER, Jeffrey. "Repensando a política imigratória brasileira na época Vargas". In: ABREU, Carlos Eduardo de & MALATIAN, Teresa (orgs.). *Políticas migratórias: fronteiras dos direitos humanos no século XXI.* Rio de Janeiro: Renovar, 2003; pp. 277-278.

IMIGRANTE IDEAL

Creio existir aqui uma superposição de assuntos. Diversos trabalhos — incluindo o presente livro — têm por objeto não as relações do Estado Novo para com as suas minorias já residentes, mas as políticas de governo relacionadas aos projetos nacionais, que percebiam na política de busca ou concessão de entrada a novos imigrantes um meio de "melhorar" a composição étnica do povo brasileiro. O atraso e os problemas do Brasil eram explicados e associados à origem étnica de boa parte dos brasileiros. A política imigratória esteve sempre posta a serviço dos ditos "branqueamento" e "melhoria qualitativa" dos contingentes populacionais resultantes da pretendida miscigenação com o "elemento europeu". E esse supostamente preservava a identidade ou "a integridade étnica, social, econômica e moral da nação".[25] Ou seja, a legislação e o debate dentro do governo aqui analisados dizem respeito aos critérios e à prática relacionados à entrada de estrangeiros no Brasil.

Sob esse prisma, a política imigratória no Brasil de fato estabeleceu critérios e regras a serem cumpridas quanto ao tipo de imigrantes que o Estado Novo considerava indesejável e o que considerava "desejável". Em uma lógica muito própria dos pensadores eugenistas, que, em última análise, propunham a necessária interferência e a ação do Estado com o fim de melhorar as gerações futuras, foram estabelecidos critérios e valorações dentre as características dos diferentes grupos humanos com o fim específico de instruir e controlar de modo a produzir a mais "adequada" seleção de elementos reprodutivos. No grupo de pessoas consideradas ideais para as futuras gerações de brasileiros estavam portugueses e suecos. No grupo dos inadequados, os indesejáveis, incluídos os orientais, negros, indígenas, judeus e todos os considerados "não brancos", além dos portadores de deficiências físicas congênitas ou hereditárias, os doentes físicos ou mentais e os homens e mulheres fora da idade reprodutiva.

Se foi possível a continuidade de uma vida normal para aqueles estrangeiros e filhos de estrangeiros aqui residentes, cujas origens étnicas

---

[25]Art. 5º do Decreto-Lei 3.010/38. Termos muito utilizados nos pareceres e nas exposições de motivos relativos a pedidos de entrada de estrangeiros exarados pelo MJNI no período.

INTRODUÇÃO

estavam entre as consideradas como indesejáveis nos critérios seletivos relacionados aos novos imigrantes, se tais restrições e o preconceito expressos na legislação e nas políticas imigratórias não foram transpostos para qualquer tipo de ato discriminatório,[26] como diz Lesser, isso não faz desaparecer ou torna sem efeito o fato de ter efetivamente existido e sido praticada durante o Estado Novo uma política restricionista de cunho racista.

Da mesma forma, feitas as devidas adaptações, não se verificou nenhuma hostilidade específica para com os descendentes de africanos ou "não brancos" em qualquer das manifestações ou atos do governo brasileiro no período. O que não livrou essas duas categorias étnicas de terem sido consideradas indesejáveis e, nos raros casos em que um visto transpôs o consulado e logrou chegar ao MJNI, o pedido foi indeferido.

Não afirmo que o Estado Novo tenha estabelecido uma política racial nos moldes do nazismo, que perseguia grupos étnicos, ou que tenha criado campos de concentração na forma em que ocorreu na Europa, embora deva ficar claro que o termo "origem étnica" reproduzido em muitos documentos constituía-se em um eufemismo para a palavra raça, conceito central na ideologia nazista.

Durante o Estado Novo, a prática estabelecida em relação à política imigratória efetivamente selecionou e restringiu a entrada de estrangeiros no Brasil tendo como parâmetros critérios eugênicos que abrangiam valorações, inclusões e exclusões baseadas em uma presumida diferenciação étnica.

Penso que a tentativa de relativização ou a atenuação que surge em certas análises relacionadas ao tema da imigração, no período específico, tenha duas principais origens: a primeira talvez como reação crítica a estudos de caráter um tanto superficial — alguns deles elaborados por

---

[26]Embora tal generalização seja imprecisa, considerando que muitos dos estrangeiros que viviam no Brasil foram, em especial nos chamados "quistos étnicos", alvos de repressão durante o Estado Novo. Entre outras ações, escolas estrangeiras foram fechadas. Uma legislação específica buscava implementar a nacionalização de comunidades de descendentes de imigrantes ainda vinculados à cultura de seus antepassados.

jornalistas — que se tornaram conhecidos como expressões de um tipo de "história denunciativa". Nesse tipo de vertente, os fatos, as expressões e os valores do passado são correntemente tratados sem os devidos cuidados no que tange ao tempo de real ocorrência, isto é, antecipando conceitos, informações e critérios de um tempo posterior. Diga-se também que trabalhos desse tipo não raro estão mais preocupados em produzir material politicamente útil aos autores, relativos ao tempo vivido por eles, do que efetivamente trabalhos comprometidos com as regras severas que se exigem do historiador de ofício.

A segunda origem decorre da preocupação de alguns autores de zelar pela imagem de Getúlio Vargas, o mais significativo e importante ícone político da história brasileira. Por conta desse comprometimento ideológico, assim indiretamente externado, há um esforço continuado para preservar a memória do antigo presidente — até mesmo entre historiadores — produzindo tentativas conciliadoras que, não raro, buscam tornar relativos o rigor e a efetividade da máquina do Estado, assim como o envolvimento direto do então ditador nas severas restrições à entrada de imigrantes. Portanto, à distorção promovida pela história do tipo denunciativa se junta a da preservação da imagem de Vargas, sendo ambas relativas aos interesses pessoais dos autores em face das contingências do tempo em que vivem.

Para o historiador norte-americano Jeffrey Lesser, existiram na legislação sobre imigração estrangeira na época "contradições entre a lei e o que realmente acontece",[27] bem como "a lei, em si, não diz tudo",[28] e ainda que "basta, nesse sentido, analisarem-se as leis sobre imigração japonesa para descobrir que a lei escrita e as ações pessoais de verdade foram bastante diferentes."[29] Conforme tratarei de demonstrar ao longo deste livro, tal ponto de vista não se sustenta quando confrontado com a evidência documental, ou seja, o conjunto de leis postas em prática por meio do Serviço de Visto do MJNI.

Não há dúvidas de que existiram exceções, um bom número delas

---

[27]LESSER, Jeffrey, op. cit. (2003), p. 278.
[28]Ibidem, p. 280.
[29]Ibidem, p. 283.

INTRODUÇÃO

previsto em lei. Outras exceções são tratadas no presente livro, juntamente com as condições em que isso se deu. É, pois, possível notar que, de fato, as leis de inspiração eugenista foram cumpridas na grande maioria dos casos em que o candidato a visto não reunia as condições "físicas e morais" estabelecidas, ainda que fossem pessoas que estivessem potencialmente em condições de ser incluídas nas exceções de proibição à concessão de vistos permanentes para estrangeiros estabelecidas no Decreto-Lei 3.175/41.[30] Ou seja, a lei foi cumprida com flexibilidade, mas não no sentido apontado por Lesser. A variável ou os limites estavam condicionados às características ditas étnicas, físicas ou morais dos solicitantes. Aplicava-se aos indesejáveis todo o rigor da lei e, em muitos casos, até o não reconhecimento de direitos líquidos e certos. Aos estrangeiros considerados desejáveis, o mesmo empenho e a prática em sentido contrário, isto é, toda leniência possível. O descumprimento das regras na maioria absoluta dos casos não aparecia para beneficiar indesejáveis, mas para impedir-lhes a entrada. Por outro lado, exigências e comprovações de todas as naturezas eram relevadas em se tratando de imigrantes considerados como "bons".

A maioria absoluta dos estrangeiros que buscou junto às representações consulares um visto permanente, e não pôde ser encaixado em alguma das exceções enumeradas pelo Decreto-Lei 3.175/41, teve a concessão de visto indeferida *in limine*. O mesmo sucedeu com aqueles que ao se apresentar no consulado ou realizar os exames médicos obrigatórios se descobrissem portadores de alguma doença ou deficiência física qualificada como impeditiva pelo Decreto-Lei 3.010/38.

As regras estabelecidas no artigo 39 do mesmo Decreto-Lei 3.010/38

---

[30]Portugueses e nacionais de Estados americanos; estrangeiros casados com brasileiras (condicionada a consulta prévia); estrangeiros que tenham filhos brasileiros natos; agricultores ou técnicos agrícolas que se destinem a colonização previamente aprovada pelo governo federal; estrangeiros que provem a transferência, por intermédio do Banco do Brasil, de quantia em moeda estrangeira equivalente a no mínimo quatrocentos contos de réis; técnicos de mérito notório especializados em indústria útil ao país e que encontrem no Brasil ocupação adequada; estrangeiros que se recomendem por suas qualidades eminentes ou sua excepcional utilidade ao país (condicionada a consulta prévia); portadores de licença de retorno válida e de estrangeiros em missão oficial de seus governos. Art. 2º do Decreto-Lei 3.175/41.

davam a entender que a negativa a indesejáveis precisava ser comunicada à Secretaria de Estado e às "autoridades consulares próximas".[31] Mas tal comunicação jamais fez parte da prática sistemática, sendo os casos de comunicações de negativas ao MRE muito raros, tendo inclusive, por exemplo, alguns cônsules se queixado em 1940 de que vistos negados por eles a judeus haviam sido concedidos posteriormente em consulados próximos.[32]

Mesmo com todo o rigor estabelecido nos decretos e nas circulares, alguns estrangeiros que não se encaixavam nas exceções estabelecidas no decreto ou não reuniam "os requisitos físicos e morais" lograram ter seus pedidos de concessão de visto permanente encaminhados ao Serviço de Visto do MJNI.

Duas situações podem ter ocorrido para que tal coisa se desse. A primeira quando o cônsul poderia ter sido convencido por meio dos argumentos e das provas apresentados pelo solicitante e concedesse o visto, a despeito dos impedimentos "físicos e morais". O convencimento poderia ter origem no próprio histórico do caso — antigos residentes,

---

[31]"Art. 39. Recusado o visto por se tratar de indivíduo indesejável ou nocivo à ordem pública, a autoridade consular anotará nome, idade, nacionalidade e profissão indicados no passaporte e imediatamente comunicará o motivo da recusa às autoridades consulares próximas, no mesmo país ou nos países limítrofes que tenham meios de comunicação direta com o Brasil, e, ao mesmo tempo, à Secretaria de Estado das Relações Exteriores."

[32]AHI, lata 1.782, maço 35.758. Ofício Confidencial n.º 29 de 30/6/1940 de Osório H. Dutra, cônsul do Brasil em Lion, para Oswaldo Aranha. Para o cônsul, "A questão relativa aos pedidos de visto em passaportes assume, neste país, dada a gravidade do momento, proporções assustadoras. Não me recordo de avalanche igual. Informados de que foi criado em Lião um Consulado de carreira, não têm conta as pessoas que me procuram diariamente, lançando mão das mais altas recomendações, no sentido de quebrarem a minha resistência aos seus planos e aos seus desejos. 2. Quase todos esses indivíduos são judeus ou de origem semítica e raros deles, a meu ver, nos podem interessar. Creio, pois, prestar um grande serviço ao Brasil recusando, de modo terminante, os vistos que me pedem. 3. Foi essa a conduta que segui no Havre durante o tempo em que ali permaneci. Procedimento idêntico terei agora neste posto, certo, antecipadamente, de merecer a inteira aprovação dessa Secretaria de Estado. 4. Penso, todavia, que deveríamos adotar normas invariáveis em referência à interpretação desse problema, de modo que o visto recusado por um consulado não seja concedido por outro, como acontece comumente. 5. Os judeus que hoje se encontram em França — poloneses, belgas, holandeses, austríacos e mesmo franceses — não olham despesas para obter das nossas autoridades os documentos que lhes são necessários para partir para o Brasil, seja em caráter permanente, seja em caráter temporário. Oferecem tudo, compram tudo. Se não abrirmos os olhos, tomando medidas severas, encheremos o nosso país de péssimos elementos."

INTRODUÇÃO

a existência de parentes no Brasil etc. — ou na interferência de pessoas influentes interessadas na concessão, como, por exemplo, solicitações de autoridades locais. A segunda situação poderia decorrer da existência de interessados residentes no Brasil que requeressem a concessão de visto a pessoa que se encontrava no exterior. Pedidos foram diretamente dirigidos ao MRE, ao MJNI e ao presidente da República. A esse último, diretamente por carta de solicitação de concessão ou em grau de recurso, em razão do indeferimento ministerial. Todos os pedidos de concessão de visto dirigidos ao presidente da República foram encaminhados ao MJNI para análise e elaboração de exposição de motivos, a partir da qual Vargas exarava o seu despacho.

Esses processos nos quais os solicitantes não atendiam às exigências "físicas e morais", que excepcionalmente logram perpassar o sistema que determinava o indeferimento *in limine* por parte do representante consular, se constituem em fonte privilegiada do estudo relacionado ao assunto do controle de entrada de estrangeiros. Mesmo se constituindo em exemplos relativamente raros, se considerarmos o total de vistos negados nos consulados em razão dos mesmos requisitos "físicos e morais" que jamais chegaram ao Brasil, são documentos (reservados à época) nos quais é possível estudar as razões, os objetivos, os argumentos e as justificativas apresentados pelos responsáveis pela administração do Estado Novo para determinar que certos grupos humanos fossem considerados indesejáveis. Nos processos a argumentação surge especialmente nos pareceres e nas exposições de motivos.

Pretendo demonstrar que o governo viveu o paradoxo de manter-se muito interessado em "atrair novas levas imigratórias", desde que previamente selecionadas, e, por outro lado, muito aplicado em restringir ao máximo possível a entrada de imigrantes considerados indesejáveis. Pretendo mostrar que foram estabelecidos critérios eugênicos — no sentido "brasileiro" do termo, o que incluía critérios e padrões étnicos, de idade, saúde, físicos, "morais", entre outros — que guardavam contradições intrínsecas em seus parâmetros e que tornavam essa "seleção de imigrantes" inexoravelmente dependente de um juízo absolutamente subjetivo. De acordo com o estabelecido pelo Decreto-Lei 3.175/41, esse juízo seria da competência do próprio ministro da Justiça, devidamente assessorado por seus assistentes. Embora não fosse o único assistente do ministro, Ernani Reis era considerado especialista no assunto.[33] Seus pareceres podem ser constatados praticamente na totalidade dos processos do Serviço de Visto, desde a sua criação, a partir da publicação do Decreto-Lei 3.175/41 até 28 de fevereiro de 1945. Seja nas decisões, na elaboração dos pareceres, seja simplesmente pela presença de seu nome redigido no alto de milhares de documentos: "Ao Dr. Ernani Reis", ou "ao assistente Ernani Reis" ou simplesmente "ERNANI", assim como no encaminhamento das ordens e dos processos. A condição de secretário do ministro poderia explicar esse encaminhamento. Ocorre, justamente, que o encaminhamento foi continuamente ordenado pelos diferentes titulares que ocuparam a pasta, que recebiam os processos e documentos remetidos com as instruções — sugestões concluídas com o "proponho" de Ernani Reis — relativas ao assunto materializadas na forma de um parecer. O assistente do ministro funcionava no MJNI como um técnico ou consultor especializado. Ficava encarregado da leitura minuciosa dos processos e incumbido da redação de pareceres que possibilitassem a correta interpretação de cada caso individualizado. Dessa forma, sob um mesmo critério — ou sob uma única cabeça e sentença, a de Ernani Reis, na grande maioria dos casos — esse padrão seria, em tese, uniformizado, como tanto se argumentou e reivindicou nos debates relacionados ao tema, cujos testemunhos encontramos nos autos do processo de elaboração do Decreto-Lei 3.175/41 tratados no presente texto.

Assim foi para a maioria absoluta dos processos e casos. Exceções ou recursos só poderiam ter um juiz maior, Vargas, que só atuava provocado e estava disponível efetivamente para os que tivessem no Brasil alguém que em seu nome pudesse dirigir o recurso.[34]

---

[33]Desde pelo menos 1938 é possível identificar pareceres de Ernani Reis em processos envolvendo estrangeiros. Não somente relacionados ao tema da entrada no Brasil como também temas diversos, relacionados à permanência e, por exemplo, à legalização de entidades civis.
[34]Existem poucos registros relacionados aos casos de imigrantes que escreveram do exterior, que tenham telegrafado ou escrito para Vargas solicitando a concessão de visto. Os que pudemos localizar foram arquivados sem que o pedido fosse atendido. Já os encaminhados no Brasil produziram, no mínimo, um processo relativo ao assunto e uma exposição de motivos preparados pelo ministério.

INTRODUÇÃO

O que é apresentado neste livro pretende demonstrar características do controle de entrada de estrangeiros, entre 1941 e 1945, e as restrições impostas a determinados grupos considerados indesejáveis, porém sem desconsiderar as contradições presentes no sistema e nos atos dos funcionários encarregados de fazê-lo funcionar.

Pretende-se demonstrar também a efetiva entrada em vigor de leis que, mesmo eventualmente flexibilizadas (para favorecer a entrada de imigrantes desejáveis) ou enrijecidas (nos casos dos considerados indesejáveis), tiveram suas regras realmente aplicadas, contrariando a ideia de que no Brasil o rigor das leis imigratórias não teria sido efetivo ou de que certos dispositivos criados jamais teriam sido aplicados aos casos concretos.

CAPÍTULO 1 O Serviço de Visto do MJNI

1.1 O acervo do Serviço de Visto do MJNI

O presente livro tem como principal fonte primária o acervo do Serviço de Visto do Ministério da Justiça e Negócios Interiores (MJNI), sob a guarda do Arquivo Nacional do Rio de Janeiro (AN).

A partir da entrada em vigor do Decreto-Lei 3.175/41, a Divisão de Passaportes do Ministério das Relações Exteriores (MRE), sediada no Palácio do Itamaraty, passou a encaminhar todos os pedidos de concessão de visto permanente a estrangeiros ao Serviço de Visto do MJNI, que funcionava no Palácio Monroe, ambos no Rio de Janeiro, então Distrito Federal.

Existem indicações, baseadas nos números relativos à classificação de entrada de cada um dos autos, de que em 1941 foram abertos pelo menos 3.638 processos no Serviço de Visto;[35] em 1942, 868;[36] em 1943, 1.151;[37] em 1944, 1.249;[38] e 1945, 830,[39] respectivamente. O último processo anterior à saída de Ernani Reis e Marcondes Filho do MJNI

---

[35]Número estimado a partir da existência do processo AN, SV: 3.638/41, iniciado em 16/12/1941.
[36]Número estimado a partir da existência do processo AN, SV: 868/42, iniciado em 5/12/1942.
[37]Número estimado a partir da existência do processo AN, SV: 1.151/43, iniciado em 31/12/1943.
[38]Número estimado a partir da existência do processo AN, SV: 1.249/44, iniciado em 29/12/1944.
[39]Número estimado a partir da existência do processo AN, SV: 830/45, iniciado em 4/8/1945.

em 1945 indica que, naquele ano, cerca de quatrocentos desses processos ainda foram despachados por eles.[40] O acervo original possivelmente possuía 7.736 processos. Cada solicitação dizia respeito a um ou mais solicitantes em um mesmo pedido.

Desse total foram localizados 2.018 processos ou pedidos.[41] Relativas a 1941, 63 solicitações; a 1942, 422; a 1943, 1.023; a 1944, 401; e a 1945, 109 solicitações.

Considerando que certos processos foram anexados uns aos outros, seja em razão da proximidade temática, seja por dizerem respeito ao mesmo requerente, o número considerado existente e que foi trabalhado na pesquisa é de 1.959 processos.

Lamentavelmente, a posterior classificação do Arquivo Nacional não preservou a lógica e a ordem originais do arquivo do Serviço de Visto. As fichas remissivas e temáticas, a que os funcionários do MJNI fizeram constante referência nos processos — por meio de anotações manuscritas — não estão também catalogadas naquele arquivo público. É possível que tenham sido perdidas pela ação do tempo e da má conservação anterior ao seu recolhimento ou encontrem-se não catalogadas no próprio arquivo, como está, por exemplo, o enorme fichário do protocolo da Presidência da República, cuja remissão aos documentos aparentemente perdeu-se antes do recolhimento ao acervo ou foi quebrada pela nova ordenação imposta pela adoção do sistema estabelecido pelo chamado "arranjo Boullier de Branche". A aplicação dessa metodologia de classificação por temas, que implica a quebra da lógica e da organização original dos arquivos que foram encaminhados ao acervo do Arquivo Nacional, é lamentável e muito prejudicial aos pesquisadores. Não fosse a paciência e a boa vontade dos esforçados funcionários daquele arquivo para com os pesquisadores persistentes, o acervo remanescente do Serviço de Visto permaneceria completamente perdido na documentação.

---

[40]Número estimado a partir da existência do processo AN, SV: 435/45, iniciado em 20/2/1945.
[41]Principalmente os pedidos relativos a 1941 se limitavam à guia do MRE ou tão somente ao documento relativo à solicitação e o despacho do MJNI aposto sobre o mesmo.

A totalidade das guias e dos ofícios remetidos pela Divisão de Passaportes do MRE ao Serviço de Visto encontra-se arquivada no Arquivo Histórico do Itamaraty (AHI). Mesmo em se tratando de acervo que se mantém completo em relação aos pedidos de concessão dirigidos ao MJNI, nessa documentação não é encontrado o que é essencial para o presente livro: os pareceres, os argumentos e os documentos existentes unicamente no acervo do MJNI que determinaram a aprovação ou o indeferimento de cada pedido. As guias do MRE contêm os pedidos de visto e os nomes dos requerentes. Mas os pareceres de Ernani Reis com os despachos do ministro da Justiça; as exposições do MJNI para o presidente da República; toda a documentação relativa ao estrangeiro — como certidões, certificados, cartas remetidas, interferências de parentes e autoridades etc. — só são encontrados no acervo do MJNI. Não era objetivo da presente pesquisa fazer um levantamento meramente quantitativo dos pedidos de visto e suas aprovações e indeferimentos, mas sim pesquisar e analisar a orientação do Estado, as razões de governo nos argumentos e a prática dos funcionários encarregados e do presidente enquanto esses se ocuparam intensamente da decisão sobre o assunto. O estudo do debate em relação aos critérios das concessões e dos indeferimentos só aparece no acervo do ministério que detinha a competência decisória do assunto entre 1941 e 1945, o MJNI.

Entre 1999 e 2000, quando tive o primeiro contato com a documentação, foi possível localizar processos que, em 2006, lamentavelmente, perderam-se dentro do próprio arquivo, por razões que desconheço.[42] Um maço completo com processos datados de 1942 e 1944 não foi mais localizado. Calculo que existissem cerca de oitenta processos no maço extraviado, quarenta dos quais eu já havia microfilmado em 1999. Estimo que não possua informação na redação da presente pesquisa a respeito de quarenta processos remanescentes, não localizados. Sendo assim, esta pesquisa tem como base 1.919 processos do Serviço de Visto do MJNI, dos quais presumo existirem 1.959 remanescentes.

---

[42]Provavelmente, quando da devolução da documentação à estante de origem, o funcionário encarregado inseriu o maço em local errado.

Desses 1.919, a maioria trata da concessão de vistos de entrada para estrangeiros. Inclui-se na quantidade todos aqueles que solicitaram vistos permanentes. Entre os solicitantes de visto temporários, todos os estrangeiros, exceto os nascidos em Portugal ou naturais dos Estados americanos. Em relação aos naturalizados, seguiram as regras estabelecidas aos nacionais de seus países de origem.

Aparecem também 159 consultas relativas à autorização de visto de saída. Desses processos, 85 dizem respeito a pedidos de autorização de saída (alguns com solicitação de licença de retorno) para estrangeiros aqui residentes que em razão da naturalidade original (mesmo os naturalizados) passaram a ser, depois do rompimento e da declaração de guerra feita pelo Brasil ao Eixo em 1942, considerados como oriundos das nações inimigas. Eram os naturais da Alemanha, Itália e do Japão, como também da Romênia, Hungria e dos demais países que romperam suas relações diplomáticas com o Brasil naquele momento. Os naturais da Áustria não eram considerados de um país inimigo.[43]

Os demais 74 processos relativos à licença de visto de saída são concernentes a assunto absolutamente não mencionado pela historiografia: autorização para viagem aérea aos Estados Unidos para mulheres. Com os sucessivos afundamentos de navios mercantes no Atlântico por submarinos alemães e italianos e a drástica diminuição desse tipo de transporte, os ainda limitados meios de transporte aéreo passaram a ser muito utilizados em viagens, especialmente entre o Brasil e os Estados Unidos. Em decorrência do "esforço comum de guerra" entre os dois países e as constantes viagens entre os respectivos nacionais, a rota aérea que seguia pela costa atlântica ("via do Atlântico") — existia outra que seguia pela costa do Pacífico, a partir especialmente da Argentina e do Chile — passou a ficar extremamente "congestionada".[44] No início de 1943, o MRE encaminhou a Vargas sugestão proposta pela Embaixada dos Estados Unidos que tinha como objetivo diminuir a procura desse

---

[43]Tal orientação foi estabelecida por meio de instruções reservadas mencionadas em diferentes processos, como, por exemplo, o AN, SV: 1.034/44.

[44]Termos mencionados por Ernani Reis nos pareceres. Como, por exemplo, no encontrado no processo AN, SV: 949/44.

meio de transporte por parte de brasileiros que não estivessem diretamente envolvidos no "esforço de guerra", viagens de negócios ou assuntos considerados relevantes. Em 23 de fevereiro de 1943 o MJNI recebeu o seguinte telegrama do Palácio do Catete:

> Tenho o prazer comunicar lhe presidente República tomando conhecimento aviso América resolveu enquanto permanecer estado de guerra só podem ser concedidas passagens para aquele país a senhoras que pessoal e individualmente viajarem em missão ligada assuntos de guerra pt cordiais saudações = Luiz Vergara Secretário Presidência.[45]

A justificativa era a de que as viagens de mulheres entre o Brasil e os Estados Unidos foram suspensas "atendendo às dificuldades de repatriamento".[46] Considerando as dificuldades de transporte e da guerra, a volta para o Brasil poderia ser dificultada. A determinação tinha aparentemente um sentido de preservar as mulheres de possíveis inconvenientes ou perigos. Embora pareça ter sido motivada simplesmente pela preocupação dos norte-americanos de diminuir a procura e a ocupação de passageiros em viagens aéreas entre os dois países, facilitando assim o transporte de seu próprio pessoal viajando em razão de assuntos relacionados à guerra.

Até 1945 os pedidos de saída de mulheres que não atendessem a assuntos diretamente relacionados ao "esforço de guerra" precisaram ser dirigidos ao presidente, que decidiria pelo deferimento ou indeferimento de uma exceção à regra. A Secretaria da Presidência encaminhava todas essas solicitações ao MJNI. No ministério era elaborada uma exposição de motivos, na qual o pedido de "exceção à regra geral" era analisado caso a caso.[47] As razões consideradas relevantes e que foram aprovadas eram as que apresentaram motivos relativos a tratamento de saúde,

---

[45]AN, SV: 187/43.

[46]Conforme a argumentação que aparece em algumas exposições de motivos do MJNI, entre outros AN, SV: 517/43.

[47]Conforme os termos constantemente utilizados, como, por exemplo, no processo AN, SV: 1.176/44.

estudos e esposas acompanhando ou indo encontrar seus respectivos maridos. Entre os pedidos desse período aparecem solicitações de autorização de visto de saída para as esposas do escritor Érico Veríssimo e do banqueiro Walter Moreira Salles.

Existem também entre os processos do Serviço de Visto comunicações relativas a assunto relacionado a estrangeiros que produziram a abertura de processos no mesmo acervo e foram classificadas pelo MJNI na mesma documentação. Nos processos não relacionados especificamente à autorização para a concessão de visto para estrangeiros aparecem informações relativas a diferentes assuntos. Entre outros: o encaminhamento de informações sobre estrangeiros ou a entrada no país coletadas pela censura postal; comunicações da Delegacia Especial de Estrangeiros (DEE) a respeito de vistos concedidos irregularmente pelo serviço consular no exterior; cartas de denúncia ou de sugestões encaminhadas à Presidência da República e ao próprio MJNI; comunicações e consultas relativas a acordos internacionais a serem assinados pelo MRE.

Dos 1.919 processos remanescentes, 179 chegaram às mãos do presidente da República. Desses, 74 por tratarem de licenças especiais de viagens para mulheres. Os demais, em razão de pedidos que em algum momento foram dirigidos à Presidência da República, seja inicialmente, seja em grau de recurso. Desses processos, alguns chegaram a Vargas mais de uma vez. A comprovação da participação do presidente em todos esses processos é verificada pela assinatura manuscrita de Vargas nos documentos. Seja pela rubrica e redação da data ou em textos pouco mais extensos relativos aos despachos presidenciais.

1.2 A pasta da Justiça e Negócios Interiores

Durante o tempo em que funcionou o Serviço de Visto do MJNI, quatro homens responderam pelo ministério e, consequentemente, despacharam os processos envolvendo a entrada de estrangeiros. Foram eles: Francisco Campos; Vasco Leitão da Cunha; Alexandre Marcondes Filho e Fernando Antunes.

Francisco Luís da Silva Campos (1891-1968) foi ministro do MJNI entre novembro de 1937 e julho de 1942. Idealizador, juntamente com Ernani Reis, de todo o sistema de controle de estrangeiros implementado durante o Estado Novo, Campos só por um breve período, entre abril e agosto de 1941, participou de fato do controle da entrada de estrangeiros e da *triagem* das concessões de vistos a serem concedidos a determinadas categorias de estrangeiros. Embora tenha sido oficialmente exonerado do cargo em 17 de julho de 1942, juntamente com Filinto Strübing Müller, chefe de Polícia, e Lourival Fontes, diretor do Departamento de Imprensa e Propaganda (DIP), já se encontrava afastado desde agosto de 1941. O motivo era doença: "uma disfunção tiroidiana" que o levou a passar por cirurgia e o afastou do posto por 11 meses.[48] O seu brevíssimo retorno em 1942 ocorreu para que fosse cumprido o protocolo da exoneração.[49]

Campos sempre defendeu posições inflexíveis em relação ao tema do controle de entrada de estrangeiros. Conforme é possível observar em uma de suas muitas exposições de motivos a Vargas:

> O Brasil, que não contribuiu para que se criassem na Europa as per-seguições e as dificuldades da vida, não se pode converter numa fácil hospedaria da massa de refugiados [...] Não nos serve esse *white trash*, rebotalho branco que todos os países civilizados refugam, inclusive aqueles que, como a Inglaterra e os Estados Unidos, com mais insistente frequência invocam os princípios liberais e humanitários.[50]

Enquanto o controle de entrada de estrangeiros não estava sob a tutela do MJNI, nas oportunidades em que se manifestou a respeito do assunto, reproduziu posições semelhantes. Uma vez publicado o Decreto-Lei 3.175/41, nos poucos registros remanescentes de 1941 Campos adotou uma posição pouco menos radical. Um ato surpreendente do ministro ocorreu nos primeiros dias de agosto de 1941, quando do impedimento

---

[48]CUNHA, Vasco Leitão da. *Diplomacia em alto-mar: depoimento ao CPDOC.* Rio de Janeiro: FGV, 1994, p. 84.

[49]AN, Processos 15.108, 14.947 e 14.948 do MJNI/42. Lourival Fontes foi diretor do DIP desde a criação do órgão, em 1939.

[50]AN, Arquivo do Gabinete da Presidência da República. Caixa 341, GS/299 nº. 20.445/40 de 5/8/1940. A propósito da permanência definitiva no Brasil do turista húngaro Ladislau Hajdu.

de desembarque nos portos brasileiros de refugiados provenientes da Europa, portando vistos considerados caducos.[51] Vargas naquele momento recebia um grande número de apelos, das mais diferentes origens, solicitando que fosse autorizado o desembarque. Decidiu consultar Francisco Campos a esse respeito.

Em sua exposição de motivos o ministro da Justiça justificou o impedimento como decorrente da obediência aos dispositivos legais, como forma de evitar um "fato consumado", e mencionou as dificuldades de repatriamento.[52] A seguir, culpou as companhias de navegação, que venderam passagens conhecendo a situação irregular dos estrangeiros, e, principalmente, "as autoridades consulares brasileiras que deram saída aos navios, visando listas de passageiros de que constavam nomes de estrangeiros não habilitados a entrar no território nacional, pois já expirara o prazo de validade dos vistos". Sugeriu que os casos poderiam ser estudados individualmente, não se permitindo o desembarque ou reembarcando os passageiros "de cuja idoneidade não houver garantias suficientes". Propôs também que a interpretação em relação à caducidade dos vistos fosse publicada e comunicada às autoridades brasileiras no exterior. "Com isso se evitariam novos erros ou abusos e a medida de generosidade, tão de acordo com a tradição do sentimento brasileiro, não teria, portanto, consequências maiores". E concluiu:

> Assim posta a questão, não hesito em sugerir a Vossa Excelência que se use de benevolência para com os portadores de vistos caducos que já se encontram em terra brasileira ou em navios surtos em nossos portos, ou viajando para eles, e que, no total, pouco excedem de meia centena [...]. Esse pequeno grupo de pessoas encontraria, por fim, em terra brasileira, o abrigo em busca do qual viajam, há mais de sete meses, entre países e mares infestados pela guerra, pela doença, pela miséria e pela fome. À vista do ponto final do longo itinerário, não pesará mais sobre a sua cabeça a ameaça de um regresso que para alguns representará o aprisionamento, a espoliação, a morte e o exercício da vingança do inimigo.[53]

---

[51]Para o fato, o contexto e os pormenores do impedimento, ver: KOIFMAN, Fábio, op. cit.
[52]AN, MJNI, Proc. nº 21.276/41. Ofício de Francisco Campos para Vargas, 12/8/1941.
[53]Ibidem.

O SERVIÇO DE VISTO DO MJNI

Cerca de uma semana depois de encaminhar a exposição de motivos a Vargas, o ministro afastou-se do MJNI.

Francisco Campos não costumava delegar a redação de suas exposições de motivos. Bastante objetivo e direto, foi intelectualmente o mais consistente dos ministros que estiveram à frente do MJNI durante o Estado Novo. Seguro, não parecia estar muito preocupado em necessariamente agradar excessivamente Vargas ou qualquer outro membro do governo. Em verdade, era crítico e ácido com praticamente todos os seus colegas de governo, conforme se pode notar, especialmente, por ocasião do debate em torno da elaboração do Decreto-Lei 3.175/41.[54]

O diplomata Vasco Tristão Leitão da Cunha (1903-1984) foi ministro do MJNI interinamente entre 20 de agosto de 1941 e 17 de julho de 1942. Sua permanência por quase um ano à frente da pasta não fez com que os colegas do Itamaraty deixassem de se referir a ele na correspondência oficial como o "Sr. Responsável pelo Expediente" do MJNI. Outros funcionários dos demais ministérios referiram-se a ele como o "Sr. ministro Interino do MJNI". O período do americanófilo Leitão da Cunha à frente do MJNI foi o de maior rigor e insensibilidade em relação aos dramáticos apelos relacionados à autorização de entrada no país e demais situações nas quais os estrangeiros — em especial os refugiados do nazismo — estiveram envolvidos. De todos os que ocuparam a pasta no período, foi o que despachou proporcionalmente o maior número de indeferimentos. Não há dúvida de que isso também se deu em razão do momento histórico. Especialmente a pressão decorrente dos casos envolvendo o impedimento de desembarque de centenas de estrangeiros que chegaram aos portos brasileiros portando vistos que com a publicação do Decreto-Lei 3.175/41 passaram a ser considerados caducos ou inválidos.

O primeiro dos casos mais dramáticos e rumorosos que ganharam a mídia internacional e produziram uma avalanche de telegramas nacionais e internacionais dirigidos a Vargas foi o que ocorreu em agosto de 1941, que encontrou Francisco Campos ainda respondendo pela pasta.

---

[54]Os autos da elaboração desse decreto são tratados no presente livro.

55

Logo depois que assumiu a pasta, Leitão da Cunha viu-se frente, entre setembro e novembro de 1941, a outros casos dramáticos envolvendo o impedimento de desembarque de refugiados nos portos brasileiros.[55] E a sua posição foi bastante distinta da adotada por Francisco Campos. Em sua exposição de motivos ao presidente fez o histórico do caso no qual as autoridades do porto "impugnando o desembarque das aludidas pessoas, de várias nacionalidades europeias, mas todos judeus, [...] apoiaram-se na circunstância de estarem caducos" e por fim concluiu que, em relação à autorização para o desembarque, "este ministério não se anima, portanto, a pleitear, perante Vossa Excelência, e principalmente porque seria isto contrariar a decisão geral de Vossa Excelência".[56]

Da mesma forma que Francisco Campos, mas sem o mesmo brilhantismo, conhecimento jurídico e a mesma consistência intelectual, Leitão da Cunha não delegava a ninguém a redação das suas exposições de motivos ao presidente. Dos que ocuparam a pasta era o que redigia de forma mais resumida e objetiva. O rigor e a inflexibilidade com os quais tratou as irregularidades cometidas por seus colegas de Itamaraty, denunciando e propondo punições exemplares, se consubstanciam em um dos exemplos indicativos da preocupação do diplomata de reafirmar junto a Vargas uma aparência de total correção, independência e postura — ou a não aderência aos chamados corporativismos — ao mesmo tempo em que evidenciaram uma notada preocupação de agradar o presidente.

Pouco antes de falecer, em 1984, Leitão da Cunha demonstrou um certo remorso quando perguntado a respeito do rigor e da insensibilidade para com os refugiados durante o Estado Novo. Mas logo tratou de redimir-se de qualquer culpa — em um dos muitos lugares-comuns da reconstrução da história do período — indicando a responsabilidade de tal intolerância a "alguns partidários do integralismo", embora ele

---

[55] O drama estava especialmente relacionado ao fato de os impedimentos implicarem retorno para a Europa de pessoas que, em última análise, seriam deportadas para campos de concentração, conforme era o mencionado na época. Em muitos casos, parentes próximos dos passageiros desses navios, que já residiam no Brasil, buscaram por todos os meios a autorização de desembarque. Sobre o assunto, ver: KOIFMAN, Fábio, op. cit.

[56] AHI, Processo 2.161/42. Maiores detalhes, ver: KOIFMAN, Fábio, op. cit.

O SERVIÇO DE VISTO DO MJNI

mesmo tivesse sido figura central e responsável direto não só por um expressivo número de impedimentos de desembarques nos portos brasileiros, mas também pelo indeferimento de pedidos de vistos.[57]

Até a publicação de minha dissertação de mestrado em livro, a historiografia praticamente não havia feito qualquer referência à estreita participação de Vasco Leitão da Cunha em alguns episódios dramáticos relacionados à Segunda Guerra Mundial e o tema dos refugiados, como também à atuação do diplomata junto ao Serviço de Visto do MJNI.[58] O fato que ficou marcado na carreira de Leitão da Cunha relativo ao período e que é frequentemente mencionado nos livros de história e demais textos acadêmicos foi o atrito — que quase levou às vias de fato — que teve com o chefe de Polícia, Filinto S. Müller, por conta da autorização relacionada a uma passeata comemorativa do Dia da Independência dos Estados Unidos em frente à embaixada daquele país.[59] Alguns consideram o enfrentamento e a exoneração de Müller (conforme mencionado, feita conjuntamente com Francisco Campos e Lourival Fontes) como um marco da posição pró-aliada de Vargas em relação à guerra.[60]

Alexandre Marcondes Machado Filho (1892-1974) esteve à frente do MJNI de 17 de julho de 1942 até 3 de março de 1945. Foi o ministro responsável pela existência do rico acervo do Serviço de Visto do MJNI. Até julho de 1942, os pedidos de concessão de vistos eram despachados de maneira breve e manuscrita nas próprias guias remetidas pela Divisão

---

[57]CUNHA, Vasco Leitão da. *Depoimento*. Rio de Janeiro: CPDOC/FGV, 1983, pp. 346-347, pp. 554-555 e pp. 559-560. Transcrição literal.

[58]KOIFMAN, Fábio, op. cit.

[59]Depois de outros atritos entre os dois, a gota d'água se deu em torno da autorização concedida por Vargas para a passeata. Quando Leitão da Cunha, ainda como ministro interino do MJNI, notificou Müller e esse se recusou a cumprir as suas ordens e manteve a proibição do ato público, Leitão da Cunha deu voz de prisão ao chefe de Polícia e o caso foi resolvido semanas depois com a demissão de ambos dos respectivos cargos. CUNHA, Vasco Leitão da, op. cit. (1994), pp. 88-93.

[60]Não compartilho dessa impressão, seja por não considerar que a aproximação política ou militar de Vargas com o Eixo de fato tenha existido em qualquer momento, seja por situar o marco do fim do "jogo de cena" do ditador para com os Estados Unidos e demais aliados já tivesse sido claramente sinalizado a partir do ataque japonês a Pearl Harbor, no fim de 1941, que propiciou o rompimento de relações diplomáticas com os países do Eixo. Convém também lembrar que Vasco Leitão da Cunha foi igualmente afastado do MJNI em razão do incidente, voltando a assumir as suas funções regulares de funcionário do MRE.

de Passaportes ou nos documentos e nas cartas relativos às solicitações. Marcondes Filho estabeleceu a organização que seguiu até o fim do Serviço de Visto. Logo após a sua posse, iniciou-se a sistemática abertura de processos numerados, nos quais era anexada a guia constando a solicitação de autorização de concessão de visto remetida pela Divisão de Passaportes do MRE e demais documentos que eventualmente acompanhassem o pedido. Os processos eram inicialmente remetidos a Ernani Reis, que, após a leitura dos autos, elaborava e anexava o seu parecer, que então aguardava o despacho do ministro. Antes da implementação dessa sistemática, durante as gestões de Francisco Campos e Leitão da Cunha, os pareceres de Ernani Reis quase sempre se limitavam a uma linha manuscrita sugerindo o conteúdo do despacho do ministerial. A partir das modificações surgidas com a ida de Marcondes Filho para o MJNI, os pareceres de Ernani Reis passaram a ser mais extensos e datilografados e o conteúdo passou a seguir um modelo semelhante às exposições de motivos que eram dirigidas ao presidente. Ou seja, com um resumo do pedido, a análise jurídica do mérito, a opinião do parecerista e sugestão de despacho a ser proferido.

Os primeiros pareceres de Ernani Reis eram, muitas vezes, verdadeiras aulas de direito. Pelo teor desses despachos, é possível observar que, embora fosse bacharel em direito, Marcondes Filho pouco conhecia da legislação específica. Talvez por ter se especializado em direito comercial e ter ingressado, ainda na década de 1920, na política.[61]

Ministro do Trabalho desde 29 de dezembro de 1941, Marcondes Filho era uma figura importante da política e da ideologia — ou da propaganda — do Estado Novo nos anos 1940. Seja por seus contatos com os setores industriais paulistas, seja por conta dos seus artigos nas publicações oficiais.

Talvez por conta exatamente desse acúmulo de pastas, funções e responsabilidades, Marcondes Filho tenha delegado de forma tão evidente a Ernani Reis a total condução do assunto que dizia respeito ao

---

[61] ABREU, Alzira Alves de [et alii.] (coord.). *Dicionário Histórico-Biográfico Brasileiro Pós-1930*. Rio de Janeiro: FGV/ CPDOC, 2001.

funcionamento do Serviço de Vistos do MJNI. Não somente as decisões do ministro, na maioria dos casos, seguiram as sugestões de cada parecer de Ernani Reis como já chegavam (a partir de meados de 1943) com o despacho ("aprovo", "indefiro") datilografado e datado. Ao ministro cabia tão somente rubricar e preencher o dia da assinatura.

Vez por outra, como se pretendesse demonstrar independência do assistente, o ministro encaminhava o parecer ao consultor jurídico ou a algum departamento do governo. Invariavelmente, por fim, o parecer de Ernani Reis acabava prevalecendo e o despacho concluído nesse sentido.

Fernando Antunes (1887-1950) ocupou interinamente a pasta da Justiça entre 22 de fevereiro e 27 de março de 1943. Foi secretário da Presidência e depois do Governo do Rio Grande do Sul entre 1923 e 1932. Entre 1928 e 1930, ali trabalhou com Vargas. Entre 30 de novembro e 30 de dezembro de 1933, foi consultor-geral da República. Nesse período teve como auxiliar Ernani Reis. Foi consultor jurídico do MJNI entre 1942 e 1943.[62] Entre 1943 e 1945, integrou a comissão de estudos do Conselho de Segurança Nacional.

De todos os ocupantes do posto foi o que permaneceu menor tempo e o que desempenhou seu papel com a maior parcela de tolerância e boa vontade para com os estrangeiros.

Com a ida de Marcondes Filho para o MJNI, Fernando Antunes ocupou o cargo de consultor jurídico do MJNI entre 1942 e 1943. Em alguns dos pareceres de Ernani Reis sobre os quais Marcondes Filho desejou ter uma segunda opinião despachou: "ao C.J."[63] A opinião divergente de Antunes, por vezes, fez com que Marcondes Filho não seguisse o parecer de Ernani Reis. Mas essas situações foram muito raras. O encaminhamento ao consultor jurídico ocorreu em poucos processos, tendo o ministro acompanhado sistematicamente as proposições cons-

---

[62]Com exceção do período de permanência interina no MJNI, da informação relativa ao cargo de consultor jurídico do MJNI e do contato de trabalho com Ernani Reis, as demais informações foram retiradas de ABREU, Alzira Alves de [et alii.] (coord.), op. cit.
[63]AN, SV: 251/43, por exemplo.

tantes nos pareceres preparados por Ernani Reis.[64] Ocorreu também de Antunes, por vezes, acompanhar o parecer de Ernani Reis, seja por não redigir aparentemente com a contundência necessária ou pelo fato de Marcondes Filho realmente se fiar pela segurança e pela certeza que lhe transmitia regularmente o assistente.

Um exemplo do que é aqui relatado ocorreu no processo relativo ao pedido de visto temporário de Raquel Taylor.[65] Nascida na Áustria, naturalizada mexicana e identificada como israelita pelas autoridades brasileiras, a moça desejava acompanhar os pais — também austríacos naturalizados mexicanos — em viagem de turismo ao Brasil. Alexandre Taylor e a esposa haviam recebido autorização para concessão do visto pouco mais de um mês antes, em 19 de novembro de 1942.[66] Mesmo cumprindo todas as exigências estabelecidas na lei, a vinda de uma família inteira com as características atribuídas aos Taylor, dentro dos critérios de Ernani Reis, se constituía em forte indicativo de que se tratava de uma tentativa de imigrar ilegalmente para o país.

Ao redigir seu parecer em 1º de fevereiro de 1943, Ernani Reis fez uma longa consideração a respeito das dificuldades de transporte aéreo entre o México e o Brasil. Mas esse não era de fato o ponto a que desejava chegar, uma vez que tal consideração não surgiu quando da autorização de concessão de visto para o casal. Na parte final do parecer, Ernani Reis externou sua principal percepção em relação ao pedido: "[...] o fato de Alexandre Taylor pretender, sob a capa de uma breve viagem de negócios, trazer primeiramente a mulher, e, agora, a filha, autoriza a impressão de que, na realidade, o que ele deseja é, aqui chegando, deixar-se ficar,

---

[64]Entre a documentação remanescente encontram-se nove processos nos quais Marcondes Filho encaminhou solicitação de análise para o consultor jurídico Fernando Antunes.

[65]AN, SV: 60/43.

[66]Convém esclarecer que para o Serviço de Visto do MJNI a Áustria e seus nacionais não eram considerados como inimigos e, portanto, não estavam sujeitos às mesmas restrições que alemães, italianos, japoneses, romenos, húngaros e demais países aliados ou associados ao Eixo. Por exemplo, em um parecer redigido em 8/9/1942, Ernani Reis afirma que "se um determinado estrangeiro é portador de passaporte austríaco e se de qualquer forma não aceitou a nacionalidade alemã em virtude da anexação da Áustria, não me parece que o Brasil deva proceder como se tivesse havido essa mudança de nacionalidade". AN, SV: s/n [42], relativo à concessão de visto permanente para o casal austríaco Ernst Georg Josef e Maria Anna Froehlich.

O SERVIÇO DE VISTO DO MJNI

ou seja, imigrar à margem das disposições legais". Suspeitando do pedido, o assistente do ministro propôs o indeferimento. Marcondes Filho despachou no dia seguinte: "ao Consultor Jurídico". Fernando Antunes redigiu de próprio punho, sob o parecer datilografado de Ernani Reis, a sua opinião. Sublinhou a palavra "impressão" no parecer do assistente e expressou:

> O que a suplicante quer, *parece* razoável: "acompanhar seus pais em viagem ao Brasil" — viagem esta já autorizada, mediante visto "para uma demora máxima de 60 dias no Brasil". Sendo assim, é de justiça se lhe defira o pedido. Aceita, porém, a "impressão" do Dr. Ernani Reis, é caso de indeferimento.[67]

Nesse caso, Marcondes Filho optou, poucos dias depois, por seguir a orientação de Ernani Reis e indeferir o pedido de concessão de visto de Raquel Taylor.

Durante a permanência como consultor jurídico do MJNI, antes e depois da interinidade na pasta da Justiça, Fernando Antunes discordou de alguns pareceres de Ernani Reis.[68] Já durante o mês em que permaneceu respondendo pela pasta, nota-se uma postura discreta e comedida em seus despachos e suas exposições de motivos ao presidente. Nesse momento, aparentemente, procurou não polemizar com Ernani Reis, embora tenha discordado do assistente em algumas oportunidades e tenha deferido concessões de visto cujo indeferimento o assistente recomendava.[69]

---

[67]Grifo original. O parecer foi redigido em 12/2/1943.

[68]AN, SV: 1.986/41 e SV: 704/43. O parecer de Antunes é datado de 9/9/1943.

[69]Quando da solicitação de concessão de visto capitalista para a família do francês classificado como "semita" Robert Bollack, Ernani Reis recomendou que o depósito de quatrocentos contos de réis que condicionava a concessão dos vistos fosse de oitocentos contos de réis, uma vez que as duas filhas do solicitante eram maiores de 21 anos. Antunes considerou que as duas moças eram solteiras e viviam na dependência dos pais, autorizando a concessão mediante um único depósito de quatrocentos contos de réis. AN, SV: 13/43. Em outros casos, Ernani Reis recomendou o indeferimento de concessão de vistos temporários e Antunes não seguiu o parecer do assistente, deferindo as concessões. Por exemplo, no pedido relativo à família do francês Fritz Kassener (AN, SV: 129/43). Em outro processo, Antunes afirmou que não havia "motivos legais para o indeferimento" proposto por Ernani Reis e deferiu o pedido de concessão. AN, SV: 54/43.

Dos funcionários do MJNI incumbidos da elaboração de pareceres, além de Ernani Reis e Fernando Antunes aparece o nome de Theodoro Arthou (1912-2000) em dois processos. Em depoimento concedido em 2006, Maria Isabel Arthou, filha de Theodoro, relatou que Marcondes Filho possuía um grupo de quatro jovens advogados que o auxiliavam no MJNI.

> Sempre escutei os relatos do meu pai dizendo que quando trabalhava com o Marcondes, ele, meu pai, era chamado de "prefeitinho". Devido a sua pouca idade e ao poder que tinha. Meu pai rotineiramente entregava pareceres ao Marcondes e, com a intenção de manter-se isento, tinha por costume criar dois tipos de parecer, a partir de diferentes pontos de vista. Marcondes, ao ser defrontado com a escolha do mais adequado, dizia com irritação: "Theodoro, não quero opções! Quero que você me diga qual a sua opinião, é uma ou outra a melhor?" Papai dizia que se sentia constrangido, mas terminava por dizer-lhe. Isso deve ter acontecido várias vezes e o Marcondes já vinha dizendo, traga logo sua única opinião, o Getúlio já está esperando para assinar. [70]

Theodoro Arthou foi mencionado por Ernani Reis em um parecer de 15 de março de 1943, quando da interinidade de Fernando Antunes na pasta da Justiça.[71] Em outro processo do Serviço de Visto, aparece um parecer de Theodoro Arthou a propósito de um debate entre Ernani Reis e Fernando Antunes (concordando com a visão jurídica do segundo) em setembro de 1943.[72]

1.3 Os procedimentos do Serviço de Visto do MJNI

O Serviço de Visto do MJNI sofreu modificações de procedimentos em decorrência dos diferentes pontos de vista de cada titular da pasta. Uma

---

[70]Depoimento de Maria Isabel concedido por telefone em setembro de 2006 e por e-mail em 5/10/2006. Anos depois, Arthou tornou-se procurador-geral da República.

[71]Ernani Reis diz que o colega Theodoro Arthou "tem em mãos um projeto de expediente relativo às viagens de brasileiros para o exterior. Parece-me que o processo lhe poderia ser entregue". Trata-se do processo relativo à saída do brasileiro John Dick Fleming Junior, filho de estrangeiros, para o exterior. AN, SV: s/n [43].

[72]AN, SV: 1.986/41 e SV: 704/43.

quantidade expressiva de pareceres de Ernani Reis não está arquivada nos processos do Serviço de Visto, mas nos mais diferentes processos do MJNI do período. É possível encontrar esses pareceres (acompanhados dos despachos de quem respondia pelo MJNI) em processos que envolviam de um modo geral estrangeiros, como sociedades, clubes etc., assim como em processos individuais relacionados à permanência, expulsão, transformação de visto etc.

Outro acervo em que os pareceres de Ernani Reis são bastante incidentes são os prontuários do Serviço de Registro de Estrangeiros (SRE) relativos à documentação. A partir especialmente de junho de 1942, Ernani Reis passou a organizar o arquivo do Serviço de Visto por meio de fichas temáticas, hoje desaparecidas. O assistente do ministro sistematicamente consultava os fichários e arquivos do Serviço de Visto e da Comissão de Permanência de Estrangeiro (CPE) e regularmente solicitava informações à Delegacia Especial de Estrangeiros (DEE) do Distrito Federal ou dos demais Estados quando surgia um novo pedido de concessão de visto que lhe parecesse suspeito.[73] Esse fato é largamente comprovado pela constante presença de pequenas notas redigidas para os auxiliares "Heloísa [Heloísa Silveira Lobo]", "Laura Martins" e "Nilo Torres [da Cunha]" e as respostas desses.[74] Algumas orientações do assistente eram minuciosas: "H. [Heloísa] — Capear, sem furar o passaporte, colocando, em seguida, mais uma folha em branco. Grampo de metal amarelo."[75] O fichário era organizado por índice temático no qual as decisões do presidente, dos ministros ou do próprio Serviço de Visto tornavam-se "precedentes estabelecidos", produzindo uma espécie de jurisprudência para os casos e pedidos. Em muitos processos apa-

---

[73]Entre outras razões, a consulta a DEE ocorria quando o solicitante já residira anteriormente no Brasil ou quando o processo mencionava um estrangeiro aqui residente interessado na concessão.
[74]Esses três nomes aparecem com frequência em bilhetes apensados nos processos e prontuários. De acordo com a "Justificação da proposta orçamentária para o exercício de 1942", constante do processo da Divisão de Orçamento do MJNI, trabalhavam na CPE, em setembro de 1941, os auxiliares de escritório Alda Millet Moreira Lopes, Heloísa Silveira Lobo e Mário Alves da Fonseca Filho, conforme AN, processo nº 6.137/41. Laura Martins e Nilo Torres da Cunha foram contratados para a CPE com a autorização pessoal de Getúlio Vargas em setembro de 1942. AN, Divisão de Pessoal do MJNI, Processo 19.611/42.
[75]AN, SV: s/n [42]. Relativo ao processo de Oscar Nieto Ginetti.

IMIGRANTE IDEAL

recem referências a processos anteriores e às suas respectivas decisões. Quando desejava reforçar o que propunha como despacho ministerial em um determinado processo, Ernani Reis sugeria a observância dos "precedentes estabelecidos", embora nas solicitações relativas a estrangeiros considerados indesejáveis os precedentes mencionados raramente eram os que concluiriam pelo deferimento do pedido.

As solicitações de Ernani Reis aos seus subordinados para que consultassem esses arquivos aparecem redigidas a mão, normalmente nas capas dos processos ou sob documentos dos autos, e as respostas em pequenos papéis de anotação com o timbre da Comissão de Permanência de Estrangeiros ou outros do Gabinete do MJNI, com os dizeres "Dr. Ernani, nada encontrei 'anterior' no SV" ou com as informações, quando encontradas.

A maior parte dos processos data do período posterior a 1942. Existem fragmentos dos processos de 1941 em processos abertos depois. Isso se dava em razão de um novo pedido de concessão de visto requerido por estrangeiro que já havia solicitado a concessão de visto em 1941 ou no início de 1942. Aparentemente, os papéis relativos a 1941 e ao primeiro semestre de 1942 permaneceram em arquivo separado. Com a nova sistematização estabelecida na época em que Marcondes Filho assumiu a pasta, essa documentação foi sendo integrada aos novos processos quando foi surgindo matéria nova relativa ao mesmo estrangeiro. O novo processo era aberto e o anterior anexado aos autos. Assim, temos notícia da existência de processos de 1941, sem, contudo, ter localizado integralmente o fundo ou saber da sua existência nos dias de hoje.

Além dos vistos permanentes e temporários, o MJNI exigia vistos de trânsito das pessoas que passavam pelo território nacional ou pousavam nele, por estar em viagens de avião, muito usadas quando a frequência dos navios diminuiu. Passageiros que seguiam de Lisboa para Buenos Aires, por exemplo, ao parar em Natal, Recife, Rio de Janeiro, Porto Alegre etc. precisavam ter visto de trânsito válido.

Com a publicação do Decreto-Lei 3.175/41 e, especialmente, a Circular 1.522, cujas instruções regulavam justamente a aplicação do decreto, o número de pedidos relacionados à concessão de visto permanente, temporários ou de trânsito encaminhados por refugiados reduziu-se expressivamente.

A partir de janeiro de 1942 até meados de 1944, em decorrência do conflito e, em especial, da ação dos submarinos alemães (e também italianos), o número de navios que chegavam ao Brasil, especialmente vindos dos portos europeus, diminuiu ou praticamente inexistiu ao longo de algumas semanas. Sob esse aspecto, o efeito do conflito teve seu ponto máximo em 1943.

As novas regras e os novos sistemas estabelecidos no Decreto-Lei 3.175/41, que vinculava a concessão de vistos permanentes a consulta e autorização prévia do MJNI, e a sistemática remessa à polícia das listas referentes aos nomes dos estrangeiros que tiveram seus pedidos deferidos e indeferidos pelo Serviço de Visto fizeram com que o controle nos portos e aeroportos brasileiros impedisse o desembarque de qualquer estrangeiro cuja entrada no Brasil não tivesse sido expressamente autorizada pelo ministro da Justiça. Além dos impedimentos de desembarque que o sistema produziu, o controle estabelecido fez com que cônsules e diplomatas que seguiram concedendo vistos de entrada para o Brasil sem a devida observação dos novos procedimentos estabelecidos pelo decreto-lei fossem claramente identificados e sofressem processo administrativo, punições e até demissões "a bem do serviço público".[76] Especialmente pelo fato de as irregularidades produzirem inquéritos fora da esfera administrativa interna do Itamaraty.

Se os representantes consulares brasileiros já estavam atentos em cumprir as novas orientações estabelecidas na circular de instruções para o cumprimento do Decreto-Lei 3.175/41, as punições exemplares dos colegas sinalizaram claramente o que implicariam novas concessões de vistos que não seguissem estritamente as regras.

---

[76]Entre outros, responderam a inquéritos, entre 1941 e 1942, os cônsules Osório Porto Bordini, de Cádiz, e Antônio Porciúncula, de Casablanca, e o embaixador Souza Dantas, então em Vichy. O cônsul Murilo Martins de Souza foi aposentado "no interesse do serviço público" por ordem de Getúlio Vargas. Em todos os casos, os inquéritos e as punições decorreram da concessão e revalidação de vistos não autorizados. KOIFMAN, Fábio, op. cit., e AHI, 66/3/6.

Dessa forma, com o sistema em pleno funcionamento, a grande maioria das solicitações de vistos encaminhadas no estrangeiro passou a ser bastante filtrada nos serviços consulares brasileiros.

Com a saída de Ernani Reis do Serviço de Visto e de Marcondes Filho do MJNI em 28 de fevereiro de 1945, o expediente passou a ser respondido, respectivamente, por Isidoro Zanotti, na análise de pedidos e elaboração de pareceres, e por Adroaldo Tourinho Junqueira Ayres, na decisão e assinatura dos deferimentos e indeferimentos. O primeiro era secretário do Departamento do Interior e Justiça do MJNI e o segundo, diretor-geral do mesmo departamento.[77]

Durante o pouco mais de um mês em que responderam pelo Serviço de Visto deram continuidade aos processos e seguiram de uma forma ou de outra as decisões anteriores. Em 21 de maio de 1945 o Decreto-Lei 7.575 revogou o Decreto-Lei 3.175/41, "considerando cessados os motivos de ordem política que levaram o governo a restringir a entrada de estrangeiros em território nacional e por lhe parecer conveniente facilitar desde já a emigração dos países europeus para o Brasil."[78]

---

[77]Isidoro Zanotti tornou-se anos depois um jurista respeitado internacionalmente. Trabalhou por longos anos na Organização dos Estados Americanos (OEA) e deixou expressivo número de artigos e livros publicados. Adroaldo Junqueira Ayres foi ministro da Justiça interino (29/6/1950-4/8/1950) do governo do presidente Dutra. Foi também entre 1953 e 1954 diretor de programas da Coordenação de Aperfeiçoamento de Pessoal de Nível Superior (Capes) do Ministério da Educação.
[78]Decreto-Lei 7.575 (21/5/1945).

CAPÍTULO 2 Apontamentos a respeito do pensamento eugênico no Brasil

> "Pelo aperfeiçoamento eugênico da raça,
> apressar o progresso do país."
>
> *Getúlio Vargas*[79]

Em que difere o pensamento eugênico europeu ou norte-americano do brasileiro nos anos 1920 e 1930? Quais seriam as diferenças? O que poderia ter constituído influência no pensamento ou quais seriam as bases teóricas da eugenia de Francisco Campos, seus assistentes e sucessores na pasta da Justiça?

Conforme já demonstraram alguns estudos, a recepção do pensamento eugenista no Brasil guardou características próprias.[80] Além das subdivisões determinadas pelas diferentes correntes já estabelecidas

---

[79] "Manifesto à nação" lido em sessão solene no edifício da Câmara dos Deputados em 14/05/1932. O texto foi publicado na íntegra no DOU de 16/05/1932 com o título "A nação brasileira".

[80] STEPAN, Nancy Leys. *The Hour of Eugenics: Race, Gender, and Nation in Latin America.* Ithaca: Cornel University Press, 1991; ———. *Eugenia no Brasil, 1917-1940.* In: HOCHMAN, Gilberto (org.). *Cuidar, controlar, curar: ensaios históricos sobre saúde e doença na América Latina e Caribe.* Rio de Janeiro: Fiocruz, 2004, pp. 331-391.

na Europa e nos Estados Unidos, os eugenistas brasileiros trataram de estabelecer sentidos próprios para o movimento no país. Não que essa "tropicalização" de ideário estrangeiro fosse algo incomum, mas, especificamente em relação às propostas ditas eugenistas apresentadas por intelectuais brasileiros, frequentemente não guardavam qualquer proximidade com a eugenia, tal como a "ciência" era reconhecida no exterior.

De forma semelhante, o mesmo fenômeno ocorreu, na mesma época, em outros países latino-americanos, como, por exemplo, o Chile. Recentemente, Victor Farías publicou uma obra na qual revela que Salvador Allende, presidente chileno de 1970 a 1973, médico de formação, traçou propostas de políticas públicas influenciadas por ideário eugenista quando foi ministro da Saúde (1938-41).[81] O livro despertou polêmica e, não diferentemente do que ocorre na maioria das vezes em que o assunto é tratado sem a devida análise das particularidades históricas, socioculturais e políticas de cada meio intelectual, em especial na análise da influência e das formas e adaptações que a eugenia tomou nos diferentes países, o autor foi acusado de distorcer os fatos e de acusar Allende de ser "um nazista disfarçado de socialista".[82] Sem entrar no mérito da polêmica ou das conclusões de Farías, certos pontos da análise do autor e parte da crítica seguem a linha majoritária na historiografia de vincular automaticamente toda e qualquer evidência de ideal eugênico à sua forma mais radical de manifestação, a linha adotada pelo nazismo alemão. Além dos problemas relativos à falta de cuidados com o anacronismo,[83] os críticos não levam em conta, justamente, as particularidades que o eugenismo tomou em diferentes países.

---

[81]FARÍAS, Victor. *Salvador Allende. Antisemitismo y Eutanasia.* Barcelona: Áltera, 2005. Farías é filósofo e historiador, catedrático da Freie Universitat (Universidade Livre) de Berlim.

[82]ROUDINESCO, Elisabeth. "Sujando a memória de Allende". *Revista Viver, Mente & Cérebro.* São Paulo, n° 156, jan. 2006. Disponível em: (http://www2.uol.com.br/vivermente/conteudo/editorial/editorial_18.html). Acesso em 27/1/2006. A autora é diretora de pesquisa do Departamento de História da Universidade de Paris VII — Denis Diderot.

[83]Por mais abjetas que certas propostas nos pareçam hoje e mesmo considerando as críticas que já surgiam na época em que tais ideias eram formuladas, não era possível prever o rumo e as consequências da difusão de algumas ideias eugenistas que influenciariam o desenvolvimento da genética, como também concederiam ao racismo intolerante do nazismo uma falsa aparência de ciência, apresentada como justificativa para perpetração de crimes contra a humanidade.

APONTAMENTOS A RESPEITO DO PENSAMENTO EUGÊNICO NO BRASIL

Embora o tema apareça eventualmente em determinados estudos, alguns deles aqui mencionados, tenho a impressão de que a recepção das ideias eugenistas no Brasil e suas adaptações e transformações ainda aguardam uma investigação mais aprofundada e exclusiva, a ser levada a cabo por um historiador que dê continuidade, aprimore ou refute as obras pioneiras de Nancy Stepan. Boa parte dos trabalhos que têm sido produzidos ainda é específica, traçando a sua análise e interpretação dentro dos universos e limites de cada matéria ou disciplina objeto de estudo ou da área de interesse do pesquisador.

Talvez um estudo histórico mais completo e profundo possa produzir uma análise ampla do assunto, complementada em pesquisa empírica que poderia aproveitar o que até agora já foi investigado.

O meu interesse no tema da recepção das ideias eugenistas no Brasil é incidental e minha postura não difere da de outros pesquisadores que me antecederam e trataram do assunto com limitações em razão do compromisso de seguir o rumo temático inicial de seus estudos ou por outras razões. Como outros, tive contato com a expressa manifestação de pensamentos claramente eugenistas na leitura de documentos arquivados em acervos públicos, consultados em razão de minha pesquisa relacionada ao doutorado, que produziu o presente livro. A análise relacionada à eugenia e à forma que o conjunto de ideias adquiriu junto aos intelectuais brasileiros talvez possa explicar ou ajudar a compreensão do modo de pensar de alguns homens de governo e funcionários estado-novistas mencionados no presente texto.

Correntemente, a expressão eugenia é — mesmo nos meios mais cultos e acadêmicos — notadamente associada à sua concepção europeia ou, mais raramente, também à concepção norte-americana, não levando em conta as peculiaridades locais. Mesmo entre os trabalhos mais recentes tornados públicos, raramente surgem observações que deem conta aos leitores das características próprias da eugenia no Brasil e em outros países. O mais frequente nos trabalhos é a análise de

IMIGRANTE IDEAL

viés mais específico, abordando normalmente os principais expoentes do movimento eugenista no Brasil, em especial as obras e a produção intelectual de Renato Ferraz Kehl, sem, contudo, explicitar as nuances e particularidades da eugenia brasileira em uma esfera mais ampla da sociedade. Os pensadores menos radicais, contundentes, os que não se mostraram publicamente tão convictos ou aqueles cujas memórias e referências ao tema da eugenia se perderam — proposital ou acidental-mente — no tempo são raramente mencionados. Igualmente ignorados são os reflexos da eugenia, mesmo que atenuada ou com indícios de diferentes graus de adesão, presentes em manifestações de intelectuais que não figuravam entre os principais articuladores ou entusiastas do tema — caso de determinados homens a serviço do Estado Novo — cujas opiniões expressas na documentação oficial indicam terem sofrido tal influência e que foram determinantes na tomada de certas decisões do governo brasileiro de então.

Entre os pesquisadores que já estudaram ou seguem estudando as-suntos relacionados à recepção da eugenia no Brasil estão Júnia Sales Pereira,[84] Ricardo Augusto dos Santos,[85] Marcos de César Freitas,[86] José Roberto Franco Reis,[87] Marcos Alexandre Gomes Nalli,[88] Endrica

---

[84]PEREIRA, Júnia Sales. *Juventude e eugenia no Ministério Gustavo Capanema*. Mimeo, 2000, p. 13. O ensaio é parte modificada da dissertação de mestrado em História *A escultura da raça: juventude e eugenia no Estado Novo*. Belo Horizonte, PPGH-UFMG, 1999.

[85]SANTOS, Ricardo Augusto dos. "Estado e eugenismo no Brasil". In: MEDONÇA, Sônia Regina de. *Estado e historiografia no Brasil*. Niterói: Eduff, 2006. Santos defendeu a tese de doutorado intitulada *Pau que nasce torto, nunca se endireita! E quem é bom, já nasce feito? Esterilização, saneamento e educação: uma leitura do eugenismo em Renato Kehl (1917-37)*. Niterói, PPGH-UFF, 2008.

[86]FREITAS, Marcos Cezar de. "Política social e racismo como desafios para historiadores da edu-cação". *História, Ciência, Saúde — Manguinhos*, v. 11, nº 3, set./dez., 2004, Rio de Janeiro, Fio-cruz, pp.797-803. Disponível em: http://www.scielo.br/scielo.php?script=sci_arttext&pid=S0104-59702004000300017&lng=pt&nrm=iso. Acesso em 8/2005.

[87]REIS, J.R.F. "Raça, imigração e eugenia: o projeto de regeneração nacional da Liga Brasileira de Higiene Mental". *Estudos Afro-Asiáticos*, v. 36, Rio de Janeiro, 1999, pp. 29-55. _____ "De pequenino é que se torce o pepino: a infância nos programas eugênicos da Liga Brasileira de Higiene Mental". *História, Ciência, Saúde — Manguinhos*, v. 7, nº. 1, Rio de Janeiro, Fiocruz, 2000, pp. 135-157. Entre outros trabalhos.

[88]NALLI, Marcos. "Antropologia e segregação eugênica: uma leitura das lições de eugenia de Renato Kehl." In: BOARINI, Maria Lúcia (org.). *Higiene e raça como projetos: higienismo e eugenismo no Brasil*. Maringá: Eduem, 2003, pp. 165-183.

APONTAMENTOS A RESPEITO DO PENSAMENTO EUGÊNICO NO BRASIL

Geraldo,[89] Waldir Stefano,[90] Marcos Virgílio da Silva,[91] sendo que alguns se ocuparam de investigar, de maneira mais específica, as influências daquela então considerada ciência no campo de conhecimento e de políticas públicas relacionadas à educação, saúde, arquitetura, psicologia e medicina, entre outras abordagens mais detidas e específicas das diferentes áreas acadêmicas.

O presente capítulo tem por objetivo contextualizar, no universo da recepção de determinadas ideias, evidências da influência do ideário eugenista no pensamento e nos atos dos responsáveis pelo Serviço de Visto do MJNI. Ofícios dos ministros que ocuparam a pasta e parte do conteúdo dos pareceres do principal funcionário envolvido no assunto, Ernani Reis, contêm indicações e vestígios de certa adesão a algumas dessas concepções. Essa adesão era por vezes tornada explícita em algumas oportunidades, como no caso do processo que tratou da concessão de visto para o Brasil do cidadão português Miguel Campos, que acabou por fazer produzir um ofício dirigido ao presidente Vargas, no qual o ministro da Justiça afirmou que "a idade, quase setenta anos, exclui o temor de que uma nova prole se forme, que venha a herdar uma enfermidade paterna",[92] entre outros que trato de apresentar no presente livro.

Entretanto, nem sempre os ofícios e pareceres influenciados por princípios eugenistas foram redigidos de forma tão clara como o exemplo citado. Assim, para identificar e compreender na documentação o que se pode ou não indicar como parte do ideário eugenista, com suas particularidades e versatilidades, é necessário considerar com o devido cuidado, a devida atenção e "tropicalização" as características próprias da "ciência" nos meios intelectuais brasileiros.

---

[89]Desenvolve a tese de doutorado em história intitulada *Política imigratória e pensamento racial na Era Vargas (1930-1945)* na Unicamp, Campinas (SP).

[90]STEFANO, Waldir. "Relações entre eugenia e genética mendeliana no Brasil: Octávio Domingues". In: MARTINS, R.A. [et alii.]. (orgs.). *Filosofia e história da ciência no Cone Sul: 3º Encontro*. Campinas: AFHIC, 2004, p. 488.

[91]SILVA, Marcos Virgílio da. "Detritos da civilização: eugenia e as cidades no Brasil". Portal Vitruvius/Arquitextos, 2004, p. 5. Disponível em: www.vitruvius.com.br/arquitextos/arq000/esp235.asp. Acesso em 12/2004.

[92]AN, SV: 408/43. Ofício de Marcondes Filho para Vargas, em 26/5/1944.

Um dos principais expoentes divulgadores do pensamento eugênico no Brasil foi o já citado médico Renato Ferraz Kehl, que esteve envolvido no debate desde 1917 até os anos 1940. Participou dos primeiros congressos brasileiros e de organizações pela promoção da eugenia que sugiram no período. Mesmo na crença de estar reproduzindo no Brasil os conceitos modernos da nova "ciência eugênica", criada pelo inglês Francis Galton, a proposta brasileira produziu um leque extenso de interpretações. Em 1931, depois de estudar textos produzidos por eugenistas brasileiros, o eugenista britânico K.E. Trounson concluiu que:

> Aparentemente os brasileiros interpretam a palavra [eugenia] de forma menos estrita que nós e fazem-na cobrir muitas coisas que chamaríamos de higiene e sexologia elementar; e não se traça uma distinção muito clara entre condições congênitas devidas a acidentes pré-natais e doenças estritamente genéticas [...]. Conflitos familiares, educação sexual e exames e atestados pré-nupciais parecem ser os assuntos que mais interessam aos eugenistas brasileiros, enquanto a genética e a seleção natural e social são bastante negligenciadas. A abordagem é mais sociológica do que biológica.[93]

Para Nancy Stepan, "vista com olhos britânicos, a eugenia brasileira pode ter parecido um exemplo de pensamento científico errôneo ou descuidado. Vista na perspectiva brasileira, porém, o britânico deixara de perceber a lógica subjacente à sua ciência eugênica, uma lógica que permitia a muitos brasileiros afirmar que 'sanear é eugenizar'".[94] Para Stepan, "em virtude de seu clima tropical e de sua população 'mestiça', o Brasil representava tudo que os europeus consideravam disgênico".[95] Nas análises sociais e científicas europeias a que os intelectuais brasileiros tinham acesso e citavam, "o Brasil era tido como exemplo ideal da 'degeneração' que ocorria em nações tropicais racialmente híbridas". Autores como Henry Thomas Buckle, Benjamin Kidd, Georges Vacher

---

[93]Apud STEPAN, Nancy Leys, op. cit. (2004), p. 345.
[94]STEPAN, Nancy Leys, op. cit. (2004), p. 346.
[95]Ibidem, p. 335.

de Lapouge, Gustave Le Bon, o conde Gobineau "[...] *were widely quoted for their theories of Negro inferiority, mulatto degeneration, and tropical decay.*"[96]

Também chegavam ao Brasil ideias norte-americanas de semelhante significado. Diversos autores consideravam a formação da população brasileira como evidência de que os mestiços não poderiam produzir uma grande civilização e pagariam pela "promiscuidade" de sua "liberalidade racial" nos "cruzamentos" que produziram degeneração e *"people incapable of progressive development".*[97]

Por razões relacionadas à composição multiétnica do povo brasileiro, tais premissas foram rebatidas por alguns eugenistas brasileiros. Um exemplo pode ser encontrado nos textos de Roquette-Pinto, que, em 1927, escreveu:

> Tudo quanto se tem apurado, no Laboratório de Antropologia do Museu Nacional, confirma [...] a nossa população mestiça, quando sã, não apresenta nenhum caráter de degeneração física ou psíquica. [...] não denunciam absolutamente nenhuma inferioridade biológica. Quanto ao que a raça pode dar como energia moral [...], são o melhor testemunho de que ela não fica a dever nada aos povos fortes.[98]

Embora parte dos eugenistas tenha de fato se convencido da suposta má-formação ou degenerescência do povo brasileiro, outros advogaram que "seria por meio da miscigenação racial que o Brasil realizaria seu próprio futuro 'eugênico'".[99] Nesse contexto é que está inserida uma certa retomada dos ideais de branqueamento. A miscigenação e a integração do povo, com novas levas de imigrantes brancos — considerados superiores ou fortes biologicamente —, propiciariam um futuro "menos moreno" à população brasileira.

---

[96]Ibidem, pp. 44-45.
[97]Ibidem, p. 45.
[98]ROQUETTE-PINTO, Edgard. *Seixos rolados (estudos brasileiros).* Rio de Janeiro: s/ed., 1927, pp. 201-202. O livro possui um capítulo intitulado "As leis da eugenia" (pp. 163 a 205) no qual Roquette-Pinto realiza uma longa análise e críticas sobre o tema.
[99]STEPAN, Nancy Leys, op. cit. (2004), p. 359.

À exceção de Stepan, a historiografia ainda segue considerando como próprio do que se possa classificar como ideário eugenista de boa parte dos intelectuais brasileiros os discursos que, tão somente, seguiam os modelos estabelecidos dentro dos padrões estrangeiros clássicos.[100] Os eugenistas norte-americanos, por exemplo, pregavam a esterilização de seres humanos e não interpretavam a prática de educação física, o saneamento e a higiene como projeto propriamente eugenista.[101] Boa parte dos eugenistas brasileiros não era adepta da ideia de esterilização e considerava as atividades mencionadas como expressões da "ciência da eugenia". O próprio Roquette-Pinto alertava que "muitos, e mesmo alguns médicos mal informados, confundem eugenia com higiene".[102] Por outro lado, especialmente na década de 1930, Kehl, percebendo que "a elite abraçou a higiene pessoal, o exercício físico e até os esportes organizados como 'eugênicos'", começou a protestar, "afirmando que nenhuma reforma higiênica, por maior que fosse, poderia alterar o estoque hereditário do Brasil", e passou a citar mais correntemente eugenistas raciais alemães e escandinavos "passando a uma eugenia mais negativa e racista".[103] Ainda assim, Kehl seguia, em 1937, considerando eugenismo atividades que promoviam "a educação, o saneamento, os esportes, a legislação e a higiene".[104]

No Brasil, o termo adquiriu uma conotação elástica, na qual a associação de eugenia com higiene social era a mais comum, que permitiu uma ampla utilização, até mesmo porque foi preciso estabelecer outro modelo que não considerasse a formação do povo brasileiro como necessariamente degenerado. Assim, a utilização da expressão eugenia, mesmo que intrinsecamente complexa para um país miscigenado, seguiu soando "moderna", "científica", "acadêmica" e "internacional", enchendo os olhos dos intelectuais que faziam uso dela. Nas palavras de Stepan, "[...]

---

[100]Talvez tal tendência possa ser modificada a partir da divulgação dos trabalhos acadêmicos em desenvolvimento.

[101]A maioria dos artigos e das publicações que abordam o assunto sequer toma ciência da corrente eugenista norte-americana e da sua forte influência na Europa.

[102]ROQUETTE-PINTO, Edgard, op. cit., p. 204.

[103]STEPAN, Nancy Leys, op. cit. (2004), p. 365.

[104]Ibidem, p. 366.

mesmo que os brasileiros ainda fossem, em grande parte, consumidores da ciência, e não produtores, ainda assim a história da eugenia no Brasil deve ser vista como parte de um entusiasmo generalizado pela ciência como 'sinal' de modernidade cultural".[105] Os filtros e as adaptações eram necessários e foram estabelecidos.

De forma não diferente da que adquiriu em países europeus e nos Estados Unidos, não raro o discurso eugênico, especialmente a variante racista que estabelecia valoração genérica de qualidade entre diferentes grupamentos humanos, simplesmente concedeu um discurso de aparências supostamente científicas às mais diferentes formas e expressões de preconceito, em um processo de racionalização do ódio que não foi exclusivo ou original dos intelectuais brasileiros. Tal fenômeno não se constituiria em novidade em um país recém-saído de uma sociedade escravista.[106]

Nas primeira duas décadas do século XX, o sucesso das campanhas de saneamento e prevenção de doenças levadas a cabo por Oswaldo Cruz gerou uma aproximação entre a classe médica (e dos profissionais de orientação científica de um modo geral) e o Estado em uma integração ou consultoria que repercutiu na orientação das políticas públicas, tendo a saúde paulatinamente se tornado parte integrante dos objetivos políticos.

No Brasil, o movimento eugênico seguiu algumas correntes do pensamento no estrangeiro, sempre sofrendo adaptações. A corrente que interessa especialmente ao meu objeto de estudo é a que foi fundada nos círculos de medicina legal, que associava crimes à questão racial e elaborava questões eugênicas relacionadas à imigração, como se vê, por exemplo, nos discursos de Miguel Couto em sessões da Academia Nacional de Medicina.[107]

Em julho de 1929 realizou-se no Rio de Janeiro o primeiro Congresso Brasileiro de Eugenia. Os temas debatidos já dão uma ideia da abrangência do assunto entre os eugenistas brasileiros: "matrimônio e eugenia, educação eugênica, proteção da nacionalidade, tipos raciais, importância dos arquivos genealógicos, imigração japonesa, campanhas

---

[105]Ibidem, p. 337.
[106]Sobre o assunto, ver cap. II de SKIDMORE, Thomas, op. cit.
[107]STEPAN, Nancy Leys, op. cit. (2004), p. 344.

antivenéreas, tóxicos e eugenia, tratamento dos doentes mentais e proteção à infância e à maternidade."[108]

Entre os títulos listados no "índice bibliográfico das publicações nacionais sobre eugenia e questões afins" apontado por Renato Kehl quando de sua participação no congresso aparece *O problema da immigração nos Estados Unidos da América*, do então cônsul brasileiro em Nova York, Gabriel de Andrade.[109] Esse texto, publicado em 1928 no Brasil na forma de livro pela Imprensa Nacional, é um longo relatório no qual o autor elabora o histórico da imigração para aquele país e as leis restritivas que acabaram por surgir em meados dos anos 1920.[110] Crítico minucioso dos diferentes grupos de imigrantes chegados aos Estados Unidos, estabelece valoração entre esses, tecendo observações a respeito do que considerava como qualidades e defeitos e quais deles em sua opinião poderiam ser considerados como bons imigrantes para o Brasil. Em suas fontes, Andrade indica vários pensadores eugenistas norte-americanos. Um dos citados e algumas das teses que ali aparecem seriam mais tarde, em 1941, também mencionados nos argumentos que o ministro da Justiça, Francisco Campos, dirigiu a Vargas quando da elaboração de legislação de imigração brasileira.[111] Bastante expressivo foi o fato de o texto do cônsul ter sido também reproduzido na íntegra no Diário Oficial da União, poucos meses depois da realização do Congresso Brasileiro de Eugenia, no dia do feriado de 7 de setembro de 1928.

Azevedo Amaral apresentou no mesmo Congresso o documento restricionista a não brancos intitulado "O problema eugênico da imigração", que dominou boa parte dos debates. Por outro lado, um grupo liderado por Roquette-Pinto concordava com a necessidade de selecionar

---

[108]Ibidem, p. 345.

[109]COSTA, Cláudia Ferreira da. *Eugenia e identidade: a campanha contra a imigração assíria para o norte do Paraná no ano de 1934*. Trabalho de conclusão de curso (graduação em história). Universidade Federal do Paraná, 2003. Disponível em: http://www.historia.ufpr.br/monografias/2002/claudia_ferreira_costa.pdf. Acesso em 8/10/2011. De acordo com Cláudia, a lista e esse título aparecem nas atas de 1929 do Congresso, pp. 58-61.

[110]ANDRADE, Gabriel. *O problema da immigração nos Estados Unidos da América*. Rio de Janeiro: Imprensa Nacional, 1928.

[111]Edward Alsworth Ross é citado por ambos, assim como a tese de que os judeus comporiam "a raça de mais baixa mortalidade" e que nos Estados Unidos o grupo só teria contribuído "para o abarrotamento de várias cidades americanas", entre outras.

novos imigrantes, desde que isso tivesse como base a "saúde e visaria a assegurar a entrada de pessoas dispostas a aprender português e a adaptar-se ao jeito brasileiro, de modo que o Brasil pudesse chegar à unidade nacional. Aquilo a que se opunham era uma seleção racial da imigração".[112] Entre as resoluções aprovadas, uma que instava o governo a estabelecer "[...] uma política nacional de imigração que limitasse a entrada no Brasil aos indivíduos julgados 'eugenicamente' adequados com base em algum tipo de avaliação médica".[113] O assunto reapareceria nos debates da Constituinte de 1933/34 — que estabeleceu o sistema de quotas de imigração visando especialmente a restringir a vinda de novos imigrantes japoneses — e com o Estado Novo, com a promulgação de vários decretos, especialmente o Decreto-Lei 406 (4/5/1938) e o Decreto-Lei 3.010 (20/8/1938), que impuseram a necessidade de exame e de laudo médico, que passaram, entre outras exigências, a integrar o rol de documentos necessários à obtenção de um visto para o Brasil.[114]

O primeiro artigo do primeiro capítulo do Decreto-Lei 406/38, intitulado "Da entrada de estrangeiros", informa:

> Art. 1º — Não será permitida a entrada de estrangeiros, de um ou outro sexo:
>   I. aleijados ou mutilados, inválidos, cegos, surdos-mudos;
>   II. indigentes, vagabundos, ciganos e congêneres;
>   III. que apresentem afecção nervosa ou mental de qualquer natureza, verificada na forma do regulamento, alcoolistas ou toxicômanos;
>   IV. doentes de moléstias infectocontagiosas graves, especialmente tuberculose, tracoma, infecção venérea, lepra e outras referidas nos regulamentos de saúde pública;
>   V. que apresentem lesões orgânicas com insuficiência funcional;
>   VI. menores de 18 anos e maiores de 60, que viajarem sós, salvo as exceções previstas no regulamento; [...]

---

[112]STEPAN, Nancy Leys, op. cit. (2004), p. 371-372.
[113]Ibidem.
[114]KOIFMAN, Fábio, op. cit. No mesmo trabalho, analiso também o complexo sistema de leis, circulares, formulários, registros, atestados e declarações relacionadas à concessão de vistos no período do Estado Novo.

IMIGRANTE IDEAL

Sem mencionar o teor do Decreto-Lei 406/38 ou aparentemente ter tomado conhecimento dele, Stepan considera o Decreto-Lei 3.010/38 uma lei eugênica.[115] Afirma existir uma linha de pensamento que busca identificar a atividade eugênica no Brasil com a eugenia nazista da década de 1930, que considera não ser "historicamente precisa, nem de utilidade interpretativa", já que um estudo mais profundo sobre o país "revela traços que a distinguem, científica e ideologicamente, da eugenia nazista — certamente — e, mais genericamente, dos casos anglo-saxônicos historiados em mais detalhe".[116] A mesma pesquisadora considera que a linha que identifica como "neolamarckiana" teria sido atraente para os pensadores brasileiros, já que "[...] mantinha abertas às possibilidades de regeneração e um lugar para a ação moralizadora, encaixava-se bem na doutrina católica e permitia a fusão das linguagens moral e científica. Pobreza, doenças venéreas e alcoolismo podiam ser vistos como produtos tanto de condições sociais como de escolha moral".[117]

Uma especificidade dos eugenistas brasileiros que vale a pena mencionar diz respeito ao controle de natalidade das "raças inferiores", tema recorrente entre os seus pares na Europa e nos Estados Unidos. Além da forte barreira relacionada a esse assunto estabelecida pela influente Igreja Católica no Brasil, que em nenhum momento admitiu um discurso que pregasse tal controle, a preocupação de ocupar os correntemente citados "imensos vazios populacionais do território nacional" — a serem ocupados também por meio da contribuição da imigração estrangeira "de qualidade" — fazia com que eugenistas brasileiros advogassem programas de saneamento como forma eugênica de melhorar as condições e a formação do povo.[118] A encíclica do Papa Pio XI *Casti Conubii,* de 1930, condenava a esterilização, largamente realizada em diversos países, entre os quais os Estados Unidos, e a eugenia:

---

[115]STEPAN, Nancy Leys, op. cit. (2004), p. 379. No Decreto-Lei 3.010/38 é determinado o impedimento de desembarque de portadores de visto permanente: "I - aleijados ou mutilados, inválidos, cegos, surdos-mudos; II - atingidos de afecção mental; III - que apresentem lesões orgânicas com insuficiência funcional, que os invalide para o trabalho (art. 114)."
[116]Ibidem, p. 334.
[117]Ibidem, p. 349.
[118]Ibidem, pp. 353-354.

Há, efetivamente, alguns que, com demasiada solicitude dos fins eugênicos, não só dão certos conselhos salutares para que facilmente se consigam a saúde e o vigor da futura prole — o que não é, certamente, contrário à reta razão — mas chegam a antepor o fim eugênico a qualquer outro, ainda que de ordem superior, e desejam que seja proibido, pela autoridade pública, o matrimônio a todos aqueles que, segundo os processos e as conjeturas da sua ciência, supõem deverem gerar uma prole defeituosa por causa da transmissão hereditária, embora pessoalmente sejam aptos para contrair matrimônio. [...] Todos aqueles que assim procedem esquecem malignamente que a família é mais santa do que o Estado e que os homens são criados primariamente não para a terra e para o tempo, mas para o céu e para a eternidade. E não é lícito, em verdade, acusar de culpa grave os homens, aptos aliás para o matrimônio, que, empregando ainda todo o cuidado e toda a diligência, se prevê que terão uma prole defeituosa, se contraírem núpcias, embora de modo geral convenha dissuadi-los do matrimônio.[119]

Em 1924, os Estados Unidos aprovaram uma lei de imigração de inspiração eugênica.[120] De acordo com Stepan, tal lei "gerou considerável discussão entre os eugenistas da América Latina. Na Primeira Conferência Pan-Americana de Eugenia e Homicultura, realizada em Havana, em 1927, os delegados latino-americanos votaram pelo direito de cada Estado controlar a imigração de forma que considerasse mais adequada e em harmonia com a composição étnica percebida dos respectivos países".[121] Além das já mencionadas repercussões na Constituinte de 1933/34, existem indicações de que esse debate seguiu os anos 1930 e de que a legislação norte-americana, aprovada em 1924, e também diversos aspectos do pensamento eugênico tenham influenciado o pensamento de Francisco Campos em relação à elaboração da legislação imigratória, em especial a confecção do Decreto-Lei 3.175/41.

---

[119]Pio XI. *Encíclica Casti Conubii*, pp. 68-70. Disponível em: http://www.capela.org.br/Magisterio/conubii2.htm. Acesso em 8/3/2005.
[120]BLACK, Edwin. *A guerra contra os fracos*. São Paulo: A Girafa, 2003.
[121]STEPAN, Nancy Leys, op. cit. (2004), p. 367.

Durante a década de 1930, surgiram algumas sub-ramificações do movimento eugenista brasileiro. As correntes neolamarckiana e mendeliana se constituíram nas duas principais linhas. "Havia um consenso entre os eugenistas, mesmo entre aqueles que adotavam enfoques diferentes, de que o aparecimento de degenerados deveria ser evitado. Entretanto, eles divergiam em relação aos meios empregados para esse fim."[122] Enquanto Renato Kehl era a maior expressão do primeiro grupo, considerado racista "biológico", Octávio Domingues e Roquette-Pinto eram expressões da outra linha, de um racismo "sociológico", que não considerava a miscigenação como causa da degeneração racial.[123] Domingues era professor de zootecnia da Escola de Agricultura de Piracicaba. Os três fizeram parte da Comissão Central Brasileira de Eugenia, criada em 1931, e composta de dez membros com o fim de "fazer *lobby* pela legislação eugênica entre os membros da Assembleia Constituinte".[124] Nesse mesmo ano, o também eugenista e membro da Comissão Belisário Penna, que era sogro de Kehl, foi nomeado diretor do Departamento Nacional de Saúde Pública, subordinado ao Ministério de Educação e Saúde Pública, cujo titular era Francisco Campos. Penna chegou a ocupar interinamente a titularidade do ministério. Uma de suas obras, *Saneamento do Brasil*, é considerada como fundamento de posições eugenistas no país, sendo uma das muitas evidências relacionadas à mistura que aqui se deu entre higienismo e eugenismo.[125] Na mesma época da nomeação de Penna, o Ministério do Trabalho criou uma comissão especial "para consultoria sobre eugenia e problemas de imigração" e convidou Roquette-Pinto e Kehl para membros.[126]

Também em 1931, Francisco Campos, que na época era ministro da Educação e Saúde Pública, visitou a Escola de Educação Física do Exército (EsEFEx), "[...] pois, mostrando-se verdadeiramente interessado com tudo quanto assistiu por ocasião dessa visita, concorreu para

---

[122]STEFANO, Waldir, op.cit., p. 488.
[123]Termos utilizados em STEPAN, Nancy Leys, op. cit. (2004), p. 380.
[124]Ibidem, p. 373.
[125]SILVA, Marcos Virgílio da, op. cit.
[126]STEPAN, Nancy Leys, op. cit. (2004), p. 373.

que fosse tornado obrigatório a educação física nos estabelecimentos de ensino secundário, segundo o método do estabelecimento", o método francês, utilizado na escola.[127] A visita ocorreu durante a primeira fase da escola que, na época, estava imbuída de:

> [...] uma busca da eugenia do povo brasileiro, visando tornar uma raça feia e triste em uma raça forte, caracterizada pela contribuição da EsEFEx para a formação de profissionais na área da educação física e medicina esportiva, tanto de militares quanto de civis, e pela contribuição para criação de instituições de educação física civis [...] da consolidação de uma raça genuína, forte, audaz, que incorporasse as ideias da construção de um Brasil novo.[128]

Data desse período a entrada paulatina da eugenia como expressão de algumas das políticas de Estado, tais como a proteção do bem-estar infantil, a restrição ao trabalho infantil e a atenção à saúde das mães, que não podem ser entendidas sem referência à história da eugenia no Brasil. Depois da eficiente defesa dos ideais eugênicos durante a Constituinte de 1933/34, os ativistas "conseguiram transformar parte de suas preocupações eugênicas em novas leis e instituições culturais e sociais".[129]

O ponto mais alto da influência do pensamento eugênico nas atividades do Estado brasileiro ocorreu durante o Estado Novo.

> A complexidade do regime Vargas encontrou seu par no movimento eugênico — em sua orientação científica (neolamarckiana e mendeliana), em sua ideologia racial (que ia do segregacionismo ao assimilacionismo) e em sua proposta de políticas sociais (higiene pública, proteção à maternidade, legislação trabalhista, controle da imigração).[130]

---

[127]SOEIRO, Renato Souza Pinto. "Fase da busca da eugenia e de influência na formação de profissionais de educação física e de medicina esportiva (1933-1941)". In: *A contribuição da Escola de Educação Física do Exército para o esporte nacional: 1933 a 2000*. Mestrado em motricidade humana. Rio de Janeiro, UCB, 2003, p. 58. Disponível em: http://www.esefex.ensino.eb.br/esefex/historiaprincipal.htm. Acesso em 5/3/2005.

[128]*Revista de Educação Física*, apud SOEIRO, op. cit. A revista foi editada ao longo da década de 1930.

[129]STEPAN, Nancy Leys, op.cit. (2004), p. 374.

[130]Ibidem, p. 374.

Todos os ramos do movimento eugênico encontraram lugar no Estado Novo: a puericultura, os esportes de equipe, a educação física etc. "A restrição à imigração, sonho antigo de alguns eugenistas, foi popular entre os políticos na década de 1930 devido ao crescente endosso a um processo de fusão e branqueamento dentro do Brasil, com o auxílio da eugenia."[131]

A propósito da organização nacional da Juventude Brasileira, Francisco Campos redigiu, em 1938, um projeto de decreto-lei no qual fez referência à propaganda eugênica: "[...] à assistência social e à saúde física por meio da instituição de centros de saúde e de propaganda eugênica e caixas de amparo que distribuam recursos aos mais necessitados".[132]

Conforme trataremos mais adiante no texto, por ocasião da redação do Decreto-Lei 3.175, nos primeiros meses de 1941, Francisco Campos citou trecho de discurso de Vargas, realizado em 31 de dezembro de 1940, no qual o presidente afirmou que "o Brasil terá de ser povoado, desbravado e cultivado pelos brasileiros", e também uma entrevista concedida à imprensa de Porto Alegre, na qual Vargas mencionou que "as nossas estatísticas têm demonstrado que o crescimento da população do país se deve mais à natalidade do que à imigração. Precisamos cuidar das crianças, criá-las, higiênica e saudavelmente, enfim, obedecer aos preceitos da puericultura. As crianças é que povoarão o Brasil, e não os imigrantes".[133]

Para Nancy Stepan, a eugenia "serviu para estruturar debates e ações no Brasil, um país, à época, distante das pesquisas genéticas, mas bem sintonizado com a ciência como símbolo da modernidade".[134] Considera aquela autora que "a eugenia também foi reconfigurada no Brasil e adaptada à sua topografia intelectual e à sua agenda social, tornando-se importante elemento na reformulação ideológica do significado da raça para o futuro brasileiro".[135]

---

[131]Ibidem, pp. 377-378.

[132]Apud PEREIRA, Júnia Sales, op. cit., p. 13. A autora indica como fonte o projeto de decreto-lei de autoria de Francisco Campos. CAMPOS, Francisco. *Organização da juventude brasileira.* Rio de Janeiro: Ministério da Justiça, Arquivo Getúlio Vargas, CPDOC/FGV, 38 03 00/1, nº 0931-0936, 1938 (Microfilme).

[133]AN, Processo 7.067/41.

[134]STEPAN, Nancy Leys, op. cit. (2004), p. 381.

[135]Ibidem, p. 381.

A historiografia, até aqui, tem feito a sua análise a respeito da influência do pensamento eugenista no Brasil sem dar a devida importância à influência dos eugenistas norte-americanos. O número de citações desses autores em escritos de Francisco Campos sugere que essa influência merece uma apreciação mais apurada.[136] A figura de Campos durante esse período tem sido comumente aproximada do ideário fascista, entre outras razões em decorrência da redação atribuída a ele de diversas peças legislativas com esse tipo de inspiração aparente, publicadas especialmente durante o Estado Novo.

Durante as primeiras décadas do século XX, grupos de acadêmicos eugenistas eram extremamente ativos junto ao governo norte-americano. Vários deles atuavam em algumas das universidades mais conceituadas do mundo, como MIT, Yale, Columbia e Harvard. Deixavam claro, entre os seus objetivos, a finalidade de sugerir, com base no conhecimento científico e tecnológico, políticas públicas de saúde. Esses acadêmicos fizeram parte das principais agências que produziram estudos para o governo. Alguns desses estudos, preparados nos anos anteriores à aprovação da legislação anti-imigratória de 1924 nos Estados Unidos, justamente são mencionados em pareceres de Francisco Campos.

Uma vez tornada pública a catástrofe produzida pela aplicação do ideário eugenista nazista nos anos finais da Segunda Guerra Mundial, os centros de estudo eugenistas norte-americanos trataram de reconsiderar alguns de seus conceitos ou pelo menos modificar seus discursos e ser mais cuidadosos com eles. Na conjuntura do pós-guerra e nas décadas seguintes, em razão de uma certa acomodação, mais simples e confortável da versão ideológica da história, o ideal eugenista passou a ser majoritariamente associado unicamente à sua versão nazista. Dessa forma, "instituições eugenistas americanas prontamente trocaram seus nomes de eugenia para genética".[137]

---

[136]Alguns dos autores citados em pareceres de Francisco Campos trabalharam justamente nas comissões governamentais norte-americanas e aparecem como importantes eugenistas no trabalho de BLACK, Edwin, op. cit.

[137]BLACK, Edwin, op. cit, p. 23. Ver também SKIDMORE, Thomas, op. cit., p. 230.

No Brasil, *a posteriori*, atribuiu-se a influência dessas ideias junto a homens do governo como limitadas aos ditos germanófilos ou simpatizantes dos governos fascistas, incluindo Francisco Campos, ou aos supostos momentos de flerte do Estado Novo com o Eixo.[138]

A participação e a importância dos autores eugenistas norte-americanos só recentemente voltou a ser objeto de estudos.[139] A análise da influência dessas ideias em Campos, a quem é correntemente atribuída inspiração em ideário fascista, é tarefa a ser executada com as necessárias considerações relacionadas às adaptações e formas que a eugenia tomou no país.

---

[138]KOIFMAN, Fábio, op. cit. Conforme demonstrei, a americanofilia ou a germanofilia não determinava necessariamente uma maior ou menor tolerância ou sensibilidade em relação aos critérios étnicos de seleção de possíveis imigrantes para o Brasil, tratando-se tal explicação de uma reconstrução da memória.

[139]BLACK, Edwin, op. cit.; GATTO, John Taylor. *The Underground History of American Education*. New York: Oxford Village Press, 2001. Dentre outros trabalhos. (http://www.johntaylorgatto.com/chapters/11d.htm). Acesso em 2/2004.

CAPÍTULO 3 Fragmentos e referências eugenistas no pensamento de Francisco Campos

Art. 65. O funcionário encarregado de proceder ao selecionamento usará de critério rigoroso a fim de evitar prejuízo ao interesse nacional no que diz respeito à assimilação étnica e à segurança econômica, política e social.

Parágrafo único. Essa apreciação fundar-se-á:

a) no exame das condições individuais, *do valor eugênico*, das qualidades físicas e morais.[140]

No uso da atribuição que lhe conferia o artigo 180 da Constituição — uma espécie de eufemismo jurídico utilizado na época, uma vez que a chamada "Polaca" jamais chegou a vigorar de fato e o então chefe de Estado "legislava" de forma ditatorial — e com a data de 7 de abril de 1941, Getúlio Vargas assinou o Decreto-Lei 3.175/41 intitulado "Restringe a imigração e dá outras providências".

Em termos práticos e objetivos, a publicação do decreto representou uma vitória política e pessoal do ministro da Justiça e Negócios Inte-

---

[140]Decreto-Lei 3.010 (20/8/1938). O grifo é meu.

riores, Francisco Campos, sobre alguns adversários do primeiro escalão do próprio governo. O mais expressivo e importante dos oponentes era Oswaldo Aranha, então ministro das Relações Exteriores.

O Decreto-Lei 3.175/41 começou a ser elaborado por Francisco Campos em julho de 1940, através de extensos pareceres e debates registrados em ofícios e despachos trocados com autoridades de diferentes ministérios e conselhos.[141] Sua promulgação, em 7 de abril de 1941, transferiu para o MJNI todo o poder decisório em relação aos vistos concedidos aos estrangeiros. Essa passagem de poder decisório — relacionada ao tema da entrada de estrangeiros — decorreu desse longo debate e dessa disputa que envolveu, além dos ministérios diretamente interessados — da Justiça e das Relações Exteriores — também o Ministério do Trabalho, Indústria e Comércio e o Conselho de Imigração e Colonização.[142] Dessa forma, todo o processo envolvendo o assunto dos estrangeiros, desde a concessão do visto até a saída do Brasil ou a permanência definitiva e/ou naturalização, ficaria sob o controle do mesmo ministério, realizando um projeto de Francisco Campos e seus colaboradores.

Essa passagem de poder produziu reflexos em diversos aspectos. Francisco Campos considerava que, nessa época, "a imigração livre, ou espontânea, não consulta o interesse do país [...] a entrada de estrangeiros deixou de ser assunto de interesse econômico para tornar-se, antes, uma questão de polícia".[143] A opinião de Campos era que a situação de guerra diminuía consideravelmente as chances de o Brasil receber "boas correntes imigratórias", já que "não são as condições do país de imigração, mas as do emigrado que hoje influem na corrente imigratória [...] os imigrantes são mais empurrados do que atraídos. Essa circunstância alterou fundamentalmente os dados da questão, transportando-a do terreno do trabalho para o da ordem pública".[144]

---

[141] AN, Processo 7.067/41. Contém pareceres de outros órgãos e ministérios, cartas dirigidas ao presidente da República, recortes de jornais, entre outros. Trato de aprofundar a análise do processo no capítulo 5 do presente livro.
[142] Conforme exponho em detalhes em: KOIFMAN, Fábio, op. cit., pp. 136-175.
[143] AN, Processo 7.067/41, p. 159.
[144] Idem, p. 165.

FRAGMENTOS E REFERÊNCIAS EUGENISTAS NO PENSAMENTO DE F. C.

Para o ministro da Justiça, a tarefa a ser desempenhada pelo governo não estava relacionada exatamente "ao incremento da imigração [...] uma doutrina abandonada há meio século",[145] mas, sim, ao controle a ser exercido sobre o estrangeiro que tentava entrar no Brasil, que, a princípio, deixava de ser encarado como um potencial imigrante para ser observado como potencial refugiado, suspeito de estar tentando burlar as restrições impostas pela nova lei de imigração.

Embora não tenha ficado registrado nos ofícios e despachos da época, a rivalidade pessoal de Francisco Campos com Oswaldo Aranha teve bastante importância nessa disputa de atribuições. Além da ambição política de cada um em relação à simpatia de Vargas ou à qualidade de "conselheiro privilegiado" — na realidade desempenhada por ambos e habilmente manipulada, um em oposição ao outro, pelo próprio presidente — e da simples disputa por mais poder, entre esses dois expoentes do regime havia rusgas desde 1931 agravadas por declarações de Aranha ofensivas a Campos captadas pela espionagem do chefe de Polícia, Filinto S. Müller.[146]

De qualquer forma, Francisco Campos possuía uma ideia e um projeto bem definidos — conforme indicaremos, em alguma medida influenciados por eugenistas norte-americanos — em relação ao que considerava adequado para ser implementado como política imigratória, ou de entrada de estrangeiros no país, naquele momento. Em tempos de fuga em massa da Europa, o ministro passou a não distinguir o imigrante do visitante (turistas e demais temporários) e determinou que o MJNI procedesse da mesma forma. Os refugiados imigrantes — mesmo os "de cor branca" — não eram considerados elementos adequados, mesmo por muitos dos defensores da chamada "tese do branqueamento". Algumas das premissas eugênicas de valoração dos diferentes grupamentos humanos em detrimento de outros não se calcavam somente na cor da pele dos indivíduos, mas sim em um conjunto de características consideradas negativas e positivas, supostamente hereditárias segundo a maioria dos

---

[145]Ibidem, p. 159.
[146]HILTON, Stanley. *Oswaldo Aranha: uma biografia*. Rio de Janeiro: Objetiva, 1994.

eugenistas. Da mesma forma que os imigrantes daquele tempo eram todos apontados genericamente como "refugiados", o termo passou a ser designação corrente para judeus ou "semitas" — referência que aparece com mais incidência — considerados "infusíveis", inassimiláveis e de "baixa qualidade" como imigrantes. Eram, assim, julgados inadequados para "branquear" a população brasileira, entre outras imputadas atribuições negativas, consideradas hereditárias ou presentes por herança, independentemente da opção de cada indivíduo.[147]

3.1 Francisco Campos e os estrangeiros educadores

Em determinado momento de sua carreira política Francisco Campos demonstrou interesse na vinda de estrangeiros para o Brasil. Isso se deu na época em que esteve à frente da Secretaria do Interior do Estado de Minas Gerais, no fim dos anos 1920, quando, ao lado de um grupo de psicólogos e professores estrangeiros, organizou uma reforma do ensino influenciada pela chamada Escola Nova. Entre os educadores estrangeiros — suíços, franceses e belgas, entre outros — que trouxe do estrangeiro como colaboradores estava Helena Antipoff, nascida na Rússia em 1892. Especialista em psicologia da educação, Antipoff trabalhou durante a revolução bolchevista em estações médico-pedagógicas,[148] tendo chegado ao Brasil em 1929. Antonio Candido, em alguns de seus escritos, lançou luz sobre a convivência entre os intelectuais dedicados à educação e

---

[147]Sobre o assunto, ver: KOIFMAN, Fábio, op. cit. e MOVSCHOWITZ, Jeronymo, op. cit. Movschowitz estuda especialmente a questão e os articuladores da política de branqueamento no período.

[148]Helena Antipoff foi convidada com outros pedagogos, psicólogos e médicos a estudar centenas de crianças, abandonadas nos centros médico-pedagógicos, durante os anos da grande fome (1921-1923). De acordo com relato dela, eram uma "espécie de hospital, pobre e mal mobiliado, com poucos livros, escasso material de jogos e trabalho manual, fomos obrigados a observá-las nessas condições desfavoráveis, para decidir seu destino, segundo o caráter de cada uma, e encaminhá-las para as 150 instituições pedagógicas, médicas e jurídicas que possuíamos". ANTIPOFF, Helena. "A experimentação natural — Método psicológico de A. Lazourski". *Coletânea das obras escritas de Helena Antipoff*, vol. 1. Belo Horizonte: Imprensa Oficial/Centro de Documentação e Pesquisa Helena Antipoff, 1992, pp. 29-41. Disponível em: http://www.scielo.br/scielo.php?pid=S0103-0142003000300013&script=sciarttext&tlng=pt. Acesso em 5/4/2005.

suas aparentes e inconciliáveis oposições de cunho ideológico.[149] Especialmente entre 1920 e 1930, muitos intelectuais — influenciados até certo ponto pelo positivismo — pretendiam situar a ciência e sua prática profissional específica acima das questões ideológicas ou convicções pessoais e político-partidárias. A "salvação da sociedade", entre outras idealizações, poderia ser objeto de um trabalho conjunto e de equipe, em prol do "bem comum", não deixando de ser executada (ou tentada) em virtude de questões estritamente pessoais. A ciência estaria acima de qualquer coisa, congregando esclarecidos cientistas colegas. Talvez nesse espírito, Francisco Campos, naquele momento, tenha se tornado a figura política que apoiou a vinda desses professores estrangeiros para o Brasil. Acabou retratado como "reformador do ensino", tendo inclusive enviado mestres mineiros para estágio nos Estados Unidos com bolsas do governo de Minas Gerais.[150] Já como ministro da Educação, em 1931, a propósito das reformas estabelecidas, o "reformador do ensino" foi alvo de críticas contundentes. Entre outros, publicou Cecília Meireles artigo na imprensa carioca no qual afirmava:

> Os senhores viram o caso do sr. Francisco Campos, [...] veio precedido de uma fama extraordinária de menino prodígio. A cada passo era citada a reforma de ensino mineira, que nós sempre aplaudimos com restrições, como a obra glorificada do sábio de Indaiá. A reforma já trazia no seu bojo agourento, o fantasma do clericalismo. Que foi que fez como ministro da Educação? Anunciou uma reforma que apareceu aos pedaços, confusa, como arrancada a ferros do seu cérebro reputado genial. Todos os jornais protestaram, protestaram os interessados, um por um, e o ministro ficou indo e vindo entre o Rio e Minas, como se não tivesse a responsabilidade formidável do cargo que lhe deram e com o qual, infelizmente, não se contentou. E ainda arranjou o decreto sobre o ensino religioso, como a última e desgraçada manobra para se inutilizar como ministro da Educação [...].[151]

---

[149]SOUSA, Antonio Candido de Melo. *Teresina etc.* Rio de Janeiro: Paz e Terra, 1992.

[150]ABREU, Alzira Alves [et alii.] (coord.), op. cit. A referência "reformador do ensino" aparece na página 998.

[151]LAMENGO, Valéria. *A farpa na lira: Cecília Meireles na Revolução de 30.* Rio de Janeiro: Record, 1996.

Em outra oportunidade, Meireles acrescentou que Francisco Campos "parece que resolveu dar cada dia prova mais convincente de que não entende mesmo nada, pedagogia. Que a sua pedagogia é uma 'pedagogia de ministro', isto é, 'politicagem'".[152]

A década de 1930 foi palco de radicalizações e incompatibilidades, no Brasil e no exterior. No plano da educação brasileira, a Escola Nova, que elasticamente abrigava diferentes vertentes de pensamento, sofreu modificações com a cisão entre os educadores liberais e os católicos. A separação foi iniciada especialmente com o decreto (de autoria de Francisco Campos, então ministro da Educação e Saúde Pública) de 1931 que reintroduziu o ensino religioso nas escolas e foi aprofundada com a saída dos educadores católicos da Associação Brasileira de Educação (ABE), em 1932. Nos anos posteriores, foi ampliada ainda mais pelos debates da Constituinte de 1933/34. A chamada "Intentona Comunista" acabou transformando definitivamente a imagem dos estrangeiros no Brasil em relação aos órgãos de controle policial e político, ao mesmo tempo em que forneceu a setores da alta cúpula dirigente — composta também por elementos nacionalistas e/ou antiliberais — um álibi ou justificativa para o controle e a repressão que se imputaria e persistiria por muitos anos. Estrangeiros passaram a ser identificados como potenciais agentes transmissores do ideário comunista. Não por acaso, a escusa para instauração do Estado Novo apresentada foi um plano falso — o Plano Cohen — de tentativa revolucionária comunista no Brasil. Campos, político que até então implementara a presença e a colaboração de professores estrangeiros, já na década de 1940, como ministro da Justiça, passou a apresentar-se de forma distinta, mostrando-se partidário de convicções explicitamente xenófobas.

3.2 Francisco Campos e suas fontes

Estabelecer com precisão as fontes e leituras que teriam influenciado Campos durante toda a sua formação até 1940, quando de seu pensamento radicalmente restricionista em relação à entrada de estrangeiros,

---

[152]Ibidem.

FRAGMENTOS E REFERÊNCIAS EUGENISTAS NO PENSAMENTO DE F. C.

é trabalho árduo e de difícil precisão, especialmente pelo fato de a biblioteca pessoal do antigo ministro não ter sido preservada conjuntamente. Soma-se esse aspecto ao perfil complexo desse intelectual conhecidamente estudioso que, com toda certeza, teve como objeto de estudo um leque extremamente amplo de publicações.

Entretanto, é possível realizar um ensaio a respeito de determinadas leituras de Campos baseado em algumas interpretações redigidas em relação a essas, mesmo correndo o risco de transitar entre o sutil terreno da indicação de fato baseada na escolha e referência "sincera" e o da menção em texto de um ou outro livro, por ocasião de oportunidade puramente retórica de reforçar determinado argumento, aos moldes do chamado "argumento de autoridade".

Em longo parecer de 52 páginas dirigido a Vargas e datado de 16 de janeiro de 1941, o ministro da Justiça faz uma longa análise da questão dos refugiados e da imigração no mundo naquele momento. O texto tinha como finalidade embasar sua argumentação a favor da aprovação do Decreto-Lei 3.175/41 — que aparece ainda como esboço, em anexo — defendendo as medidas restritivas que advogava. Em tal documento, Campos faz menção a oito publicações estrangeiras, reproduzindo, em destacado, algumas citações delas, além de redigir no fim do texto uma referência a frases de autoria de Vargas. Em seis desses trechos, o nome dos autores é mencionado. A obra não identificada quanto à autoria parece ser um discurso pronunciado por ocasião de algum tipo de evento, tendo origem em uma publicação da Organização Internacional do Trabalho.

Na ordem, são citadas as publicações *Bases y puntos de partida para la organización política de la República Argentina, de* Juan Bautista Alberdi; *Migration and Bussiness Cycles*, de Harry Jerome; um artigo de Edward Alsworth Ross publicado no *Annals of the American Academy of Political and Social Science*; *Immigration: Cultural Conflicts and Social Adjustments*, de Lawrence Guy Brown; *World Immigration*, de Maurice R. Davie; um volume do *Bureau Internacional du Travail* sem menção de nome de autor; o livro *I Am a Woman — and a Jew*, de Elizabeth Stern; e *The Races of Europe. A Sociological Study*, de

William Zebina Ripley. A parte referenciada é concluída por palavras que Campos informa serem de autoria do presidente.

Aqui pretendo analisar, no parecer de Francisco Campos dirigido a Getúlio Vargas, os pontos centrais da argumentação que acabou por convencer o ditador do acerto da tese do ministro, concretizada com a aprovação quase que total de seus argumentos, materializada pela assinatura do Decreto-Lei 3.175/41. Buscarei, especialmente, relacionar a argumentação do ministro da Justiça com as fontes que optou por utilizar ou simplesmente decidiu-se por expor, estabelecendo indícios sobre a inter-relação entre os autores citados, sua filiação e a lógica das ideias apresentadas, além da ligação pretendida de tais ideias com o tema e o momento no Brasil. Por fim, tentarei indicar certas filiações, no terreno das ideias, pouco conhecidas da historiografia que tratou do pensamento do "Chico Ciência".

A maioria dos autores e das obras mencionados por Campos é norte-americana. Alguns dos autores, na época, eram expoentes significativos do pensamento eugenista. País "jovem", de grandes dimensões, riquezas, desenvolvimento e diversas outras qualidades, os Estados Unidos eram referência ou exemplo de sucesso e prosperidade correntemente citado. Entre tantos paralelos com o Brasil, tratava-se também de nação formada por séculos de imigração. Em última análise, o que o ministro pretendia comprovar em seu extenso parecer é que a imigração, de um passado próximo ao seu, não havia contribuído para o desenvolvimento norte-americano, ao contrário, teria sido a responsável por graves problemas naquele país. A estratégia consistia em demonstrar, utilizando como suporte opiniões de aparentemente insuspeitos, neutros e abalizados estudiosos norte-americanos, que a imigração era fonte de problemas econômicos e sociais, buscando derrubar a crença que apontava em sentido contrário. Uma vez esclarecido esse ponto, Campos buscou traçar os paralelos dos problemas decorrentes da imigração para os Estados Unidos com os que o Brasil, em sua opinião, enfrentava ou corria o risco de enfrentar naquele momento ou em anos próximos. E os autores norte-americanos que melhor expressaram o pensamento restricionista em relação à imigração eram justamente os chamados eugenistas.[153]

Mais do que somente aprovar o decreto, a maior parte dos conceitos e ideias expostos por Campos em seu relatório converteu-se em parâmetros e diretrizes que determinaram a política imigratória adotada entre 1941 e 1945. E a eugenia forneceu a aparência de ciência e tecnicidade tão cara aos homens de governo da época.

O texto final do decreto publicado não deixou totalmente explicitados todos os conceitos e critérios livre e detalhadamente tratados pelo ministro no parecer. Mais do que cumprir a orientação do decreto, os funcionários administrativos do MJNI acabaram incorporando, seguindo e aplicando ideias e orientações de Campos expressas na convivência com os seus assessores mais próximos, sobre as quais não restam testemunhos, mas que, em boa parte, foram registradas nesse relatório.

Ao longo da existência do Serviço de Visto do MJNI, nota-se na redação dos pareceres elaborados a propósito das solicitações de autorização de entrada no Brasil encaminhadas ao ministério expressões que contêm semelhanças com as utilizadas pelo ministro em seu relatório. Tal característica seria mantida até 1945, mesmo depois da saída de Campos do MJNI, em 17 de julho de 1942. O mesmo pode ser dito em relação à orientação e ao conteúdo subliminar cujo mote se aproxima do ideário defendido pelos eugenistas brasileiros.

3.3 Referências ao pensamento eugenista em texto de Francisco Campos

Na primeira página do longo relatório de 52 páginas dirigido a Vargas, abrindo um texto dividido em 24 subtítulos e conclusão, Francisco Campos registra que estava restituindo toda a documentação que o presidente "se dignou de confiar a meu estudo e relativos a questões de imigração, especialmente ao problema dos refugiados da guerra europeia

---

[153]A obra de Gabriel de Andrade *O problema da immigração nos Estados Unidos da América*, já mencionada, esboçava em 1928 semelhante articulação lógica.

e dos estrangeiros que, em consequência dessa, ou por outros motivos, em particular os motivos étnicos, se acham impedidos de voltar aos países de origem".[154] Trataremos aqui tão somente das 21 primeiras páginas, nas quais aparece uma espécie de esboço de pressupostos teóricos sobre a questão e nas quais se localizam também as indicações de fontes referenciadas. As demais 31 páginas são analisadas no capítulo 5 do presente livro.

O ministro informa que em diversas outras oportunidades, por meio de exposições e pareceres, já havia solicitado a atenção de Vargas para tais assuntos que atingiam naquele momento "o seu ponto crucial e que de tão perto dizem respeito aos interesses da economia, da segurança e da estrutura política e espiritual de nossa pátria". Diz ainda que havia tempos vinha propondo "medidas radicais" que lhe pareciam indicadas. E que

> a constância com que Vossa Excelência vem mandando ao meu estudo os assuntos atinentes à questão é, de resto, que me tem animado, por considerar que assim interpreto o desejo de Vossa Excelência, a incluir, nos projetos que preparo por ordem de Vossa Excelência ou no cumprimento do meu dever de sugerir as medidas convenientes ao bem comum, determinados dispositivos que conferem atribuições à pasta de que estou encarregado.[155]

Com o subtítulo "O aspecto atual do problema e o exemplo da prosperidade norte-americana", Campos inicia comentários sobre as diferenças entre o movimento imigratório ocorrido entre a segunda metade do século XIX e a primeira década do século XX e o da década de 1940. De acordo com o ministro, as diferenças seriam originárias das condições internas dos países que recebiam imigrantes e das condições internas dos países que forneciam imigrantes. As condições anteriores

---

[154]O Processo AN 7.067/41 do MJNI, intitulado Decreto-Lei 3.175 — 7 de abril de 1941 — Restringe a imigração e dá outras providências. Doravante AN, Processo 7.067/41.

[155]Idem. Doravante, deixo de inserir nota dando conta da fonte citada a respeito de texto de Francisco Campos no presente capítulo, uma vez que todas as aqui referenciadas têm origem nesse mesmo parecer.

que permitiram a espontânea imigração para países interessados na aquisição de mão de obra "para o desenvolvimento da terra virgem" tinham se modificado. Campos então menciona a orientação "comum à América", citando Juan Bautista Alberdi, e a máxima "Governar é povoar", registrada pelo famoso jurista, intelectual e escritor argentino, em seu tratado *Bases y puntos de partida para la organización política de la República Argentina,* de 1852.[156] Em seguida, afirma que, entretanto,

> a confiança nas virtudes assimiladoras do melting pot americano dentro em breve cedeu lugar a uma política de seleção e, a seguir, de restrição cada vez mais rigorosa, que procurava preservar de um lado a homogeneidade da composição étnica e cultural, de outro lado as condições econômicas e do trabalho a que a livre concorrência do braço estrangeiro trouxe um profundo desequilíbrio.

Campos escreve que os defensores da "imigração maciça" correntemente citavam o exemplo dos Estados Unidos e sua prosperidade como referencial comprobatório dos benefícios da livre imigração. Entretanto, propõe uma análise mais cuidadosa "do saldo das vantagens sobre os inconvenientes de tal política". Dá continuidade ao seu pensamento no segundo subtítulo: "Correspondência entre os ciclos econômicos e as flutuações da corrente imigratória".

Inicia aqui o ministro uma série de argumentos com os quais tem por objetivo desmistificar a ideia de que a imigração imediatamente anterior àquele tempo pudesse ter contribuído para que os Estados Unidos se tornassem uma nação desenvolvida. De acordo com Campos, a prosperidade norte-americana não foi provocada ou construída pela imigração, mas, ao contrário, os imigrantes é que se sentiram atraídos por tal prosperidade. Na medida em que a prosperidade cessa, a imigração também se reduziria e essa redução implicaria um aumento da prosperidade. Ou seja, os novos imigrantes, ao contrário de contribuir

---

[156]ALBERTI, Juan Bautista. *Bases y puntos de partida para la organización política de la República Argentina.* Buenos Aires: Cult. Argentina (La), 1915, 2ª ed. A obra foi editada em português: *Fundamentos da organização política da Argentina.* Campinas: Unicamp, 1994.

IMIGRANTE IDEAL

para o desenvolvimento do país, contribuiriam para produzir "catastróficas depressões econômicas".

Para dar base a seu argumento, o ministro cita o livro de Harry Jerome *Migration and Business Cycles*, indica a página, 241, atribuindo ao autor tal ponto de vista. Jerome integrou, em 1924, dois anos antes da publicação aqui mencionada, o grupo de acadêmicos que participaram, nos Estados Unidos, do Committee on Scientific Problems of Human Migration, Report, and Circular Series of the National Research Council. Organizado em 1916 pela National Academy of Sciences, The National Research era um grupo privado e sem fins lucrativos, vinculado também à National Academy of Engineering e ao Institute of Medicine. Um dos objetivos do comitê era o de sugerir, com base no conhecimento científico e tecnológico, políticas públicas de saúde ao governo norte-americano.[157] Funcionando de acordo com as diretrizes determinadas pela academia, o National Research Council tornou-se uma das principais agências que produziram estudos para o governo. O livro *Migration and Business Cycles* citado é a publicação de um dos trabalhos resultantes do Commitee on Scientific Problems of Human Migration.[158] Nessa mesma comissão estava também Clark Wissler, que escrevia para a revista *Eugenical News*, tendo participado em 1921 do segundo Congresso Mundial de Eugenistas.[159]

A opinião de Jerome, citado por Campos, fornecia não somente "argumento de autoridade", como também um modelo pautado no ideal da administração governamental orientada por conselheiros "cientis-

---

[157]Sobre a presença de Jerome no citado comitê ver http://www.ofce.sciences-po.fr/pdf/documents/seminaire24-03-03.pdf. Outras informações podem ser encontradas no site http://www.nationalacademies.org/nrc/. Acesso em 2/ 2004.

[158]A íntegra do texto do relatório final apresentado pelo comitê está disponível em http://books.nap.edu/books/ARC000018/html/17.html. Acesso: 2/2004.

[159]A informação sobre a participação de Clark Wissler no congresso aparece no artigo: MEHLER, Barry Alan. "Brief History of European and American Eugenics Movements". Disponível em: http://www.ferris.edu/isar/arcade/eugenics/movement.htm. Mehler também é autor da tese *A History of the American Eugenics Movement*. Urbana-Champaign Estados Unidos: University of Illinois, 1988. Sobre as publicações de Wissler na revista mencionada, a informação aparece no próprio texto do relatório da comissão, que pode ser lido no site: http://books.nap.edu/books/ARC000018/html/18.html#page_top. Acesso em 2/2004.

tas" que tratariam dos assuntos de Estado sob a orientação da técnica e da "ciência pura", atuando sem a influência das motivações políticas ou dos argumentos "sentimentais". Tal postura era coincidente com o modo de pensar do ministro da Justiça e prestava-se como modelo a ser implementado no Estado brasileiro.[160]

Segundo Campos, somente em casos excepcionais — "desastres nos países de procedência, como fome severa ou uma política opressiva" — as condições do país de destino seriam as que os imigrantes realmente consideravam na hora de escolher um novo lugar para viver. Destaca ainda o ministro que uma "nítida coincidência existe entre os períodos de prosperidade ou depressão e a maior ou menor intensidade de corrente imigratória", uma vez que as variações das condições econômicas determinariam os ciclos imigratórios. Os momentos de depressão econômica determinariam o declínio da imigração e o aumento da emigração, já que a "prosperidade chama o imigrante e provoca a baixa da emigração".

Como forma de dar consistência as suas afirmativas, Campos reproduziu dados numéricos de "entradas", "saídas" e "imigração líquida" (cálculo da diferença entre imigrantes chegados e os emigrados que saíram do país) e os respectivos números da imigração e emigração da Argentina, década por década, no período compreendido entre 1861 e 1930. Tomando por base as ideias de Jerome, indica que, durante os períodos próximos às depressões de 1907, 1921 e 1929, os Estados Unidos receberam menos imigrantes e a emigração aumentou. Aponta que tal fenômeno também teria ocorrido na Argentina em 1914. As páginas seguintes não fazem referência ao trabalho de Jerome, embora uma parte das informações seja originária do estudo desse autor.

---

[160]Em diversas oportunidades Campos e Ernani Reis fizeram referências a soluções que deveriam seguir estritamente motivações de ordem técnica, e não sentimentais. Como, por exemplo, em trecho do mesmo processo aqui analisado no qual o ministro afirmou que "um meio somente existe de evitar essa invasão dos portos brasileiros pelas ondas de refugiados inúteis: é fechar-lh'os. Negando-lhes nós asilo, porém, que destino tomarão os refugiados que se aglomeram às portas dos nossos consulados em Portugal e na França e nos poucos outros países onde ainda lhes é dado esperar o transporte? A pergunta, de certo humanitária, não é para ser resolvida pelo Brasil. O Brasil não criou nem contribuiu para criar o problema, não cumpre resolvê-lo".

No texto, Campos apresentou o primeiro de seus elaborados quadros anexos reproduzindo um gráfico indicando o que pretendia comprovar: as "flutuações oportunistas da corrente imigratória". Dessa vez, o "movimento da imigração nos Estados Unidos" compreendia, ano por ano, o período entre 1820 e 1935. Observa o ministro que, desde o início do século XX, quando "principiou a fazer-se sentir e a propalar-se o desenvolvimento industrial dos Estados Unidos", a imigração teria tido um movimento crescente "assombroso de ano para ano" até 1907. Com a crise de 1907, a corrente imigratória diminuiu acentuadamente. Até 1909, "enquanto se fizeram sentir mais agudamente os efeitos da depressão de 1907", o movimento imigratório permaneceu pequeno, para somente alcançar os níveis de 1907 com a diminuição da crise.

Campos desconsiderou o período compreendido entre 1914 e 1918 quando, por conta do conflito mundial, a imigração em todo mundo ficou "praticamente suspensa". Com o fim da guerra, já em 1919, afirma que se iniciou um novo movimento imigratório, "numa proporção sem precedentes", que teria determinado em 1921 a instalação de um regime de quotas "com que os Estados Unidos fizeram face ao assalto de seu território". A política de quotas levou à diminuição do número de novos imigrantes naquele país. Ainda assim, o ministro não relaciona a queda do número de imigrantes, em 1922, ao sistema de quotas, mas sim à "depressão econômica do após-guerra nos Estados Unidos".

O ministro considerou em sua análise dos movimentos migratórios dos primeiros anos da década de 1920 para os Estados Unidos não as restrições impostas na época por aquele governo, mas tão somente as condições econômicas do país receptor de novos imigrantes como determinante para que essa imigração ocorresse, como se os imigrantes, em sua maioria, acompanhassem os altos e baixos da economia dos Estados Unidos, soubessem deles ou se importassem com eles, em uma época em que, em diversas cidades pobres da Europa, com crise ou sem crise, fantasias como a de "ruas pavimentadas com ouro" nas cidades norte-americanas, entre outros mitos similares, seguiam sendo difundidas.[161]

A retórica de Campos era a que lhe convinha para sedimentar seu ponto de vista em relação à política a ser aplicada no Brasil de 1940, não se importando em analisar ou se aprofundar em relação ao conjunto de fatores que produziam os altos e baixos das correntes imigratórias. Sua percepção e análise dos imigrantes apontados como comunistas ou exploradores, numa ideia de entes astutos, oportunistas e contraprodu-centes economicamente,[162] tinha também como alvo claro uma crítica à política imigratória brasileira e a alguns de seus idealizadores, que, em 1940, ainda relacionavam o desenvolvimento econômico com a vinda de novos imigrantes.

Na sequência do texto, o ministro seguiu sua análise das correntes imigratórias para os Estados Unidos indicando que ocorrera uma eleva-ção entre 1923 e 1924, um estágio estacionário entre 1925 e 1929 e uma baixa acentuada que perduraria até 1933. Observa também que "parte da avalanche de imigrantes que desabaram sobre os Estados Unidos" teria sido supostamente produto dos "agenciamentos de particulares interessados em comissões e de empresas de navegação" que lucrariam muito com o transporte. Um argumento estranho, novamente deixando de considerar as reais motivações que levavam contingentes humanos a se deslocar, como, por exemplo, as profundas crises então se abatendo sobre as economias de países da Europa, especialmente na parte oriental daquele continente.

O ministro seguiu atribuindo responsabilidade a tais agências de via-gens — que, em última análise, só lucravam com o interesse dos grupos

---

[161]Uma das respostas frequentemente ouvidas em relação à escolha dos imigrantes pelo Brasil era a de que "quando os portões dos Estados Unidos se fecharam à imigração, é que se iniciou uma imigração mais ou menos regular de famílias para o Brasil". LESSER, Jeffrey, op. cit. (1995), p. 60.
[162]Entre outros, constante no mesmo processo, documento de Campos dirigido a Vargas em 26/10/1940, no qual afirma que "os acontecimentos da guerra estão lançando sem cessar para o Brasil um número sempre crescente de estrangeiros de profissões urbanas ou parasitárias e de intelectuais mais ou menos ligados aos meios e às ideias esquerdistas, ou 'contra a guerra', ou seja, aproximados do comunismo. [...] Fixando-se de preferência nos grandes centros da economia, a fim de parasitar-lhes a riqueza". AN, Processo 7.067/41.

de pessoas decididas por imigrar e não se constituíam, realmente, nos principais fatores que determinavam ou influenciavam a vontade e a opção de deslocamento desses viajantes — que supostamente consideravam os imigrantes como "mercadoria mais ambicionada pelos carregadores" e que esses "pouco se preocupavam com o que em seguida lhe sucedesse". Chegando ao ponto especialmente sensível ao Estado Novo, Campos afirmava que tais agências não tinham preocupação "com a capacidade de absorção das regiões a que o destinavam". Tal situação implicaria competição econômica desleal do imigrante com o elemento nacional, dirigindo-se o estrangeiro ao que o ministro classificava como "atividades parasitárias". Ideias centrais que permearam o longo parecer que objetivava sustentar a aplicação das medidas restritivas constantes na proposta do decreto.

Em seu segundo quadro anexo, foi reproduzido o "movimento da imigração no Brasil" entre 1884 e 1940. Para Campos, a comparação dos dois quadros — o da flutuação da imigração para o Brasil com o mesmo dos Estados Unidos — indica que, entre 1880 e 1900, os índices assemelham-se entre os dois países, já que "as condições de prosperidade e de crise, econômica ou política, determinam, ao norte e ao sul, o mesmo fluxo e refluxo da corrente imigratória". O ministro considera que a imigração não foi provocada pelo que chama de "espírito de aventura dos pioneiros seduzidos pelas possibilidades remotas do desbravamento", mas sim pelo "desejo, exclusivamente utilitário, de aproveitar os surtos da fortuna". Uma vez mais, reforça a ideia da imagem generalizada do imigrante como fator de exploração de recursos, e não do portador de desenvolvimento. Todo argumento de Campos aqui tem como pano de fundo imbuir o interlocutor, no caso Vargas — um defensor da imigração de "bons elementos", em especial os portugueses —, de tal convicção.

Em novo subtítulo "Inadaptação do imigrante a uma boa política demográfica", o ministro seguiu os seus argumentos e concluiu que as observações anteriores o autorizavam a considerar o "quanto são infundadas na prática as expansões dos partidários de uma larga política de imigração, que veem nas correntes imigratórias um generoso e, quase dizem, humanitário desejo de contribuir para o progresso dos países novos". Nesse ponto, Campos utilizou um termo presente e fundamental do debate relacionado à entrada de estrangeiros no Brasil no momento em que redigia seu texto: as pressões de certos governos — especialmente o norte-americano e o inglês — por uma maior liberalidade na questão dos imigrantes, já durante a Segunda Guerra Mundial, cujo argumento era o de justamente sensibilizar os demais governos a aceitarem imigrantes refugiados por conta de razões humanitárias. Mesmo com certo sarcasmo do ministro, o termo aparece não por acaso no texto.

A seguir Campos reafirmou que, de um modo geral, a "imigração é movida apenas por desejos econômicos", e não pelas "circunstâncias que tornam inabitável o país de origem". Para o ministro, a simples "ambição de 'fazer a América'" e, em seguida, retornar à pátria era o que vinha ocorrendo ao longo das primeiras décadas do século XX. Como exemplo, indicou (sem referência a fonte) que tal fato ocorreria em alta escala e número, tendo 62,8% dos imigrantes italianos que haviam se dirigido aos Estados Unidos, entre 1902 e 1924, retornado à pátria. Os imigrantes todos — generalizados pelo exemplo dos italianos — não teriam desejo "de adotar, como nova pátria, a terra para onde emigraram", os Estados Unidos, que ofereciam ótimas condições de "bem-estar, liberdade e progresso", mas tão somente desejariam "enriquecer o mais cedo possível para, em seguida, voltar à velha pátria de origem".

Essa ideia de fidelidade à pátria de origem e identidade com ela era preciosa para o Estado Novo, que buscava justamente implementar um projeto relacionado ao fortalecimento da identidade nacional. As comunidades estrangeiras espalhadas pelo Brasil (identificadas por diversas autoridades como "quistos étnicos") se transformavam em potencial empecilho para a aplicação de tal política nacionalista.

A seguir, o ministro atacou outro ponto fundamental e antigo dos defensores da vinda de novos imigrantes para o Brasil: a preocupação de ocupar as vastas terras inabitadas do território brasileiro como forma de, através da posse, impedir potenciais pretensões estrangeiras sobre o território nacional. Campos informou Vargas de que nos oitenta anos de imigração para os Estados Unidos (de 1850 a 1930), a percentagem da localização de imigrantes "indica com veemência que não eram as regiões despovoadas as que mais os atraíam, porém aquelas cuja prosperidade já se tornara notória".

Uma vez mais, Campos reproduziu um quadro numérico, dessa vez de oito regiões geográficas norte-americanas (Middle Atlantic, East North Central, New England, South Atlantic, West North Central, West South Central, East South Central, Pacific e Mountain) onde as respectivas variações populacionais são indicadas de modo a comprovar que "as grandes zonas vazias e agrestes são deixadas ao trabalho do nacional que as deve povoar sozinho até que as condições econômicas atraiam os estrangeiros". Aqui, o ministro se referiu pela primeira vez ao imigrante como "estrangeiro", o que ao longo do texto já estava claramente registrado em suas impressões manifestas em relação à postura dos imigrantes que, para ele, não deixavam justamente de ser "estrangeiros", e não "novos nacionais", como seria o desejável ou o supostamente proposto.

Campos afirmava que os imigrantes tinham como prática retirar-se dos locais onde o desenvolvimento industrial fosse decadente para os locais em que a indústria estivesse em progresso, pois "não só os imigrantes se localizam de preferência nas cidades, mas tendem a ocupar as maiores dentre estas". Nesse ponto, uma vez mais, mencionou outro problema que preocupava o governo Vargas, a concentração de imigrantes nas grandes cidades em detrimento do campo. Era desejo dos dirigentes que a imigração para o Brasil se fixasse nas regiões menos populosas exercendo atividades rurais, preferencialmente. Já nos Estados Unidos, de acordo com as informações e afirmações do ministro, a maioria absoluta da "população estrangeira" vivia nas grandes cidades, sendo que, nas cidades mais populosas, "o crescimento da população estrangeira ainda foi mais acentuado".

Nesse ponto do texto aparece o primeiro dos trechos destacados com lápis de cor por Vargas ou algum assessor, com o fim de realçar determinadas linhas ou parágrafos, que aparecem ao longo da documentação. A presença estrangeira nas mais importantes cidades brasileiras era preocupação do governo. Logo em seguida aos dados relativos aos Estados Unidos, o ministro observava que "a mesma predileção pelas zonas prósperas e pelas grandes aglomerações verifica-se no Brasil". Informava que, a partir de 1887, metade dos imigrantes passou a ter como destino

FRAGMENTOS E REFERÊNCIAS EUGENISTAS NO PENSAMENTO DE F. C.

São Paulo, estado no qual "a percentagem da população estrangeira, excluídos os seus descendentes já nascidos em solo brasileiro e tanto menos assimiláveis quanto maior é o número de estrangeiros, atingia, em 1920, 18,2% da população total". Já a proporção do então Distrito Federal seria de 20,8% de estrangeiros, Mato Grosso 10,4%, Paraná 9,2% e Rio Grande do Sul 7,1%. A menção de Campos, entretanto, fica restrita a esses estados. Com tais dados, o ministro conclui ser "sintomática [a] afluência do imigrante às regiões de maior densidade demográfica e de mais acentuada industrialização", fenômeno que ia contra os objetivos do Estado em relação ao direcionamento dos imigrantes. E, para comprovar "sobejamente" tal afirmativa, elabora dois quadros abordando outra preocupação estado-novista: "proporção de estrangeiros no conjunto da população". A partir de números baseados no recenseamento de 1920, reproduz um gráfico explicativo utilizando dois quadrados, um dentro de outro, com o objetivo de identificar a proporcionalidade do número de estrangeiros em relação à população total do Brasil. O quadrado menor (número de estrangeiros) ocupa, em cor escura, parte da área do quadrado maior (população total do Brasil). Outro modelo idêntico, desenhado ao lado do primeiro, estabelece a proporção de estrangeiros em relação à população de São Paulo e do Distrito Federal, com o quadrado menor (número de estrangeiros) ocupando proporcionalmente um espaço total maior do que o quadrado anterior. O ministro concluiu que nesses dois estados a proporção de estrangeiros é "quatro vezes maior do que a relativa ao conjunto do país". E advertiu que tinha "receio" de que os dados do recenseamento de 1940 fossem ainda mais "expressivos da predileção do imigrante por essas zonas vitais para a segurança e a economia do Brasil", reforçando uma vez mais seu alerta sobre o assunto.

Concluiu afirmando que "a corrente imigratória toma aqui, como nos Estados Unidos, precisamente a direção inversa da que pretendia a política de encorajamento à colonização", já que o Estado confiaria na ocupação a ser efetuada pelo imigrante, mas, por tal povoamento ser de fato "aleatório e instável, que nos faltará quando mais necessitarmos de sua cooperação", já que os vazios no mapa do Brasil "não são preenchidos pelo imigrante, mas pelo nativo, seja aí historicamente fixado, seja para aí recalcado pela invasão do imigrante nas terras já desbravadas, entregues a cultura e em surto de prosperidade". Além de supostamente ter como único interesse explorar economicamente o país de destino, o pouco confiável imigrante ainda agravaria as condições econômicas dos nacionais. Essa é outra ideia que foi repetida inúmeras vezes nesse parecer e ao longo dos ofícios trocados entre os altos escalões de governo na época. Novamente, o parágrafo que aborda o assunto aparece com trecho destacado.

Com o subtítulo "O agravamento da depressão", Campos afirmava, referindo-se aos imigrantes, que a "obstinada aspiração de enriquecimento tem a mais profunda repercussão na vida econômica do país", já que, ao chegar ao país, eles buscavam imediatamente "as atividades industriais e as meramente especulativas". O ministro indica que um dos efeitos do sistema de quotas nos Estados Unidos teria sido o agravamento da depressão entre 1929 e 1932, uma vez que "faltou, de um momento para o outro, a massa de imigrantes que contribuía para o surto de prosperidade urbana (as edificações, por exemplo), cuja desmedida expansão representou um dos fatores preponderantes do colossal 'crack' de 1929".

Nas páginas anteriores, Campos afirmara que nos dois anos posteriores à implementação do sistema de quotas ocorrera uma elevação das correntes imigratórias, indicando que tal sistema não teria sido impeditivo para que se registrasse tal aumento. Entretanto, afirma também que o mesmo sistema teria produzido a redução da vinda de imigrantes responsáveis por uma prosperidade urbana e que, mesmo sendo "prosperidade", era danosa já que desmedida, num conjunto de argumentos que ainda relacionava o *crack* com a entrada dos imigrantes, pois tal conjunto de coisas teria representado fator preponderante para a quebra da bolsa de Nova York. É possível notar que o costurar de argumentos do ministro, quando na defesa de interesses ou convicções suas, lançava mão dos mais absurdos e contraditórios argumentos. Em mais de uma passagem, Campos demonstra, sob o discurso de aparência científica, uma vulgar racionalização de seus preconceitos.

Depois de "comprovar" que a imigração estaria relacionada nos Estados Unidos com fatores preponderantes de uma crise local de repercussões mundiais, o ministro tratou de voltar seu foco para uma das preocupações

FRAGMENTOS E REFERÊNCIAS EUGENISTAS NO PENSAMENTO DE F. C.

brasileiras que afligiam, em especial, setores do Exército: a "desnacionalização". Esse é o termo utilizado no subtítulo seguinte. Uma vez mais, a argumentação inicia-se com indicações do fenômeno nos Estados Unidos. Campos explica que a imigração intensiva "traz consigo o perigo de desnaturar, ou desnacionalizar, a população do país." Preocupação do governo, essa frase, isoladamente, aparece com trecho destacado.

O ministro citou, com base no recenseamento de 1914, que na Argentina 29% da população eram compostos por estrangeiros.[163] Nos Estados Unidos, cujo conjunto da população seria de 122.775.046 almas em 1930, 38.727.593 habitantes seriam considerados de nacionalidade estrangeira, sendo, desse total, 13.366.407 nascidos no estrangeiro. Campos destacou ainda que 108.864.207 de norte-americanos eram "considerados brancos", o que o levou a concluir que a população nascida fora daquele país representaria 12,3% desse número. Para todos os fins, especialmente os relacionados ao desenvolvimento — provavelmente repetindo ideário comum a certos pensadores norte-americanos —, o ministro não considerava a população "não branca". A conclusão, que posteriormente foi sinalizada em destacado, garante que "essa enorme contribuição estrangeira alarmou. Povoar, para os países da América, não poderia significar a substituição dos nativos pelos estrangeiros".

No parágrafo seguinte o ministro tratou de apontar o "perigo" e as semelhanças "em determinadas regiões de nosso país, exatamente as que representam maior coeficiente na economia brasileira". Em longo trecho, depois destacado, Campos dá como exemplo São Paulo, que,

> a este respeito, merece acurada atenção, tão grande é o contingente de estrangeiros — italianos, alemães, sírios, poloneses, japoneses — que se fixam nesse próspero estado. No Paraná, em Santa Catarina e no Rio Grande do Sul, o afluxo de alienígenas foi, igualmente, surpreendente, e tanto maior é o perigo quanto *mais próximos se encontram do território estrangeiro* e quanto mais poderoso se mostrou, nessas riquíssimas zonas, o processo de enquistamento das colônias estrangeiras.[164]

---

[163]Em uma população total de 7.885.000 habitantes, 2.358.000 estrangeiros.
[164]O grifo indica o trecho em que aparece marcação a lápis realizada no documento original por Vargas ou um assessor seu.

Por décadas, inclusive em um período muito próximo àquele em que esse parecer foi redigido, o governo brasileiro buscou atrair imigrantes europeus brancos com o intuito declarado de fixá-los em regiões agrícolas. O desenvolvimento dos estados citados pelo ministro obviamente contou, em maior ou menor grau, também com a colaboração da presença dos imigrantes estrangeiros e seus descendentes nessas regiões. Desde 1938 os dirigentes do Estado Novo — especialmente o Conselho de Imigração e Colonização (CIC), que iniciou seus trabalhos nesse mesmo ano — estavam empenhados em promover o que chamavam de "nacionalização" das comunidades estrangeiras no Brasil, especialmente a ala militar, que manifestava preocupação com a possibilidade ou o perigo de desmembramento do território nacional.[165] A preocupação era ainda mais sensível em relação às regiões que possuíam grandes comunidades de imigrantes e descendentes europeus que se mantinham culturalmente — idioma, costumes etc. — extremamente ligados às suas origens no chamado "velho continente". Quanto mais numerosas e próximas da fronteira essas comunidades se encontravam, maior era a preocupação, em especial a fronteira com a Argentina, vizinha com a qual os militares mantinham centenária desconfiança.

Sem apresentar referências que pudessem comprovar as suas afirmações, Campos comentou a respeito do "parasitismo" dos imigrantes, apresentados como exploradores de riquezas ou pivôs de crises econômicas. Lançou mão então de uma terceira acusação dentro de um tema especialmente sensível à cúpula estado-novista: o "enquistamento" e a "desnaturação". Dessa vez, apresentando como argumento autores e estudos norte-americanos.

De acordo com o ministro, muitas vezes duas ou três gerações "não bastam, aqui como nos Estados Unidos, para apagar a consciência da nacionalidade de origem, a língua, os costumes, a afinidade com os sentimentos da pátria distante dos primeiros colonizadores". Para um governo extremamente preocupado em fortalecer o sentimento nacionalista, como era especialmente o da época, soava terrivelmente a manutenção de laços

---

[165]MOVSCHOWITZ, Jeronymo, op. cit.

FRAGMENTOS E REFERÊNCIAS EUGENISTAS NO PENSAMENTO DE F. C.

tão fortes com outros países, em detrimento da pretendida formação conjunta e miscigenada com o restante dos demais brasileiros.

Uma vez mais, Campos reforçou sua teoria a respeito do prejuízo econômico representado pela vinda de imigrantes indicando números dos Estados Unidos, considerando o período compreendido entre 1840 e 1940. Afirma o ministro que a população norte-americana teria aumentado "22% em virtude de imigração, 37% do excesso de nascimentos determinado pela imigração e 41% do excesso de nascimentos independentes da imigração." Os dados têm como fonte Edward Alsworth Ross, em publicação nos *Annals of the American Academy of Political and Social Science* (XVIII, páginas 67 a 89).[166] Baseando-se em Ross, o ministro indicou que, se a política de livre imigração continuasse, não seria "fácil imaginar as profundas modificações estruturais por que, ao fim de certo tempo, passaria a República." E fez referência a termo que atribui a Ross: *"racial suicide".*

Ross é também autor da obra *Social Psychology: an Outline and Source Book*, publicada pela primeira vez em Nova York em 1908 e reeditada nos anos seguintes.[167] Em verdade, a ideia de *racial suicide* apareceu em 1891, cunhada por um presidente do Massachusetts Institute of Technology (MIT), Francis Amasa Walker, e seria repetida bastante nos anos seguintes.[168] O pensamento era o de que os anglo-saxões estavam silenciosamente cometendo "suicídio racial". O insulto ou a afronta de competir com povos latinos, eslavos e célticos aparentemente dissuadia e desencorajava a reprodução entre famílias de "boa estirpe", ideário esse associado ao "movimento eugenista". Nessa época, nos Estados Unidos, ocorreu uma campanha contra o suposto "suicídio racial". Renomados cientistas produziram sobre esse tema inúmeros livros, artigos em jornais científicos e revistas populares. Ministraram conferências e até chegaram

---

[166]Os dados e detalhes aparecem no próprio texto de Campos, que se refere ao autor somente como "professor Ross".

[167]ROSS, Edward Alsworth. *Social Psychology: an Outline and Source Book*. New York: Macmillan, 1908. A biblioteca da UnB tem uma edição de 1925. Disponível em: http://spartan. ac.brocku.ca/~lward/Ross/Ross1919/Ross1919toc.html). Acesso em 2/2004.

[168]GATTO, John Taylor, op. cit.

a compor comissões especiais encarregadas de fornecer assessoramento e sugestões ao Congresso na elaboração da legislação.

Walker teve justamente no influente sociólogo Ross um de seus principais difusores intelectuais. Foi Ross que expôs à American Academy of Political and Social Science exatamente como a desenfreada imigração asiática levaria à extinção do povo norte-americano. De acordo com ele, "raças superiores" não suportariam competir com as inferiores. Nessa época, início do século XX, até o então presidente norte-americano Theodore Roosevelt abraçou a ideia e dirigiu um movimento às mães anglo-saxãs solicitando que mobilizassem esforços para impedir tal "suicídio racial". "*Breed as if the race depended on it*", dizia o presidente, em uma campanha política nacional eugênica.[169] Ainda assim, Roosevelt foi duramente criticado por aqueles que indicavam a continuidade da imigração como fator de "degeneração" das "melhores raças". Entre 1905 e 1909 inúmeros artigos e livros apareceram alertando para o *racial suicide* que causaria grandes perdas aos anglo-saxões (ou anglo-teutônicos), que estariam "entregando a nação" para latinos, eslavos, judeus e asiáticos.

A semelhança ou aproximação do teor do discurso de Campos, no parecer aqui estudado, com o de eugenistas norte-americanos indica que o ministro foi bastante influenciado por tais correntes, que se mantiveram muito atuantes e congregando respeitados intelectuais provenientes de importantes centros acadêmicos universitários norte-americanos, como os citados MIT, Yale, Columbia, Harvard, entre outros. Exatamente em 1940, época em que Campos parecia manifestar sua adesão a certos princípios eugenistas, essa pseudociência iniciava um longo declínio de credibilidade nos Estados Unidos. O impacto das notícias sobre as práticas nazistas — que em boa medida também sofreram influência de tais pensadores norte-americanos — durante a Segunda Guerra Mundial foi determinante para esvaziar o "movimento eugenista" nos Estados Unidos.

Embora a concepção original da eugenia tenha sido criada pelo inglês Francis Galton, um discípulo de Charles Darwin, que viveu entre 1822

---

[169]Sobre o assunto da eugenia nos Estados Unidos ver: Idem e BLACK, Edwin, op. cit.

FRAGMENTOS E REFERÊNCIAS EUGENISTAS NO PENSAMENTO DE F. C.

e 1911, foi nos Estados Unidos que tal ciência adquiriu um aspecto mais drástico e seus princípios começaram a ser aplicados. Entre 1907 e 1940, os estados da Virginia, Carolina do Norte e de Michigan, entre outros, promoveram milhares de esterilizações e castrações. Na Califórnia, por exemplo, 14.568 pessoas sofreram cirurgias forçadas dessa natureza. Era considerável o grupo que defendia a aprovação de leis e medidas de exclusão social e esterilização de pessoas classificadas como inadequadas para gerar filhos. Diversos estados promulgaram leis de esterilização nesse período.[170]

Em 1904 foi fundado em Long Island (Estado de Nova York) o primeiro laboratório de ciências raciais do mundo, o Cold Spring Harbor Laboratory. Tornou-se o principal e mais influente centro norte-americano de estudos sobre a eugenia e contava com muitos recursos financeiros, especialmente de instituições como a Carnegie e a Fundação Rockefeller.[171] No século XXI, o Cold Spring Harbor Laboratory reconheceu que os eugenistas que ali trabalharam efetivamente militaram por uma legislação social que mantivesse certos grupos étnicos e raciais, portadores de genes considerados "ruins", separados dos grupos portadores de genes considerados "bons". Organizaram *lobbies* políticos que buscavam restringir a imigração do lado oriental e da parte sul da Europa (os europeus que não seriam "anglo-saxões" ou "teutônicos"), além de defender a esterilização de pessoas consideradas geneticamente impróprias. Reconheceram também que os eugenistas norte-americanos serviram de modelo para os nazistas e, até certo ponto, para as práticas de extermínio desenvolvidas por esses durante a Segunda Guerra Mundial.

O fato de Campos mencionar autores eugenistas norte-americanos não implica creditar a ele uma adesão total e completa a esse ideário. O ministro retirava das ideias importadas o que considerava compatível com a realidade e as necessidades brasileiras e desconsiderava o que julgava incompatível com nossa sociedade. O eugenismo de Campos também

---

[170]BLACK, Edwin, op. cit.
[171]É possível ter acesso a algumas informações do centro por intermédio do link http://www. eugenicsarchive.org/eugenics/. Acesso em 2/2004. Recentemente trouxe a público seus arquivos históricos.

sofreu um processo de "tropicalização", uma vez que as premissas eugenistas norte-americanas valorizavam grupamentos étnicos que eram minorias no Brasil, cujo povo era majoritariamente formado por grupos humanos considerados pelos eugenistas geneticamente inferiores. Ou seja, as simpatias e aproximações do ministro com o ideário eugenista o levavam a aparentemente concordar com a suposta valoração genética que determinava a "má qualidade" de certos grupos, que deveriam ser excluídos como potenciais imigrantes, entre outras análises generalizantes sobre o suposto perfil de comportamento de certas comunidades. Mas, por razões óbvias, boa parte do ideário eugenista não poderia ser passível de defesa ou aplicação no Brasil. O que não impediu o ministro de aderir à tese segundo a qual os imigrantes procriavam mais.

Em seu dossiê, o ministro afirmou que na Argentina "a influência da corrente imigratória no conjunto da população foi ainda mais acentuada". Lá o contingente de imigrantes estaria em 29% da população e teria "40% do excesso de nascimentos provocado pela imigração, e 31% independente dela". O Uruguai, segundo ele, apresentaria proporção ainda maior. Essas porcentagens são utilizadas por Campos como comprovação de que o rápido crescimento "da população nova de origem estrangeira se processa independentemente de um controle que tenha em vista os característicos essenciais da população, étnicos e culturais", considerando que o número de filhos gerados por casais imigrantes fosse indicativo determinante e consistente para se valorar a assimilabilidade deles ao seu novo meio.

Curiosamente, no mesmo item, o ministro não indica números "preocupantes" para o Brasil, onde "apesar das grandes levas de imigrantes do fim do século passado e do começo do atual, o Brasil é feliz de apresentar um coeficiente de crescimento próprio satisfatório: 8% de aumento devido à imigração, 10% de excesso de nascimentos provocado pela imigração, 82% independente dessa." Números tão diferentes, possivelmente derivados da tradição familiar (ou da pobreza) da época na qual os casais brasileiros formavam famílias numerosas. Entretanto, em trecho que acabou sinalizado em destacado, o ministro comenta que "se o crescimento exclusivamente devido à imigração não é, no seu conjunto, alarmante, não devemos, contudo, nutrir uma excessiva confiança na significação desses números, que se referem à população total do país". De acordo com Campos, os imigrantes se concentram somente em determinadas regiões, "onde, portanto, reside o perigo da desnacionalização". Ou seja, para o ministro, mesmo os números indicando que os imigrantes não iriam tornar-se — ao menos em um futuro próximo — maioria da população do Brasil, o "perigo" permanecia em razão da "persistente tendência do imigrante para a segregação e o isolamento". Para dar consistência ou autoridade aos seus argumentos, o ministro reproduziu uma longa citação do livro de Lawrence Guy Brown *Immigration: Cultural Conflicts and Social Adjustments*, publicado em Nova York em 1932:

> Isolation and segregation of immigrants were just as much facts during the colonial period as they are at the present time. Due to the existence of a frontier and a lack of a modern means of communication and transportation, it was possible for a group to move a little beyond a settlement and establish a colony in which old world opinions, customs, and habits could operate unimped. Even settlements in close proximity did not have social intercourse. Contacts were largely economic and secondary. Some of the settlements established at that time still show traces of European culture even at this late date. In some cases, the arrivals year after year from Europe prevented assimilation. In many sections of Pennsylvania the Germans are still known as "Pennsylvania Dutch", and there are America-born Germans who cannot speak English.[172]

---

[172] "Durante o período colonial, isolamento e segregação eram iguais ao que temos atualmente. Devido à existência de uma fronteira e à falta de meios de comunicação e transportes modernos era possível a um grupo se deslocar um pouco além do assentamento e estabelecer uma colônia na qual velhas opiniões e velhos hábitos podiam funcionar sem impedimentos. Até mesmo assentamentos próximos não mantinham relacionamento social. O contato, de modo geral, era econômico e secundário. Ainda atualmente alguns assentamentos instalados naquele tempo apresentam traços da cultura europeia. As chegadas da Europa, ano após ano, em alguns casos impediam a assimilação. Em muitas regiões da Pensilvânia, os alemães ainda são conhecidos como Holandeses da Pensilvânia e há alemães nascidos nos Estados Unidos que não sabem falar inglês." BROWN, Lawrence Guy. *Immigration:* Cultural Conflicts and Social Adjustments. New York: Harper and Brothers, 1932. A informação de Campos a respeito da referência se limita a "Lawrence Brown, *Immigration*". Deduzi que se trata da obra aqui citada. Tradução minha.

De fato, a descrição de Brown se aplicava a algumas comunidades que viviam no Brasil, especialmente em Santa Catarina e no Paraná. Ainda assim, o argumento não tem relação com a alta ou baixa fertilidade dessas comunidades, mas sim com algo que independe das percentagens de nascimentos minuciosamente descritas por Campos — suas respectivas interações sociais com outras comunidades, o chamado problema da "assimilabilidade".

Segundo relatou um correspondente estrangeiro no Brasil da revista norte-americana *Newsweek* na década de 1940, Vargas compreendia razoavelmente francês, mas necessitava de tradutor em inglês, já que não dominava sequer as palavras mais básicas do idioma.[173] Curiosamente, Campos, que deveria saber desse pormenor, não se importou em dirigir ao seu então chefe esse longo trecho em inglês, sem tradução.

Com a expressão "Hyphenated-americanism", o ministro iniciou outro subtítulo. Argumentou que, nos Estados Unidos, "as vozes mais autorizadas" levantaram-se "bem cedo" contra a "política da porta aberta", que, depois da Primeira Guerra Mundial, teria sido definitivamente abandonada, já que teriam ficado mais "patentes os riscos do denominado *hyphenated-Americanism*. Ítalo-americanos, teuto-americanos e outros, com a sua tendência para a segregação, representam para a grande República o mesmo perigo que sentimos no Brasil: a tendência para constituir um elemento anti-americano ou anti-brasileiro".

É fácil compreender que Campos e qualquer nacionalista do Estado Novo tivesse verdadeira ojeriza pela hifenização aqui descrita. Aparentemente, o hífen lhe sugeria uma minoração de apego do imigrante — ou descendente seu — ao Brasil, ao mesmo tempo em que o remetia a outra identidade nacional, uma divisão de fidelidade inadmissível para o ministro. Mas qualificá-la de contrária ao país, como o termo "anti-brasileiro" indica, traduz o exagero e o radicalismo de Campos, de todo pouco tolerante e preconceituoso para com os estrangeiros, suspeitos ou acusados de contribuir para "a desnaturação dos característicos étnicos, políticos e culturais da nação".

---

[173]GUNTHER, John. "Brazil Is Ready to Join USA". Estados Unidos, *Newsweek*, jun. 1940. Informação gentilmente repassada a mim por Orlando de Barros.

FRAGMENTOS E REFERÊNCIAS EUGENISTAS NO PENSAMENTO DE F. C.

Em parágrafo em que aparece trecho destacado, o ministro relata que nos Estados Unidos a massa de imigrantes abandonava as suas ocupações agrícolas em troca do trabalho na indústria, "invertendo desse modo a direção desejável da corrente imigratória". Dessa forma, as restrições norte-americanas, que, inicialmente, haviam se limitado a "não nórdicos", com o objetivo de "preservar a homogeneidade racial", passaram a restringir todos os grupos "não britânicos", com o fim de "defender o fundo cultural do povo norte-americano". Até mesmo o Canadá, aponta Campos, de "população extremamente rarefeita", também recorreu a limitações "drásticas inspiradas em motivos econômicos, étnicos e culturais."

Campos então cita o "escritor" norte-americano Maurice Rea Davie, que sobre isso afirma:

> No que diz respeito ao mundo ocidental, a imigração maciça é provavelmente um fato do passado, e a crescente política de restrições promete ser permanente. A cena do próximo drama, cujos atores serão principalmente os povos asiáticos, já está se situando no Extremo Oriente.[174]

Davie, sociólogo da Universidade de Yale, também publicou a respeito do tema dos refugiados.[175] Ele classifica a situação como "drama" — e não "problema" ou até "perigo" — um termo que parece indicar posicionamento distinto em relação ao assunto. A última frase, a que faz referência ao que se chamou "perigo amarelo", pode ser o ponto que o ministro pretendeu destacar. Os imigrantes japoneses no Brasil também eram acusados de praticar "enquistamento".

Campos argumentou que as razões determinantes para a ocorrência de "enquistamento" não se relacionam somente com a política do *laissez-faire* praticada pelos governos "perante o problema". O ministro apontava para "motivos essenciais, de ordem psicológica e de ordem étnica, que tornam ainda mais difícil no Brasil, do que nos Estados Unidos, a

---

[174]DAVIE, Maurice Rea. *World Immigration*. New York: Macmillan, 1936.
[175]O arquivo pessoal de Davie, período 1914-1975, está em Yale. É da autoria dele também a obra *Refugees in America*, entre outras.

pronta assimilação do imigrante". Conforme foi possível observar-se, Campos estava equivocado.[176]

Em longo trecho destacado por um leitor posterior, o ministro afirmou que "a maioria dos estrangeiros chegados aos Estados Unidos sente-se, com efeito, numa situação de inferioridade em relação à massa da população do país, constituída de elementos de ascendência anglo-saxônica", descendentes dos primeiros colonizadores que teriam emigrado da Inglaterra

> por motivos não simplesmente econômicos, isto é, não apenas impelidos pela miséria, mas por princípios de ordem religiosa, que decorriam de uma elevada formação moral, e os contingentes da imigração inglesa, admiravelmente adequada ao fundo da colonização e com as mesmas qualidades dos primeiros colonizadores.

Campos fez distinção entre as perseguições religiosas dos séculos anteriores — valorizadas e apontadas como motivadas por "elevada formação moral" — e outras perseguições mais recentes, também de fundo religioso, do século XX, que ele indicava como sendo de "ordem psicológica e de ordem étnica". Perseguições do nazismo aos judeus, por exemplo, tinham como base o argumento da suposta má-formação genética, mas ocorriam a partir do critério da identificação religiosa dos indivíduos ou de seus antepassados. Por essa razão, tratava-se de expressões de intolerância religiosa, não distintas em essência — mas sim na forma e na roupagem pseudocientífica — das ocorridas no caso citado pelo ministro, o dos imigrantes britânicos do século XIX. Ao fazer suas afirmativas, o ministro aparentemente aderia à justificativa racista, cuja premissa estabelecia distinções que não se limitavam somente às diferenças de consciência entre os indivíduos, concedendo-lhes

---

[176]Conforme se verificou nas décadas seguintes à elaboração do texto de Campos, as comunidades de imigrantes no Brasil, entre outros aspectos, não fizeram uso do hífen tão criticado pelo ministro e extremamente comum nos Estados Unidos, onde um número considerável de descendentes de imigrantes preserva simbolicamente a nacionalidade ou a cultura de seus antepassados por meio do uso do hífen.

valorações supostamente próprias do grupamento étnico, pensamento próprio de algumas das linhas eugenistas.

Campos acreditava que nos Estados Unidos a maior parte dos imigrantes tinha como "aspiração" adaptar-se "o mais depressa possível ao elemento nativo, fundir-se no seu todo, adotar-lhe a língua e os costumes" e que naquele país essa adaptação ocorria espontaneamente em "grande número de casos", mas que, no Brasil

> embora de nenhum modo devamos nós, brasileiros, fazer qualquer concessão doutrinária que importe o reconhecimento da inferioridade dos nossos característicos étnicos, o certo é que a maior parte dos imigrantes que nos procuram estão longe de possuir a consciência da sua própria inferioridade em relação a nós e promover de modo próprio a sua imediata e completa assimilação. Por vezes, pelo contrário, as demonstrações de que se julgam superiores se têm tornado irritantes, quer segregando-se do contato com o meio brasileiro, quer excluindo de seu trato social e de seus negócios os brasileiros, quer atribuindo-se salários excessivamente superiores aos do nacional.

Nesse ponto e na descrição anterior, na qual Campos parece idealizar a "ascendência anglo-saxônica", o ministro aparentemente projeta um certo sentimento (ou complexo) de inferioridade. Em mais de um parecer nessa época, o ministro referiu-se à condição de "arrogante" de certos refugiados, como o faz acima. Sua análise para o fenômeno, chamado aqui de "enquistamento", que é a preservação de idioma e cultura originais no país adotivo, é baseada numa suposta espécie de segregação em sentido contrário, como se a minoria segregasse a maioria da população. Menciona também o reconhecimento profissional — refletido no salário atribuído — sobretudo de profissionais que se refugiaram no Brasil por conta da guerra. Como, até então, mesmo com todas as restrições estabelecidas para a vinda de novos imigrantes, executadas por meio do MRE, o país mantinha-se aberto à vinda de profissionais de elevado conhecimento técnico-científico, o reconhecimento do mercado e também da sociedade (no caso, também por parte de intelectuais de expressão) despertava irritação no ministro. Campos encerrou o subtítulo "Hyphenated-americanism" sem na realidade tratar com a mínima profundidade a questão.

O subtítulo seguinte enuncia questão extremamente sensível: "As restrições à imigração tendem a dirigir a imigração no Brasil" e quase todo o item foi destacado posteriormente a lápis. O ministro relatou que as condições no mundo, "entregue a um desenfreado surto das doutrinas nacionalistas e imperialistas", teriam majorado o problema imigratório. Campos afirmou que, no passado, os países de origem não se importavam com o êxodo de seus nacionais, mas que, naqueles dias, nenhum dos países que "abasteceram a América de imigrantes admite o êxodo de trabalhadores úteis", como se tais países tivessem algum controle efetivo sobre o assunto ou maquinassem a "exportação" de imigrantes "inúteis". O ministro explica que "deixam a Europa, apenas, os elementos que não fazem falta, isto é, os elementos inadaptáveis à vida dos campos e os operários não especializados, quando não os turbulentos de que as autoridades policiais anseiam por se verem livres".

Campos fez uma distinção entre a qualidade de imigrantes de outros tempos — embora ao longo do texto já tenha buscado também comprovar outras questões negativas já presentes em imigrantes vindos em décadas anteriores — e os daquele tempo mais recente, genericamente apontados de forma depreciativa, com necessárias e estabelecidas condutas contrárias aos interesses nacionais brasileiros ou intencionalmente subversivos.

A seguir, o ministro elabora uma teoria improvável de ser comprovada: a de que os imigrantes daquele tempo, refugiados expulsos de seus países originais por perseguições, "não hesitariam, contudo, em aceitar a proteção dos mesmos governos de que hoje fogem", querendo dizer que tais refugiados políticos seriam instáveis ou não confiáveis. Segue afirmando que "nenhuma ilusão devemos alimentar a este respeito. Uma Alemanha vitoriosa que queira oferecer sua proteção, por exemplo, aos judeus que em massa atravessaram as suas fronteiras e as dos países por ela ocupados, encontrará sempre entusiasmos, dedicações e passividade fáceis nos atuais refugiados." Acredita que o mesmo ocorreria com os judeus italianos, "cuja embaixada mais de uma vez intervém em favor". Para não ficar só no exemplo dos judeus, Campos afirmou o "mesmo da Rússia quanto a finlandeses" (como se na composição dos grupos refugiados daquele tempo existisse expressivo contingente de refugiados finlandeses) e incluiu ainda "estonianos, letões, lituanos e poloneses hoje compreendidos, por gosto ou força, dentro das fronteiras soviéticas".

Não exatamente relacionado à questão dos refugiados, mas sim dos imigrantes já estabelecidos, Campos mencionou assunto tratado nas páginas anteriores, aparentemente sem se importar com a organização ou linha lógica do texto. Escreve que "o mesmo diremos dos japoneses, que praticam, no Estado de São Paulo, uma invasão pacífica que nos poderá causar um dia os mais sérios dissabores, seja quanto à composição étnica da população de grandes e ricas regiões do Brasil, seja quanto aos interesses imediatos da segurança nacional."

Nas linhas seguintes, Campos expressou claramente um dos "perigos" ou receios do governo em relação às comunidades de imigrantes: "Nenhuma das pequenas nacionalidades da Europa e da Ásia, que não apresentem um índice ótimo de assimilação, e esse índice só o encontramos, a rigor, na imigração portuguesa, está fora da eventualidade de uma anexação a Estados mais poderosos." Acreditava o ministro, e esse é ponto fundamental para sua ideia, que potências estrangeiras poderiam mobilizar seus nacionais (e descendentes) estabelecidos no Brasil de forma a estabelecer uma anexação ou desmembramento do território nacional, exceto a imigração portuguesa, que "não representa, de certo, o ideal, mas por diversos motivos, está isenta dos perigos de enquistamento e de base para o exercício de doutrinas imperialistas e nacionalistas".[177] As nações que Campos aparentemente julgava potencialmente perigosas nesse sentido eram a Alemanha, a Itália e o Japão, por força do número expressivo de imigrantes e descendentes originários desses três países residentes no Brasil, pois

---

[177] A frase é dita em trecho mais adiante da mesma exposição de motivos.

ainda que bom imigrante, arriscar-nos-emos a povoar o Brasil açulando, sobre as suas mais prósperas regiões, a cobiça do estrangeiro facilmente apoiada nos quistos minoritários. Para isso tendem os propugnadores de uma rápida, de uma fulminante expansão de novos núcleos de raça branca, arianos, judeus, iberos, italianos, ou de raça amarela, para "encher" os grandes claros do mapa do Brasil.

O ministro também desconfiava da atuação do governo espanhol sobre os seus nacionais aqui residentes. Preocupava-se também com os representantes diplomáticos poloneses, conforme informa em trecho mais adiante.[178]

Nesse momento histórico, as autoridades brasileiras encontravam-se em uma espécie de dilema: manter a política imigratória, que privilegiava a vinda de certos grupos imigrantes, como os portugueses, ou estabelecer a completa restrição. Vargas e a maioria dos altos funcionários do governo defendiam a implementação de maior rigor em relação à entrada de novos estrangeiros, especialmente em relação aos refugiados, ao mesmo tempo em que desejavam a continuidade da vinda dos "elementos" considerados de "qualidade", nos quais os nacionais de Portugal estavam incluídos. A exceção no governo a compartilhar esse ponto de vista era Campos. O ministro advogava a restrição completa, extensiva aos portugueses. Conhecedor das opiniões do presidente a esse respeito, Campos argumentou cautelosamente que "quanto à imigração portuguesa, se é

---

[178]Entre os homens de governo, Campos não estava sozinho nesses temores. Circularam ameaças no pré-guerra de que a Amazônia seria elemento de barganha entre a Inglaterra e a Alemanha, com o fim de evitar a guerra na Europa. O governo italiano notificou um filho de Vargas que se encontrava naquele país de que tal proposta havia existido. Da mesma forma, os nacionalistas brasileiros sempre temeram pela ocupação da Amazônia pelos Estados Unidos. Existem também registros dando conta de que foi constante a preocupação dos militares brasileiros com a ameaça de invasão de território pelos países vizinhos. Diversos historiadores fornecem indicativos de que essa seria a preocupação fundamental dos generais Eurico Dutra e Góes Monteiro. Stanley Hilton, por exemplo, cita um relatório redigido em setembro de 1939 por analistas do Estado-Maior do Exército no qual os oficiais "davam prioridade à ameaça Argentina, o que explica porque se dedicavam não à preparação de planos para a defesa do Nordeste contra uma incursão nazista, e sim para a defesa de Mato Grosso e dos três estados sulistas [...] Góes Monteiro, em fevereiro de 1940, advertia em relatório secreto que o 'fogo sagrado' do sonho de restabelecer o 'antigo Vice-Reinado do Prata' ainda estava aceso na Argentina". HILTON, Stanley, op. cit., p. 343.

FRAGMENTOS E REFERÊNCIAS EUGENISTAS NO PENSAMENTO DE F. C.

certo que esplêndida do ponto de vista da pronta assimilação, o seu valor econômico é, porém, cada vez mais baixo". E se tornou voz única no governo ao afirmar que, não muito diferentemente dos grupos de refugiados (judeus), em relação aos portugueses "há que temer o perigo de se localizarem esses imigrantes nas cidades, onde se dedicarão a atividades urbanas de somenos importância: empregos domésticos, mascateação, pequeno comércio", não contribuindo economicamente para o país. E conclui: "Vêm, assim, apenas, parasitar a economia nacional, aumentar a população das cidades, concorrer nos empregos com brasileiros, exercer fraudulentamente profissões reservadas aos brasileiros pela Constituição e pelas leis, acrescer as estatísticas da delinquência."

Tais observações em relação aos imigrantes judeus de um modo geral eram bastante comuns nos ofícios trocados entre autoridades na época. Mas em relação aos portugueses só são encontradas em textos de Campos. No assunto, o ministro aparentava coerência. Imagens e termos tais como mascateação, concentração nos centros urbanos, fraudadores, parasitas e delinquentes eram quase sempre associados à conduta dos judeus, como o próprio Campos faz mais adiante no mesmo documento.[179]

Se as observações revelam uma xenofobia total do ministro, por outro lado, retirando-se as palavras ofensivas e preconceituosas, de fato, genericamente falando, as atividades exercidas pela maioria dos imigrantes portugueses em nada se diferenciavam das atividades de outros grupos recém-chegados ao Brasil, entre eles os judeus. Aos nativos de Portugal acrescia-se a facilidade de idioma (e de religião) comum. Embora tal comparação genérica pudesse ser estabelecida com lógica em relação às correntes imigratórias judaicas chegadas até 1933, a partir desse ano, em especial 1935, entre os refugiados judeus havia um expressivo contingente de profissionais liberais que, de certo, mesmo estabelecendo-se em bom número nos grandes centros, não desejavam atuar nas atividades mencionadas por Campos e não se dedicaram a elas e tampouco se encaixavam naquele perfil.

---

[179]Sobre outros exemplos desse tipo de imputação, ver: KOIFMAN, Fábio, op. cit.

A seguir, o ministro reproduziu longo trecho de texto atribuído ao Bureau International du Travail, publicado com o título *La Réglementation dês Migrations* (vol. II, página 2):

> la difficulté rencontrée dans l'assimilation de nombreux étrangers aux-quel l'entrée en masse permit de garder une forte cohésion nationale sur le sol qui les avait accueillis et d'y maintenir leur caractère originaire au détriment de l'homogénéité [...] immigration formée d'éléments trop disparates et trop denses pour étre bien absorbés ne suscitát en leur sein les mêmes difficiles problèmes de minorités que des bouleversements politiques successifs ont causée dans certaines parties du vieux monde, où que l'unité nationale n'en fût du moins menacée. [...] les tendances restrictives qui se sont manifestées spontanément à l'intèrieur des pays d'immigration ont été compliquées parfois par des réactions de défense provoquées par la politique des pays qui envoient habituellement leurs émigrants dans ces contrées: dans le desir de maintenir des liens étroits avec les nationaux émigrés afin de prépárer leurs retour à la patrie originaire, certains gouvernements ont tenté de garder un pouvoir direct sur leurs ressortissants et cette attitude a été jugée par les pays d'établissement comme une immixtion contraire a leur propre droit.[180]

O texto da Organização Internacional do Trabalho (OIT), do qual o ministro não dá conta da autoria, é um breve resumo das relações no tocante ao assunto das comunidades de imigrantes entre os países de origem e o de destino, voltando Campos a fazer alusão a problema já abordado anteriormente no mesmo texto. A OIT foi criada pela Conferência de Paz após a Primeira Guerra Mundial. É curioso, uma vez mais, que o ministro

---

[180]"A dificuldade encontrada na assimilação de vários estrangeiros, aos quais a entrada em massa permitiu manter uma forte coesão nacional no solo que os acolheu, permitindo a manutenção de suas características originárias em detrimento da homogeneização [...] imigração formada de elementos muito díspares e muito densos para serem bem absorvidos, sem suscitar para eles mesmos os difíceis problemas das minorias, que as sucessivas reviravoltas políticas causaram em certas partes do velho mundo, onde a unidade nacional não chegou a ser ameaçada [...] as tendências restritivas que se manifestaram espontaneamente no interior dos países de imigração foram complicadas por vezes pelas reações de defesa provocadas pela política dos países que enviaram habitualmente seus imigrantes para esses lugares: com o desejo de manter as ligações estreitas com as nações imigradas a fim de preparar os retornos à pátria de origem, alguns governos tentaram guardar um poder direto sobre seus imigrados e essa atitude foi julgada pelos países do *établissement* como uma intromissão contrária a seu próprio direito." Tradução minha.

utilizasse tal fonte, pois a OIT, como o próprio nome já diz, uma organização internacional — termo que desperta poucas simpatias a um xenófobo expoente do nacionalismo que no mesmo texto denunciava justamente as ideias "internacionalizantes" —, tinha pressupostos humanitários, outro termo do qual, quando posto como forma de argumento, causava desconfiança em Campos e era refutado por ele, para quem certos valores não deveriam "ser sacrificados por doutrinas cujo erro passou em julgado nem por amor de utopias ou de um vistoso humanitarismo praticado em detrimento do país". É possível que a intenção fosse a de expor a ideia de que tampouco os organismos internacionais, que se ocupavam de cuidar desse tipo de assunto, teriam respostas adequadas para certos problemas — igualmente observados e descritos por eles — de forma a sugerir que não seria o Estado brasileiro que reuniria condições de indicar soluções para problemas de tal natureza.

O ministro afirmou que o Bureau não tinha obtido sucesso em levar "às últimas consequências a atividade ordenadora dos países de emigração". Queria dizer que se tratava de uma espécie de problema sem solução. E acusou tais países fornecedores de imigrantes de se esforçar para "conservar sob tutela" os seus nacionais com o fim não somente de "preparar repatriamento", mas também de criar "novos núcleos nacionais nos países que eles consideram, de certo modo, como grandes reservatórios de matéria-prima".

Para o ministro, as propagandas alemã, italiana, japonesa e, em certo tempo, polonesa teriam tido esse fim. Até mesmo a Espanha, logo após o fim da guerra civil, "ensaia assumir, por seus representantes consulares e diplomáticos e pelas fundações de propaganda, o controle dos seus nacionais residentes em nosso país". Campos, apontado costumeiramente como aproximado ou um admirador dos governos totalitários, se assemelha aqui a um intelectual identificado com o ideário norte-americano de direita, um nacionalista incomodado com a interferência e influência das nações fascistas no Brasil.[181]

---

[181] Sobre as simpatias fascistas de Campos, entre outros, ver: SILVA, José Luís Werneck da (org.). *O feixe e o prisma: uma revisão do Estado Novo, volume I: O feixe: o autoritarismo como questão teórica e historiográfica*. Rio de Janeiro: Jorge Zahar Editor, 1991.

Em um tempo em que a imigração era apontada como perniciosa (para a economia, a formação étnica, a nacionalidade, a integridade do território etc.) e que os potenciais imigrantes eram identificados com o contingente de refugiados europeus que buscava saída da Europa, no qual o número de judeus era expressivo — razão pela qual os termos "refugiado" e "judeu" eram mencionados praticamente como sinônimos — não causa surpresa que o dossiê do ministro trouxesse um subtítulo de, simplesmente, "judeus".

Campos relatou que os judeus estavam entrando maciçamente no Brasil. Sem os mesmos cuidados de linguagem que havia aplicado ao tema "portugueses", o ministro é direto: "Ora, o judeu é absolutamente inassimilável e mais do que qualquer outro povo concorre para o desnaturamento da população". Menciona a suposta "falta de ligação afetiva com a terra de nascimento" e afirma que não oferecem "garantia de fidelidade" em relação à de adoção. Campos seguiu, dentro da lógica estereotipada, identificando que os judeus "formam uma estranha comunidade à parte, cujas relações com o resto da sociedade se limitam exclusivamente aos negócios, e em geral aos negócios de mera especulação."

A seguir, Campos indicou a primeira de suas duas fontes relacionadas ao assunto: Elizabeth Stern, autora do livro *I Am a Woman — and a Jew*, lançado em 1926, em Nova York.[182] O ministro transcreve trecho no qual insere comentários: "'a verdade', escreve uma judia, Elizabeth Stern, 'é que o judeu se exclui a si próprio; o orgulho de sua raça e de sua fé constrói um muro entre ele e o resto da humanidade'".

Por muitos anos esse livro de Elizabeth Stern foi considerado um clássico de autobiografia de imigrante nos Estados Unidos, sendo reimpresso algumas vezes. Essa obra era a segunda autobiografia da autora. A primeira, *My Mother and I*, de 1917, tinha prefácio escrito por Theodore Roosevelt. Essas publicações apareceram no contexto do debate norte-americano relacionado à ideia do *melting pot*. Tais narrativas têm relação com a tradição do *self-made man* que poderia não somente

---

[182]STERN, Elizabeth. *I Am a Woman — and a Jew*. New York: JH Sears & Co., Inc., 1926. A autora assinava também com o pseudônimo de Eleanor (ou Leah) Morton.

FRAGMENTOS E REFERÊNCIAS EUGENISTAS NO PENSAMENTO DE F. C.

atingir o seu sucesso como também delinear ou recriar criticamente a sua própria identidade étnica, sendo possível estabelecer para si uma nova imagem escolhida.

Utilizado como espécie de propaganda ideológica, o livro, que explorava conflitos entre velho e novo mundo, judaísmo ortodoxo e assimilação, entre espiritualidade e sucesso mundano, tornou-se um grande sucesso na época. A autora, que se apresentava como imigrante e judia, conferia uma espécie de argumento de autoridade étnico ao texto.

Com a publicação do livro *Secret Family*, em 1988, de autoria de Thomas Noel Stern, filho de Elizabeth, a obra passou a se relacionar nos estudos dos *ethnic impostor autobiography* (impostores de autobiografias étnicas), já que a autora não era judia nem tampouco imigrante.[183]

Os "impostores étnicos" apareceram na cultura norte-americana algumas vezes. Principalmente durante os anos 1920, quando a imigração e as leis norte-americanas estavam mudando. De acordo com Laura Browder, o livro *"I Am a Woman — and a Jew within the context of an increasingly visible immigrant culture, in which one of the functions of the ethnic autobiography was to make a persuasive case for the existence and assimilation into American culture of the 'alien' other"*.[184]

A citação de Campos do livro de Elizabeth Stern, um exemplo de produto do debate norte-americano dos anos 1920 — no qual assimilação, o *melting pot*, a postura das minorias imigrantes em relação à sociedade maior e as propostas e os *lobbies* contrários à vinda de novos

---

[183]STERN, Thomas Noel. *Secret Family*. Estados Unidos South Dartmouth, a/e, 1988. Elizabeth não nasceu na Polônia, mas sim em Pittsburgh, Estados Unidos. Era na realidade filha ilegítima de mãe batista e pai luterano. Aos 7 anos foi adotada por uma família judia, com a qual viveu até os 17. Teve uma infância traumática, sofreu abusos sexuais por parte do pai adotivo e aos 14 anos foi obrigada a realizar um aborto. As informações foram retiradas do artigo: BROWDER, Laura. "Imaginary Jews: Elizabeth Stern's Autobiography as Amnesia". Richmond, Virginia Commonwealth University, 1995. Acesso em 2/2004 (http://www.has.vcu.edu/eng/symp/brow_txt.htm).

[184]"Sou uma mulher — e uma judia dentro de um contexto de uma cultura imigrante cada vez mais visível, na qual uma das funções da autobiografia étnica era fazer uma defesa persuasiva para a existência e assimilação à cultura americana do forasteiro." BROWDER, Laura. "Under Cover: Ethnic Imposture and the Construction of American Identities", palestra em 10/11/1997 na Virginia Commonwealth University — College of Humanities & Sciences. Disponível em: http://www.has.vcu.edu/eng/symp/po.htm. Acesso em 2/2004. Tradução minha.

imigrantes eram os pontos centrais em pauta — é especialmente interessante por reforçar a ideia de que a principal inspiração e influência do ministro ao tratar da questão no Brasil de 1940 era, de fato, a produção e a bibliografia produzida nos Estados Unidos antes e depois da elaboração e aprovação pelo governo daquele país do Immigration Restriction Act, em 1924. Ou seja, as ideias de Campos relacionadas ao assunto da imigração eram referenciadas na política imigratória norte-americana.

O último dos autores mencionados por Campos em seu parecer é o mais famoso deles: William Zebina Ripley (1867-1941). O ministro afirmou que os judeus tinham rapidez de proliferação e essa teria provocado "a reação dos camponeses da Europa oriental". Campos defendeu a tese de que os judeus viviam mais do que os outros povos, que "a sua longa duração de vida é verificada por W. Ripley" e cita trecho da página 383 do livro *The Races of Europe*, no que considera "significativo paralelo":

> Suppose two groups of one hundred infants each, one Jewish, one of average American parentage (Massachusetts), to be born on the same day. In spite of all the disparity of social conditions in favor of the latter, the chances, determined by statistical means, are that one half of the Americans will die within forty-seven years; while the first half of the Jews will not succumb to disease or accident before the expiration of seventy-one years.[185]

O norte-americano Ripley, que também escreveu livros sobre ferrovias e rodovias, tinha formação em engenharia civil pelo MIT e economia pela Universidade de Colúmbia. Passou a maior parte de

---

[185]"Suponha que tenhamos dois grupos de cem crianças cada um, que nascem no mesmo dia, um judeu e o outro de pais americanos de classe média (de Massachusetts). Apesar de toda a disparidade das condições sociais favoráveis dos últimos, as chances determinadas por meios estatísticos são que metade dos americanos morrerá dentro de quarenta e sete anos; ao passo que os judeus não sucumbirão de doença ou acidente antes de completarem 71 anos." Tradução minha. O livro citado por Campos é: RIPLEY, William Zebina. *The Races of Europe. A Sociological Study* [accompanied by a supplementary bibliography of the anthropology and ethnology of Europe, published by the Public Library of the City of Boston]. New York: D. Appleton and Company, 1899. Existe um exemplar da obra na Biblioteca Nacional.

FRAGMENTOS E REFERÊNCIAS EUGENISTAS NO PENSAMENTO DE F. C.

sua carreira como professor da Universidade de Harvard, embora o livro *The Races of Europe* tenha sido escrito pouco antes de ingressar ali. Considera-se que esse trabalho de Ripley forneceu base ou (aparente) credibilidade científica aos eugenistas e demais preocupados com o *racial suicide*. Foi o primeiro a chamar a atenção dos cientistas sociais norte-americanos para a suposta existência de subdivisões de raças europeias. Ele classificava os europeus "caucasianos" em três raças que seriam facilmente distinguíveis: os teutônicos, os alpinos (ou célticos) e os mediterrâneos.[186] Italianos, judeus, eslavos, gregos e boa parte dos novos imigrantes da época, originários da Europa oriental e do sul da Europa, eram considerados como parte baixa da escala de "qualidade" dessas "raças". Nas afirmativas de Ripley, os eugenistas encontraram uma forma, a partir daí bastante utilizada, de distinguir os antigos dos novos imigrantes. Ripley acreditava que o *racial suicide* só poderia ser resolvido por meio de legislação. O autor tornou-se o pai da chamada "taxonomia racial" e foi largamente citado por eugenistas norte-americanos.

Campos afirmou que as mesmas características relacionadas aos judeus apontadas por Ripley se verificavam nas cidades brasileiras nas quais haviam optado por viver. Relata que "as ruas e os bairros de judeus sucedem-se, os nomes judeus multiplicam-se nas folhas de matrícula das escolas e nas relações de empregos públicos ou particulares, numa proporção bem mais alta do que a da média da sua entrada no país". Para o ministro, existia um "processo de propagação, de monopolização e de exclusão dos nacionais e dos demais grupos" que ainda não havia sido estudado. Campos acreditava que "da massa" de judeus até poderiam sair "bons cidadãos", entretanto, frequentemente, a maior parte "de certas estatísticas criminais, especialmente ladrões 'internacionais', arrombadores, 'caftens', promotores de greves, chefes

---

[186]As três raças seriam: "The long-headed blond Teutonic type, the short-headed brunette Alpine, and the long-headed dark Mediterranean." Essa classificação foi provavelmente inspirada em outra idêntica originalmente criada por um contemporâneo de Ripley, o francês Georges Vacher de Lapouge, que a publicou nas obras *Les sélections sociales* (1896) e *L'Aryen, son rôle sociale* (1899).

comunistas ou propagandistas de ideias 'internacionalizantes'" era proveniente desse grupo.

Uma frase mereceu trecho em destacado:

> ninguém mais do que os judeus se tem aproveitado da tolerância e do descuido das autoridades brasileiras no que diz respeito à legislação imigratória. Todos os navios que aqui aportam trazem levas sobre levas de judeus: advogados, médicos, engenheiros, arquitetos, dentistas, químicos, músicos, dançarinos, cantores, comerciantes, intelectuais e jornalistas. Alguns desses refugiados, ou pseudorrefugiados, têm um passado policial. Crimes comuns, fraudes, escândalos, filiações a organizações comunizantes tornaram-lhes impossível a vida nos países dominados por governos autoritários. Embora o Brasil não seja fascista ou nacional-socialista, o certo é que esses elementos comunizantes, socialistas, esquerdistas ou liberais leem por uma cartilha que está muito longe de nos convir.

O ministro afirmou que no Brasil a acolhida aos refugiados, por amigos e "a imprensa, forma em torno deles um ambiente de piedade e não raro lhes abre as colunas às suas lamentações e às suas perigosas ideias, que por enquanto são simplesmente antiguerreiras e amanhã poderão ser antibrasileiras".

De fato, é possível encontrar — embora muito poucos — artigos publicados em jornais por alguns dos refugiados pouco tempo depois de sua chegada ao Brasil. Da mesma forma que em outras oportunidades, Campos manifestou oposição em relação à vinda de refugiados judeus. Mas o desconforto mencionado nesse trecho da documentação é diferente das acusações usuais de cunho antijudaico. É acentuadamente dirigido à presença dessa gente cosmopolita, intelectualizada e graduada nas universidades europeias — já que as profissões relacionadas em maioria indicam tal formação — ocupando ou disputando-lhe espaço nos jornais ou no meio culto da cidade, fugindo do estereótipo do judeu mascate, ou pequeno comerciante, explorador etc., que compunha o maior contingente de imigrantes desse grupo até meados da década

FRAGMENTOS E REFERÊNCIAS EUGENISTAS NO PENSAMENTO DE F. C.

de 1930 e que se constituía na imagem negativa recorrente — além da acusação de comunismo — que surgiu na documentação oficial, jornais e artigos que manifestavam oposição à vinda de israelitas para o Brasil.[187] Os refugiados do nazismo e seus "ares civilizados" europeus causavam incômodo a Campos e o levavam a imputar-lhes simples e genericamente criminalidade e/ou comunismo internacional, ou pacifismo como forma de escamotear "internacionalismo". O ministro conclui transcrevendo palavras que, segundo afirma, teriam sido ditas por Vargas:

> Nós, porém, queremos homens valiosos e laboriosos e repudiamos os elementos moral e fisicamente indesejáveis, os de atividade parasitária, os sem ofício, os desenraizados e incapazes de fixar-se, de constituir família brasileira, de amar a terra adotiva e por ela sacrificar-se. No mundo contemporâneo há clima propício a todas as ideologias. Não devem procurar o Brasil os que professam convicções em desacordo com as nossas, os que pretendem infiltrar no espírito brasileiro o falso e cômodo internacionalismo que dissolve as energias patrióticas e pode servir a tudo e a todos conforme o preço e as ocasiões. Esses não terão mais entrada no país.[188]

Vargas evitava mencionar a palavra "judeu" em suas falas. Mas o texto acima contém alguns dos termos e algumas das expressões comumente atribuídos genericamente aos judeus em documentos, cartas e artigos de jornais e revistas.

O ministro pretendia obter a aprovação de suas ideias em relação à entrada de estrangeiros. Preparou o parecer dirigido a quem detinha o poder decisório sobre todos os assuntos. Sendo jurista, elaborou o texto como uma espécie de peça processual dirigida a magistrado — Vargas — lançando mão de argumentos e ideias que pudessem sensibilizar o presidente ditador. As citações que aparecem têm por objetivo conceder

---

[187]Entre outros, AHI, 136/3/4; AHI, lata 741, maço 10.561 (inúmeros documentos); *Jornal do Brasil*, 4/4/1941.

[188]Campos informou no texto que "são palavras de Vossa Excelência". Embora essa fala guarde estreitas semelhanças de sentido com o discurso de Getúlio Vargas pronunciado na Ilha do Viana em 29/6/1940, não foi possível identificar outras informações sobre esse texto.

uma aparência de relatório técnico, baseado unicamente nas ciências, e não em motivações de outra natureza. Representam forte indicativo a respeito das fontes de leitura e comunhão de pensamento de Campos, no que tange ao assunto dos imigrantes.

O Immigration Restriction Act, aprovado nos Estados Unidos em 1924, teria o seu primeiro paralelo no Brasil somente em 1934, quando a partir de debates na Assembleia Constituinte — especialmente influenciados por membros do movimento eugenista brasileiro — estabeleceram-se as primeiras restrições a certos grupos de imigrantes no país: o regime de quotas.[189]

Embora Campos não mencione, existem algumas semelhanças entre parte da estrutura do seu dossiê — informações, subtítulos, expressões, forma e o tipo de quadros estatísticos etc. — com o documento *Analysis of America's Modern Melting Pot, Harry H. Laughlin testimony before the House Committee on Immigration and Naturalization*. Produzido em novembro de 1922, trazia texto sobre a audiência realizada junto a congressistas norte-americanos de expressivo grupo de eugenistas:

> Eugenics Record Office Superintendent Harry Laughlin became the anti-immigration movement's most persuasive lobbyist. Between 1920 and 1924 he testified three times before the House of Representatives Committee on Immigration and Naturalization. He first testified that a disproportionate number of inmates in mental institutions were from southern and eastern Europe — even though his own data clearly showed a high proportion were German and Irish. On the strength of this testimony, Committee Chairman Albert Johnson appointed Laughlin as an "expert eugenics agent." In subsequent testimonies, Laughlin used flawed data to show that new immigrants had high levels of "all types of social inadequacy," including feeblemindedness, insanity, criminality, and dependency. The Immigration Restriction Act of 1924, sponsored by [President] Johnson, did everything eugenicists had hoped for.[190]

---

[189]STEPAN, Nancy Leys, op. cit. (2004), p. 373.

[190]"O superintendente do Serviço de Registro de Eugenia, Harry Laughlin, tornou-se o mais convincente lobista do movimento anti-imigratório. Entre 1920 e 1924 testemunhou por três vezes ante o Comitê dos Representantes de Imigração e Naturalização. Primeiro testemunhou

O "movimento eugenista" classificava os imigrantes em categorias valorativas, considerava que os novos imigrantes enfraqueceriam a América biologicamente e aumentavam a criminalidade e defendia restrições à entrada de indesejáveis ou mesmo o fechamento completo. Produziram argumentos de aparência racional e científica para despertar sentimentos contrários à imigração na população norte-americana, seja pela disputa de empregos — o imigrante se contentaria com menor salário e isso implicaria a demissão dos norte-americanos — ou pelo "perigo comunista" levado por imigrantes vindos da Europa Oriental e da Rússia.

Os autores, os termos, a forma e organização dos argumentos levam a crer que a fonte essencial do pensamento do ministro sobre o tema tinha raízes estabelecidas no movimento eugenista norte-americano. Embora já se tenha dito que Campos teria sido representante dos interesses da Igreja Católica no governo Vargas, ou se tenha incluído o ministro no grupo de simpatizantes do fascismo no Brasil, no tema da imigração e da entrada de estrangeiros certamente as fontes foram outras, conforme as citações e os argumentos descritos aqui indicam.

---

que um número desproporcional de internos em instituições mentais provinha do sul e do leste da Europa — mesmo que seus próprios dados mostrassem claramente que uma alta proporção era de alemães e irlandeses. Dada a força de seu testemunho, o presidente da Comissão, Albert Johnson, indicou Laughlin como um "agente especialista em eugenia". Em testemunhos subsequentes, Laughlin usou dados com erros para demonstrar que os novos imigrantes possuíam altos níveis de "todo tipo de impropriedade social", incluindo mentes fracas, insanidade, criminalidade e dependência. O Ato de Restrição à Imigração de 1924, patrocinado por [presidente] Johnson, concretizou tudo o que os eugenistas queriam." Tradução minha. Disponível em: http:/www. eugenicsarchive.org. Acesso em 2/2004.

CAPÍTULO 4 Ernani Reis: o porteiro do Brasil

Um dos homens mais poderosos e influentes do Estado Novo, no que concerne ao assunto "estrangeiros" — permanentes, temporários e potenciais imigrantes — no período foi Ernani Reis, que por muitos anos permaneceu ignorado pela historiografia.[191] Da mesma forma, até a presente data, os historiadores que trataram de assuntos conexos à imigração no período praticamente ignoraram o tema da estruturação do controle sobre os estrangeiros dentro do Brasil e o controle de entrada de novos imigrantes. Embora algumas obras tratem do controle e dos critérios seletivos de estrangeiros que desejaram entrar no Brasil durante o Estado Novo, seus autores praticamente silenciaram sobre o período compreendido entre 1942 e 1945, quando esse controle foi exercido, caso a caso, pelo MJNI.[192] Os milhares de casos que aparecem nos processos do Serviço de Visto jamais haviam sido citados em nenhum outro trabalho apresentado. Os fundos documentais do MJNI relativos

---

[191] O primeiro trabalho a avaliar de forma mais aprofundada a estrutura do Serviço de Visto do MJNI e o papel de Reis e outros funcionários durante o Estado Novo foi o meu livro *Quixote nas trevas* (2002).

[192] Autores como Avraham Milgram, Jeffrey Lesser, Maria Luiza Tucci Carneiro, Stanley Hilton, entre outros. Eventualmente algumas obras atribuíram equivocadamente ao MRE a decisão a respeito da entrada dos estrangeiros em situações e casos ocorridos no Brasil entre abril de 1941 e fevereiro de 1945.

à entrada de estrangeiros entre 1941 e 1945 não foram mencionados em qualquer outro estudo acadêmico. Uma grande parte da documentação, até chegar às minhas mãos, guardava indícios de que não fora manuseada nas últimas décadas. A análise do dia a dia do controle de entrada de estrangeiros no Brasil nos anos da Segunda Guerra Mundial revela informações e aspectos ainda não estudados do contraditório período em que o país esteve combatendo os regimes autoritários no exterior ao mesmo tempo em que reproduziu em solo pátrio um sistema político inspirado em larga medida nos moldes do fascismo italiano e português.

O secretário do MJNI Ernani Reis praticamente concentrou em suas mãos, a partir de abril de 1941, todo o poder sobre a entrada de estrangeiros no Brasil.[193] Suas apreciações e seus pareceres eram seguidos pelo ministro da Justiça e, não raro, também por Vargas — quando o assunto chegava à Presidência, o que ocorria com frequência — na quase totalidade dos casos. Ernani já era o presidente da Comissão de Permanência de Estrangeiros desde 1938 e sua participação nas reuniões do Conselho de Imigração e Colonização (CIC), no qual era conselheiro e representante do MJNI, eram sempre marcadas pelo tom xenófobo e por suas propostas restritivas à vinda de determinados grupos estrangeiros para o Brasil.[194] Sua colocação à frente da referida Comissão, sua cadeira no CIC e seu poder junto ao Serviço de Visto, que passou a funcionar dentro do MJNI após a entrada em vigor do Decreto-Lei 3.175/41 — posições

---

[193]A competência de Ernani Reis em relação à matéria estrangeiros durante o Estado Novo era significativamente ampla. No presente livro só serão tratadas as atribuições especificamente relacionadas à entrada de estrangeiros. Entretanto, foi possível localizar centenas de pareceres de Reis em processos relacionados à regularização de sociedades e entidades cuja presença de associados estrangeiros era significativa, especialmente as que foram afetadas pelos processos de nacionalização estabelecidos a partir da instauração do Estado Novo.

[194]Ernani Reis opinou inúmeras vezes a favor da expulsão para a Europa de estrangeiros que haviam chegado ao Brasil com vistos temporários, como foi, por exemplo, no caso do alemão Willy Leonard Horwitz, de 26 anos, cujo parecer, de 8/11/1940, exarado no processo de expulsão (AN, Proc. 8.833/40), recomendava que o rapaz fosse repatriado à Alemanha nazista, pois, de acordo com Reis, "o processo de expulsão está normalmente feito [...] o seu caso é semelhante ao de muitos outros, que demonstram um profundo desprezo pelas leis brasileiras. Em qualquer país civilizado o estrangeiro não confia na sorte a solução de suas dificuldades de passaporte. Mas o Brasil é, para eles, um depositório de refugiados, de desertores e de inadaptados. Penso que as expulsões, em todos esses casos, devem ser consumadas sem desfalecimento, e que só assim poderemos criar a consciência de que as nossas leis foram feitas para serem cumpridas".

que lhe conferiam poderes excepcionais —, podem ser explicados por sua proximidade com Francisco Campos, de quem era secretário-geral e pessoa de confiança. Porém, como compreender seu prestígio e sua permanência nos mesmos cargos de confiança até 1945, mesmo depois da exoneração de Campos do governo, em 17 de julho de 1942? Todos os pareceres de Ernani Reis eram lidos e quase sempre ratificados pelo ministro da Justiça. Era também o assistente do ministro o habitual e principal redator das exposições de motivos encaminhadas a Vargas, quando o assunto chegava à Presidência.[195] Ocupando um posto muito sensível e lidando com atribuições que produziram, especialmente entre 1937 e 1941, crises e pressões provenientes dos próprios homens de governo, da sociedade e dos governos estrangeiros,[196] a conclusão é que, não só por inércia, mas em razão de sua postura e competência, Ernani Reis, em seu trato com o controle e a seleção dos estrangeiros a serem autorizados a entrar no território nacional, desenvolveu, durante todos aqueles anos, atividades consideradas ideais e satisfatórias. A promoção de oficial administrativo do MJNI para o cargo de promotor público substituto, em 1942, e a nomeação por decreto para o cargo de 9º promotor público, assinada por Vargas em 6 de abril de 1943 — funções que seguiu acumulando com suas atividades no Serviço de Visto —, são indicativas de prestígio e reconhecimento por parte do governo.[197]

Ainda assim, alguns historiadores apontam para a fraca representatividade e aparente insignificância do pessoal administrativo como ele em relação às decisões da cúpula de governo.[198] Entretanto, por meio

---

[195]Especialmente durante a gestão de Marcondes Filho na pasta. Normalmente três eram as razões para que um processo do Serviço de Visto chegasse ao presidente. A primeira quando o pedido era encaminhado diretamente a Vargas, a segunda quando um pedido indeferido era encaminhado ao presidente em grau de recurso ou apelo e a terceira em razão da matéria, quando a solicitação dizia respeito a pedido de exceção à regra geral, como eram os casos de autorização especial para mulheres viajarem para os Estados Unidos, a partir de fevereiro de 1943.

[196]Sobre as pressões e crises relacionadas ao controle da entrada de estrangeiros entre 1937 e 1941 ver: KOIFMAN, Fábio. Op. cit.

[197]Sobre a data de acúmulo com a função de promotor substituto, ver: REIS, José Carlos. *Biografia de Ernani Reis*. São José dos Campos: mimeo, s/d. A nomeação assinada por Vargas para exercer o cargo de 9º promotor público está arquivada no AN, Processo 7.722/43.

[198]STANLEY, Hilton, op. cit.

dos documentos deixados nos arquivos públicos, é possível constatar que gente como Ernani de fato exerceu papel de influência consistente na elaboração de políticas do Estado, assim como na aplicação dessas políticas, consolidadas por meio de decretos.

Antes de iniciar a análise específica relacionada aos casos concretos envolvendo a entrada de estrangeiros e os respectivos pareceres elaborados — quase que na totalidade — por Ernani Reis no período, creio ser importante uma pequena abordagem biográfica do destacado personagem.

Não é fato acidental que Ernani Reis tenha sido até aqui ignorado pela historiografia e por livros de memórias de contemporâneos seus. Homem fechado e extremamente discreto, propositalmente sempre procurou se manter não identificado em sua atuação dentro do governo. Além de ter buscado ao extremo atuar coerentemente com a ideia de tecnicidade e impessoalidade das ações do Estado e da aplicação igual e geral das leis e normas, seu isolamento também decorria da própria personalidade.

De qualquer modo, é possível encontrar, na descrição eventual de contemporâneos seus, relatos que dão conta de sua personalidade dura e de sua frieza.[199] Não raro Ernani é citado sem a menção de nome, de forma a reforçar a imagem de um funcionário de postura rígida e técnica. Um exemplo aparece em um dos livros de memórias de Carlos Lacerda:

> uma velha judia, vinda da Alemanha, estava presa a bordo, sem poder descer a terra. Fomos à Praça Mauá. A bordo, lá estava a velhinha. Vinda de Berlim, através da Rússia, do Japão, dos Estados Unidos. Atravessara metade da Europa, toda a Ásia, todo o continente norte-americano e descera de Nova York ao Rio de navio, para chegar ao Brasil. Ao aportar aqui, o visto do seu passaporte, dado no consulado brasileiro em Berlim, estava com o prazo esgotado. Teve um acidente a bordo; o médico do navio dizia que ela poderia morrer na viagem. O médico da saúde do porto, seguindo instruções do Ministério da Justiça, disse que ela não tinha doença nenhuma. Devia seguir viagem, até Buenos

---

[199]Depoimento do embaixador Donatello Grieco em 15/11/1999. Grieco atuou diversas vezes secretariando as sessões do CIC no início dos anos 1940.

Aires, voltar aos Estados Unidos, arranjar-se, em suma. No Brasil não poderia descer sem outro visto. No cais, seu filho, a nora, os netos, que eu nem conhecia, acenavam. Do portaló ela dizia adeus. [...] O Ministério da Justiça restringia ao máximo a entrada de judeus. Havia quem negociasse a permissão de entrada de refugiados, visto em passaporte, o tráfico mais infame. Mas um diretor da Imigração, incorruptível, pelo menos era o que constava, foi o pior de todos, porque era antissemita. Era mulato, mas racista.[200]

O relato de Lacerda aparece em um contexto em que refuta acusações de ser ou ter sido antissemita em algum momento de sua vida. De qualquer forma, no fato descrito envolveu-se pessoalmente no desembaraço do desembarque da mencionada refugiada e, trilhando os caminhos dos procedimentos administrativos da época, necessariamente esbarrou na autoridade de Ernani Reis. Lacerda, possivelmente por prestígio ou conhecimento pessoal, teve sucesso em identificar Ernani Reis, cuidadosamente não identificado nominalmente, mesmo décadas depois, em seu depoimento. Durante aquele período, a maioria absoluta dos solicitantes e personagens envolvidos nos casos de concessões de vistos, impedimentos e assuntos relacionados à entrada de estrangeiros no Brasil talvez não tivesse ideia precisa de a quem se dirigir ou a quem caberia a decisão de dar provimento ou não às solicitações. Existia bastante nebulosidade dentro da teia administrativa que envolvia o assunto relacionado a tais decisões de autorização.[201] Por essa razão, o

---

[200]LACERDA, Carlos. *Rosas e pedras de meu caminho*. Brasília: UnB, 2001, p. 136. Embora possuísse tez morena, Ernani Reis dificilmente, pelos padrões do senso comum aos brasileiros, poderia ser considerado "mulato".

[201]Tal fato é sugerido nas cartas de solicitação de concessão de visto dirigidas ao governo, em especial as que foram encaminhadas ao MRE e à Presidência da República, como, por exemplo, a dirigida pela Congregação Israelita de São Paulo (CIP) em 1940. Um exemplo de proposital nebulosidade nos processos deu-se, por exemplo, no caso da solicitação encaminhada em 26/2/1941 a Getúlio Vargas, cujo despacho foi: "À vista das informações constantes do processo, não deve ser concedida a autorização." Ernani Reis encaminhou um bilhete a um de seus assessores no qual escreveu: "[...] Mando-lhe o processo do Poldès. Publicar o indeferimento nas listas habituais, sem qualquer referência ao expediente do M. da Guerra nem ao despacho do Sr. presidente." Dois dias depois, o MJNI comunicou ao general Dutra que havia indeferido o pedido de permanência dos quatro refugiados estrangeiros. AN, Gabinete Civil da Presidência da República. Série Justiça, Lata 340, Caixa 27.806.

mais comum era que o pedido fosse inicialmente dirigido ao Itamaraty e esse o encaminhasse ao MJNI. Quando bem informados os requerentes, eventualmente o pedido era dirigido diretamente ao Ministério da Justiça. Não raro, os pedidos eram dirigidos diretamente a Vargas, que os encaminhava, nesse período, ao MJNI. Chegando ao ministério — isso se vê em número expressivo de processos — na parte superior do documento aparece o encaminhamento ao "Dr. Ernani" ou simplesmente o nome do assistente do ministro. As negativas e aprovações jamais revelavam a identidade daquele que elaborava as análises e os pareceres, caso a caso.

Eventualmente, o nome de Ernani Reis apareceu na historiografia mencionado em associação a uma das muitas comissões governamentais das quais tomou parte, em meio a uma lista de outros nomes. Um exemplo desse tipo de referência acidental, no qual a presença de Ernani é uma indicação e um registro histórico interessante, mas não foi percebida naquela oportunidade, aparece em um artigo de Simon Schwartzman.[202] O artigo aborda o debate que existiu acerca da elaboração de legislação relacionada ao Estatuto da Família e outros decretos afins, como o que criou o Departamento Nacional da Criança (Decreto-Lei 2.024/40), elaborado pelo ministro da Educação e Saúde, Gustavo Capanema. A lei tinha como escopo a "coordenação das atividades relativas à proteção à maternidade, à infância e à adolescência". A criação do Estatuto da Família, entre 1939 e 1940, motivou debates entre três dos mais expressivos ministros estado-novistas: o próprio Capanema, Francisco Campos e Oswaldo Aranha, tendo os dois últimos se oposto à assinatura do decreto na forma apresentada pelo primeiro, sendo a legislação com data marcada para assinatura em setembro de 1939 protelada por conta das discrepâncias de opiniões e discussões que se estenderam até o ano seguinte.[203] De acordo com Schwartzman, a ideia dos decretos e do Estatuto teria como motivação oficialmente declarada

---

[202]SCHWARTZMAN, Simon. "A Igreja e o Estado Novo: o Estatuto da Família". *Cadernos de Pesquisa*. São Paulo: Fundação Carlos Chagas, vol. 37, maio, 1980.
[203]Ibidem.

"a importância da família para o crescimento demográfico do país", já que, de acordo com Capanema, especialmente "as boas correntes imigratórias vão escasseando, e, de outro lado, a nossa legislação adotou, em matéria de imigração, uma política restritiva. E não haveria dúvida de que a grandeza de um país depende, em grande parte, do número de habitantes que contém".[204]

Schwartzman corrobora a opinião e as conclusões de um parecerista (não identificado) da época, cujas impressões — que aparecem expressas na documentação arquivada — a respeito das propostas, críticas e posições dos ministros em relação ao Estatuto e aos decretos indicariam na realidade objetivos e ideias evidentes e implícitos especialmente relacionados "à preocupação com a manutenção da família tradicional, com a restrição ao trabalho feminino, com a proibição ao uso de anticonceptivos, a implantação da censura etc." e teriam "na realidade pouco a ver com a questão demográfica e muito com as concepções dominantes entre os setores católicos mais conservadores do país".[205] Em meu entender, além da motivação aqui indicada, boa parte dos temas relacionados no debate — a preocupação com a gestação, a formação dos filhos, a família etc. — certamente coincide com projetos defendidos ao longo dos anos anteriores por diversos eugenistas brasileiros, indicando, uma vez mais, a influência das concepções originárias dessa linha no pensamento, no debate e nas decisões dos governantes.

Como em diversas outras oportunidades, Vargas submeteu aos colaboradores diretos a análise de temas que julgava importantes. Não chegando a uma conclusão satisfatória, atendeu a uma sugestão de Capanema e nomeou, em 10 de novembro de 1939, a Comissão Nacional de Proteção à Família, que em 9 de julho de 1940 concluiu os trabalhos. A comissão foi formada por Levi Carneiro, Stela de Faro, Oliveira Vianna, Cândido Motta Filho, Paulo Sá, João Domingues de Oliveira e Ernani Reis.

---

[204] Ibidem.
[205] Ibidem.

A condecoração comenda SS. Maurizio Lazzaro,[206] que lhe foi concedida pelo governo fascista italiano de Benito Mussolini, poderia reforçar uma imagem comumente encontrada nas chamadas reconstruções de memória. A de que os procedimentos e posturas do então governo brasileiro em relação à imigração ou ao controle de entrada de estrangeiros teriam relação com as aproximações ou influências europeias, notadamente dos chamados países do Eixo,[207] ou poderiam ser explicadas a partir delas. O complexo personagem Francisco Campos não raro aparece nas descrições sobre o período identificado como o mais simpático ao ideário fascista.[208] Como Ernani Reis acompanhava havia tantos anos Francisco Campos e era seu próximo colaborador, a associação poderia ser imediata: ambos seriam simpáticos ao fascismo.

Se em algum momento Ernani Reis e até mesmo Francisco Campos foram simpáticos a ideias fascistas, o que se pode notar de seus pareceres e suas exposições de motivos é que a influência e o referencial norte-americanos sempre estiveram fortemente presentes. Conforme trato de demonstrar no presente livro, em relação ao tema da imigração e das políticas de governo, a principal inspiração veio dos Estados Unidos, e não da Europa.

Essas reconstruções de memória também aparecem na transcrição literal do depoimento do americanófilo Vasco Leitão da Cunha, conforme mencionado no primeiro capítulo do presente livro. Leitão da Cunha tinha plena consciência de que no período anterior a 31 de janeiro de 1942 — data do rompimento do Brasil com o Eixo — o tema do controle de entrada de estrangeiros no Brasil não havia sido influenciado por simpatias pessoais associadas às correntes germanófila e americanófila estabelecidas entre membros do governo brasileiro. As decisões, posições,

---

[206]Condecoração a Ernani Reis, cf. *O Estado de S. Paulo*, 7/12/1997, e CANCELLI, Elizabeth. "Ação e repressão policial num circuito integrado internacionalmente". In: PANDOLFI, Dulce Chaves (org.). *Repensando o Estado Novo*. Rio de Janeiro: FGV, 1999, p. 322. Uma vez mais o nome de Reis é mencionado sem nenhum outro comentário ou associação a respeito dele. Além do nome, Cancelli, possivelmente com base em documentação de arquivos italianos, qualifica Reis como sendo "diretor-geral do Ministério da Justiça", função que não existia.
[207]Entre outros, observamos essa tendência em HILTON, Stanley, op. cit.
[208]Idem e SILVA, José Luís Werneck da (org.), op. cit.

flexibilidades e inflexibilidades relacionadas às concessões ou aos impedimentos no tocante à vinda de refugiados não seguiram coerência, em qualquer nível, com essas opções ideológicas da época. Tal divisão não foi determinante como fator de tolerância, sensibilidade ou rigidez no tema específico. Nem todos os americanófilos mostraram-se sensíveis ao drama dos refugiados de guerra, tampouco todos os simpatizantes dos regimes fascistas, quando tiveram o poder para tal, foram implacavelmente rígidos no cumprimento das normas de restrição. Como ocorreu com Francisco Campos em pelo menos um caso, no qual recomendou que se autorizasse o desembarque, justamente, de um grupo de refugiados, conforme relatado no primeiro capítulo do presente livro. Postura que em nenhum momento o americanófilo Leitão da Cunha adotou.

O posicionamento de ministros e funcionários do Estado Novo no tocante ao conflito mundial, a simpatia ou oposição em relação aos aliados e ao Eixo, na prática, em muito pouco ou em nada foram determinantes no que tange a atos de maior ou menor flexibilidade no tema da entrada dos refugiados no Brasil durante essa época. Entretanto, essa divisão política que de fato ocorreu entre os membros da cúpula do Estado Novo, nos anos subsequentes, se prestou — nas reconstruções de memória — como justificativa para explicar posturas rígidas adotadas pelo Estado brasileiro. Como se a rigidez do governo no trato dos assuntos relacionados à entrada de refugiados no Brasil tivesse sido inspirada por ministros e funcionários partidários de um posicionamento pró-Eixo. Essa ideia de atribuir a inspiração e a prática de certas posturas e atos à divisão ideológica tem sido repetida algumas vezes, especialmente por gente aparentemente preocupada em formular para si uma imagem mais satisfatória nos registros, menos comprometida com atos e situações posteriormente encaradas como desabonadoras.[209]

Leitão da Cunha não foi o único a utilizar-se da conhecida presença de ex-simpatizantes do integralismo ou simpatizantes dos regimes fascistas europeus como explicação ou razão do proceder de certos órgãos ou autoridades durante o período. Não raro tal explicação, re-

---

[209]Ao longo de meu livro (2002) relato situações e evidências a esse respeito.

lacionando a influência do ideário fascista ou nazista como inspiradora da política imigratória controladora e restritiva, aparece, até mesmo, na historiografia.[210] Não há dúvida de que, em larga medida, os idealizadores do Estado Novo de fato se inspiraram no fascismo em um variado número de políticas e práticas. Conforme já se viu, entretanto, especificamente em relação ao controle de entrada de estrangeiros, a inspiração e influência foram, em uma medida bem maior, do modelo restricionista norte-americano.

Ernani de Sousa Reis nasceu no dia 13 de março de 1905, na Rua da América, centro do Rio de Janeiro.[211] Era um dos 13 filhos da modesta família de Alfredo de Sousa Reis e Maria Paula Soares Reis.[212] Em 1891 a família Reis mudou-se da pequena Porto das Caixas, em Itaboraí, para Niterói e mais tarde para o Rio de Janeiro, então Distrito Federal, onde Alfredo recomeçou a vida como marmiteiro nos escritórios dos armazéns do Cais do Porto.[213]

---

[210]Entre outras obras, ver: CARNEIRO, Maria Luiza Tucci, op. cit. (1988); HILTON, Stanley, op. cit., pp. 353-367. De acordo com o segundo, "A constante tensão entre Aranha e seus opositores de tendências autoritárias ou pró-eixistas constituía outra limitação à sua ação [...] a influência dessa situação conflitante fazia-se sentir em quase todas as questões de política externa, como, por exemplo, a dos refugiados judaicos." As mesmas explicações e justificativas apareceram em entrevistas que realizei por ocasião da pesquisa relacionada à dissertação de mestrado, entre 1998 e 2000, com antigos funcionários que trabalharam durante o Estado Novo no MRE: Antônio Correia do Lago, Donatello Grieco, Roberto Luís Assumpção de Araújo e Sérgio Correia Afonso da Costa.

[211]As informações pessoais foram obtidas por meio de entrevista efetuada por meio eletrônico (e-mail) e telefônico com os filhos, as noras, os sobrinhos e netos de Ernani Reis e por meio das publicações particulares de família listadas na bibliografia.

[212]Em diferentes fontes, encontrei indicação de oito, nove e 13 filhos. Imagino que a discrepância esteja relacionada aos filhos falecidos muito precocemente. Treze é o número declarado por REIS, José. "Otelo Reis". In: REIS, Fernando. *O caixeiro-viajante da ciência e outros 99 perfis*, s/l, s/d, mimeo. Gentilmente cedido ao autor. Alfredo era comerciante em Porto das Caixas, hoje distrito de Itaboraí, no Estado do Rio de Janeiro. Lá nasceram a filha mais velha, Otília, em 1888, e o filho mais velho, Otelo, em 1890. Alfredo era dono de um armazém de secos e molhados, mas faltava-lhe a "necessária dose de malícia; fiava a todo mundo e acabou fechando as portas". REIS, Fernando. *O ramo Otelo*. São Paulo: mimeo, 2001, p. 10.

[213]REIS, José. "José Reis". In: REIS, Fernando, op. cit. Nos armazéns do Cais do Porto Alfredo "foi subindo e se tornou excelente contabilista, que privava com os melhores tratados do ramo e chegou a aprender francês (ninguém sabe como) para conversar com um dos diretores da empresa". Tornou-se guarda-livros e acabou aposentando-se como chefe da contabilidade. De acordo com José, o pai compensava "pela inteligência e pelas leituras a limitada instrução que pudera receber".

O filho Alfredo Júnior nasceu em 1892; Oscar, em 1894; Euclides, em 1900; Ernani, em 1905; José, em 1907 e Maria do Carmo, em 1909.[214]

Algumas observações são comuns a todos os diferentes relatos referentes à criação dos irmãos Reis. A primeira diz respeito à dificuldade econômica acentuada na infância "de família pobre".[215] A segunda, à compulsividade em relação ao estudo, que aparece em todos os relatos familiares.[216] A terceira à crença de que por meio do estudo se atingiria o sucesso, via funcionalismo público. Característica comum entre diversas famílias de situação financeira frágil que procuravam a ascensão social e econômica no otimista cenário da República recém-inaugurada, especialmente na capital federal, e viam nos cargos públicos — e mais tarde, nos concursos públicos cujo critério de admissão seria o mérito, e não o prestígio — a possibilidade de melhoria imediata nas condições de vida.[217] A quarta, uma descrição de tristeza e seriedade excessiva, reproduzida ao longo dos anos pelos filhos, reclamada pelos netos.[218] A quinta, a religiosidade.[219]

---

[214]Sobre Jayme e os outros quatro filhos que tiveram uma vida curta os registros disponíveis não trazem informações.

[215]REIS, José Carlos; REIS, Marcello; REIS, Flávio. *A árvore dos Reis — O ramo Ernani*. São José dos Campos: mimeo, 2001, p. 1. Era uma "gente pobre e de prole numerosa, que conseguiu em pouco tempo galgar posições de relevo, em quase todos os quadrantes do cenário brasileiro do século XX". REIS, Marcos; REIS, Paulo Swensson. *A história dos Reis — O ramo José Reis*. Rio de Janeiro: mimeo, 2000, p. 5.

[216]ROSATI, Maria Stella Rangel Reis. *Alfredo — Cem anos*. Niterói: mimeo, 1992, p. 4. "Começou, então, a época de estudo daquela família que enfiou a cabeça nos livros. Estudavam todos com tamanha avidez que não havia para eles nem domingo nem feriado. Era estudar e estudar." Costumavam dizer que não tiveram infância, tendo crescido totalmente dedicados aos estudos. "Por essa razão, não sabia andar de bicicleta, soltar pipa e balão, rodar pião e tudo o mais que se constituía, para um garoto como eu, nos mais verdadeiros e importantes valores da humanidade." REIS, Marcos; REIS, Paulo Swensson, op. cit., p. 60 e 61.

[217]Ibidem, p. 11 e 22.

[218]REIS, José. *A árvore dos Reis*. São Paulo: mimeo, 1977, pp. 1-3. "Tanto quanto minha lembrança pode alcançar, vejo uma casa triste, dominada pelo que se poderia quase chamar de imperativo categórico do dever [...] tronco alimentado pela seiva do dever [...] sempre vi nelas [árvores] o mundo que foi nossa casa, o tronco que fomos todos nós, retos em nossa solidão" e Ibidem, pp. 2-3.

[219]REIS, José, op. cit.

Otília, Maria do Carmo e Otelo tornaram-se professores.[220] Alfredo tornou-se funcionário do Ministério da Viação e Obras Públicas.[221] Oscar tornou-se padre. Euclides, comerciante. José de Sousa Reis, irmão muito próximo de Ernani, foi de longe o mais brilhante e importante dos irmãos Reis. A riqueza de seu extenso currículo e a complexidade desse personagem são muito expressivas e podem ser grosseiramente divididas em quatro linhas: a sua produção como grande cientista; a sua participação como inovador na administração pública do Estado de São Paulo; a sua obstinação pelo incentivo e desenvolvimento da ciência; e a sua atividade jornalística e editorial como divulgador da ciência.[222] Não cabe aqui reproduzir toda a atividade acadêmica, científica e multidisciplinar de José Reis em seus mais de setenta anos de atividades e produção intelectual. Mas é bastante significativo que tenha sido criado o Prêmio José Reis de Divulgação Científica, instituído pelo CNPq em 1979.[223]

---

[220]REIS, Fernando, op. cit. (2001), p. 10. Foi professor catedrático no Pedro II. Entre 1914 e 1945 publicou mais de trinta livros, de caráter didático. Foi também membro do Instituto Histórico e Geográfico Brasileiro (IHGB) e publicou regularmente artigos em periódicos. Hoje Otelo dá seu nome a um colégio municipal, em Santa Cruz, a uma praça, em Cordovil, ambos no Rio de Janeiro, e a uma rua em Nova Iguaçu, município da Região Metropolitana do Estado do Rio.

[221]ROSATI, Maria Stella Rangel Reis, op. cit., p. 9. Dentro do ministério, chegou aos postos de diretor de Contabilidade e diretor de Orçamento. Foi também vice-diretor do Departamento Nacional dos Correios e Telégrafos. Um dos filhos de Alfredo, Maurício Rangel Reis, foi ministro do Interior durante todo o governo Geisel, entre 1974 e 1979, e é o único parente de Ernani que possui um verbete biográfico em ABREU, Alzira Alves de [et al.] (coord.), op. cit., pp. 4.959-4.961.

[222]REIS, Marcos; REIS, Paulo Swensson, op. cit., p. 43. Como os demais irmãos, José estudou em escola pública e no Colégio Pedro II. Cursou a Faculdade de Medicina do Rio de Janeiro entre 1925 e 1930. Seu interesse era mais voltado para a microbiologia. Fez cursos especiais (de histologia) com André Dreyfus — um importante expoente do ideal eugênico mendeliano — e Mário Magalhães (de patologia geral). Especializou-se no Instituto Oswaldo Cruz. Em 1929 foi contratado para trabalhar como bacteriologista no Instituto Biológico de São Paulo, onde permaneceria até 1958. Foi estagiário bolsista da Fundação Rockefeller nos Estados Unidos entre 1935 e 1936. Em 1947 José começou o trabalho de divulgação científica na *Folha da Manhã*, depois *Folha de S.Paulo*, assim como na *Folha da Noite*. Inicialmente, tratou de temas administrativos. Depois, fixou-se regularmente na ciência. Entre 1962 e 1967 foi diretor da redação da *Folha de S.Paulo*. Em 1948 teve a iniciativa de reunir Paulo Sawaya, Maurício Rocha e Silva e Gastão Rosenfeld para fundar a Sociedade Brasileira para o Progresso da Ciência (SBPC), da qual foi o primeiro secretário-geral e cuja revista *Ciência e Cultura*, que também ajudou a criar, dirigiu por muitos anos.

[223]VOGT, Carlos. "José Reis (1907-2002) — O semeador, o cientista e o poeta". *Observatório da Imprensa*, 22/5/2002. Acesso em 10/2004. Disponível em http://www.observatóriodaimprensa.com.br/ofjor/ofc/220520022.htm. Na ocasião do falecimento, em 2002, a diretoria da SBPC divulgou nota afirmando que "não há, no Brasil, um

Ernani começou o curso primário em 1911, aos 6 anos.[224] Em 1918 entrou para o Colégio Pedro II. Tinha 13 anos e foi mais ou menos nessa época

> que seu pai passou a reparar alguma coisa de anormal em sua postura, enquanto caminhava. Os exames denunciaram acentuada deformidade da coluna vertebral, causada pela escoliose — uma doença que curiosamente todos os seus irmãos do sexo masculino também apresentavam, em maior ou menor grau. Passou a usar sucessivos coletes de gesso ou celuloide, porém não permitiu que a doença prejudicasse seus estudos, que continuaram em ritmo normal. Como seria inevitável para quem passa por tais provações em idade adolescente, tornou-se um menino retraído e tímido. Mais tarde viria a apresentar acentuada gagueira, que o perseguiu até o fim.[225]

O irmão José escreve que sua ligação intelectual com Ernani era forte.

> Em dupla, escrevíamos revistas para circulação doméstica. Ernani era o comentarista político, nacional e internacional, eu contribuía com caricaturas e artigos de ordem crítico-moral (combatia a irreligiosidade, a falta de patriotismo, o desamor ao estudo).[226]

Com 17 anos, em 1922, Ernani completou os estudos no Colégio Pedro II classificado em primeiro lugar. Na época, "seu corpo encontrava-se então literalmente torturado pela escoliose".[227] Nesse período começou a sua "curta e prolífica" vida profissional. Para José Carlos Reis, "pode ser dividida em três atividades distintas, algumas inclusive

---

fato importante no domínio da ciência e de suas relações com a sociedade, através da atividade cotidiana da divulgação científica — quase uma militância — que não tenha a marca da presença inteligente e criativa de José Reis". Bastante significativo também é o fato de o rosto de José Reis figurar nos dias de hoje entre os que aparecem na página do currículo Lattes do CNPq.

[224]REIS, José Carlos; REIS, Marcello; REIS, Flávio, op. cit., p. 1.

[225]Idem, p. 2. O filho José Carlos relata que o pai de Ernani notara que "o menino andava torto" e que ele desenvolveu nessa época "tiques nervosos", "vergonha" e "complexos". REIS, José Carlos, op. cit.

[226]REIS, José, op. cit.

[227]REIS, José Carlos; REIS, Marcello; REIS, Flávio, op. cit., p. 2.

simultâneas, respectivamente: funcionário público, jornalista e membro do Ministério Público Federal. Como se pressentisse que o seu fim não estava muito distante, mergulhou nessas três atividades com dedicação total e a um ritmo alucinante de trabalho, com pesadas consequências para sua saúde".[228]

José conta que o intercâmbio intelectual que teve com o irmão Ernani "não se restringiu aos tempos infantis, mas continuou no ginásio e na escola superior". José dominava assuntos de biologia e medicina e Ernani dava "em troca lições de direito, história, filosofia e linguística". José atribui à influência de Ernani o apurado senso jurídico que possuía quando se ocupou da administração pública. "Era a presença de Ernani. Sua arte de escrever aperfeiçoou-se muito e com ele reforcei o gosto pelo estilo enxuto e direto."[229]

Em 1925 Ernani Reis foi nomeado professor suplente de latim no Pedro II. Formou-se em direito e, em 1927, prestou concurso público para 3º oficial de justiça e foi aprovado em quarto lugar. "Apesar desta ótima classificação, conseguiu apenas uma modesta nomeação como interino, porque muitos candidatos munidos de 'pistolão' lhe passaram à frente...".[230] Em 13 de julho de 1929 casou-se com Maria Gratiae Rangel, irmã da esposa de seu irmão mais velho, Alfredo.

O primeiro filho de Ernani, Marcello Oscar de Sousa Reis, nasceu em 1º de outubro de 1930, na casa de Otelo. A criança não era normal. Os irmãos dizem que ele era portador de epilepsia ou que "ele teria tido uma meningite quando bebê, que lhe deixou sequelas. O sintoma mais visível de seu problema eram convulsões brandas que ocorriam felizmente só à noite, nas primeiras fases do sono. [...] Já o sintoma menos visível, embora o mais sério, foi um certo retardamento no seu desenvolvimento mental". Para o outro filho, José Carlos Reis, Marcello

---

[228]Ibidem.
[229]REIS, José. "José Reis", op. cit.
[230]REIS, José Carlos; REIS, Marcello; REIS, Flávio, op. cit., p. 2.

ERNANI REIS: O PORTEIRO DO BRASIL

sofreu com a inacreditável falta de visão de papai para o seu verdadeiro problema. [...] [pais] que simplesmente não aceitam o fato de que seus filhos possam ter qualquer coisa de anormal, passando a cobrar desempenho dos seus filhos deficientes como se normais fossem. Este último comportamento é infelizmente o mais frequente [...] Certamente por causa disso papai manteve Marcello sempre nas mesmas escolas que as dos outros irmãos, com enormes e terríveis problemas para ele. Como não conseguia acompanhar as classes, suas notas eram sempre ao redor de zero. Por sua vez papai via naquelas notas não um indicativo de problema, e sim apenas o resultado de pouco estudo, provocando longas e desgastantes brigas. O mais surpreendente de tudo é que papai, sendo como era muito culto e intelectualmente preparado, certamente tinha toda a condição para concluir que a educação de Marcello necessitava ser diferenciada! Creio que o bloqueio imposto pela sua rejeição à ideia de que Marcello podia ser excepcional foi muito mais forte que o seu raciocínio lógico.[231]

Nas memórias do próprio Marcello, "eu era tão levado que sempre levava grandes surras de cinto de meu pai, que era severíssimo [...]".[232]

Em 1930 Ernani prestou novo concurso para o mesmo cargo de oficial de justiça, dessa vez passou em primeiro lugar e foi efetivado no serviço público em dezembro de 1930. No ano de 1931 foi nomeado auxiliar do consultor-geral da República e permaneceu durante as gestões dos cinco consultores-gerais que sucessivamente ocuparam o posto. Especialmente Levi Fernandes Carneiro, que ficou no cargo entre 1930 e 1932. Levi Carneiro havia recusado convite de Vargas em 1930 para assumir o Ministério da Justiça, mas aceitou o cargo de consultor-geral da República.[233] Na época, era um expressivo ativista do movimento eugenista, tendo em 1929 presidido a sessão sobre "educação e legislação" do I Congresso de Eugenia e realizado um discurso — "Educação e eugenia" — no qual refutou (hoje sabemos, equivocadamente) algumas das considerações de Roquette-Pinto sobre a hereditariedade do alcoolismo,

---

[231]Ibidem, p. 9.
[232]Ibidem, p. 39. O segundo filho de Ernani, Flávio Alberto, nasceu em 1932. O terceiro, José Carlos, em 1933.
[233]ABREU, Alzira Alves de [et alii.] (coord.), op. cit., pp. 1.136-1.137.

das doenças venéreas e outros males que considerava importantes de serem observados em relação ao "aprimoramento racial".[234]

Ao deixar o cargo em 1932, Levi Carneiro "louva calorosamente a inteligência, os conhecimentos, a operosidade, a discrição, o zelo e a lealdade" de Ernani.[235] Outros consultores com quem Ernani trabalhou foram Raul Fernandes, Carlos Maximiliano Pereira dos Santos, Fernando Antunes e Francisco Campos, provavelmente datando dessa época o início do contato profissional entre os dois.[236]

Em 1936 o então secretário de Educação do Distrito Federal Francisco Campos convidou Ernani para ser seu assistente técnico.[237] Em fins de 1935 Campos assumiu a secretaria depois que o prefeito Pedro Ernesto havia demitido o educador Anísio Teixeira.

Quando ocorreu o golpe do Estado Novo, Ernani e sua família viviam em uma casa alugada "muito velha, encostada na rua" Amaral, na Tijuca. "Naquele tempo as pessoas moravam em casas alugadas, poucos tinham casa própria."[238] Já nos primeiros tempos da ditadura, Ernani mudou-se para um apartamento na Rua Rainha Elizabeth, em Copacabana. De lá mudou-se para a casa na Tijuca. Ainda ia para o trabalho todos os dias de ônibus. No ano de 1941 já contaria com um carro oficial (um Chevrolet preto) tendo um policial armado como motorista.[239]

Diante da situação mundial, do volume cada vez maior de estrangeiros (imigrantes e refugiados) que chegavam ao Brasil e também em razão das repercussões da chamada Intentona Comunista de 1935 — com o envolvimento de estrangeiros —, Vargas procurou, a partir de meados da década de 1930, implementar um controle maior sobre a entrada de estrangeiros no país. Conforme trato nos próximos capítulos do presente livro, o ano de 1938 foi um marco importante no assunto,

---

[234]Stepan, Nancy Leys, op. cit. (2004), pp. 364-365.
[235]REIS, José Carlos, op. cit.
[236]Ibidem.
[237]Ibidem.
[238]REIS, José Carlos; REIS, Marcello; REIS, Flávio, op. cit., p. 6. "Papai morou em várias casas alugadas, antes de se decidir — ou poder — comprar o seu próprio apartamento."
[239]Ibidem, p. 30. Já no início dos anos 1940, entre 1943 e 1944, Ernani comprou um apartamento na Rua Bogari, na Lagoa. Idem, p. 13.

ERNANI REIS: O PORTEIRO DO BRASIL

em razão da publicação de diversos decretos — o 406, de 4 de maio, e, especialmente, o 3.010, de 20 de agosto — relacionados à entrada de estrangeiros (imigrantes ou não) e os residentes (legais e ilegais) no Brasil. A administração pública brasileira, que chegou até 1938 sem um rígido controle daqueles que desembarcavam e já viviam no Brasil, passou a criar prontuários completos de todos os antigos e novos desembarcados, implementando-se um sistema rigoroso e organizado de controle. São de 1938 os primeiros registros documentais depositados no Arquivo Nacional — guardião do acervo do MJNI — que dão conta da presença e da participação de Ernani no assunto dos estrangeiros. Foi ele o principal dirigente (era o presidente) da Comissão de Permanência de Estrangeiros criada no mesmo ano, em 9 de junho de 1938, por ato do presidente da República. Sua atividade ali, seu envolvimento na proposição de pareceres e leis no ministério e o início de suas publicações no jornal *A Noite* o manteriam especialmente ocupado.

No ano de 1941, Ernani foi nomeado membro do Conselho de Imigração e Colonização (CIC). Criado em 1938, justamente por meio do Decreto-Lei 406 (4/5/1938), o CIC era o órgão que havia sido já em grande parte idealizado por Oliveira Vianna, em 1935, com o nome de Conselho Nacional de Imigração. O governo organizou naquele ano a Comissão de Imigração para realizar estudos sobre a questão encabeçada por Oliveira Vianna e por Dulphe Pinheiro Machado.[240] A comissão sugeriu projeto pelo qual fosse criado um Código de Imigração e Colonização — que em parte foi materializado pela promulgação do já mencionado Decreto-Lei 3.010 (20/8/1938). Vargas determinou, em setembro de 1938, que o Conselho de Imigração e Colonização começasse efetivamente a funcionar.[241] Entre os 23 itens que a lei incumbia especialmente ao CIC estavam:

---

[240]Dulphe P. Machado (1885-1972) foi por muitos anos diretor-geral do Departamento Nacional de Povoamento e também participou do CIC. Entre junho e dezembro de 1941 foi ministro do Trabalho, da Indústria e do Comércio (MTIC) interinamente.

[241]Embora tivesse sido criado por meio do Decreto-Lei 406 (4/5/1938), sua primeira reunião ocorreu apenas em setembro daquele ano. FREITAS, Jorge Emílio de Souza, "Primeiro ano de trabalhos do Conselho de Imigração e Colonização". *Revista de Imigração e Colonização*. Rio de Janeiro: s/ed., jan. 1940, pp. 5-17.

IMIGRANTE IDEAL

f) propor ao governo as medidas que convenham ser adotadas a fim de promover a assimilação e evitar a concentração de imigrantes em qualquer ponto do território nacional;

g) *estudar os problemas relativos à eleição imigratória, à antropologia étnica e social, à biologia racial e à eugenia;*

h) propor ao governo, quando necessária, a proibição total ou parcial da imigração;[242]

Vinculado ao gabinete da Presidência da República, o CIC se reunia semanalmente em uma sala do Palácio do Itamaraty e tinha sete membros fixos, todos nomeados pelo presidente da República. As nomeações respeitavam um critério de representatividade ministerial. Eram nomeados representantes de diferentes ministérios e órgãos de governo. O conselho inicialmente possuía atribuições relacionadas especialmente ao controle de entrada de estrangeiros, assim como também ao monitoramento das comunidades de imigrantes já residentes. Era um grupo com a incumbência de elaborar a política do Estado Novo em relação às questões que afetassem os futuros imigrantes e os estrangeiros já radicados no país. As resoluções do CIC tinham força praticamente de lei. Toda a política nacionalista, com a aplicação das proibições de publicação de diários exclusivamente em língua estrangeira, e todas as demais estratégias de limitar as manifestações culturais não brasileiras foram discutidas pelo órgão. Mas, por serem funcionários não exclusivos daquele Conselho, cada membro, com exceção do presidente, manteve-se acumulando seu cargo com os postos nos respectivos ministérios, o que, de certa maneira, transformava cada um dos conselheiros em porta-vozes dos seus respectivos chefes.[243] Do CIC é que sairiam as polêmicas propostas de nacionalização dos "quistos étnicos" que seriam levadas a cabo durante o Estado Novo.

A primeira reunião do CIC ocorreu em 26 de setembro de 1938.[244] Com a publicação do Decreto-Lei 3.175/41, o Conselho acabaria des-

---

[242]Incisos f, g e h do art. 226 do Decreto-Lei 3.010 (20/8/1938). O grifo é meu.
[243]Outras informações sobre o CIC são descritas em meu livro *Quixote nas trevas* e, especialmente, no trabalho de MOVSCHOWITZ, Jeronymo, op. cit.
[244]AHI, "Relatório Anual do MRE", 1938, p. 66.

prestigiado e funcionando até 1945, praticamente apenas para elaborar simples pareceres e trabalhos administrativos, uma vez que as decisões sobre entrada de estrangeiros seriam de competência do MJNI ou de Vargas, em casos que envolvessem assuntos mais delicados ou politicamente importantes.[245]

Em 27 de maio de 1941 o CIC "tratou, em sessão secreta, do problema da entrada de estrangeiros indesejáveis no território nacional, traçando uma orientação segura a respeito da matéria".[246] No mesmo período, seguiam chegando da Europa aos portos brasileiros navios com centenas de (considerados desejáveis) imigrantes portugueses e alguns passageiros estrangeiros não portugueses refugiados da guerra. Muitos desses refugiados foram impedidos de desembarcar e outros, portando vistos que o Decreto-Lei 3.175/41 tornara caducos, causaram confusão no desembarque, impedimentos e até posterior reembarque e encaminhamento para a Ilha das Flores, produzindo pressão sobre as autoridades brasileiras, sobretudo por parte de parentes aqui já residentes.[247] Especialmente a partir do mês de julho, com o início da chegada dos antigos passageiros do vapor francês *Alsina*, reembarcados em outros navios depois de permanecer retidos pelo bloqueio inglês em Dakar por meses.[248]

Por decreto de 2 de julho de 1941, Getúlio Vargas nomeou "Ernani Reis, ocupante do cargo da classe J, da carreira oficial administrativo, do Quadro I do Ministério da Justiça e Negócios Interiores, para exercer as funções de membro do Conselho de Imigração e Colonização."[249]

Os primeiros ex-passageiros do *Alsina* chegaram ao Brasil a bordo do *Cabo de Buena Esperanza,* aportado em 10 de julho 1941. A partir dessa chegada, começou a aumentar o número de registros, nas listas de passageiros arquivadas no Arquivo Nacional e em ofícios de diferentes

---

[245]O CIC não foi extinto em 1945. Continuou existindo até o início dos anos 1950.
[246]Ata da 166ª Sessão do CIC, de 27/5/1941.
[247]KOIFMAN, Fábio, op. cit., pp. 241-343.
[248]Ibidem.
[249]Diário Oficial da União, 4/7/1941.

órgãos de governo, de casos de impedimentos de desembarque desses estrangeiros identificados como refugiados.[250]

Passada uma semana, no dia 17 de julho chegou o vapor *Cabo de Hornos*. Em ambos os vapores pouco mais de quarenta passageiros portadores de vistos considerados caducos tiveram o desembarque impedido pelas autoridades portuárias e foram recolhidos à Ilha das Flores.[251] Alguns dos passageiros já desembarcados do *Cabo de Buena Esperanza* em 10 de julho foram convocados pelo governo brasileiro para se apresentar no porto e tiveram o mesmo destino: internação na Ilha das Flores.[252]

Na reunião do CIC ocorrida no dia anterior, 16 de julho de 1941:

> Apresentou-se ao Conselho o seu novo membro, senhor Ernani Reis, a quem o senhor presidente saudou, manifestando o grande prazer com que todos os conselheiros o viam incorporado à sua agremiação. Enalteceu-lhe as qualidades de homem de letras, do jurista e de pessoa versada nas leis de imigração e colonização, algumas das quais tiveram origem em projetos seus, e terminou pedindo-lhe prestigiar o Conselho com a frequência assídua às suas reuniões. [...] O senhor Ernani Reis agradeceu a acolhida que lhe era feita, declarando que as palavras generosas que acabava de ouvir constituíam maior incentivo para cooperar no que lhe fosse possível com o Conselho, em cujo seio se honrava de vir trabalhar [...].[253]

Uma semana depois, em 23 de julho de 1941, "o conselheiro Ernani Reis fez uma comunicação ao Conselho sobre medidas a serem tomadas para evitar a entrada de estrangeiros indesejáveis no território nacional".[254] Na semana seguinte, no dia 30 de julho de 1941 "o Con-

---

[250]KOIFMAN, Fábio, op. cit., p. 260.

[251]Ibidem, p. 261.

[252]Ibidem, ibidem. Ambos os navios protagonizariam meses depois, entre setembro e outubro também de 1941, um dramático caso que ganhou repercussões internacionais, envolvendo o impedimento de desembarque de cerca de uma centena de refugiados.

[253]Ata da 174ª Sessão do CIC, de 16/7/1941.

[254]Ata da 176ª Sessão do CIC, de 23/7/1941.

ERNANI REIS: O PORTEIRO DO BRASIL

selho adotou uma resolução [n°. 85], elaborada pelo conselheiro Ernani Reis, sobre a legalização da permanência no território nacional dos estrangeiros portadores de vistos diplomáticos".

A partir daí e nos anos que se seguiram o CIC passou a referendar as propostas do MJNI idealizadas e encaminhadas pessoalmente por Ernani Reis.[255] O CIC passou a ser utilizado pelo MJNI como forma de respaldar — e por vezes, legitimar — as decisões de caráter geral relacionadas à entrada de estrangeiros no Brasil. Contudo, ao longo do período até março de 1945, o Serviço de Visto do MJNI não dividiu suas atribuições na condução e no julgamento dos casos individuais, da aplicação efetiva e concreta das regras, mantendo reservada tão somente para o próprio órgão a decisão quanto aos estrangeiros aptos a entrar ou imigrar para o território nacional. Ao longo do Estado Novo as atas do CIC registram, com regularidade, a adoção de resoluções elaboradas por Ernani Reis.[256]

Ernani em 1942 passou a ser "promotor público substituto", como já foi visto, e de acordo com registros familiares foi "chamado a trabalhar como assistente técnico do ministro da Justiça".[257] A promoção foi assinada por Vargas em decreto de 6 de abril de 1943, embora na documentação interna do MJNI a ele tenham se referido, entre 1938 e 1945, como secretário do MJNI. E tenha também, de fato, se mantido

---

[255]Ata da 178ª Sessão do CIC, de 30/7/1941.

[256]Entre outras centenas de registros, alguns exemplos além dos já mencionados são as Atas das Sessões do CIC: 180ª, de 8/8/1941, "O Conselho estudou a situação legal de estrangeiros portadores de vistos cuja validade para o Brasil expirou antes da chegada [...] Ficou decidido que o conselheiro Ernani Reis apresentaria, na próxima sessão, um projeto de resolução sobre o assunto"; 183ª, de 25/8/1941, "Aprovada a ata da sessão anterior, foi adotada a seguinte resolução elaborada pelo Conselheiro Ernani Reis [n°. 89]"; 192ª, de 10/10/1941, "Foi submetida pelo Conselheiro Ernani Reis, e aprovada pelo Conselho, a seguinte resolução [n°. 92]"; 217ª, de 9/1/1942, "Em seguida, o conselheiro Ernani Reis apresentou três pareceres, todos aprovados"; 268ª, de 15/7/1942, "O conselheiro Ernani Reis leu extenso parecer sobre a qualificação de estrangeiros e o registro mediante declarações dos registrandos" e 397ª, de 17/4/1944, "Havendo o Conselheiro Ernani Reis apresentado considerações sobre o assunto, unanimemente aprovadas."

[257]REIS, José Carlos; REIS, Marcello; REIS, Flávio, op. cit., p. 3.

entre 1941 e 1945 como chefe do Serviço de Visto do MJNI, órgão do qual não se tem registro do decreto de criação. Com o fim do Estado Novo, Ernani Reis trabalhou como promotor de justiça.[258]

Paralelamente à carreira no funcionalismo público, Ernani era também jornalista. Colaborou como articulista na *Revista Colégio*, em 1922, em *A União*, em 1923, e no *Jornal do Commercio*, em 1924.

Durante o Estado Novo, Ernani Reis publicou, entre 27 de maio de 1939 e 30 de julho de 1944, semanalmente no jornal carioca *A Noite* um número significativo de artigos.[259] Seus textos apareceram em 75 dias. Em algumas oportunidades, escreveu mais de uma coluna para a edição do mesmo dia. Redigia pequenos textos de humor para a coluna "O sorriso do dia", assinada com o pseudônimo "Alceste". Textos maiores para a coluna "Fatos e ideias da semana", na qual assinava as suas iniciais "ESR". Alguns outros textos não foram assinados. Os temas variavam. Política, história, ciências, poesia, literatura, entre outros. Fazia comentários sobre as notícias mais recentes e escrevia em algumas

---

[258]A informação de que Ernani atuou como promotor de justiça aparece também no comentário irradiado no dia de seu falecimento, em 16/9/1954, pela Rádio Mayrink Veiga, reproduzido em REIS, José Carlos; REIS, Marcello; REIS, Flávio, op. cit., p. 4. e também na p. 14 do mesmo livro: "Naquele tempo papai era promotor da Vara de Família." Diversos jornais cariocas, entre outros, *A Noite, A Manhã, Diário da Noite, Diário Carioca* e *Gazeta de Notícias* reproduziram em 9/7/1943 texto idêntico ao distribuído pelo DIP contendo a informação de que "O presidente recebeu ontem em audiência, no Palácio do Catete, os Srs. Emerson Lima, José Vicente Pereira, Ernani Reis e Clovis Paula Rocha, que lhe foram agradecer as suas nomeações para promotores da Justiça no Distrito Federal. Duas dessas nomeações foram feitas por indicação pedida aos bacharelandos de 1942 pelo próprio chefe de governo." O texto foi publicado junto a uma foto tomando "o flagrante" do encontro. Essa foi a segunda vez que os jornais registraram uma audiência de Ernani Reis com o presidente. A vez anterior foi por ocasião da nomeação de Reis para o CIC, com a nota dando conta da visita ao Catete para agradecimentos, conforme o divulgado pelos diários *Gazeta de Notícias* e *Diário Carioca*, em 8/7/1941. Ernani Reis foi também nomeado por decreto de 25.5.1943 membro da Comissão de Defesa Econômica, depois que o presidente e representante do MJNI na comissão, Fernando Antunes, pediu demissão. A informação foi publicada na imprensa no dia 17.5.1943 (no *A Noite*, entre outros) e no DOU em 27.5.1943.

[259]As cópias de todos os textos publicados no *A Noite* foram oferecidas mui gentilmente pela família Reis, a quem devo também essas informações. Os recortes pertenciam ao acervo pessoal de Ernani Reis.

oportunidades textos relacionados aos discursos de Vargas, às políticas de governo, a problemas do dia a dia.

Entre 1946 e 1949 trabalhou como diretor no jornal *A Manhã*. Na época criou um suplemento — que veio a ser dirigido por seu sobrinho Fernando de Sousa Reis, filho de Otelo — chamado "Ciência para todos".[260] A partir de 1949 Ernani começou a sua participação diária na Rádio Nacional com o programa "Comentário Político de Ernani Reis", lido em horário nobre, pouco antes das 20h, por um locutor. Durante um período, os comentários antecediam em poucos minutos a entrada no ar das novelas mais populares do rádio da época,

> todo o Brasil a sintonizava, e as posições políticas que papai assumia deixavam muita gente furiosa. [...] Por exemplo, quando começou a falação sobre a criação da Petrobras, papai lutou muito contra a ideia e passou a declarar isto nos seus comentários políticos. Isso simplesmente enlouquecia os xenófobos da época do "O petróleo é nosso!", os quais após cada transmissão do comentário passavam imediatamente a telefonar para casa, ameaçando papai e até prometendo incendiar a casa! Muitas vezes papai teve que pedir proteção policial, quando as ameaças tornavam-se mais explícitas.[261]

Em fevereiro de 1954 Ernani foi promovido a 1º curador de justiça do Distrito Federal. Trabalhando compulsivamente no que o filho chamou de "ritmo suicida", começou a sofrer de doenças nos rins poucos meses depois:

---

[260]Era um suplemento destinado exclusivamente à divulgação científica. "No formato tabloide e com 16 páginas, a publicação começou a circular a cada último domingo do mês." O suplemento produziu uma série de seções fixas: "A biologia ao alcance de todos"; "Últimos progressos da medicina"; "Gente nossa"; "O lado humano dos cientistas"; "O que você sabe de ciência?"; "Livros e ciência"; "Ciência e literatura"; "Ciência pitoresca"; "Ciência e indústria"; "No mundo dos números"; "Pergunte o que quiser saber"; "Cientistas estrangeiros que trabalharam no Brasil". Recentemente foi publicado o livro ESTEVES, Bernardo. *Domingo é dia de ciência*. Rio de Janeiro: Azougue Editorial, 2006, justamente a respeito do caderno "Ciência para todos".
[261]REIS, José Carlos; REIS, Marcello; REIS, Flávio, op. cit., p. 14. Na mesma época, também passou a trabalhar na Rádio Mayrink Veiga.

Os médicos diagnosticaram que a causa estaria provavelmente ligada ao uso indiscriminado dos medicamentos de que ele lançava mão para conseguir exercer todas aquelas atividades, de modo simultâneo. A bem da verdade ele tomava regularmente estimulantes para manter-se acordado durante as madrugadas que passava na redação do *A Manhã*. Ao voltar para casa continuava sob efeito dos estimulantes e então recorria a tranquilizantes para poder dormir. Fora esta rotina, quase diária, recorria a inúmeras aspirinas durante o dia, para poder debelar suas crises crônicas de dor de cabeça, sem falar nos rios de café preto que consumia — quase a cada quinze minutos. Em sentido figurado, sua vida assemelhava-se a uma vela acesa pelas duas extremidades...[262]

Ernani passou seus últimos tempos de vida cego. Sua ocupação limitou-se ao ato de fumar na própria cama.[263] No dia 16 de setembro de 1954, aos 49 anos, faleceu no Rio de Janeiro, de "uremia e hipertensão". Ao longo da vida Ernani também escreveu privadamente poesias: "Os versos escritos pelo meu pai são todos um pouco tristes, denotam uma certa angústia existencial." Alguns dos versos, curiosamente, fazem referência — mesmo que simbólica — a estrangeiros:

> Eu venho de um país
> Que fica além do tempo e da distância
> Venho de parte alguma
> De nenhum lugar,-
> e não sou convidado de ninguém.
> Foi o vento decerto,
> Foi o vento que abriu a porta desta casa,
> Pois ninguém encontro,
> Em parte alguma, -
> E é hora da festa começar.
> É a hora da festa, mas encontrei as luzes apagadas;
> A mesa está posta, mas ninguém sentou em
> torno dela.

---

[262]Ibidem, p. 3.
[263]Ibidem, p. 38.

Foi certamente o vento que me abriu as portas
Pois não sou convidado de ninguém
E não há quarto na casa para mim.
[...]
Eu não sou convidado de ninguém
Eu cheguei de além das fronteiras
Da distância e do tempo
De parte alguma
De lugar nenhum; [...][264]

As impressões do irmão José eram distintas dos demais:

Ernani foi, talvez, o mais contraditório de todos nós, diria mesmo o mais rebelde. Servido por uma inteligência fulgurante, era um comigo, pois estudávamos na mesma sala, cada qual defronte do outro. A diferença estava em que eu estudava mesmo, furando a cadeira no chão, e ele borboleteava nos livros, mas acabava sabendo tudo, e bem. Nunca descobri o método milagroso que usava para aprender. Sei que com ele aprendi a melhor lição de minha vida, que foi a do valor do direito, além de lições menores, porém não menos belas, como a do que há de sublime na generosidade, no desdém pelo primeiro lugar, na alegria de repartir. [...] Com ele aprendi a amar a música e a literatura.[265]

A respeito da vida profissional de Ernani, e citando Marcondes Filho, que esteve à frente do MJNI entre 1942 e 1945, José afirma que:

estou certo que sua morte prematura desfalcou o país de uma das figuras mais brilhantes do serviço público. Que terrível perda para um país tão pobre! Lembro-me com particular sentimento das muitas maravilhas de seu caráter e de sua competência, que me foram contadas por Alexandre Marcondes Filho. Não tinha visão nem de jurista embevecido com o faiscar das palavras, nem de tecnocrata que só vê um lado das coisas.[266]

---

[264]Ibidem, p. 21.
[265]REIS, José, op. cit. (1977), p. 5.
[266]Ibidem, p. 5.

IMIGRANTE IDEAL

Conforme trecho da "nota fúnebre" publicada no *Jornal do Brasil* de 25 de setembro de 1954:

[...] Boa parte da legislação sobre a permanência de estrangeiros no país teve a sua colaboração. No antigo Conselho de Imigração e Colonização e em outros órgãos institucionais em que se debatiam os problemas do momento, Ernani Reis se destacava pela sua capacidade e por uma inflexível correção no encaminhamento e na solução dos mais graves assuntos.

CAPÍTULO 5 Das regras e dos sistemas

5.1 Identificar, controlar, selecionar e restringir[267]

Desde o surgimento do Estado Novo, o Ministério da Justiça foi paulatinamente acumulando funções e atribuições especialmente relacionadas ao tema da permanência dos estrangeiros no Brasil. A cada ano, o sistema de controle aprimorava-se no detalhamento e na especialização da máquina administrativa do Estado. A entrada, o tempo de permanência, a localização, a estada, a residência, as possíveis transformações de *status* — de temporário para permanência precária, definitiva etc. — até a saída, expulsão ou a naturalização de cada estrangeiro em território nacional, entre 1937 e abril de 1941, foram concentrando-se na esfera administrativa do MJNI. O tema do potencial imigrante para o Brasil passou a ser assunto permanente em decorrência das mudanças políticas no exterior, em especial na Europa. Não por acaso, em 1940 foi criada a primeira delegacia de estrangeiros. Nesse ano, a temática da entrada de estrangeiros era alçada, tanto na mídia como na documentação oficial, à condição de assunto recorrente e constante.

---

[267]Subtítulo inspirado no título do artigo VAINER, Carlos Bernardo; AZEVEDO & Vânia Maria Ramos de. "Classificar, selecionar, localizar. Notas sobre a questão racial e a imigração". Acesso em 6/2005. Disponível em:
http://bibliotecavirtual.clacso.org.ar/ar/libros/anpocs/vainer.rtf.

Entre 1915 e 1932 o governo brasileiro publicou seis decretos cujos temas tinham relação direta com a imigração ou a entrada de estrangeiros.[268] Entre 1933 e 1937 mais seis decretos tratariam do mesmo tema.[269] Entretanto, em um período de dois anos, entre 1938 e 1939, mais de vinte decretos diziam respeito ao assunto. A entrada de estrangeiros, além de figurar de maneira constante na temática dos decretos, ocupava a pauta de assuntos dos principais homens de governo do Estado Novo. No plano político, converteu-se — até abril de 1941 — em meio eficaz, utilizado pelo ministro Francisco Campos para apontar a incompetência do Itamaraty na gestão do assunto, ao mesmo tempo em que reivindicava para o MJNI uma concentração formidável de poder.[270] As pretensões de outros ministérios, como o do Trabalho, Indústria e Comércio (MTIC), de participar da gerência da matéria foram igualmente confrontadas e repelidas.[271]

Por seu lado, o Itamaraty tinha a obrigação de acompanhar as modificações e constantemente atualizar com essas novas informações o seu corpo de representantes no exterior, pois eles estavam diretamente envolvidos no cumprimento do que era estabelecido e sujeitos a punições no caso de descumprimento. O volume e a constante modificação das leis fizeram com que o MRE, durante o Estado Novo, emitisse e enviasse às representações diplomáticas cerca de cinquenta circulares tratando exclusivamente da entrada de estrangeiros no Brasil. Doze delas tratavam especificamente de israelitas.

---

[268] Decretos 4.247 (6/1/1921); 4.469 (14/1/1922); 19.482 (12/12/1930); 20.140 (23/6/1931); 20.687 (19/11/1931) e 21.936 (11/10/1932).

[269] Decretos 22.453 (10/2/1933); 22.481 (21/2/1933); 24.132 (17/4/1934); 24.215 (9/5/1934); 24.258 (16/5/1934); 24.695 (12/7/1934). Somente a partir de 1938 outros decretos no sentido amplo do tema foram assinados.

[270] As opiniões e interpretações relativas ao quadro político e legislativo do tema da entrada de estrangeiros no Brasil nos anos anteriores a 1941, aqui resumidamente abordadas, foram longamente tratadas em KOIFMAN, Fábio, op. cit.

[271] Cumpre mencionar que a partir de julho de 1942 o titular do MTIC, Marcondes Filho, passou a acumular a pasta da Justiça. Em alguns poucos processos aparece a curiosidade de Marcondes Filho no MJNI oficiar para ele mesmo no MTIC e despachar resposta posteriormente em retorno a consulta. Ainda assim, as competências relativas aos estrangeiros estabelecidas por Francisco Campos não foram modificadas em razão desse acúmulo.

Os decretos relacionados à questão da entrada de estrangeiros no Brasil foram conferindo ao MJNI praticamente toda a gerência do assunto. Mas uma última e fundamental questão ainda administrada pelo Ministério das Relações Exteriores (MRE) — por lógica, natureza do tema e tradição — era o poder de decisão em relação à concessão de vistos aos estrangeiros. Por mais que as regras sobre a concessão observassem, em última análise, a vontade de Vargas, o cotidiano decisório sobre as concessões — e possíveis punições decorrentes de concessões irregulares — era efetuado pelo Itamaraty. A tarefa desempenhada pelas representações consulares ou eventualmente por diplomatas, fiscalizada e orientada por meio do MRE, era acusada de ser ineficiente e, não raro, corrupta.[272] Funcionários do governo e outros colaboradores do regime — também presentes na imprensa ou manifestando-se por meio de cartas pessoais dirigidas a Vargas — regular e sistematicamente trataram de denunciar pública ou reservadamente os "excessos" e as "irregularidades" nas concessões de vistos a "indesejáveis".[273] O contínuo desembarcar de estrangeiros nos portos brasileiros alarmava grupos que se declaravam preocupados com a "boa" formação étnica do povo brasileiro, ainda que a imensa maioria dos desembarcados tenha se constituído, ao longo do Estado Novo, de um contingente, sempre muitas vezes superior, de imigrantes portugueses.

A partir dos debates e das propostas da Constituinte de 1934, o governo brasileiro encerrou o período de livre imigração. O sistema de quotas por nacionalidade e outras mudanças na legislação estabelecidas

---

[272]Esse tipo de informação aparece em muitos documentos e depoimentos. Entre outros, em documento arquivado no Joint Distribuition Committee (Organização Internacional de Ajuda aos Refugiados): Letter n.º 55, de M.W. Beckelman, para R. Adlerstein em Nova York, enviada em 23/12/1941; na revista *Time*, de 1/12/1941, p. 30; no jornal *The New York Times*, 18/11/1941, apud LESSER, Jeffrey., op. cit. (1995), p. 246. Há também referência no processo AN, MJNI 18.137/42; nos depoimentos que recolhi dos refugiados Lisbeth Forell (1998); Nicolas Zabludowiski (1998); Jorge Bemski (1999), entre outros; e, especificamente no Serviço de Visto, nos processos SV: 998/44 e SV: 999/44. Entre outros cônsules acusados de receber propina aparecem Péricles Monteiro de Barros Barbosa Lima, que se encontrava em Colônia (Alemanha), Beata Vettori Esteves e Heraldo Pederneiras, ambos de Buenos Aires. Todos sofreram inquérito administrativo sob essa mesma acusação. AHI, Lata 1.092, Maço 20.778; AHI, Lata 1.782, Maço 35.758; AHI, Lata 1.782, Maço 35.758 e Lata 1.092, Maço 20.778 e 92/4/4.
[273]Ver: KOIFMAN, Fábio, op. cit.

a partir de 1934 pretenderam especialmente diminuir ou até excluir a vinda de japoneses, considerados de difícil assimilação.[274] Os imigrantes judeus, igualmente apontados como indesejáveis, seguiam entrando no Brasil oficialmente, pois o sistema de quotas estabeleceu um limite de novos imigrantes a serem aceitos de acordo com a nacionalidade. Para cada país estrangeiro foi estabelecido um percentual que determinava a quota anual e essa variava de acordo com o número de nacionais que haviam imigrado para o Brasil nos cinquenta anos anteriores. O cálculo percentual foi manipulado pelo governo, que considerou também os índices de imigração do século XIX, com o fim específico de estabelecer uma quota diminuta para a imigração japonesa,[275] principal alvo das restrições até então. Durante a vigência do sistema de quotas, muitos judeus vieram incluídos nas quotas dos nacionais de seus respectivos países.

Não faltavam razões para que o governo brasileiro, já decidido a aplicar uma política de cunho nacionalista em vários sentidos, decidisse criar um controle mais preciso e eficiente sobre a entrada e permanência de estrangeiros no país. Entre outras, a situação política internacional; a participação de estrangeiros na chamada Intentona Comunista de 1935; a presença de um grande contingente de estrangeiros ligados a governos europeus atuando junto a comunidades de imigrantes e seus descendentes; e o já mencionado crescente aumento do número de refugiados e estrangeiros considerados indesejáveis que, pressionados por perseguições na Europa e encontrando poucos países dispostos a recebê-los, seguiam desembarcando nos portos brasileiros.

Era próprio do Estado brasileiro que entre as competências do Ministério da Justiça figurassem assuntos relacionados a estrangeiros, como as naturalizações, por exemplo. Mas o período entre 1938 e 1941 ficou

---

[274]O sistema de quotas foi adotado pela Constituição Brasileira de 1934 e mantido no Decreto-Lei 3.010 (20/8/1938), art. 3º. A quota correspondia a 2% "do número de estrangeiros da mesma nacionalidade que entraram no país, com o mesmo caráter, no período de 1º de janeiro de 1884 a 31 de dezembro de 1933".

[275]A imigração japonesa em grande número para o Brasil só ocorreu a partir dos primeiros anos do século XX. Entre 1908 e 1933 chegaram 142.457 imigrantes daquela nacionalidade. VIANNA, Oliveira. "Os imigrantes semíticos e mongóis e sua caracterização antropológica". *Revista de Imigração e Colonização*, n.º 4, ano I, out. 1940, pp. 617-634.

marcado pelo avanço do MJNI sobre as atribuições de outros ministérios, em especial as do MRE.

Além da quantidade de leis produzidas nessa mesma temática, impressionam também a relativa proximidade cronológica, as constantes mudanças relacionadas a pequenos detalhes nas regras e o tamanho de cada um dos decretos. É possível perceber que tal legislação foi redigida a partir de longo, constante e minucioso estudo.

Ernani Reis foi um dos que muito trabalharam na elaboração de cada um desses decretos e orientações. Isso é sabido não somente em razão de informações constantes em seu obituário,[276] mas também por meio de declarações do próprio assistente do ministro, ao mencionar em mais de um parecer que determinado princípio jurídico, regra ou forma de proceder que aparecia na lei existia justamente por orientação ou sugestão sua. Um exemplo dessa menção ocorreu por ocasião da redação de um parecer dirigido ao ministro da Justiça em agosto de 1942 no qual dizia, a respeito da validade dos vistos caducos:

> a regra segundo a qual o visto caduco não habilita o seu portador a entrar no Brasil foi — aliás por minha iniciativa — fixada muito recentemente na administração brasileira, muito embora seja uma regra comum na legislação dos outros países, inclusive na dos Estados Unidos da América. O objetivo principal dessa interpretação foi evitar a repetição dos abusos que se tinham verificado com extrema frequência e graças aos quais se processava a continuação daquilo a que poderíamos chamar contrabando humano para o Brasil. Era necessário — e isto foi o que se estabeleceu — que, no *momento de entrar no Brasil*, o estrangeiro fosse *admissível de acordo com a lei vigente nesse momento*.[277]

---

[276]*Jornal do Brasil*, 25/9/1954.
[277]AN, SV: s/n [42]. Grifo original. Pedido relativo à concessão de visto para os norte-americanos Charleton Wolsey Washburne e Sra., Heluiz Chandler Washburne e filho. A regra mencionada por Ernani Reis era dirigida especialmente aos refugiados, que em razão das dificuldades de viagem para o Brasil, seja pela situação precária de transportes, seja pela dificuldade na obtenção e pela duração dos vistos de trânsito pela Espanha e Portugal (países que ainda mantinham funcionando suas rotas marítimas para a América do Sul) ou, ainda, em razão de impedimentos efetuados pelo bloqueio inglês, como foi o caso do vapor *Alsina*, seus passageiros acabaram por chegar ao Brasil com vistos caducos. O tema específico produziu debate legal dentro do governo brasileiro em 1941. Ver: KOIFMAN, Fábio, op. cit.

Embora o início do conflito mundial, em setembro de 1939, e o rompimento das relações diplomáticas do governo brasileiro com o Eixo, em fins de janeiro de 1942, repercutissem até certo ponto na política relacionada à entrada e permanência de estrangeiros — afinal, surgiram de fato nações inimigas —, até o fim da guerra ou do Estado Novo o sistema e as diretrizes fundamentais se manteriam nas mesmas bases e nos mesmos critérios traçados na legislação publicada entre 1938 e 1941.[278]

Até 1938 o controle de entrada e permanência de estrangeiros era precário e muito limitado. Os sucessivos governos mantiveram políticas de relativa abertura para a imigração, especialmente a europeia. Normalmente os estrangeiros só eram registrados quando partia deles mesmos o desejo de regularizar seus documentos e sua permanência. Isso se dava especialmente quando se decidiam naturalizar brasileiros. Não raro, estrangeiros que não se naturalizaram e não tiveram qualquer tipo de incidente policial viveram décadas no Brasil sem qualquer tipo de registro. Como, aliás, então ocorria com boa parte da população brasileira.

Um dos poucos recursos que as autoridades possuíam para saber a respeito da entrada de um determinado estrangeiro no Brasil eram as listas nominais de passageiros registradas nos vapores que chegavam aos portos brasileiros. Prova essa muito utilizada por estrangeiros que em razão de exigências do MJNI precisavam comprovar a data da chegada no território brasileiro e a sua regularidade.

A legislação publicada a partir de 1938 foi sendo implementada nesse contexto. Um sistema minucioso, rígido e organizado que foi estabelecido com o fim de controlar todos os estrangeiros que já estavam no Brasil e também os que doravante entrassem no território nacional.

Em razão da complexidade e do detalhamento do Decreto-Lei 3.010/38, os seus elaboradores imaginavam que o texto legal iria resolver os proble-

---

[278]Ver: KOIFMAN, Fábio, op. cit. O estado de guerra não produziu modificações profundas nos critérios seletivos a imigrantes ou nos relacionados ao controle da entrada de estrangeiros. Com o rompimento das relações diplomáticas, os nacionais e naturais das nações inimigas passam a ter os pedidos de visto indeferidos. Os estrangeiros naturais da Alemanha e da Itália naturalizados norte-americanos e ligados ao "esforço de guerra" lograram obter autorização para vistos permanentes por parte do MJNI. Conforme os processos: AN, SV: s/n [42]; AN, SV: 48/43 e SV: 1.113/43.

mas relacionados à entrada de estrangeiros.[279] De fato, dentro das fronteiras brasileiras, em relação aos já residentes, o controle da permanência de estrangeiros obteve razoável sucesso. Tanto que, em certos aspectos, foi mantido igual praticamente até os dias de hoje.[280]

O mesmo não se pode dizer da seleção e do controle de entrada de estrangeiros. O tema ainda produziria outros decretos até 1941 e a publicação do Decreto-Lei 3.175/41. Além das implicações políticas já mencionadas, a outra explicação para tantas leis relacionadas ao mesmo tema tem relação direta com a complexidade do assunto, que envolvia a aplicação de critérios eugênicos, raciais ou étnicos. Se por um lado foi proibida (ou condicionada a autorização prévia do MJNI nas exceções estabelecidas) a concessão de qualquer visto permanente, por outro lado, e ao mesmo tempo, o governo manteve-se vivamente interessado em atrair novos imigrantes, desde que corretamente selecionados. Essa seleção envolvia critérios e conceitos que não eram de simples interpretação e a identificação dos imigrantes considerados desejáveis e indesejáveis envolveu muitas vezes interpretações equivocadas. O trabalho dos cônsules não era fácil. Mesmo considerando que a consulta prévia delegava a responsabilidade da autorização ao MJNI, as informações sobre o estrangeiro e a análise dos documentos que ele apresentava para habilitar-se a receber um visto requeriam uma interpretação precisa do funcionário do MRE no exterior, que, além de verificar as provas apresentadas, tinha o dever de, a partir da apresentação pessoal do candidato a visto no consulado, com uma análise também visual (e baseada nos exames médicos), decidir se o solicitante reunia ou não os requisitos "físicos e morais" para seguir para o Brasil.

Com tantas nuances e variáveis, presentes tanto na atribuição como na responsabilidade dos cônsules de selecionar e informar corretamente o MJNI, instruindo os processos do Serviço de Visto com o fim de possibilitar uma decisão considerada técnica e correta

---

[279]Sobre o assunto, ver: *Revista de Imigração e Colonização*, ano I, n.º 4, out. 1940.
[280]O Serviço de Registro de Estrangeiros, criado em 1939, por exemplo, está em funcionamento ao tempo em que é redigido este livro.

a respeito dos imigrantes adequados para atenderem à política do branqueamento ou não, produziram o que compõe hoje a principal fonte para a pesquisa relacionada à aplicação das restrições criadas pelos decretos, como também da política de base eugenista estabelecida em relação à imigração.

O primeiro dos mais importantes decretos-lei publicados sobre o tema da entrada e permanência de estrangeiros no Estado Novo foi o 406 (4/5/1938). Contendo 93 artigos divididos em 16 capítulos, o texto tratou de regular, entre outros assuntos, a entrada, classificação e as quotas de estrangeiros; a fiscalização; a identificação e o registro; a concentração e assimilação; os vistos de retorno; as licenças de imigrações coletivas; as empresas de navegação e sua fiscalização.[281] Na parte final criou o Conselho de Imigração e Colonização (CIC), que começaria suas atividades somente quatro meses depois.[282]

Maior e ainda mais detalhado, o Decreto-Lei 3.010 (20/8/1938) possuía 286 artigos e anexos, distribuídos em cerca de 70 páginas.[283] Embora esse decreto-lei só tenha sido totalmente revogado em 18 de janeiro de 1991, a sistemática da concessão de vistos para o Brasil ficou parcialmente alterada entre 7 de abril de 1941 e 21 de maio de 1945, período de vigência do Decreto-Lei 3.175/41.[284] Não que o novo decreto modificasse a totalidade dos itens relacionados aos critérios anteriores, mas tinha uma mudança essencial: o ministério que até então atuava como fiscal — o MJNI — tornou-se protagonista principal das decisões relacionadas à entrada de estrangeiros.

A nova legislação estabelecida pelo Decreto-Lei 3.010/38 procurou organizar e estabelecer meios de controle para todos os estrangeiros que

---

[281]Os estrangeiros passaram, entre outras obrigações, a ter de comunicar a mudança de residência ou emprego. Pelo Decreto-Lei 406/38 (§1 do art. 27) essa comunicação deveria ser feita ao CIC. O Decreto-Lei 3.010/38 criou o Serviço de Registro de Estrangeiros (SRE) e, em seu art. 152, obrigava aos estrangeiros comunicar todas essas mudanças a esse órgão.

[282]FREITAS, Jorge Emílio de Souza. "Primeiro ano de trabalhos do Conselho de Imigração e Colonização". *Revista de Imigração e Colonização*, ano I, nº1, jan. 1940, pp. 5-17. Sobre especificamente o CIC, ver: MOVSCHOWITZ, Jeronymo, op. cit., e KOIFMAN, Fábio, op. cit.

[283]Conforme publicado pela Imprensa Nacional ("Atos do Poder Executivo").

[284]O decreto 11 (18/1/1991) revogou o 3.010/38. Já o Decreto-Lei 3.175/41 foi revogado pelo 7.575 (21/5/1945).

chegassem ou já estivessem no Brasil.[285] Mesmo os que desejassem vir ao país apenas a turismo ou negócios passaram a ser obrigados a preencher seus dados e suas informações em duas vias, que eram recolhidas pelas autoridades brasileiras. A partir de 1938, os estrangeiros que desciam no Brasil passaram a ser identificados e fichados pelas autoridades.

5.2 A Comissão de Permanência de Estrangeiros

Entre a publicação dos decretos-lei 406 e 3.010, no dia 9 de junho de 1938, por ato do presidente da República, foi criada a Comissão de Permanência de Estrangeiros.[286] Na mesma época, Ernani Reis, que já era secretário do ministro da Justiça e Negócios Interiores, foi designado para presidi-la. Tratou de a instalar onde funcionava o MJNI, dentro do Palácio Monroe. Absolutamente ignorado pela historiografia, o acervo da Comissão segue aguardando um estudo específico. Os primeiros membros nomeados da Comissão eram Dulphe Pinheiro Machado, Carlos Alves de Souza Filho, José de Oliveira Marques e Ernani Reis.[287]

> Em 1938, o governo houve por bem nomear uma comissão, composta de funcionários de vários ministérios interessados na entrada de estrangeiros, para organizar um novo regulamento, capaz de atender às novas e imperativas exigências da vida nacional, surgidas em consequência da diminuição da corrente imigratória e dos problemas de assimilação. [...] Nesta capital foi tentada uma campanha contra elementos indesejáveis sob o ponto de vista imigratório, chegando-se a conclusões negativas quanto aos meios repressivos em poder da autoridade.[288]

---

[285]O Decreto-Lei 3.010 (art. 130) criou o Serviço de Registro de Estrangeiros (SRE), inaugurado em 17/4/1939. *Revista de Imigração e Colonização*, ano I, n.º 3, jul. 1940, p. 482.

[286]Entre outros, no processo 6.137/41 aparece a informação de que "a Comissão de Permanência de Estrangeiros não foi criada por decreto. Em ofício sem número, de 9 de junho de 1938, o secretário da presidência, Dr. Luiz Vergara, comunicou ao ministro da Justiça a decisão do senhor presidente da República criando a Comissão, designando-o [Ernani Reis] para presidi-la".

[287]AN, MJNI Proc. 17.949/41. Em abril de 1941, os membros dessa Comissão ainda eram Dulphe Pinheiro Machado, José de Oliveira Marques e Ernani Reis.

[288]"Relatório dos trabalhos realizados em 1939" redigido pelo primeiro chefe do Serviço de Registro de Estrangeiros do Distrito Federal, Ociola Martinelli, e apresentado ao CIC. Posteriormente publicado na *Revista de Imigração e Colonização*, n.º 4, pp. 477-522.

Os estrangeiros já residentes e em situação irregular — ou que haviam entrado no Brasil em trânsito, como turista, a negócios ou em uma das demais formas de visto temporário e não haviam saído dentro do prazo — foram "convidados" a se regularizar. Os funcionários defendiam o princípio lógico de que era necessário regularizar a permanência de todos os estrangeiros no país, pois, além de identificar, poderiam melhor controlá-los e, se necessário — e possível — expulsá-los.

No dia 30 de julho de 1938, foi publicado no Diário Oficial da União um edital no qual a Comissão convidava "os estrangeiros que se encontram irregularmente no país" no prazo de cento de vinte dias a requerer autorização para aqui permanecer. Instruções relativas à forma e ao conteúdo da documentação a ser apresentada foram especificadas, assim como as penas que seriam imputadas aos não regularizados. O edital foi republicado em 17 de agosto, reiterando os pormenores e os prazos.

Os decretos-lei 406 (4/5/1938) e 3.010 (20/8/1938) estabeleciam que a transformação de visto temporário para permanente ficaria a cargo das polícias locais,[289] o que, de acordo com Francisco Campos, "significava necessariamente falta de uniformidade nas decisões e na orientação adotada".[290] Por essa razão, cerca de um ano depois de sua publicação, novo decreto se fez necessário para corrigir o anterior, procurando, também de acordo com o ministro da Justiça, "corrigir o inconveniente, concentrando a competência nas mãos do governo federal, por intermédio do Ministério da Justiça, e estipulando condições que subordinavam a concessão do favor à utilidade do estrangeiro para o país".[291] Mesmo com os policiais e funcionários do Serviço de Registro de Estrangeiros subordinados ao seu ministério, Campos não confiava no discernimento dessas autoridades, como também talvez temesse que possíveis influências políticas locais ou outros meios de pressão e persuasão — entre os quais

---

[289] A transformação figura no inciso XIV do art. 131 do Decreto-Lei 3.010/38. A faculdade é mencionada também no art. 163 do mesmo decreto-lei e no Decreto-Lei 406/38, art. 12, parágrafo único, e art. 163. Todos esses dispositivos foram suspensos com a publicação do Decreto-Lei 1.532/39.

[290] AN, Processo 7.067/41. Exposição de motivos de Francisco Campos para Vargas, em 26/10/1940.

[291] Idem.

a corrupção — pudessem estar presentes ou interferir em cada decisão dos funcionários públicos encarregados. Dessa forma, o Decreto-Lei 1.532 (23/8/1939) levava para a competência exclusiva do MJNI mais uma atribuição concernente ao tema da permanência de estrangeiros.

A Comissão de Permanência de Estrangeiros agia "com o máximo possível rigor, sujeitando os pedidos de permanência a uma triagem meticulosa".[292] De acordo com Francisco Campos, três eram os itens principais a serem observados:

1) a apuração das qualidades pessoais do estrangeiro e do seu grau de adaptação ao país;
2) as suas habilidades profissionais;
3) a verificação da transferência de capital para o Brasil ou de emprego útil à economia brasileira.[293]

Das centenas de processos que tive oportunidade de ler mais detidamente, poucos relativamente foram os estrangeiros que procuraram a Comissão e não obtiveram sucesso em transformar a situação irregular em permanência a título precário ou definitivo.[294] Para tal, a Comissão aceitava, por exemplo, com o fim de comprovar atividade lícita e comprovação de trabalho, ou "como prova de idoneidade" no caso dos prestamistas, apresentação de recibos de compras de tecidos e outras mercadorias dos grandes atacadistas estabelecidos na então capital federal ou no interior do país. Cartas de recomendação dos proprietários desses negócios também comumente eram apresentadas.

Mas o Decreto-Lei 1.532/39 foi publicado antes da deflagração da Segunda Guerra Mundial e "não podia prever as consequências do crescente desenvolvimento dessa última".[295] A presença de Ernani Reis à frente da Comissão como presidente nos primeiros tempos do órgão e nos anos seguin-

---

[292]Idem.

[293]Ibidem.

[294]AN, Comissão de Permanência de Estrangeiros do MJNI. Conforme aqui comentado, o acervo ainda aguarda estudo sistematizado. A "permanência a título precário" seria regulada por meio da Portaria 4.941 (21/7/1941).

[295]AN, Processo 7.067/41. Exposição de motivos de Francisco Campos para Vargas, em 26/10/1940.

IMIGRANTE IDEAL

tes até a extinção formal seria uma experiência marcante e de fundamental importância para a sua formação e o embasamento de suas convicções relacionadas ao controle de entrada de estrangeiros. Ali ele teve oportunidade de ter contato com milhares de casos envolvendo estrangeiros cuja permanência no país se dava em razão de irregularidades e expedientes para contornar as leis e normas impeditivas. Especialmente a estratégia de utilizar-se de vistos de trânsito e turista por estrangeiros com fins imigratórios.

Entre 1941 e 1945, atuando no Serviço de Visto, Ernani Reis ficaria especialmente atento a tais expedientes e mencionaria essa prática em diversos de seus pareceres dirigidos ao ministro da Justiça e em exposições de motivos dirigidas pelo MJNI a Vargas. Como, por exemplo, no parecer redigido no processo relativo ao pedido dos suíços Willy Meyer, esposa, filhos e irmã, no qual Ernani Reis expressou que "sabemos, por uma longa experiência, que esses vistos de trânsito para o Paraguai não oferecem a menor garantia, tanto mais quanto, se de qualquer modo caducar o visto paraguaio — e têm sido frequentes tais casos, seria praticamente inexequível a volta forçada ao país de origem".[296] Ou em razão da solicitação de concessão de visto do iugoslavo Rafael Uziel, quando redigiu que "pedidos dessa natureza costumam não ser mais do que um expediente para, uma vez no Brasil, fixar-se o estrangeiro sem o cumprimento das condições impostas à obtenção de vistos permanentes".[297]

A razão da flexibilização ou tolerância da Comissão é explicada por Francisco Campos em 1940: "As dificuldades opostas ao repatriamento dos estrangeiros que não satisfazem as exigências legais tornaram-se intransponíveis, de modo que, praticamente, não adianta indeferir os requerimentos de permanência."[298]

O Decreto-Lei 1.532/39 era breve, tinha apenas cinco artigos. O primeiro suspendia as disposições anteriores e indicava as novas competências decisórias, mencionando as razões de sua publicação: "Tendo em vista

---

[296]AN, SV: 745/43.
[297]AN, SV: s/n [42]. Parecer redigido em 30/7/1942.
[298]AN, Processo 7.067/41. Exposição de motivos de Francisco Campos para Vargas, em 26/10/1940. Esse trecho da exposição de motivos mereceu de Vargas, ou de um assessor seu, uma sinalização para destacá-lo.

os autos dos processos da comissão especial constituída pelo presidente da República por ato de 9 de junho de 1938", ou seja, a Comissão de Permanência de Estrangeiros.[299] Ainda no primeiro artigo, determinava que as autorizações concedidas pelo Serviço de Registro de Estrangeiros anteriormente à publicação do decreto só seriam válidas depois de visadas pelo ministro do MJNI ou "por pessoa a quem este delegar a atribuição". A pessoa que teve essa atribuição na maior parte do Estado Novo foi Ernani Reis.[300] Não há dúvidas de que também esse decreto tinha origem e participação direta do presidente da Comissão, o próprio Ernani Reis.

O quinto e último artigo solucionava de forma simples as constantes mudanças de regras, esclarecendo: "O ministro da Justiça e Negócios Interiores dará as instruções que forem necessárias ao cumprimento desta lei."[301] Uma expressão clara do estado de coisas relacionado ao tema da entrada e permanência de estrangeiros no Brasil. Em verdade, o MJNI passaria a dar, até 1945, todas as instruções relacionadas ao tema.

Os processos de regularização constituíram o primeiro acervo de dados montado pelo MJNI com o fim de estabelecer o controle dos estrangeiros aqui residentes. Com o encerramento formal da Comissão de Permanência de Estrangeiros em fins de junho de 1943, já funcionando no mesmo local (Palácio Monroe), dirigido pela mesma pessoa (Ernani Reis), teve o seu acervo incorporado ao Serviço de Visto.[302]

Os cidadãos que nos anos seguintes se naturalizaram tiveram, via de regra, esse prontuário arquivado, tendo sido aberto novo processo específico de naturalização. Somente no caso dos estrangeiros sobre os quais existissem problemas relacionados a contravenções ou crimes é que o MJNI buscava proceder com a prisão e, se possível, a deportação.[303]

---

[299] § 1º do art. 1º do Decreto-Lei 1.532/39.

[300] § 2º do art. 1º do Decreto-Lei 1.532/39.

[301] Art. 5º do Decreto-Lei 1.532/39.

[302] A Comissão de Permanência de Estrangeiros foi extinta pelo Decreto-Lei 5.630 (29/6/1943).

[303] Uma das maiores dificuldades do governo era repatriar nacionais de determinados países, especialmente da Europa Oriental. Se fossem russos, a repatriação não seria possível em razão da inexistência de relações diplomáticas entre o Brasil e a URSS naquele momento. Outros países recusavam-se sistematicamente a receber seus próprios nacionais deportados, especialmente judeus, comunistas e outros estrangeiros igualmente considerados indesejáveis em seus países de origem. Em um dos casos, Francisco Campos empenhou-se pessoalmente e sem sucesso na deportação de um cidadão romeno, oriundo da região da Bessarábia. AN, Comissão de Permanência de Estrangeiros do MJNI.

Nesse caso, de igual forma, o processo da Comissão de Permanência de Estrangeiros era anexado aos autos da expulsão.

5.3 O Serviço de Registro de Estrangeiros

> A necessidade de criação de um órgão oficial que centralizasse informações e documentos capazes de orientar a polícia sobre a situação de determinados estrangeiros ficou evidenciada com a prática decorrente da aplicação da lei das "cartas de chamada". Partindo, então, do princípio de que todo estrangeiro deveria submeter à apreciação de quem de direito a sua situação no país, estabeleceu-se o registro. Balanceadas as possibilidades das diversas repartições de darem cumprimento à nova exigência, escolheu-se a Polícia.[304]

Por sugestão da Comissão de Permanência de Estrangeiros, o governo criou o Serviço de Registro de Estrangeiros. Os membros da comissão decidiram "que a fiscalização seria conjugada com a identificação. Nasceu, daí, a carteira de identidade para estrangeiros, constante do modelo 19 do Regulamento de Entrada de Estrangeiros".[305]

O Decreto-Lei 3.010/38 criou o Serviço de Registro de Estrangeiros (SRE), que foi inaugurado em 17 de abril de 1939. O decreto-lei incumbia as polícias do Distrito Federal e dos estados de organizar, "nos portos de desembarque de estrangeiros e nas cidades onde julgarem conveniente, o Serviço de Registro de Estrangeiros, destinado a fiscalizar a permanência dos mesmos em território nacional, nos moldes que forem estabelecidos no presente regulamento".[306]

O decreto estabelecia que os estrangeiros já residentes passariam, entre outras obrigações, a comunicar a mudança de residência ou emprego ao SRE.[307] As autoridades consideravam que "o principal objetivo da criação

---

[304]"Relatório dos trabalhos realizados em 1939" redigido pelo primeiro chefe do Registro de Estrangeiros do Distrito Federal, Ociola Martinelli, e apresentado ao CIC. Posteriormente publicado na *Revista de Imigração e Colonização*, n° 4, p. 481.

[305]Idem.

[306]Art. 130 do Decreto-Lei 3.010 (20/8/1938).

[307]Art. 152 do Decreto-Lei 3.010 (20/8/1938).

DAS REGRAS E DOS SISTEMAS

do SRE foi o levantamento do cadastro dos estrangeiros domiciliados ou residentes no território brasileiro".[308]

Somente em 1939 o SRE recebeu 56.776 processos de estrangeiros.[309] Mesmo os estrangeiros que desejassem vir apenas a turismo ou a negócios ao país passaram a ser obrigados a preencher seus dados e suas informações em duas vias, que eram recolhidas pelas autoridades brasileiras. A partir de 1939, os estrangeiros que desciam no Brasil passaram a ser identificados e fichados pelas autoridades.

O primeiro chefe do SRE do então Distrito Federal foi Ociola Martinelli. Demais estados brasileiros também tiveram criados os seus respectivos SRE, como Amazonas, Pará, Pernambuco, Minas Gerais, Bahia, entre outros.

Já com o SRE em pleno funcionamento, em 1941 foi criada na polícia Civil do Distrito Federal a primeira Delegacia Especial de Estrangeiros (DEE),[310] cujo primeiro delegado especializado foi Ivens de Araújo.[311]

Com essa organização e especialização, além de controlar e fiscalizar os estrangeiros residentes no Brasil, tanto os chefes dos SRE como os delegados de estrangeiros de todo o país passaram a ser consultados e também a oficiar sistematicamente aos ministérios — em especial o MRE e o MJNI — comunicações dando conta de irregularidades constatadas nos vistos concedidos a estrangeiros. Eram também essas delegacias as responsáveis por conduzir os inquéritos policiais relativos ao não cumprimento da lei por parte dos estrangeiros.

Durante o tempo em que funcionou o Serviço de Visto do MJNI todas as comunicações relativas a impedimentos e autorizações exaradas produziram a remessa de cópias encaminhadas à Divisão de Passaportes (MRE), ao Departamento Nacional de Imigração (DNI — subordinado ao MTIC) e à DEE. Da mesma forma, durante esse período Ernani Reis fez inúmeras consultas à DEE pedindo informações ou para saber o

---

[308]Conforme expresso na Resolução nº 86 do CIC, incluída na Ata da 176ª Sessão do órgão, reunido em 30/7/1941.
[309]*Revista de Imigração e Colonização*, n.º 3, op. cit.
[310]Decreto-Lei 3.183/41 (9/4/1941). Embora o decreto não mencione o termo, na correspondência e na documentação do MJNI na maioria das vezes a delegacia era referida como "especial", assim como o delegado era referenciado como "especializado". Eventualmente, a própria delegacia também foi chamada de "especializada".
[311]Diário Oficial da União, 7/5/1941. Decreto s/n de 5/5/1941 do presidente da República.

171

que "consta sobre a aludido estrangeiro";[312] "informar a este gabinete se nessa delegacia consta algo em desabono ao aludido estrangeiro"[313] e outros de semelhante teor, seja por tratar-se de antigo residente solicitando nova entrada no país ou residente solicitando saída ou, ainda, pedindo autorização para concessão de visto para parente ou conhecido no exterior.[314] Além de Araújo, ocuparam o posto nos anos seguintes Theobaldo Newmann, Alvim Belis de Souza, Aníbal Martins Alonso, entre outros. Na documentação também aparecem ofícios dirigidos a delegados de estrangeiros em outros estados, como, por exemplo, o que foi dirigido a Joaquim Pinto de Castro, de São Paulo.[315]

De acordo com Artur Hehl Neiva, diretor-geral de Expediente e Contabilidade da Polícia Civil do Distrito Federal

> Constituindo uma inovação entre nós, foi esse serviço bem aceito pela opinião pública, que imediatamente compreendeu o seu alcance e a sua incontestável utilidade, não somente para o país, mas ainda para o próprio estrangeiro aqui residente. A ideia que deu origem à criação do Serviço de Registro de Estrangeiros é hoje vitoriosa em toda linha. Até os Estados Unidos adotaram um serviço idêntico, por lei federal [...] todas posteriores ao decreto que o instituiu no Brasil. A vitória dessa ideia é tanto maior quanto é sabido que os povos de origem anglo-saxônica encaram como atentados à liberdade pessoal quaisquer medidas de identificação pessoal.[316]

Com uma ou outra mudança modernizadora, o SRE segue funcionando até os dias de hoje, embora a delegacia de estrangeiros já tenha sido extinta.

---

[312]AN, SV: 689/43. A resposta nesse caso foi "é natural de Viena, de nacionalidade alemã [...] o mencionado alienígena esteve detido na delegacia especializada de segurança pública e social, para averiguações, de 4 a 8 de setembro do ano passado [42], sendo solto por nada ter sido apurado em seu desabono". Existe também expressivo número de ofícios relativos a estrangeiros dirigidos à polícia política e assinados por Reis guardado no Arquivo Público do Estado do Rio de Janeiro.
[313]AN, SV: 522/43 e SV: 627/42. A resposta nesse caso foi "nada consta que desabone o alienígena".
[314]AN, SV: 161/42; SV: 251/43 e SV: 432/43.
[315]AN, SV: 207/43.
[316]Prefácio redigido por Artur Hehl Neiva a propósito da publicação do "Relatório dos trabalhos realizados em 1939" de Ociola Martinelli. *Revista de Imigração e Colonização*, ano I, n.º 3, jul. 1940, pp. 477-522.

5.4 O debate em torno da entrada de refugiados: a elaboração do Decreto-Lei 3.175 (7/4/1941)

O Decreto-Lei 3.175/41 estava sendo preparado por Francisco Campos e sua equipe, notadamente Ernani Reis, desde pelo menos outubro de 1940.[317] Com o decreto aprovado, o Ministério da Justiça e Negócios Interiores, que já controlava a permanência dos estrangeiros, passou a ter completo controle da entrada deles no Brasil. As autorizações de concessão de vistos para determinadas categorias de solicitantes passaram a ser individualmente estudadas, aprovadas ou não, pelo MJNI.

Os autos do processo 7.067/41 do Ministério da Justiça e Negócios Interiores, iniciado em outubro de 1940 e concluído com a publicação do Decreto-Lei 3.175/41, se constituem em elemento importante de estudo da diversidade ideológica dos homens de governo.[318] Apresentam diferentes concepções sobre as soluções adequadas às questões relativas ao trato com os estrangeiros. Da mesma forma, significativamente, compõem os anexos do processo de elaboração do decreto as opiniões expressas por outros setores da sociedade, representadas através de cartas dirigidas ao presidente da República e aos funcionários de primeiro escalão de governo. O conjunto do texto compõe um importante registro documental da ampla discussão que ocorreu sobre esse tema dentro das esferas máximas de poder no Estado Novo, fazendo transparecer que as posições calcadas em critérios supostamente étnicos — especialmente antijudaicos — ou baseadas em uma concepção própria da eugenia, adotadas nas decisões (que no texto final publicado sairiam como genericamente restritivas aos estrangeiros), não partiam somente de um ou outro funcionário do MRE ou membro da cúpula do Estado Novo, mas eram compartilhadas por um grande número de funcionários, sendo reflexo das convicções dos mais altos líderes da nação.

O tema da entrada de estrangeiros no país dizia respeito, de maneira direta, principalmente a três dos ministérios: o das Relações Exteriores,

---

[317]O processo 7.067/41 do MJNI, intitulado "Decreto-Lei 3.175 (7/4/1941) — Restringe a imigração e dá outras providências: Francisco Campos" arquivado no AN. Ao longo das 31 páginas de rascunhos do texto legal, aparecem comentários e correções nos quais é possível reconhecer as grafias de Campos e de Reis. O primeiro esboço rascunhado está datado de outubro de 1940.
[318]AN, Processo 7.067/41.

o da Justiça e Negócios Interiores e o do Trabalho, Indústria e Comércio. Embora a questão da imigração fosse também da alçada do Ministério do Trabalho, a disputa na questão específica do controle imigratório, entre 1940 e 1941, ficou dividida entre Francisco Campos, da Justiça, e Oswaldo Aranha, das Relações Exteriores. Campos venceu a disputa e conquistou o apoio de Vargas, que em todas as questões de governo se apresentava como o juiz supremo e inconteste.

Muito embora o decreto-lei tivesse sido publicado com o título "Restringe a imigração e dá outras providências", pretendo indicar, a partir dos autos de elaboração do texto legal, que a lei tinha como objetivo principal o fechamento das fronteiras do Brasil especialmente para refugiados e pessoas consideradas indesejáveis em razão de características consideradas congênitas.

Os autos de elaboração do Decreto-Lei 3.175/41 são compostos de 127 páginas, referem-se à elaboração da lei e concluem em uma extensa exposição de motivos redigida por Campos para a apreciação de Vargas. A participação próxima de Vargas no assunto, coordenando e modificando detalhes, pode ser observada pela presença de seus comentários e suas marcações de próprio punho em alguns documentos, tendo o presidente da República acompanhado esse processo atentamente do seu início até a promulgação em decreto-lei.[319]

Em junho de 1940 o Exército alemão invadiu a França, que desde a ascensão do nazismo em 1933 e nos anos subsequentes — especialmente o início da Segunda Guerra Mundial — recebeu um contingente expressivo de milhares de refugiados oriundos de diferentes nações europeias. Um grupo grande de refugiados passou a buscar, de forma mais intensa e desesperada, refúgio fora da Europa, fazendo aumentar a pressão por permissões de entrada para o Brasil. Poucas semanas depois que começaram a chegar aos portos brasileiros alguns grupos de estrangeiros que fugiam da invasão da França, o MJNI começou a coletar informações para fundamentar uma mudança

---

[319]Não é possível ter certeza quanto à autoria das marcações a lápis ao longo do processo. Considerando que a exposição de motivos era dirigida tão somente a Vargas e que ao final da leitura o presidente exarou seu despacho aprovando o projeto sobre o mesmo documento, assinando dessa vez claramente a sua rubrica, presume-se que as marcações foram realizadas ou pelo próprio presidente ou por seu secretário particular, sendo mais provável a autoria do primeiro.

nas regras e nos controles de entrada de estrangeiros no país, que, até então, na opinião de Campos, estavam sendo executados de forma insuficiente e inadequada. Do mesmo ponto de vista partilhava Vargas, que, durante os meses de elaboração do decreto-lei, solicitou diversas vezes a apreciação do ministro da Justiça sobre o assunto da entrada de estrangeiros, e, por fim, acatou a maioria das sugestões propostas por Campos.

A partir da documentação selecionada pelo MJNI para figurar nos autos do processo a título de argumento, é possível ter uma ideia das intenções e dos objetivos pretendidos. O primeiro documento anexado aos autos do processo é uma carta que foi enviada a Vargas em 15 de setembro de 1940 e recebida duas semanas depois, de autoria de Manoel Marcondes Rezende, que residia em São Paulo e denunciava que:

> É simplesmente alarmante a invasão da capital paulista pelos judeus [...] suficiente para concluir-se que a lei da imigração de estrangeiros está sendo grosseiramente burlada. Esse elemento indesejável aos interesses nacionais, vem avassalando esta cidade em vários pontos e dominando o pequeno comércio e outras atividades menos recomendáveis por sua natureza. Desse modo estão formando um autêntico quisto judaico em contraste com o espírito nacionalista do Estado Novo. [...] trancando [...] as portas para o elemento nocivo ou indesejável [...] quase toda a Europa procura alijar-se de si o ônus, recorrendo ao mais das vezes a leis drásticas, quando não à violência consciente [...] seja posta em exe-cução [as leis] fielmente para que mais tarde não seja o irremediável.[320]

Uma vez recebida a carta, Vargas tratou de remetê-la ao ministro da Justiça. Ao encaminhar a sua exposição de motivos ao presidente, Campos fez o seguinte comentário: "Entre os papéis anexos, encontrará Vossa Excelência uma representação relativa à infiltração hebraica na cidade de São Paulo e que Vossa Excelência houve por bem mandar ao estudo deste ministério."[321] Na página 48 dos autos, Campos manuscre-veu e assinou um bilhete datado de 9 de outubro de 1940, dirigido ao

---

[320]AN, Processo 7.067/41, p. 50.
[321]Idem, p. 27.

seu secretário Ernani Reis, a respeito do texto de Manoel Marcondes Rezende: "Ernani: eis aí um comentário que se deve ler."

Não é mera questão acidental que o texto tenha sido anexado aos autos. A denúncia foi seriamente considerada, tanto pelo ministro da Justiça como pelo presidente.

Em 26 de outubro de 1940 Francisco Campos remeteu a Vargas a primeira exposição de motivos relativa à elaboração da lei de restrição à entrada de estrangeiros, que acabaria por produzir o Decreto-Lei 3.175/41. No documento, o ministro da Justiça resumiu e criticou a forma com que a legislação vinha sendo aplicada aos estrangeiros.[322] Destacou a impossibilidade de repatriar indesejáveis que em "número sempre crescente de estrangeiros de profissões urbanas ou parasitárias e de intelectuais mais ou menos ligados aos meios e ideias esquerdistas, ou 'contra a guerra', ou seja, aproximados do comunismo",[323] pretendendo provar que tinham como estratégia

> Fixando-se de preferência nos grandes centros da economia, a fim de parasitar-lhes a riqueza, entram logo em competição com o elemento brasileiro e com os estrangeiros aqui radicados de longa data, apoderam-se, por meios que ainda não se acham bem claros, de determinados ramos de atividade e pouco a pouco invadem bairros inteiros. Já verificamos o começo de sua ação para diretamente ou por seus descendentes entrar em contato com instrumentos de propagação da cultura e da opinião: exemplo disso são, entre outros, os papéis anexos. Até mesmo na relação de candidatos a cargos públicos encontramos, em proporção crescente, nomes de estrangeiros ou filhos de estrangeiros de assimilação difícil ao meio brasileiro: judeus e orientais, v. gratia.[324]

O primeiro dos anexos mencionados é o recorte do jornal *Diário da Noite* datado de 27 de setembro de 1940.[325] Em destaque, a inauguração

---

[322]Ibidem, p. 26.
[323]Idem, p. 26.
[324]Idem, pp. 26-27.
[325]Idem.

da sucursal em São Paulo da revista *Diretrizes*. Ao lado do recorte, se lê datilografado: "Judeus e comunistas!".[326] Sangirardi Júnior, Berta Kogan, Samuel Wainer e Remy Fonseca eram os dirigentes da revista *Diretrizes*. Lasar Segall, Oswald de Andrade, Carlos Scliar, entre outros, apareciam na foto de inauguração.

O segundo anexo traz um programa da Orquestra Infantil da Escola Nacional de Músicos da Universidade do Brasil, que havia sido fundada no mesmo ano.[327] Dos 51 nomes de crianças do impresso, dez aparecem sublinhados a caneta: Bernardo Feredowsky, Herman Markus Semeles, Hélio Bloch, Isaac Geller, Tereza Akerman, David Morgenstern, Mário Eldmann, Jayme Schwart, Hugo Bertazon e José Jakubowicz.

O terceiro anexo é um recorte de jornal não identificado que trazia a coluna "Correio Musical", no qual aparece uma nota sobre um concerto em homenagem a Maria de Sá Earp, no qual o Trio Infantil havia participado. Os nomes dos membros do trio, Renato Kovach, Hélio Bloch e José Jakubowicz, da mesma forma, aparecem sublinhados a caneta.

O quarto anexo é uma carta apócrifa, dirigida a Ernani Reis, com um texto em alemão. Trata-se de uma denúncia da prática ilegal por parte de diversos "pretensos técnicos", que estariam forjando contratos de trabalho e com isso conseguindo vistos permanentes no Brasil, e o autor fazia sugestões de um maior controle e medidas a serem adotadas.

Campos anexou também uma extensa lista de 2.403 candidatos a "oficial administrativo" publicada no Diário Oficial de 1º de outubro de 1940. Ao lado de todos os nomes listados como suspeitos de serem filhos de judeus, aparecem marcações e sinalizações indicativas. Da mesma forma, alguns nomes de italianos e outras origens foram eventualmente assinalados com outro tipo de sinais indicativos.

---

[326]Como foi datilografado, não há como se ter certeza sobre o autor do comentário. É provável que tenha sido de autoria do próprio Campos ou de Ernani Reis. AN, Processo 7.067/41, p. 53.
[327]AN, Processo 7.067/41, pp. 54-55.

A posição de Campos em 1940 era compartilhada por outros importantes e expressivos ministros de Estado. O general Eurico Gaspar Dutra, por exemplo, manifestou a sua opinião sobre a imigração judaica para o Brasil em documento reservado enviado exatamente naquelas semanas, em novembro de 1940, ao próprio Francisco Campos. Escreveu o então ministro da Guerra que julgava oportuno "reafirmar aqui meu modo de pensar em relação à imigração judaica, que reputo de mais graves consequências do que todas as demais questões de nacionalização tratadas e para cuja proibição penso serem urgentes as providências do governo, estancando-se, enquanto é tempo, a corrente judaica que a guerra vem canalizando para o país".[328]

A mesma posição seria refletida (e até ampliada) também em 1940 em setores do Exército, como o Colégio Militar e as escolas preparatórias de cadetes, onde não se permitia a entrada de "não católicos, sobretudo os judeus, filhos de imigrantes, os negros, os filhos de pais não legalmente casados e os filhos de pais cujas ideias políticas não agradassem ao regime".[329] Um "Relatório" de 1940 julgava dispensá-

---

[328]AN, gabinete do ministro do MJNI. Aviso reservado nº 413.353, em novembro de 1940. Dutra solicitou ao MJNI que indeferisse o pedido de permanência do francês Léo Poldès. Em 31/1/1941, o general encaminhou ao MJNI um ofício "reservado": "É um judeu audacioso e aventureiro [...]. Conseguiu, todavia, infiltrar-se no nosso meio intelectual e social e com tanta habilidade que pôde fundar a *Tribuna Brasileira*, aliás prestigiada por valores da nossa sociedade e até do governo." No dia 20/2/1941, Francisco Negrão de Lima, respondendo interinamente pelo MJNI, encaminhou a Vargas uma exposição de motivos na qual expôs: "Cumpre-me notar, contudo, que havendo o governo francês cassado a nacionalidade do requerente, esse não poderá ser repatriado contra a sua vontade e que a sua ida para outro país dependerá do problemático assentimento da respectiva autoridade consular em conceder-lhe o visto necessário. Assim, se configura mais um dos casos a que repetidamente me tenho referido: o erro partiu das autoridades brasileiras no estrangeiro que opuseram o visto no passaporte, a dificuldade está em dar destino ao estrangeiro que, por qualquer motivo, aqui se venha a tornar indesejável." Em 26/2/1941 Getúlio Vargas despachou sobre o caso: "À vista das informações constantes do processo, não deve ser concedida a autorização." AN, Gabinete Civil da Presidência da República. Série Justiça, Lata 340, Caixa 27.806.
[329]CARVALHO, José Murilo de. "Forças Armadas e política, 1930-1945". In: _____. *Forças Armadas e política no Brasil*. Rio de Janeiro: Jorge Zahar Editor, 2005, p.80.

vel justificar a restrição a judeus, "pois se tratava de raça sem noção de pátria e 'não têm seus membros credenciais para o exercício da profissão militar'".[330]

Outro ministro que naquele mesmo período de 1940 demonstrou preocupação com o tema dos judeus foi o da Educação e Saúde Pública, Gustavo Capanema.[331] Bastante laureado e apresentado (até mesmo pela historiografia) como o ministro tolerante que teria se cercado de intelectuais das mais diferentes posições políticas durante o Estado Novo — em um dos muitos esforços de atenuar a face autoritária e violenta do regime ditatorial de Vargas —, recebeu na época uma carta apócrifa contendo 16 itens de denúncias contra os professores e a direção do Colégio Pedro II.[332] Somente a respeito da 16ª e última acusação, a de que "a influência dos judeus no colégio é tão grande que o diretor, contra a própria lei vigente, chega a suspender os trabalhos escolares no dia de festas israelitas", é que chamou a atenção de Capanema e fez com que ele se mobilizasse e encaminhasse, em fins de 1940, ordem ao diretor do Colégio Pedro II para que informasse em detalhes (nome dos pais, endereço, data de nascimento, naturalidade

---

[330]Ibidem. No momento em que escrevo o presente texto, Fernando da Silva Rodrigues desenvolve tese de doutoramento em história na Universidade do Estado do Rio de Janeiro (Uerj) intitulada "Uma carreira: as formas de acesso na escola de formação de oficiais do exército brasileiro no período de 1904 a 1946". De acordo com Rodrigues, um dos capítulos trata do período entre 1937 e 1945, "tempo em que havia limitação da entrada de negros, judeus e islâmicos na Escola Militar do Realengo". Porém, entre 1930 e 1937 o limitador para os candidatos ao concurso de oficialato era vinculação política (ao comunismo). Informações do pesquisador gentilmente encaminhadas por e-mail em 20/2/2007.

[331]O Ministério da Educação durante o Estado Novo era também o da Saúde Pública. Entre os seus subordinados na pasta estavam as autoridades sanitárias que subiam a bordo dos navios e atuavam diretamente na fiscalização e no impedimento de desembarque de estrangeiros. De certo modo, Capanema é comumente apresentado como uma espécie de face tolerante ou "lado bom" do Estado Novo. Acredito que o personagem histórico siga esperando uma biografia crítica afastada dos cuidados condicionados às reconstruções históricas notadamente preocupadas em zelar pela memória de Vargas.

[332]BARROS, Orlando de. "Preconceito e educação no Governo Vargas (1930-1945). Capanema: Um episódio de intolerância no Colégio Pedro II". *Cadernos Avulsos da Biblioteca do Professor do Colégio Pedro II*. Rio de Janeiro: Colégio Pedro II, 1987.

etc.) a lista nominal de todos os alunos judeus matriculados no colégio, atendendo à denúncia.[333]

Com base no material que anexou ao processo, o ministro da Justiça acabou por concluir naquela oportunidade (e sugeriu a Vargas) que os refugiados que se encontravam no país cujo repatriamento não era exequível fossem encaminhados "às profissões rurais, inclusive com a criação de cooperativas particulares".[334]

Logo após os anexos, aparecem os primeiros esboços do projeto da lei, que foi enviado a Vargas, com cópia também dirigida ao CIC. Possuía algumas diferenças em relação ao texto que acabou sendo aprovado. Propunha a suspensão da concessão de vistos temporários a estrangeiros, excetuando os nacionais dos Estados americanos e demais estrangeiros que tivessem prova de possuir meios de subsistência e fizessem prova de que tinham autorização para voltar ao Estado onde o visto era obtido. Essa última exigência era dificuldade incontornável para os refugiados, pois a maioria absoluta deles certamente não alcançaria obter tal autorização nos países em que se encontravam.

Estabelecia também a suspensão de vistos permanentes, enumerando apenas três exceções (no texto final de abril de 1941 seriam nove). A primeira para estrangeiros que comprovassem possuir "emprego garantido na agricultura ou nas indústrias rurais". Nesse caso, esclarecia ainda que "os estrangeiros não poderão dedicar-se a outra atividade remunerada enquanto residirem no Brasil". A segunda para estrangeiros que comprovassem a transferência de capital, "em ouro, correspondente a quatrocentos contos, no mínimo". A terceira para

---

[333]Ibidem. A resposta do diretor Fernando Antônio Raja Gabaglia e a lista nominal dos 102 alunos judeus com as respectivas informações ("4,44% do total de alunos matriculados. Nasceram no Brasil 87 e no estrangeiro apenas 15") foi remetida ao ministro em 14/12/1940. A respeito da 16ª acusação, Gabaglia esclareceu que, atendendo à reivindicação de alguns alunos judeus, transferiu a data de realização de uma prova que seria realizada no Yom Kippur (Dia do Perdão). No dia realizaram-se normalmente as aulas. Em 2006, o historiador Paulo Valadares localizou a lista nominal remetida por Gabaglia a Capanema e sobre o assunto escreveu o artigo "O tição do Colégio Pedro II: identidade judaica no Rio de Janeiro (década de 1940), *Boletim Informativo do AHJB*, nº 37, ano X, maio de 2007, pp. 29-33, cuja cópia aquele autor me remeteu muito gentilmente.

[334]AN, Processo 7.067/41, p. 28.

"técnicos de mérito excepcional que encontrem no Brasil ocupação adequada às suas aptidões".

Pelo mesmo projeto, a anistia seria concedida aos estrangeiros que estivessem irregulares no Brasil, dando um prazo para regularizar a sua situação, seguindo o princípio declarado de Campos de que era sempre melhor regularizar o ilegal para melhor controlá-lo.

Nos autos também aparece um relatório de quatro páginas datado de 27 de novembro de 1940 e escrito por Dulphe Pinheiro Machado, diretor do Departamento Nacional de Imigração (DNI).[335] O documento foi encaminhado a Vargas em 4 de dezembro de 1940 pelo ministro do Trabalho, Waldemar Falcão, e tinha o seguinte título: "Representação acerca das atribuições tumultuárias em que se encontram os serviços concernentes à entrada de estrangeiros no território nacional." Em seu texto, Machado informou que

> São em grande número as pessoas que se incumbem da legalização e permanência de estrangeiros no território nacional [...] costumam fazer disso uma indústria rendosa, porque, em geral, os alienígenas são semitas, não poupando sacrifícios para ficar no Brasil. [336]

Fez uma descrição dos procedimentos de desembarque e regulamentação dos estrangeiros, que eram descentralizados e controlados por "diferentes organismos ou repartições, subordinados a ministérios vários", que seriam os responsáveis pela situação de relativo descontrole. Propôs a criação de um Departamento Nacional de Estrangeiros, que centralizaria os procedimentos.

A ideia de Machado era levar para o Ministério do Trabalho as atribuições então delegadas ao MRE e ao MJNI. Francisco Campos, em seu extenso relatório, constante na parte final dos autos, contestou cada uma das opiniões de Machado, ridicularizando inclusive seus erros de português.

---

[335] Esse departamento era subordinado ao Ministério do Trabalho, Indústria e Comércio.
[336] AN, Processo 7.067/41, pp. 42-45.

João Carlos Muniz, então presidente do CIC, em 24 de dezembro de 1940 dirigiu a Campos as considerações da sessão do conselho, reunido no dia 20 daquele mesmo mês, que havia tratado do projeto de lei elaborado pelo ministro em outubro.[337] Os membros do CIC, obviamente, perceberam as intenções do projeto do ministro da Justiça. Tendo como pano de fundo uma disputa política e pessoal de Campos e Oswaldo Aranha, a lei uma vez aprovada, além de alijar o Ministério das Relações Exteriores do poder decisório na questão da concessão dos vistos, verteria a hierarquia de comando sobre essa questão ao MJNI e, de forma direta, retiraria do CIC, drasticamente, muitas de suas atribuições. Dessa forma, Muniz formalizou no texto a discordância do conselho em relação ao projeto, concordando, porém, que "a presente situação está a exigir do governo uma extrema vigilância sobre o ingresso de estrangeiros", mas que a própria lei e o seu regulamento "oferecem os meios de atender a essa emergência sem precipitação e sem alteração da legislação". O CIC tentava dessa forma contornar a tentativa de Campos de expandir o seu poder. Contudo, observou que

> Quanto aos semitas, ainda estão em vigor as normas, propostas pelo Conselho de Imigração e Colonização e aprovadas pelo Senhor presidente da República, que estabelecem condições para a concessão de vistos a indivíduos dessa origem racial, que ficam sujeitos desse modo a um sistema de dosagem rigoroso. O Conselho está de acordo, entretanto, em que esses vistos sejam suspensos a título de experiência.[338]

A questão do maior controle e da restrição da entrada de refugiados no país — principal preocupação naquele momento — se estabeleceria como ponto pacífico entre o CIC e o MJNI. Contudo, para o CIC, era necessário manter-se sob competência dos cônsules e do MRE o controle sobre a concessão dos vistos.

Muniz concluiu seu parecer sugerindo três modificações, pois

---

[337]AN, Processo 7.067/41, pp. 33-39.
[338]AN, Processo 7.067/41, p. 35.

> Na presente emergência em que a imigração propriamente dita desapareceu, sendo substituída por correntes de refugiados, o Conselho de Imigração e Colonização é de opinião que se adotem as seguintes restrições de vistos:
>
> I. Suspender a concessão de visto temporário ou permanente aos semitas.[339]

O presidente do CIC talvez imaginasse que esse tema fosse o ponto nevrálgico das críticas que o sistema de controle de entrada de estrangeiros estava sofrendo por setores do poder no Estado Novo e de parte das elites dirigentes. Campos, que já acompanhara a emissão das circulares restritivas à entrada de refugiados — conforme a sua opinião, "em sua maioria judeus"[340] — desde 1937 e seguia observando o contínuo fluxo desse tipo de estrangeiro para o país, acreditava que somente sob um controle centralizado e um único órgão responsável, sob sua supervisão direta, o problema poderia ser resolvido apropriadamente.[341]

Diferentemente do que imaginou Muniz, a entrada de refugiados não era a única preocupação de Francisco Campos, que defendia uma proposta oposta à do CIC na questão da imigração. Para o ministro, naquele momento, a entrada de estrangeiros deveria ser suprimida por completo, salvo raras exceções. Esse também era o ponto de vista de Ernani Reis.[342] Outra motivação de Campos estava calcada em sua intenção estratégica, cujo projeto tinha como forte objetivo a crítica ao trabalho de Oswaldo Aranha à frente do Itamaraty. Se lograsse abarcar as atribuições do MRE, isso significaria uma vitória em sua disputa política e pessoal com aquele ministro.[343]

---

[339]Idem, p. 37.

[340]Idem, p. 98.

[341]A primeira circular secreta restritiva à concessão de visto a judeus é a 1.127 (7/6/1937).

[342]Até o processo relativo à concessão de visto para o português Amílcar Moreira Simões (AN, SV: 165/42), que teve o pedido indeferido por Ernani Reis, mas modificado por Vargas, em 20/10/1942, o assistente do ministro já havia indeferido alguns pedidos de concessão de vistos para portugueses. Entre eles, Firmínia Parreira da Cunha Palmyra (AN, SV: 441/42) Cipriano Justino de Aguiar (AN, SV: 45/42) e Albina Maria (AN, SV: 439/42).

[343]Sobre a disputa entre os dois nessa época, ver HILTON, Stanley, op. cit., e KOIFMAN, Fábio, op. cit.

O segundo item das propostas do CIC, que acabou sendo, por fim, o adotado na publicação final do Decreto-Lei 3.175/41, tratava da suspensão completa da concessão de vistos temporários a estrangeiros, exceto a portugueses e nacionais dos Estados americanos.

O terceiro e último item propunha a suspensão também dos vistos permanentes, guardando, da mesma forma, exceção a quatro grupos de estrangeiros. As exceções do segundo item aos "técnicos especializados de indústria ou agricultura", que deveriam comprovar junto às repartições consulares brasileiras, com documentos, suas habilidades e experiências declaradas e seu contrato de trabalho no Brasil, determinando ao contratante brasileiro obrigação de repatriar o estrangeiro no fim do contrato; e, por fim, aos estrangeiros que provassem a transferência de no mínimo quatrocentos contos de réis para o Banco do Brasil, o que também acabou por figurar na redação do decreto-lei sobre o assunto.[344]

Propôs ainda o CIC que a execução dessas normas ficasse a cargo dos funcionários encarregados de serviços consulares no exterior, observando a lei. Incorrendo em infrações, seriam punidos de acordo com o artigo 242 do Decreto-Lei 3.010/38, proposta que acabaria não sendo aceita.[345]

Concluiu o presidente do CIC criticando a proposta do ministro da Justiça, que recomendara anistia e a concessão de permanência definitiva aos estrangeiros irregulares no Brasil. O conselho era desfavorável a essa medida, pois

> viria a constituir precedentes e abrangeria indivíduos indesejáveis, geralmente de origem semítica. A esses indivíduos, que não são numerosos e cujos processos de permanência definitiva foram indeferidos por Vossa Excelência, recomenda o Conselho que seja concedido o prazo de um ano de residência no país, com obrigação de dentro de trinta dias obterem trabalho na agricultura ou indústrias rurais no interior.[346]

---

[344]Eram os vistos capitalistas. Uma vez no Brasil, o dinheiro só poderia ser sacado mensalmente em pequena quantidade. Um saque de grande valor deveria ser justificado com a necessária comprovação de que seria aplicado em um projeto ou investimento importante para o Brasil. Regularizado pelo art. 2º, item 5º, e art. 3º, § 3º, do Decreto-Lei 3.175/41.

[345]O parágrafo único do artigo 242 do citado decreto-lei determina que: "As penalidades de que trata este artigo serão aplicadas pelo Conselho de Imigração e Colonização, quando a providência não tenha sido tomada pelas repartições a que estão subordinados".

[346]AN, Processo 7.067/41, p. 38.

DAS REGRAS E DOS SISTEMAS

Concluiu Muniz que algumas das medidas propostas em seu texto já estariam sendo praticadas pelo MRE sob sugestão do CIC.[347]

5.5 As respostas e propostas de Francisco Campos

As 21 primeiras páginas nas quais Francisco Campos contextualizou e expôs suas convicções de caráter geral em relação ao tema da imigração foram analisadas no capítulo 3 do presente livro. A seguir, trato do estudo das demais 31 páginas e a conclusão do parecer do ministro.

Depois de Francisco Campos apresentar gráficos e aparente conhecimento de causa em relação ao assunto da imigração e da entrada de estrangeiros, o ministro da Justiça passou a abordar os temas mais próximos que diziam respeito às dificuldades e aos problemas mais diretos e imediatos daquele momento, a continuidade da entrada de indesejáveis no território nacional. Mantendo a sua lógica de argumento, tratou de identificar os problemas e sugerir as medidas adequadas. Apontando incompetências — notadamente dos outros ministérios — e indicando em sua proposta as soluções que, como é possível notar, tinham relação com a centralização do poder no MJNI.

Sobre o assunto do comportamento das autoridades diplomáticas brasileiras no exterior, o ministro tratou no subtítulo "Falsos temporários".

> É certo que muitos desses estrangeiros chegam ao Brasil com passaportes "temporários", isto é, autorizados a aqui ficarem por 30 ou por 180 dias. Mas, na realidade, são verdadeiros imigrantes. Nenhum outro país os aceita [...] Aqui chegando, portanto, aqui ficarão. Expulsá-los, findo o prazo legal constante dos passaportes, é tarefa que desafia o zelo, a argúcia ou a violência da mais violenta, [...] isso porque a expulsão presume a aquiescência da autoridade consular do país de origem, que deve visar o passaporte, e não só essa autoridade não está disposta a conceder esse visto como também o transporte através dos mares conflagrados é absolutamente impossível. Um meio somente existe de evitar essa invasão dos portos brasileiros pelas ondas de refugiados inúteis: é fechar-lh'os.[348]

---

[347]Muniz se refere aos três primeiros itens relativos à concessão de vistos no exterior. A última das propostas, relativa ao trabalho no interior do Brasil aos refugiados, jamais foi posta em prática objetivamente.

[348]AN, Processo 7.067/41, pp. 94-95.

E, basicamente, essa foi a posição que o Brasil já estava tomando, de uma forma ou de outra, desde 1937,[349] retomada então de modo oficial, com mais intensidade a partir do início da Segunda Guerra Mundial. Poucos foram os diplomatas brasileiros na Europa que buscaram uma interpretação mais elástica em relação às determinações do MRE expressas nas circulares. A partir de janeiro de 1941,[350] não por acaso, viveu-se a época das maiores pressões exercidas por membros do governo sobre o MRE, quando todos, inclusive editoriais publicados em jornais, reclamavam da entrada dos refugiados judeus da Europa.[351]

Campos a seguir menciona que o governo francês havia solicitado que os Estados Unidos estudassem "os meios e as possibilidades de organizar a imigração" dos refugiados junto aos países do hemisfério ocidental, no sentido de influenciar os demais governos americanos a conceder asilo aos refugiados. Mas que a resposta do secretário de Estado norte-americano, Cordell Hull, foi "um terminante 'não'", alegando que "as leis norte-americanas não permitem maiores liberalidades quanto ao assunto".

E cita o caso do vapor *Montevidéu Marú*, que chegara ao Rio de Janeiro havia alguns dias. Campos relata que a bordo viajavam refugiados de 22 países europeus, que haviam fugido pela Rússia atravessando a Sibéria.

> Muitos deles só trazem a roupa do corpo e outros objetos cedidos pelo Japão. Em sua maioria não possuíam documentos. Viajavam na proa. Embarcam para a América — diz o jornal. Mas aqueles quatrocentos homens, mulheres, crianças e velhos, têm nova e dolorosa decepção. Todas as portas se fecham. São indesejáveis em toda parte. Os papéis não estão em ordem. Nem para passear podem descer a terra. Como estes, uns mais felizes outros menos em seus esforços de conseguir, no Brasil, o desembarque a título precário, são, na maioria, os refugiados que todos os transatlânticos carregam para as águas americanas. A menor facilidade que lhes seja concedida assegurar-lhes-á uma permanência indeterminada em nosso país.

---

[349] AHI, Circular 1.127 (7/6/1937).
[350] AHI, Circular 1.498 (6/1/1941).
[351] Entre outros, o texto: "O contrabando de homens". *A Tribuna*, Santos/SP, 3/12/1940. O recorte de jornal foi remetido e arquivado no MRE. AHI, Lata 1.092, Maço 20.778.

Com todos esses argumentos, evidenciando a política restritiva posta em prática pelos Estados Unidos, Campos desejava convencer Vargas de que o Brasil deveria se inspirar na política norte-americana em relação ao assunto e proceder de forma igual.

Com o subtítulo "As contraditórias exceções ao regime legal de quotas no Brasil", Campos trata de criticar a política adotada pelo CIC. Afirma que "as nações que exercem controle sobre a imigração levam em conta, como elemento principal, os característicos étnicos e culturais do imigrante". E que assim era feito no Canadá, que conservava "o teor britânico da população", e também nos Estados Unidos, que estaria buscando a "eliminação progressiva dos contingentes do centro e do sul da Europa, por aberrantes da homogeneidade que se pretende assegurar". Mais uma vez, o ministro da Justiça demonstra a influência nele do pensamento eugenista norte-americano no que tange à política imigratória implementada a partir de 1924.

A seguir, Campos lamenta a concessão pelo CIC de quotas excepcionais.[352] Considera positivo o aumento das quotas concedidas aos portugueses, "cuja afinidade étnica é ótima". Em relação à concessão em favor dos nacionais de Estados americanos, considerou como uma "homenagem aos sentimentos de fraternidade continental". Mas critica fortemente a elevação das quotas de imigrações concedidas à Grécia, Suécia, Bélgica, França, Grã-Bretanha, a Luxemburgo, à Holanda, Hungria, Noruega, Polônia, Suíça e Tchecoslováquia, pois tratava-se, no entender de Campos, de "nacionalidades eminentemente diversas do ponto de vista étnico e econômico". Considerando o ministro que "poucas, pouquíssimas" nações naquele momento estariam habilitadas a fornecer ao Brasil "bons contingentes de imigrantes com os característicos econômicos, étnicos e culturais que convêm à nossa formação nacional". Ao lado do parágrafo no qual o CIC é criticado aparecem marcações a lápis em ambos os lados, possivelmente realizadas por Vargas.

---

[352] Era da competência do CIC estudar e autorizar o aumento das quotas de nacionais autorizados a imigrar para o Brasil. Sobre o assunto, ver: MOVSCHOWITZ, Jeronymo, op. cit.

IMIGRANTE IDEAL

Preocupado com as atividades dos imigrantes que haviam entrado em 1940 no Brasil, Campos dedicou duas páginas a "A invasão das cidades". E considerou que entre os imigrantes que possuíam recursos financeiros, "raros se animam a transferir todos os seus depósitos para o Brasil", o que o levou a considerar que "em que nos vem servir, pois, além de criarem uma atividade urbana fictícia, enchendo hotéis e casas de apartamentos, colocando entrevistas ou artigos nos jornais brasileiros e, a seu modo, orientando a opinião pública?"[353] Ainda comentou Campos que

> No ano de 1940, de 1º de janeiro a 30 de setembro, [...] entraram no porto do Rio 6.816 portugueses. São, evidentemente, elementos urbanos. [...] Quanto ao número de refugiados propriamente ditos, na maioria judeus, aproximar-nos-emos da verdade se somarmos, como tais, os que figuram nas estatísticas [...] São, em nove meses, cinco ou seis mil fugitivos na quase totalidade sem um vintém de seu e sem capacidade de produção ou de consumo, cinco ou seis milhares — e a progressão continua — de insatisfeitos que se destinam a uma vida fora da lei porque as possibilidades de trabalho são restritas, dadas as profissões da maioria.[354]

Os estudos apontam para o número de 2.416 judeus entrados no Brasil ao longo de 1940, em um universo total de 18.449 imigrantes.[355] Para chegar a esses resultados, Campos relacionou um por um o número de estrangeiros chegados e somou todos os números de alemães, austríacos, belgas, boêmios, búlgaros, chineses, dantziguenses, dinamarqueses, egípcios, espanhóis, estonianos, finlandeses, franceses,[356] gregos, holandeses, húngaros, italianos, iugoslavos, letonianos, liechtensteinenses, lituanos, luxemburgueses, noruegueses, persas, poloneses, romenos, russos, suecos, suíços, tchecoslovacos, turcos e apátridas, respectivamente, e ainda completou, dizendo que "aos quais deveríamos acrescentar os

---

[353]AN, Processo 7.067/41, pp. 97-98.
[354]AN, Processo 7.067/41, p. 98.
[355]Esses dados aparecem em LESSER, Jeffrey, op. cit. (1995), p. 319.
[356]No texto original, Campos redigiu "granceses". Deduzimos que se tratasse de franceses.

numerosos naturalizados que aparecem como ingleses, norte-americanos ou latino-americanos".[357] Por mais absurdo que possa parecer, Campos considerava que cidadãos de todas essas nacionalidades, e também os naturalizados citados, seriam em sua maioria compostos de judeus, o que demonstra uma tentativa de majorar o número de imigrados israelitas, ou uma tendência de enxergar em todos os estrangeiros desembarcados potenciais "indesejáveis" sob algum tipo de "disfarce".

Com o subtítulo "Entrada clandestina e permanência fraudulenta", Campos informava que havia recebido, em 20 de dezembro de 1940, um dossiê reservado do Conselho de Segurança Nacional (CSN) pedindo parecer justamente sobre as duas questões que compunham o subtítulo em exame. O CSN estava preocupado com os contingentes de imigrantes japoneses e alemães no Brasil.

Campos concordou com a tese de que as imigrações japonesa e alemã, a primeira pelo seu número, e a segunda pelas suas comprovadas "qualidades étnicas", e ambas pelo seu alto valor econômico, poderiam mostrar-se mais dignas de aceitação. Mas "a tendência de segregação é, nesses colonos, persistente e não desaparecerá enquanto o seu número engrossar, como sucede com os japoneses".[358] Quanto à entrada clandestina, o ministro acreditava que dificilmente poderia ser evitada, devido à imensidão das fronteiras do país. Mas confiava no controle do Estado para não permitir aos estrangeiros trabalharem sem documentação legal. Propôs como método de punição para os infratores o internamento e a prisão administrativa com trabalho, sob o controle federal. O mesmo em relação à permanência fraudulenta, "uma vez que se feche a entrada de novos falsos temporários, cujo crescimento torna cada vez mais complexo o problema da expulsão".[359]

O subtítulo seguinte é "Registro de estrangeiros". Novamente Campos faz referência ao dossiê do Conselho de Segurança Nacional, o qual trazia um relatório do diretor do Departamento Nacional de Imigração,

---

[357]AN, Processo 7.067/41, p. 98.
[358]AN, Processo 7.067/41, p. 99.
[359]AN, Processo 7.067/41, p. 100.

IMIGRANTE IDEAL

órgão subordinado ao Ministério do Trabalho, Indústria e Comércio. Percebendo que o destinatário final da crítica na realidade era o MJNI, o ministro da Justiça uma vez mais aproveita para responder a seus opositores e criticá-los acidamente. O diretor do mencionado departamento teria informado que a prorrogação do prazo de obrigatoriedade do registro de estrangeiros teria sido concedida por Vargas em razão de o presidente não ter sido suficientemente esclarecido a respeito do assunto. Campos considera tal afirmação "uma suposição gratuita, que o aludido diretor não tinha o direito de externar".

E trata de explicar que a prorrogação foi justificada em razão "da extrema dificuldade em que se achavam as repartições policiais" de cumprir o prazo estabelecido. E que a pressão no sentido de atender rigorosamente aos prazos tumultuaria os serviços e "resultariam prejudicados exatamente aqueles estrangeiros que, estando há mais tempo no Brasil, aqui pacificamente cooperam na prosperidade do país".

Cita que o Serviço de Registro de Estrangeiros tinha como exemplo o sistema implementado nos Estados Unidos, que haviam investido "verbas enormes". No Brasil, o registro estava sendo implantado "com alguma lentidão, é certo, mas com um mínimo de despesas para o governo, e a que têm acorrido espontaneamente os estrangeiros que é mais necessário registrar, isto é, os novos, os recém-chegados".

A partir do subtítulo seguinte, "O parecer do Conselho de Imigração e Colonização", o ministro da Justiça faz uma minuciosa análise da resposta encaminhada pelo presidente do CIC sobre o projeto de lei que Campos estava propondo. Questiona a afirmativa de Muniz, pois

> se os vistos temporários estão limitados, por sugestão do Conselho, aos nacionais de Estados americanos, e se os vistos concedidos aos judeus estão sujeitos a uma rigorosa dosagem, custa-me explicar a grande quantidade de nacionais de Estados não americanos e de judeus que, como permanentes e temporários, têm obtido visto para entrar no Brasil e aqui realmente entram, segundo prova a estatística, e que não possuem recursos financeiros nem habilitação especial, nem, por vezes, idoneidade moral ou política. [...] Entendo, porém, que, presentemente, não há

DAS REGRAS E DOS SISTEMAS

motivo para limitar a restrição a determinadas raças ou origens, pois são gerais, no momento, os inconvenientes da imigração. Penso ainda que a proibição deve constar em lei, cuja notoriedade não permitirá exceções tão fáceis como as que admitem as instruções de ordem reservada e que colocará os funcionários que a violarem sob ameaça das suas sanções.[360]

Essas linhas mereceram marcações a lápis, provavelmente efetuadas por Vargas. Uma vez mais, Campos manifestou sua contrariedade com a entrada de estrangeiros de qualquer origem, pois não acreditava que, naquele momento, imigrantes de valor estivessem se deslocando. Declarou que as circulares do MRE, a que chamou de "instruções de ordem reservada", não produziam coercitividade e, especialmente, a punibilidade necessárias para a persecução dos infratores, que se encontravam, especialmente, entre os membros do corpo diplomático brasileiro no exterior. A desobediência às circulares poderia causar punição dentro da esfera interna do MRE e a proposta de Campos tinha o sentido de, além de controlar os vistos concedidos, punir funcionários de outros ministérios, a partir de então infratores de um documento legal *erga omnes*.

O subtítulo seguinte tratou das "Atribuições dos cônsules". O CIC defendia a ideia de que o controle e a seleção relativa à vinda dos estrangeiros deveriam ser mantidos como atribuição dos consulados, sob atenção rígida do MRE. Campos afirmou que

> A seleção a cargo dos cônsules, Senhor presidente, deu exatamente como resultado a situação caótica a que, a este ponto, chegou o assunto. Os cônsules, ainda mesmo quanto zelosos e, o que não é regra sem exceção, quando residindo no local de sua jurisdição, e conhecendo-lhe os habitantes, têm apenas a noção unilateral do estrangeiro que lhes pede o visto. Eles ignoram as necessidades que o Brasil possa ter a uma determinada imigração [...] na hora presente nenhuma nação que cuida do seu futuro se entrega à política imigratória. *A entrada de estrangeiros deixou de ser assunto de interesse econômico para tornar-se, antes, uma questão*

---

[360]AN, Processo 7.067/41, p. 103.

de polícia e de ordem pública.[361] Nas condições atuais do mundo, com o surto progressivo das autarquias e o constante excesso da produção sobre as possibilidades de consumo, o problema geral não é a falta de braços, mas a sua abundância [...] O incremento da imigração é, assim, uma doutrina abandonada há meio século e que agora procura reviver em nosso país o Conselho de Imigração e Colonização.[362]

Como se pode notar, Campos mantinha uma discordância profunda com a proposta básica do CIC e defendia a ideia de que, verdadeiramente, o povo brasileiro é que povoava e povoaria o país, e não os imigrantes.[363]

"O Brasil terá de ser povoado pelos brasileiros" é o subtítulo seguinte. Nele o ministro faz referência ao discurso pronunciado por Vargas em 31 de dezembro de 1940 e reproduz o seguinte trecho:

Abordamos o problema do povoamento com a convicção segura de que não teremos mais as facilidades do passado, no que diz respeito a imigrantes desejáveis. Os regimes vigorantes nos países de alta densidade já haviam criado restrições à transferência de potencial humano e a guerra atual, dando ensejo a grandes perdas e vultosa reconstrução, certamente reduzirá mais ainda as possibilidades de recebermos fortes correntes imigratórias. O Brasil terá de ser povoado, desbravado e cultivado pelos brasileiros.

A seguir, Campos menciona a entrevista concedida à imprensa em Porto Alegre na qual afirma que "o crescimento da população do país se deve mais à natalidade do que à imigração", já comentada no presente livro.

---

[361] O grifo é, provavelmente, de Getúlio Vargas.

[362] AN, Processo 7.067/41, pp. 104-105. Os dois parágrafos mereceram também marcações efetuadas a lápis, que atribuímos ao presidente da República.

[363] A mesma expressão ou ideia apareceu no discurso de Vargas em 31/12/1940: "O Brasil terá de ser povoado, desbravado e cultivado pelos brasileiros. É indispensável, portanto, preparar os moços com um sentido pioneiro da existência, enrijando-lhes do caráter, tornando-os sadios e aptos a expandir suas energias criadoras." Apud REIS, Ernani. "Imigração e sentimento nacional". *A Noite*, Rio de Janeiro, 21/11/1943.

Sugeria o ministro mais adiante maior proteção, crédito, instrumentos, ensino e apoio em geral aos "verdadeiros" desbravadores da terra. Quanto ao imigrante

> ainda que bom imigrante, arriscar-nos-emos a povoar o Brasil açulando, sobre as suas mais prósperas regiões, a cobiça do estrangeiro facilmente apoiada nos quistos minoritários. Para isso tendem os propugnadores de uma rápida, de uma fulminante expansão de novos núcleos de raça branca, arianos, judeus, iberos, italianos, ou de raça amarela, para "encher" os grandes claros do mapa do Brasil: para um Brasil negativo, porque um Brasil em que os brasileiros serão a minoria ou a multidão pobre que espreita o banquete dos ricos.[364]

O ministro tinha como teoria a ideia de que naquela época os países europeus não estavam deixando os seus bons operários agrícolas saírem, devido à crise de alimentação. Estariam aqueles países mandando "o excesso incômodo que pesa na sua balança de produção e consumo, o rebotalho sem capacidade aquisitiva nem produtora. Esses restos universalmente refugados, nós não conseguimos fixá-los de maneira útil para o nosso país".[365]

O subtítulo seguinte era "Portugueses e americanos". Conforme se pode claramente observar, naquele momento, divergindo do CIC, de Vargas e da maioria dos componentes do governo — mas não de Ernani Reis —, Campos era contrário à livre imigração de qualquer grupo, incluindo os portugueses e os de países americanos, pois acreditava que o critério deveria ser único para todos, considerando somente a utilidade que o estrangeiro teria para o país.

Considerava que a "entrada maciça" de nacionais dos Estados americanos, "fugindo a dificuldades econômicas dos países de origem ou procurando condições de vida mais favoráveis, teria por consequência o maior congestionamento das profissões urbanas, ou a infiltração

---

[364]AN, Processo 7.067/41, p. 107. Nesse trecho, o parágrafo aparece com grifo duplo da marcação a lápis.
[365]AN, Processo 7.067/41, p. 107.

nas zonas fronteiriças — dois inconvenientes a que nos cumpre obviar quanto antes".

Em relação à imigração portuguesa, declara-se preocupado "quanto a sua localização", ou seja, a ocupação efetiva desses imigrantes uma vez chegados ao Brasil. Nesse sentido, Campos elaborou um quadro estatístico (dados de 1937) buscando comprovar a tese de que, mesmo tendo imigrado como agricultores, uma parte mínima e insignificante dos estrangeiros havia de fato se dedicado ao campo.

Informou que os imigrantes poloneses de então não vinham na qualidade de agricultores, mas sim de refugiados de profissões diversas. Apontava a imigração japonesa como a única nos últimos três anos que efetivamente contribuíra para os trabalhos agrícolas, mas que essa "está longe de ser desejável e, pelo contrário, representa uma aberração do ponto de vista étnico e de cultura".

Acreditava Campos que:

> Verifica-se que existe um acordo geral [...] a respeito da preferência que deve merecer a imigração portuguesa. Esta não representa, de certo, o ideal, mas, por diversos motivos, está isenta dos perigos de enquistamento e de base para o exercício de doutrinas imperialistas e nacionalistas. [...] o valor econômico está longe de autorizar uma política de encorajamento. A maior parte de imigrantes portugueses é, atualmente, de profissões urbanas: destinam-se ao pequeno comércio, às ocupações domésticas, aos empregos que não reclamam qualquer especialização. [...] Chegando ao Brasil, o seu objetivo é, via de regra, o emprego em cidades. Essa imigração pode ser admitida — o que assim mesmo padece discussão — mas nunca animada.[366]

A intenção de Campos era desqualificar como recomendável a imigração portuguesa e ele o fez de forma a mais cuidadosa, uma vez que Vargas estava entre os que defendiam a manutenção do fluxo imigratório de Portugal. Mas chama a atenção do presidente para o que estava

---

[366]Idem, pp. 109-110.

decorrendo da promulgação do decreto-lei que exigia a nacionalidade brasileira para os empregos públicos.[367] Diversos portugueses estariam se decidindo nacionalizar brasileiros tão somente para poder concorrer ou se manter em empregos públicos, o que constituía concorrência para com os brasileiros aqui residentes.

Fez referência aos números e às estatísticas, informando que dez por cento dos portugueses no Brasil seriam funcionários públicos. "Os demais estão, na maioria, empregados em profissões urbanas, transportes e situações de caráter doméstico. A proporção de agricultores é, sem nenhuma dúvida, ínfima", concluiu.

O subtítulo seguinte era "Controle". Nele, Campos descreve em poucas linhas o que foi efetivamente implementado: "Pelo meu projeto, o ministério assumiria o encargo de autorizar a concessão de visto a certas categorias de pessoas." Dizia que não pretendia com isso pleitear influência e poder para a pasta da Justiça e que considerava o problema como de ordem ou de polícia interna, que não poderia ficar entregue às representações consulares. E defendeu a tese de que:

> um órgão central agindo no Brasil e atendendo às requisições que consultem o interesse nacional — requisições da lavoura, requisições dos estabelecimentos industriais, requisições das autoridades — estaria em melhores condições para julgá-las dos que os cônsules, que têm diante de si o espetáculo dos refugiados que imploram a autorização.[368]

A seguir, com o subtítulo "As conclusões do Conselho de Imigração e Colonização", Campos passou a analisar as mencionadas conclusões. Destacou as que estariam de acordo com o seu ponto de vista, no que tratavam da "suspensão de vistos temporários e permanentes a judeus" e das exceções estabelecidas, que permitiam a concessão de vistos aos técnicos especializados contratados, aos que transferissem grandes capitais ao Banco do Brasil e aos nacionais de Portugal e Estados americanos.

---

[367]Decreto-Lei 1.202/38.
[368]AN, Processo 7.067/41, p. 111.

Mas discordava do parecer do CIC quanto à manutenção da competência dos consulados na apreciação dos contratos de trabalho e demais papéis comprobatórios às exceções estabelecidas. Na opinião do ministro:

> as autoridades consulares não se acham em condições para apurar essas condições especiais, que devem ser apreciadas no Brasil, onde a decisão será central e, por isso, uniforme. Somente aqui se poderá aquilatar da idoneidade dos estabelecimentos [que contratavam] e da veracidade do destino tomado pelo estrangeiro, somente aqui se poderá acompanhar a execução dos contratos, somente aqui se poderá controlar o depósito e a aplicação do capital. Aos cônsules deve caber apenas a verificação das condições ordinárias estipuladas na lei.[369]

No subtítulo "A concessão de anistia", Campos rebateu a crítica que o CIC fez a sua proposta de anistiar os estrangeiros que se encontravam irregularmente no país. Em sua resposta, o ministro afirmou que agia com pragmatismo. E comentou, com sarcasmo, a proposta do Conselho que estabelecia um ano de residência e trabalho compulsório no interior do Brasil àquelas pessoas, pois:

> a proposta do Conselho não resolve o problema: adia-o apenas [...] todos esses "irregulares" já deveriam achar-se, de acordo com o Conselho, no interior do Brasil, entregues aos labores da agricultura, do pastoreio e das demais indústrias rurais. Professores, médicos, legistas, teólogos, jornalistas, cantores, dançarinos, príncipes, relojoeiros, ourives e mascates meteriam mãos à ordenha, pegariam da enxada, guiariam os arados, colheriam café e algodão, fabricariam queijos. [...] Tudo ficaria por imaginar de novo desde o princípio. A verdade é que esse êxodo dos judeus[370] para a lavoura é tudo quanto há de mais utópico e não haveria de resto nenhum interesse de ordem política em disseminá-los entre a população nativa. Nem um, nem dois, nem três anos bastarão para recompor a situação do mundo e nesse tempo a massa de refugiados judeus não

---

[369]Idem, p. 112.
[370]Da mesma forma que o CIC, Campos identificava a maioria dos refugiados da guerra como "judeus".

poderá ser reconduzida, por bem ou por mal, aos seus países de origem. De resto, é um dado positivo que a absorção do estrangeiro se faz tanto mais dificilmente quanto mais eles se internam no país. Nos centros de maior densidade a assimilação é mais intensa do que nas zonas rurais. [...] A localização compulsória desses indesejáveis no interior só deverá operar-se, a meu ver, em relação aos que houverem praticado infrações mais graves ou burlado as novas disposições que vierem a ser adotadas e cuja expulsão se revele impraticável.[371]

Nas páginas seguintes, com o subtítulo "As sugestões do Departamento de Imigração", Campos voltou a tratar da exposição elaborada pelo diretor daquele departamento remetida a Vargas pelo ministro do Trabalho, Waldemar Falcão. Duas eram as medidas sugeridas com o fim de organizar o serviço de legalização da permanência de estrangeiros: uma tratava da observação rigorosa da ordem cronológica dos pedidos e a outra se relacionava à proposta de se exigir sempre a presença do interessado ou pessoa idônea com procuração. O alvo de Dulphe Pinheiro Machado seria os intermediários, que faziam do ato um bom negócio. E em termos gerais, a proposta do diretor era a de centralizar a questão do controle dos estrangeiros sob a tutela do Ministério do Trabalho.

Campos criticou acidamente as observações do diretor. Iniciou suas observações atacando:

> Não sei se, expondo o seu modo de proceder, o Sr. diretor do Departamento pretende que seja privilégio do seu serviço a boa norma no andamento de papéis. Haveria, nesse caso, de parte do mesmo diretor, um otimismo talvez exagerado quanto à excelência da sua repartição e uma censura geral de todo descabida aos métodos de nossa administração.

O trecho mereceu uma marcação de lápis colorido ao lado desse parágrafo, onde foi também grafado um grande ponto de interrogação. Campos não concordou com a proposta de igualdade de tratamento do ponto de vista cronológico e defendeu a tese de que isso deveria ser

---

[371] AN, Processo 7.067/41, pp. 113-115.

"um critério político e de humanidade, e nunca uma regra meramente burocrática". Acreditava que prioritariamente deviam ser legalizados estrangeiros que pretendiam realizar atividades proveitosas ao país, ou realizar atos indispensáveis à sua vida, segurança ou saúde, e não seguir uma "burocrática" regra cronológica. Defendeu o direito dos representantes políticos de quebrar, "com prudente arbítrio [...] o jogo monótono do maquinismo burocrático, que pensando ser igualitário é, na verdade, simplesmente esmagador".[372] Desqualificou Machado, dizendo que as ponderações do diretor não passavam de recomendações ao campo da legislação por parte de leigos equivocados. Diante da crítica de que os estrangeiros encontravam muita dificuldade de se regularizar devido à quantidade de organismos e repartições subordinados a vários ministérios, observou Campos que o intuito das leis sobre a matéria fora,

> precisamente, dificultar, e não facilitar, o que o Sr. diretor chama de regularização de permanência e que não é a rigor senão o pedido da graça de permanecer no único país[373] que até agora se tem mostrado disposto a concedê-la. Quanto mais cômodo se torne o processo da obtenção de tal favor, tanto maior será o atrativo exercido pelo Brasil sobre as legiões de refugiados.[374]

Seguiu Campos atacando os argumentos de Machado um por um. E aproveitou mais uma vez para deixar claro que a proposta de atribuir aos cônsules o arbítrio da apreciação dos vistos, sob as normas legais e instruções em vigor, "como vimos, dificilmente pode ser exercido dentro das conveniências do Brasil". E sobre a proposta de centralizar o controle dos estrangeiros sob o Ministério do Trabalho, buscou demonstrar

---

[372]Idem, p. 117.

[373]Essa afirmativa de Campos era equivocada. Entre os Estados americanos, os Estados Unidos receberam cerca de dez vezes mais refugiados judeus do que o Brasil; de igual forma, a Argentina acolheu um maior número de israelitas durante os anos considerados críticos, entre 1939 e 1942, de acordo com LESSER, Jeffrey, op. cit. (1995), p. 239. Como o ministro demonstrou possuir, no mesmo processo, números precisos sobre a imigração norte-americana, a afirmação de Campos tinha cunho meramente retórico e ele tinha consciência da falsidade do argumento.

[374]AN, Processo 7.067/41, pp. 117-118.

DAS REGRAS E DOS SISTEMAS

Campos que a competência nunca era "dada a órgãos coletivos, os quais, se existem, desempenham funções meramente consultivas", mas que

> de ordem eminentemente política e entregue à última instância, a secretários de Estado com responsabilidade política, e nunca a autoridades burocráticas. Não são as condições do país de imigração, mas as do de emigração, que hoje influem na corrente migratória, observa um autor norte-americano. Os imigrantes são empurrados, mais do que atraídos. Essa circunstância alterou fundamentalmente os dados da questão, transpondo-a do terreno do trabalho para o da ordem pública.[375]

Campos conclui seu extenso texto dirigindo a Vargas um primeiro esboço do que se tornaria lei em abril de 1941. Embora a lei tenha sido editada com o título alusivo apenas à restrição genérica de novos imigrantes, e em seu texto não aparecesse nenhuma referência específica aos "israelitas", o estudo dos bastidores de sua elaboração indica que, naquele momento, a preocupação e parte do objetivo do governo eram impedir a entrada de novos refugiados, conforme deixa claro o ministro da Justiça em suas considerações finais:

> Concluindo, Senhor presidente, cabe-me declarar que os termos em que procurei colocar a questão em meu projeto continuam a parecer-me os mais simples e os que melhor servem o interesse nacional. A meu ver, torna-se necessário:
> 1) Suspender a vinda de "temporários" da Europa, especialmente dos países beligerantes, porque se trata de falsos "temporários", ou seja, de refugiados que, chegando ao Brasil, aqui procuram ficar de qualquer maneira e que, além de constituírem um contingente aberrante da nossa formação étnica, não apresentam o menor valor econômico para o Brasil;
> 2) Excetuar apenas os "temporários" não-judeus que trazem dinheiro para a volta e autorização de livre regresso em qualquer tempo, ao país de origem, e tenham motivos ponderáveis para vir ao Brasil;

---

[375]AN, Processo 7.067/41, pp. 119-120.

3) Suspender a vinda de turistas e temporários não-europeus, inclusive de Estados americanos, exceção feita para os nacionais (natos) destes últimos;

4) Suspender a imigração (visto de "permanentes"), excetuados os agricultores que venham com emprego garantido nas atividades rurais e dos que tragam capital equivalente, no mínimo, a quatrocentos contos, satisfeitas as demais exigências da lei;

5) Conceder anistia aos estrangeiros que excedem o prazo de residência e cujo repatriamento não seja possível, autorizando-lhes a permanência de acordo com o Decreto-Lei 1.532, ou usando o critério de equidade, paga a taxa de 1:000$000 (selo de imigração);

6) Encorajar, na medida em que permitir o interesse nacional, o encaminhamento para profissões rurais, inclusive promovendo a criação de cooperativas particulares;

7) Reunir e obrigar ao trabalho, como prisioneiros políticos, os inadaptáveis e os que tentarem fraudar, de qualquer maneira, as novas disposições;

8) Autorizar, excepcionalmente, a entrada de técnicos que devem ser empregados pelo governo, ou por particulares, mediante o reconhecimento oficial de sua necessidade.

Tais providências, tomadas ou fiscalizadas por um órgão executivo que disponha de meios de agir, eliminarão os maiores obstáculos à solução do problema, que complicam desnecessariamente os entusiasmos fáceis e o gosto dos vastos e dispendiosos aparelhamentos. Não está em causa a produção, mas a ordem e o bem-estar públicos, que não devem ser sacrificados por doutrinas cujo erro passou em julgado nem por amor de utopias ou de um vistoso humanitarismo praticado em detrimento do país.

Se julgar que as sugestões constantes do meu projeto merecem ser adotadas, Vossa Excelência se dignará igualmente de indicar a que autoridade prefere confiar, sob a alta orientação de Vossa Excelência, a coordenação das medidas executórias.[376]

---

[376]Idem, pp. 121-123.

DAS REGRAS E DOS SISTEMAS

A lei foi publicada em outros termos, mas pretendeu cumprir o objetivo de Campos, que era, fundamentalmente, o de transferir a completa competência do controle e da fiscalização da concessão de vistos do MRE para o MJNI e, dessa forma, reformular as regras relativas à entrada de estrangeiros, implementando os processos seletivos considerados necessários. Nesses, elaborados e propostos ao longo da década anterior, com a concessão dos vistos sob controle do MJNI, concepções eugenistas brasileiras poderiam ser finalmente plenamente aplicadas.

Até a publicação do decreto, as regras de concessão de vistos eram parcialmente regulamentadas apenas por circulares internas emitidas pelo MRE, já que o Decreto-Lei 3.010/38 deixava sob o controle dos consulados e do Itamaraty a análise dos critérios para a permissão da vinda de estrangeiros para o Brasil. O novo decreto mudaria essa situação.

O texto de Campos foi escrito em 16 de janeiro de 1941. No dia 29 do mesmo mês Vargas o devolveu com os seguintes dizeres manuscritos: "Volte ao ministro da Justiça para elaborar um projeto de lei de acordo com este parecer. Quanto à situação dos temporários, fica dependendo da criação do registro. Em 29-1-941. GVargas."

O incômodo em relação à entrada de refugiados e a ideia de restringir-lhe a entrada no Brasil encontravam eco em setores da sociedade. Um dos exemplos desse apoio apareceu no dia 4 de abril de 1941, publicado no *Jornal do Brasil*. Em texto assinado por Assis Memória, o autor não menciona expressamente a palavra "judeus", mas deixa clara a sua indignação sobre a entrada deles no país, fazendo inúmeras referências a imagens negativas e bairros do Rio de Janeiro que seriam facilmente associados pelos leitores aos israelitas:

> Quantas vezes, em plena Avenida Rio Branco, eu estaquei perplexo e, como brasileiro autêntico, apreensivo, ante levas de estrangeiros atravessando com armas e bagagens, a artéria principal de nossa terra, com o fim de se instalarem nesta metrópole, com a mesma sem-cerimônia de cidadãos, que ingressaram sem mais formalidades, nos próprios pagos? E como se o itinerário já lhe fosse demasiado familiar, iam todos para a chamada Cidade Nova, onde se aboletavam ocupando-se logo no sua-

IMIGRANTE IDEAL

ve comércio a prestações. Mas essa gente por que não desembarcava noutros países? A razão é simples. É que outros países não o permitem [...] o que se combate, o que todos nós, povo e governo combatemos, é essa imigração oficiosa, instalando-se com um grave perigo para o nosso futuro e mesmo o nosso equilíbrio doméstico, nas capitais, parasitando-lhes as parcas fontes de receita, a existência já um seu tanto precária dos nacionais [...] e o governo, em boa hora, está disposto a tomar medidas nesse sentido.

CAPÍTULO 6 A entrada em vigor do Decreto-Lei 3.175/41

§ 5º — Quando se tratar de judeus e de indivíduos não pertencentes à raça branca, a autoridade consular fará sempre menção dessa circunstância.[377]

6.1 O Decreto-Lei 3.175/41: a base legal do
Serviço de Visto do MJNI

O Decreto-Lei 3.175, elaborado por Francisco Campos durante vários meses, finalmente seria assinado por Vargas em 7 de abril de 1941, transferindo para o MJNI todo o arbítrio em relação ao assunto relacionado a estrangeiros. Assim, desde a concessão do visto aos estrangeiros até a sua saída do Brasil ou permanência definitiva e/ou naturalização ficariam sob o controle do mesmo ministério, realizando um antigo projeto de Francisco Campos e seus colaboradores. Os primeiros meses dessa mudança seriam marcados por algumas discussões entre Oswaldo Aranha e Campos em relação à autorização de concessão de visto a determinados estrangeiros. Esse debate ficou registrado em documentos no

---

[377]Instruções para aplicação do Decreto-Lei 3.175/41 ·

Arquivo Histórico do Itamaraty (AHI), pois justamente ocorreu em um momento em que Vargas se encontrava em Petrópolis despachando do Palácio do Rio Negro e os dois ministros enviavam suas argumentações por escrito ao presidente, que na maioria das vezes, naquele período, seguiu o parecer do ministro da Justiça de linha genericamente xenófoba e restricionista. Campos desconfiava da sinceridade e qualidade de todos os candidatos a visto. A condição de judeu poderia se constituir agravante para Campos, adepto da completa restrição da imigração, independentemente da origem étnica do proponente, mas a ausência dessa característica não se confirmava necessariamente em uma autorização para a concessão do visto.

Era o momento de grande prestígio de Francisco Campos junto a Vargas. Por outro lado, seu principal rival na cúpula do Estado Novo, Oswaldo Aranha, amargava essa derrota, símbolo da vitória da tese que atribuía ao MRE um controle ineficiente da entrada de estrangeiros. Alguns autores atribuem a persistência do ministro das Relações Exteriores em não se demitir do posto a uma forte convicção. A de que Aranha acreditava-se naquele momento imbuído da responsabilidade prioritária de seguir um projeto maior: dar continuidade ao processo de aproximação do Brasil com os Estados Unidos:

> os adversários político-ideológicos de Aranha nas esferas oficiais certamente não haviam mudado em sua firme oposição à vinda de judeus e na reação do chanceler o fator dominante seria sua luta incessante com o grupo autoritário-nacionalista — o Ministério da Justiça — a Polícia carioca e o Alto-Comando do Exército — por influência sobre a política externa geral. O Itamaraty já estava na defensiva quando a guerra começou [...] em vista desse ambiente não é de admirar que Aranha tenha procedido com cautela extrema em uma questão que se tornara um problema de alta política. Para não perder o terreno que ocupava e, assim, poder continuar a exercer influência geral no sentido pró-aliado e pró-americano, não podia deixar de aderir à letra estrita

da lei. Consultado pelo Catete sempre que chegavam a Vargas apelos de judeus que desejavam vistos, restringia-se a citar as disposições legais que proibiam atendê-los.[378]

Fazendo uso de sua tão mencionada habilidade política, Vargas, poucos meses depois da publicação do decreto e do desgaste pessoal com Aranha, aproveitou o afastamento — em razão de problemas de saúde — do titular Francisco Campos e autorizou a interinidade e a nomeação do então jovem diplomata Vasco Leitão da Cunha — oriundo dos quadros de carreira do Itamaraty e abertamente pró-Estados Unidos, como Aranha — como responsável pelo expediente do MJNI. Uma interinidade que durou quase um ano.

O Decreto-Lei 3.175/41 tinha oito artigos. Por tratar-se de texto que iria ser levado ao público, as referências e os termos mais explícitos, como, por exemplo, "falso-temporários", "refugiados", "contingente aberrante na nossa formação étnica", "não judeus" etc. utilizados por Campos em seu esboço não aparecem.

No que dizia respeito ao trabalho dos cônsules brasileiros no exterior, o texto trazia em seu primeiro artigo que "fica suspensa a concessão de vistos temporários para a entrada de estrangeiros no Brasil".[379] As exceções eram os nacionais de Estados americanos e

---

[378]HILTON, Stanley, op. cit., p. 362. Nesse mesmo sentido, opinou o embaixador Antônio Corrêa do Lago, genro de Oswaldo Aranha, em depoimento concedido em 1998. Corrêa do Lago trabalhou na Secretaria de Estado do MRE durante o Estado Novo. Outro genro de Aranha — e também embaixador — Sérgio Correia da Costa, em entrevista concedida em 1999, opinou de maneira semelhante. De certa forma, o argumento tem uma conotação de desculpa elaborada *a posteriori* para justificar a posição dúbia de Aranha em relação ao assunto. Hélio Silva em duas publicações considera Aranha o principal articulador da aproximação do Brasil com os Estados Unidos. Os livros têm, em suas respectivas capas, fotos nas quais aparece Oswaldo Aranha. Em *1942: guerra no continente*, a foto exibe o ministro discursando na conferência dos chanceleres realizada no Rio de Janeiro em fins de janeiro de 1942, na qual o Brasil decidiu-se por romper relações diplomáticas com o Eixo. Ver: SILVA, Hélio. *1939: véspera de guerra*. Rio de Janeiro: Civilização Brasileira, 1972 e ____. *1942: guerra no continente*. Rio de Janeiro: Civilização Brasileira, 1972.

[379]De acordo com a legislação então em vigor, o artigo 25 do Decreto-Lei 3.010/38, existiam três categorias de visto temporário: "a) turistas, visitantes em geral, viajantes em trânsito, cientistas, professores, homens de letras e conferencistas; b) representantes de firmas comerciais e os que vierem em viagem de negócios; c) artistas, desportistas e congêneres".

os demais estrangeiros de outras nacionalidades, "desde que provem possuir meios de subsistência",[380] e especialmente que, em qualquer caso, visando especificamente aos refugiados, o estrangeiro "esteja de direito e de fato autorizado a voltar ao Estado onde obtém o visto, ou ao Estado de que é nacional, dentro do prazo de dois anos a contar da data de sua entrada no território nacional".[381] Os vistos de trânsito teriam validade de sessenta dias, embora, na prática, raramente tenham sido concedidos no período com um prazo tão amplo. Nessa categoria, o MJNI concedia normalmente entre sete e trinta dias.[382]

Quanto aos vistos permanentes, o artigo 2º do decreto informava terem sido igualmente suspensas suas concessões. Contudo, nove itens discriminavam as exceções: 1) a portugueses e a nacionais de Estados americanos; 2) ao estrangeiro casado com brasileira nata, ou à estrangeira casada com brasileiro nato; 3) aos estrangeiros que tenham filhos nascidos no Brasil; 4) a agricultores ou técnicos rurais que encontrem ocupação na agricultura ou nas indústrias rurais ou se destinem à colonização previamente aprovada pelo governo federal; 5) a estrangeiros que provem a transferência para o país, por intermédio do Banco do Brasil, de quantia em moeda estrangeira equivalente, no mínimo, a quatrocentos contos de réis; 6) a técnicos de mérito notório especializados em indústria útil ao país e que encontrem no Brasil ocupação adequada; 7) ao estrangeiro que se recomende por suas qualidades eminentes, ou sua excepcional utilidade ao país; 8) aos portadores de licença de retorno; 9) ao estrangeiro que venha em missão oficial do seu governo.

O terceiro artigo esclarecia que caberia ao MJNI coordenar as "providências necessárias à execução desta lei". Ou seja, excluía a competên-

---

[380]Decreto-Lei 3.175/41. O cálculo relacionado à prova de meio de subsistência estava referenciado na base de cinquenta dólares por cada mês de estada.

[381]Tive a oportunidade de observar durante a pesquisa relativa ao mestrado que muitas das representações diplomáticas na "zona livre" francesa emitiam passaportes com validade de apenas um ano. De um modo geral, esse era o prazo de validade de documentos provisórios "de viagem" emitidos por diversos países a refugiados, apátridas e pessoas que não tivessem reconhecida a sua nacionalidade por parte das respectivas nações de origem.

[382]AN, Processos do Serviço de Visto do MJNI.

A ENTRADA EM VIGOR DO DECRETO-LEI 3.175/41

cia de qualquer outro ministério — em especial, o MRE — no assunto da entrada de estrangeiros no Brasil. E explicitava, em seis itens, que caberia àquele ministério decidir em relação a todo e qualquer assunto relacionado à entrada e à permanência de estrangeiros; declarar impedida a concessão do visto a "determinados indivíduos ou categorias de estrangeiros"; estabelecer os modos de prova relativos ao cumprimento das exigências; decidir a respeito da autorização de permanência dos estrangeiros entrados no território nacional como temporários; fiscalizar a aplicação dos recursos provenientes dos depósitos efetuados pelos estrangeiros que obtiveram a concessão do "visto de capitalista", ou seja, transferiram quatrocentos contos de réis para o Brasil, nos fins declarados; verificar por intermédio das organizações oficiais "a apuração de competência dos estrangeiros que tenham obtido visto como técnicos especializados".

O último dos seis itens explicava que nos casos relacionados no artigo 2º, alínea, itens 1 a 7, ou seja, as exceções estabelecidas para a concessão de vistos permanentes, somente o MJNI é que tinha a competência para autorizar. E para isso caberia à autoridade consular, "depois de entrar em contato com o interessado e concluir que ele reúne os requisitos físicos e morais exigidos", e também "aptidão para o trabalho", além de "condições de assimilação ao meio brasileiro", proceder ao encaminhamento do pedido ao MRE com todas as observações sobre o estrangeiro e a "declaração de que este apresentou os documentos exigidos". Ao MJNI caberia examinar o pedido e decidir a respeito da concessão ou não da "autorização para o visto". A comunicação dessa decisão seria feita pelo Itamaraty ao consulado.

Outros detalhes do funcionamento administrativo do sistema e das punições a que estariam sujeitos os estrangeiros que não cumprissem a lei aparecem nos parágrafos e artigos seguintes. O artigo 5º alertava os funcionários públicos sobre o descumprimento do decreto que os tornaria passíveis "de pena de suspensão até 30 dias, dobrada na reincidência, e de demissão, em caso de dolo, sem prejuízo da responsabilidade criminal".

Com base no decreto, cônsules que concederam vistos ou os revalidaram sem observar com rigor o disposto em lei acabariam punidos.[383]

6.2 Informe-se os cônsules: o início dos trabalhos no Serviço de Visto do MJNI

O Decreto-Lei 3.175/41 entrou em vigência na data de sua publicação. A sua aplicação envolvia uma nova organização estrutural de procedimentos entre o MRE e o MJNI. Entretanto, em um primeiro momento, era mais urgente que se produzissem e remetessem os necessários esclarecimentos e as orientações de procedimentos aos funcionários das representações consulares brasileiras no exterior. A primeira circular do MRE nesse sentido, e já sob a vigência do Decreto-Lei 3.175/41, foi a de número 1.520, emitida no dia 14 de abril de 1941. O texto chamou a atenção dos cônsules para reclamações oriundas de órgãos subordinados ao MJNI:

> Sendo numerosas e constantes as observações que o Serviço de Registro de Estrangeiros da Polícia Civil do Distrito Federal formula a respeito da expedição do visto consular nos passaportes das pessoas que se destinam ao Brasil sem a apresentação das provas previstas [...] que dispõe sobre a entrada de estrangeiros no território nacional, a Secretaria de Estado das Relações Exteriores recomenda aos serviços consulares das missões diplomáticas e aos consulados de carreira hajam por bem assinalar nas fichas consulares de qualificação, — "observações" — o motivo pelo qual foram dispensadas qualquer ou várias das formalidades exigidas.[384]

Cinco dias depois, o Itamaraty remeteu nova circular, a de número 1.521, contendo a determinação de que os serviços consulares brasileiros deveriam suspender a concessão de visto em passaportes

---

[383]Como foram os casos dos cônsules Osório Porto Bordini, Antônio Porciúncula e Murillo Martins de Souza.
[384]AHI, Circular 1.520 (14/4/1941).

A ENTRADA EM VIGOR DO DECRETO-LEI 3.175/41

de indivíduos que não tivessem recursos pecuniários suficientes, assim como os que não tivessem autorização para regressar ao país de procedência. Os portadores de visto de trânsito deveriam exibir em seus passaportes o visto válido ao país a que estariam se destinando. Como previam as autoridades, a partir da entrada em vigor da nova lei de abril, muitos estrangeiros, pelo rigor do novo controle imposto pelo MJNI, passariam a ser impedidos de desembarcar ou seriam repatriados com a maior agilidade possível. Para que fossem evitadas as dificuldades que o MJNI já conhecia em relação ao repatriamento de estrangeiros, a licença de volta ao porto de procedência livrava as autoridades de difíceis tarefas, independentemente da nacionalidade do estrangeiro. Por outro lado, naquele momento, dificilmente os refugiados conseguiriam das autoridades dos governos europeus declarações garantindo a licença de retorno ao país.

O secretário-geral do MRE, Maurício Nabuco, estava respondendo interinamente pelo Itamaraty quando recebeu de Francisco Campos, em 24 de abril de 1941, um modelo de circular a ser encaminhada aos serviços consulares contendo instruções relativas à aplicação do novo decreto-lei.[385] Disse o ministro da Justiça que o texto continha "as condições mínimas que, a meu ver, devem ser observadas pelas autoridades consulares na execução do citado decreto-lei".[386]A mudança dos procedimentos administrativos imposta pela nova lei não havia ainda sido completamente organizada, o que produziu dúvidas quanto ao procedimento, inclusive para o presidente da República, durante o mês de abril. Vargas, que recebia constantemente pedidos para que se autorizasse a concessão de vistos, passou a encaminhá-los ao MJNI, desde o início de maio de 1941. No dia 5 de maio de 1941, o MJNI enviou a Vargas um ofício no qual esclareceu que, de acordo com o Decreto-Lei 3.175/41,

---

[385]Maurício Nabuco de Araújo (1891-1979) era filho de Joaquim Nabuco e, durante o Estado Novo, foi por longo período secretário-geral do MRE.
[386]AHI, Ofícios recebidos do MJNI.

a parte interessada deve dirigir-se à autoridade consular brasileira. O visto temporário poderá ser concedido imediatamente pelo cônsul, mediante prova de ter o candidato meios de subsistência. No caso do visto permanente, estabelece, mais, a lei a regra geral de que a autoridade consular, depois de *verificar que o interessado reúne os requisitos físicos e morais* exigidos pela legislação em vigor, transmite o pedido, por intermédio do Ministério das Relações Exteriores, ao Ministério da Justiça e Negócios Interiores, ao qual compete conceder a autorização necessária [...] Vê-se, pois, do exposto que as pessoas de que tratam os inclusos expedientes deverão entender-se com as autoridades consulares brasileiras a fim de preencher as formalidades legais.[387]

A apresentação física e pessoal dos estrangeiros candidatos a visto brasileiro nos consulados no exterior se constituía em condição de fundamental importância no processo seletivo e, consequentemente, na lógica do controle que estava sendo imposto. No mesmo sentido, o texto do artigo 9° das "Instruções" para aplicação do Decreto-Lei 3.175/41 resume os procedimentos que seriam adotados e revela aspecto fundamental do sistema de seleção de imigrantes inspirado no eugenismo:

A consulta prévia será feita pela autoridade consular por intermédio do Ministério das Relações Exteriores. Para esse fim, a autoridade consular, depois de entrar em contato com o interessado e concluir que ele reúne *os requisitos físicos e morais exigidos* pela legislação em vigor, tem aptidão para os trabalhos a que se propõe e condições de assimilação ao meio brasileiro, encaminhará o pedido ao Ministério das Relações Exteriores com suas observações sobre o estrangeiro e a declaração de que este apresentou os documentos exigidos pelo art. 30 do decreto n.° 3.010, de 20 de agosto de 1938. O Ministério da Justiça e Negócios Interiores, depois de examinar o pedido e ouvir, se julgar conveniente, outros órgãos do governo, concederá, ou não, a autorização para o visto, a qual será comunicada à autoridade consular pelo Ministério das Relações Exteriores. [...]

---

[387] O grifo é meu. Ofício sem assinatura, provavelmente redigido por Francisco Campos, em 5/5/1941. AHI, Correspondência da Presidência da República.

A ENTRADA EM VIGOR DO DECRETO-LEI 3.175/41

Qual é a importância dessa apresentação pessoal ao consulado? Somente dessa forma seria possível ao cônsul saber se o estrangeiro reunia ou não "os requisitos físicos e morais exigidos". As exigências morais diziam respeito à ausência de impedimentos: relacionados à origem étnica; à opção religiosa; e à vinculação a "ideias extremistas". As físicas: ser da "cor branca" (de origem europeia) e não possuir problemas de saúde ou defeito físico.

Por outro aspecto, o MJNI não desejava ser diretamente procurado por aqueles que pretendiam solicitar, em nome de estrangeiros, vistos para o Brasil. Imaginava-se que, dessa forma, evitar-se-ia a pressão dos mais diferentes solicitantes que constantemente procuraram o MRE nos anos anteriores. Pretendiam as autoridades do MJNI ocupar a função "técnica" de julgar os casos que aparecessem, baseados nas informações enviadas pelos consulados, na pretendida imparcialidade do cumprimento das determinações. A negativa do visto seria de competência do MJNI, mas a notificação da não autorização ficaria a cargo dos funcionários do MRE.

Somente em 6 de maio, quase um mês depois da assinatura do decreto (7 de abril), o MRE finalmente encaminhou a Circular 1.522 às missões diplomáticas encarregadas do serviço consular e aos demais consulados. O texto dava conta, finalmente, das mudanças das normas da concessão de visto.

6.3 Instruções da Circular 1.522 do MRE: como aplicar e como se aplicou a lei

A Circular 1.522 notificava a respeito das modificações e continha dois anexos: a íntegra do novo decreto-lei e um texto praticamente duas vezes maior do que o primeiro, o das "Instruções para a aplicação do Decreto-Lei 3.175 (7/4/1941)".[388] Por conta das mudanças, a concessão de vistos, que tradicionalmente era de competência do Itamaraty, passava à

---

[388] AHI, Circular 1.522 (6/5/1941). Enquanto o decreto-lei contém oito artigos distribuídos em quatro páginas, as "instruções" enumeram 14 artigos em sete páginas.

subordinação e ao controle direto de outro ministério. Os funcionários precisavam ser esclarecidos em minúcias — de todos os critérios agora mais detalhados — para não incorrer em erro passível de punições e até inquéritos que ultrapassariam a esfera administrativa do Itamaraty.[389] As circulares emitidas posteriormente à promulgação do Decreto-Lei 3.175/41 já estavam refletindo as novas políticas e diretrizes impostas ao Itamaraty pelo Ministério da Justiça.[390]

De acordo com a circular, as instruções foram "assentadas entre o Ministério das Relações Exteriores, o da Justiça e Negócios Interiores e o Conselho de Imigração e Colonização". Em realidade, o MRE praticamente aderiu à totalidade das "sugestões" aqui mencionadas remetidas por Francisco Campos — certamente redigidas em boa parte por Ernani Reis — e encaminhadas semanas antes para Maurício Nabuco. A participação de tal elaboração do então desprestigiado CIC certamente limitou-se à ciência e anuência do que estava sendo imposto por parte do MJNI, tal como se passou com o Itamaraty. As modificações de Nabuco foram mínimas e insignificantes. O secretário praticamente manteve o texto sugerido alguns dias antes pelo ministro da Justiça.

As instruções eram fundamentais para a implementação com correção da política de controle de entrada de estrangeiros. Em razão de não se tratar de um documento que chegaria ao conhecimento público — não seria, como o decreto-lei, publicado no Diário Oficial —, o seu conhecimento ficaria restrito aos funcionários que lidavam objetivamente com o assunto. Dessa forma, ali aparece descrito, de forma objetiva e direta, sem maiores cuidados com "suscetibilidades", o que o MJNI pretendia e ordenava que os cônsules efetivamente colocassem em prática. Tendo, em razão disso, legado aos historiadores

---

[389]Em mais de um caso o assunto produziu inquérito administrativo e determinou a punição dos funcionários envolvidos, com inquéritos tramitando não só na esfera administrativa interna do MRE como também no DASP. Sobre o assunto, ver: KOIFMAN, Fábio, op. cit.

[390]Da mesma forma, utilizando-se da atribuição que lhe foi conferida pelo Decreto-Lei 3.175, o MJNI emitiu a Portaria 4.807 (25/4/1941), um texto de oito páginas, por meio da qual foram modificadas diversas questões envolvendo a prorrogação e a permanência de estrangeiros no território nacional.

uma fonte privilegiada de informações. Essas eram objetivamente as regras vigentes.

Embora a mesma circular dissesse que a Divisão de Passaportes do MRE estava preparando uma "consolidação da legislação relativa à concessão de vistos em passaportes estrangeiros no território nacional", que seria oportunamente distribuída, tal fato jamais chegou a ocorrer ao longo do Estado Novo.

Com as dificuldades decorrentes da guerra em relação às comunicações, o provável autor do texto introdutório, o próprio secretário-geral do MRE, Maurício Nabuco — cujas iniciais "MN" aparecem nos exemplares arquivados no Arquivo Histórico do Itamaraty —, fez a ressalva de considerar, para todos os efeitos, a entrada em vigor daquelas regras à "data do seu recebimento" em cada repartição consular. Encarregando cada uma delas de telegrafar acusando o recebimento da circular e dos anexos de modo a que o MJNI "possa determinar as providências consequentes, quanto à sua execução no Brasil". Informando ainda: "Como se depreende dos termos do decreto-lei anexo, a fiscalização dos serviços relativos à concessão de vistos e à entrada de estrangeiros no Brasil ficou sob a jurisdição do Ministério da Justiça e Negócios Interiores."[391]

As instruções remetidas aos serviços consulares iniciavam tecendo observações a respeito das concessões de visto temporário. Esclarecendo que, embora os nacionais de Estados americanos não estivessem diretamente afetados pelo Decreto-Lei 3.175/41, caso a autoridade consular possuísse bons motivos poderia recusar a concessão do visto para essa categoria de solicitante.[392]

Quanto aos demais estrangeiros candidatos a um visto temporário, ficava determinado que precisariam fazer prova de possuir meios próprios para custear sua viagem, estabelecido como parâmetro cinquenta dólares por mês de permanência no país.

---

[391]AHI, Circular 1.522 (6/5/1941).
[392]Art. 1º das "Instruções para a aplicação do Decreto-Lei 3.175/41".

O artigo 3º dizia que a autoridade consular faria constar do visto o prazo pelo qual o estrangeiro poderia permanecer no Brasil. Assim, turistas, visitantes em geral, cientistas, homens de letras, conferencistas, artistas, desportistas e congêneres, representantes comerciais ou pessoas em viagem de negócios receberiam cento e oitenta dias e viajantes em trânsito, sessenta dias.

A prática foi diferente. O número de dias pretendido constava em muitos casos do pedido. Mas a decisão sobre o deferimento do prazo ficou a cargo do Serviço de Visto, nos casos em que o pedido dependia da autorização desse.

As concessões de visto para artistas que pretendiam apresentar-se no Brasil seguiam um procedimento diferenciado. A empresa contratante necessariamente precisaria dirigir-se ao Departamento de Imprensa e Propaganda (DIP) munida de um contrato de trabalho específico com o artista estrangeiro. Ali conseguiria uma autorização. De posse dela, uma via do contrato "visado" pelo DIP seria depositada no MJNI. Entre as cláusulas, era preciso que constasse expressamente "a obrigação da repatriação dos artistas pela empresa, findo o prazo contratual".[393] No acervo do Serviço de Visto do MJNI aparecem 119 processos envolvendo pedidos de concessão de vistos para artistas.

De um modo geral, os processos de concessão desse tipo de visto eram relativamente pouco volumosos e rápidos. Com a responsabilidade de repatriar ao encargo dos contratantes, grandes cassinos do Rio de Janeiro e de São Paulo, de um modo geral, "obedecidas as exigências" mencionadas, a concessão do visto era autorizada sem maiores cuidados ou atenção por parte do MJNI. A origem étnica dos solicitantes não foi mencionada ou questionada em todos os casos, embora o "item 6", relacionado à autorização para regressar ou se dirigir para outro país, tenha sido criteriosamente observado.

Os casos que acabaram por se tornar exceção e produziram longos processos envolveram especialmente duas situações. A primeira, tratando de artistas estrangeiros que por algum motivo estenderam a

---

[393]Parágrafo único do art. 3º das "Instruções para a aplicação do Decreto-Lei 3.175/41".

A ENTRADA EM VIGOR DO DECRETO-LEI 3.175/41

permanência no país. Como foi o caso da dupla circense de palhaços composta de Philippe Louis Cairoli e sua filha Eugenie Louise Cairoli, ambos franceses.[394] Os artistas atuavam em países sul-americanos (Brasil, Uruguai, Chile e Paraguai) desde 1940, ou seja, antes da entrada em vigor do Decreto-Lei 3.175/41. Em realidade, como outros tantos refugiados, saíram da Europa e da França em razão da guerra. Apresentavam-se no Brasil e quando o visto temporário estava por se esgotar, viajavam para um dos países vizinhos, onde solicitavam novo visto para o Brasil.

Em uma nova tentativa de entrar no Brasil, a partir do Chile, em meados de 1942, o pedido foi indeferido. Como os artistas tinham bons contatos com a S.A. Casino Balneário da Urca, o pedido acabou sendo dirigido em caráter de recurso ao presidente da República em 12 de junho de 1942. O cassino se responsabilizava pelo repatriamento dos artistas e informava que eles possuíam licença de retorno para o Paraguai. Informava ainda que os artistas "são cômicos de fama mundial, conforme V. Ex. poderá mandar verificar dos recortes inclusos e que se referem a temporadas artísticas em vários países do mundo." Cerca de quarenta páginas de recortes de jornal, programas artísticos, reclames comerciais, contratos artísticos, imagens etc. de diferentes cidades europeias foram apensadas ao processo. A proximidade de Vargas com o meio artístico e o gosto do presidente pelas manifestações de teatro popular eram notórias e conhecidas do público.[395] O pedido tinha elementos para ser aprovado. Seja pelo comprometimento do importante e conhecido cassino em repatriar os estrangeiros, seja pela licença de retorno que possuíam para o Paraguai.

No dia 24 de setembro de 1942, o MJNI encaminhou a Vargas uma exposição de motivos redigida por Ernani Reis e assinada por Marcondes Filho na qual era explicado que

---

[394]AN, SV: s/n [42].
[395]Sobre o assunto, ver: BARROS, Orlando. *Custódio Mesquita: um compositor romântico no tempo de Vargas (1930-45)*. Rio de Janeiro: Funarte/ EdUERJ, 2001.

ora, a licença de regresso que se alega possuírem os estrangeiros citados teria sido expedida para a República do Paraguai. É este um dos velhos expedientes a que, no exercício das atribuições que por lei Vossa Excelência houve por bem conferir-lhe, o Ministério da Justiça vem oferecendo uma oposição obstinada. A experiência demonstra que vistos de imigração e documentos de regresso para aquele país, concedidos a europeus, máxime a refugiados, não produzem os efeitos para os quais são dados, valendo apenas como recurso para iludir as leis que, no Brasil e na Argentina, regulam a admissão de estrangeiros. Por outras palavras, trata-se de um meio de imigração clandestina, de que no passado se abusou e contra o qual devemos hoje lutar com maiores razões. Já uma vez esteve a "troupe" Cairoli no Brasil, logo após o grande êxodo de 1940, e também a título "temporário" e com visto para outro país sul-americano. Foi, contudo, necessário o emprego de coação policial para que, esgotados todos os artifícios de que usaram para aqui fixarem-se, os palhaços Cairoli seguissem viagem. Concluo, pois, pela manutenção do despacho. Vossa Excelência dignar-se-á de resolver como for mais acertado.

Como de hábito, o presidente redigiu o seu despacho no corpo do documento encaminhado pelo MJNI: "Arquive-se. 29-9-942. GVargas." Vargas acabou convencido pelos argumentos de Ernani Reis.

A segunda situação diz respeito aos casos que por alguma razão despertaram algum tipo de suspeição de Ernani Reis. Como um dos dois pedidos encaminhados em agosto de 1943 ao MJNI por Herophilo Azambuja, encarregado do expediente da Secretaria do Interior do Estado do Rio Grande do Sul.[396] Ambos diziam respeito a grupos que iriam "tomar parte na temporada lírica de operetas de Porto Alegre".

O primeiro grupo era composto de 15 integrantes vindos do Uruguai.[397] Como de hábito, antes de analisar a documentação, Ernani Reis pediu à secretária Laura Martins que buscasse o que "consta" no

---

[396] AN, SV: 709/43 e SV: 710/43.

[397] AN, SV: 709/43. Os 15 artistas eram Wolf Bernard Goldstein, Chaje Nemcie Goldstein, Michel Sztroitman, Salomão Samuel Stramer, Clara Stramer, Israel Feldbaum, Chana Felbaum, Etelka Cecília Blind Rabinovici, Arom Alexandrow, Schmaie Pechrof, Gilda Plavina, Leib Brestawitzky, Sofia Lerer Herman, Leon Narepki e Max Klos.

A ENTRADA EM VIGOR DO DECRETO-LEI 3.175/41

Serviço de Visto e na Comissão de Permanência de Estrangeiros sobre cada um dos solicitantes. A resposta de Laura Martins seguiu em 10 de agosto de 1943: "Dr. Ernani, os assinalados com cruz (vide capa) nada encontrei 'anterior' no SV. Laura Martins 10/8/43". Dos 15 nomes, a respeito de sete não havia registros anteriores. Dois antigos processos de 1941 foram localizados e juntados aos autos.[398]

De posse de todas as informações que julgava necessárias, Ernani Reis redigiu o seu parecer ao ministro em 11 de agosto de 1943:

> Em favor de Wolf Bernard Goldstein e outros é solicitado visto temporário. Trata-se de artistas, argentinos e poloneses, destinados à "temporada lírica de Porto Alegre". Com algumas variações, é o mesmo conjunto que desde 1941 está pedindo visto para o Brasil e cuja pretensão foi indeferida em 3 de setembro, e 17 e 25 de outubro daquele ano. De cada vez que se apresentou o pedido, o nome da companhia era diferente: ora "Companhia Israelita de Artistas", ora "Companhia de Comédias Musicadas", ora "Companhia Jeannie Goldstein". Vêmo-la agora transformada em companhia lírica e desejando participar de uma temporada oficial. A vinda de uma companhia teatral israelita nem representa uma verdadeira contribuição para a cultura do país, nem, realmente, um divertimento ao alcance do público em geral. É, antes, uma gestão destinada a criar condições favoráveis ao isolamento dos judeus em relação ao meio brasileiro. Ora, isto é contrário não somente ao interesse do Brasil, como ao próprio interesse dos judeus aqui residentes. São os motivos que me levam a propor o *indeferimento*.[399]

De nada valeu a informação de Herophilo Azambuja de que "todos apresentam documentação regular". No dia 17 de agosto de 1943 Marcondes Filho indeferiu o pedido.

O segundo grupo era composto de cinco artistas espanhóis procedentes da Argentina.[400] Nesse caso, Ernani Reis não solicitou ou rece-

---

[398]AN, SV: 3.533/41 e SV: 3.504/41.
[399]O grifo original é de Ernani Reis. O "indefiro" a ser assinado pelo ministro assim como o mês e o ano já estavam datilografados e prontos, restando apenas a Marcondes Filho apor o dia e a sua rubrica.
[400]AN, SV: 710/43.

IMIGRANTE IDEAL

beu de Laura Martins qualquer tipo de informação relativa a processo "anterior". Em 6 de agosto de 1943 redigiu o seu parecer:

> O encarregado do expediente da Secretaria do Interior do Estado do Rio Grande do Sul pede concessão de visto *temporário* em favor de Joaquim Wibanal, Alfonso Sirvenyecais, Josefa González, Alba Puertas Ortiz e Antonio Ruertas, espanhóis, residentes na Argentina, e que viriam tomar parte na temporada lírica e de operetas de Porto Alegre. Falta o contrato, devidamente registrado no DEIP [*Departamento Estadual de Imprensa e Propaganda*], mas é meu parecer que tal formalidade é suprida com a informação, prestada por aquele encarregado, de que os documentos estão em ordem. Assim, proponho o deferimento, na forma do pedido (180 dias).[401]

O que é possível observar em relação ao caso diz respeito à forma pela qual as leis eram aplicadas. Em tese, aos artistas argentinos, ou seja, naturais de Estado americano, o visto temporário não deveria ser recusado. Especialmente os que nunca tiveram históricos anteriores envolvendo concessões indeferidas. Por outro lado, os europeus espanhóis, em tese, por não estar incluídos nas exceções estabelecidas em lei e nas "Instruções", deveriam ter mais dificuldades de obtenção de visto para o Brasil. Ernani Reis nem se preocupou em informar-se de fato se os cinco espanhóis possuíam licença de retorno à Argentina ou autorização de seguir para a Espanha. A Argentina na época abrigou um significativo contingente de opositores e refugiados políticos da ditadura franquista, inclusive um ex-presidente, Alcalá Zamora.[402] Caso fossem realmente refugiados políticos, não viajariam com papéis espanhóis — as representações consulares e diplomáticas espanholas não emitiam passaportes ou

---

[401]O grifo original é de Ernani Reis. O "aprovo" a ser assinado pelo ministro assim como o mês e o ano já estavam datilografados e prontos, restando apenas a Marcondes Filho apor o dia e a sua rubrica. O que ele efetivamente fez em 7 de agosto de 1943. Joaquim Wibanal também é mencionado como "Villa Canal". Embora os autos do MJNI tragam essa diferenciação entre os dois últimos sobrenomes de Alba Puertas Ortis e Antonio Ruertas Ortiz, é possível que ambos fossem "Huertas Ortiz" e um erro ou falha de digitação tenha causado essa diferenciação.
[402]Sobre o assunto, ver: KOIFMAN, Fábio, op. cit.

documentos de viagem para esses — e nenhum desses espanhóis opositores teria autorização de regresso para a Espanha. Dentro da lógica estabelecida do Serviço de Visto para concessão de vistos temporários e da lei, era preciso saber sobre "o item 6". Mas tal fato foi relevado. Como foi o também descumprimento da regra que estabelecia que uma via do contrato e a autorização do DIP (no caso, o local DEIP) eram indispensáveis para a autorização de concessão de vistos temporários.

Como é possível observar, independentemente de atender ou não às exigências estabelecidas para a concessão de um visto temporário destinado a artistas, o pedido do grupo vindo do Uruguai foi indeferido especialmente em razão do conteúdo artístico e musical, que se supôs, seria apresentado. Ernani Reis assim julgou sem uma comprovação objetiva do assunto, já que os programas musicais a serem exibidos pelos grupos não seguiram para o MJNI. E mesmo que do pedido constasse o programa a ser apresentado, tampouco seria da competência do assistente do ministro opinar a esse respeito, por ser área de atuação do DIP. Quanto ao valor artístico do grupo e sua contribuição cultural, antes de a apresentação ser efetuada, eram naquele momento tão relevantes quanto os do outro grupo espanhol, do qual também nada se sabia em termos de qualidade e conteúdo artístico. Sobre esse dado, se poderia dizer depois da apresentação. Quanto ao divertimento do público, essa era outra questão que não dizia respeito ao MJNI. Era problema dos contratantes gaúchos. Seriam eles que responderiam pela escolha boa ou ruim dos grupos.

Ernani Reis identificou no grupo esforços relacionados à preservação cultural judaica, uma cultura estrangeira que se constituiria em esforço "contrário" aos interesses do Brasil, que, dentro do modelo nacionalista do Estado Novo, buscava uma completa integração cultural, em especial dos imigrantes e dos filhos de imigrantes e dos "interesses dos judeus aqui residentes", que preservando a sua cultura teriam prejudicado o seu desenvolvimento e sua integração.

E, seguindo a mesma lógica crítica de Ernani Reis, qual seria o repertório provável do quinteto espanhol? Certamente não iriam tocar músicas próprias da cultura brasileira ou cantar letras em português. Mas o assistente do ministro não demonstrou preocupação com a significativa e numerosa colônia de espanhóis e seus descendentes aqui estabelecidos. Em artigo publicado posteriormente, expôs opinião sobre o assunto:

> Uma cultura negra, ou amarela, ou alemã, ou síria, ou italiana, em suma, qualquer espécie de cultura que seja informada por um motivo étnico ou racial, eis precisamente o que temos desejado e conseguido poupar ao Brasil, onde todas essas "culturas", que se opõem à simples noção de cultura, não poderiam coexistir sem prejuízo da *unidade espiritual* e, talvez, material do país.[403]

Da leitura dos artigos e pareceres redigidos por Ernani Reis, as expressões "espiritual" e "espiritualidade" que aparecem inúmeras vezes significam religião. A unidade religiosa era considerada por Ernani Reis um dos "motivos mais sagrados e profundos para orgulho de um povo: o sentimento da unidade, a coesão espiritual, a força e o poder".[404] O grupo espanhol autorizado a apresentar-se no Brasil era composto, muito provavelmente, de católicos. Embora as razões motivadoras do impedimento do grupo de músicos judeus tenham levado em conta também a religião dos músicos e a mencionada preocupação com a integração dos judeus residentes no Brasil, Ernani Reis identificou nas reiteradas solicitações daqueles estrangeiros visando à obtenção de visto para o Brasil, com o uso de diferentes expedientes, uma tentativa de ludibriar as autoridades brasileiras e imigrar ilegalmente. A despeito dos outros argumentos e das outras razões apresentadas, provavelmente essa suspeita é que determinou o indeferimento.

A comparação dos critérios aplicados em relação aos dois grupos de músicos é característica em relação a muitos dos procedimentos adotados pelo MJNI no período no tocante à adequação dos pedidos de visto e a observação quanto ao cumprimento das exigências estabelecidas e as consequentes concessões de visto.

---

[403]REIS, Ernani. "Uma forma singular de racismo". *A Noite*, 16/4/1944. O grifo é meu.
[404]REIS, Ernani. "O brasileiro é maior do que o Brasil". *A Noite*, 27/5/1939.

A ENTRADA EM VIGOR DO DECRETO-LEI 3.175/41

O artigo 4º das "Instruções" era especialmente dirigido aos refugiados. ·
E o seu fiel cumprimento impediu com eficácia a continuidade da vinda
da maioria deles para o Brasil. Estabelecia que, para a obtenção do visto
temporário, o estrangeiro estivesse autorizado "de direito e de fato, a voltar
ao Estado onde o visto é concedido, ou ao Estado de que é nacional, dentro
do prazo de dois anos, a contar de sua entrada no território brasileiro".
Os refugiados ainda na Europa, notadamente estrangeiros em Portugal
ou na França, não teriam como satisfazer a essa exigência. Quando algum governo fornecia documentos de viagem para não nacionais seus,
a validade desses era normalmente efêmera. As representações diplomáticas e consulares de países ocupados ou dominados naquele momento
pela Alemanha (como Bélgica, Polônia, Tchecoslováquia, entre outros)
funcionavam precariamente e os documentos de viagem que emitiam
nem sempre eram reconhecidos ou considerados válidos. O tempo de sua
validade igualmente era curto. Em ambos os casos, raramente qualquer
um desses documentos garantia o regresso ao local de emissão de origem.
Especialmente no segundo caso, pois as autoridades de ocupação certamente não reconheceriam um documento emitido por representante de
um governo que eles já consideravam extinto.

Os pareceres de Ernani Reis em relação aos estrangeiros que se encontravam nessa situação precária de refugiados eram taxativos. Como,
por exemplo, o redigido em 6 de outubro de 1943:

> considerando os numerosos procedentes de abusos praticados por
> portadores de vistos de trânsito para o Paraguai e que permanecem ile-
> galmente e sistematicamente no Brasil; considerando o país de origem;
> considerando a falta de passaporte e o exíguo prazo de validade que
> resta ao documento de viagem, proponho o indeferimento.[405]

O parágrafo primeiro do mesmo artigo 4º informava que a autorização de regresso seria sempre presumida aos nacionais dos Estados

---

[405]AN, SV: 882/43. Relativo ao pedido do apátrida natural de Budapeste Gyorgy Papai, residente
em Paramaribo (Guiana Holandesa, hoje Suriname), que pretendia seguir para o Paraguai.

americanos, ficando dispensada a "prova direta". A razão é simples: os nacionais desses Estados não eram refugiados naquele momento e o decreto tinha especial preocupação com o controle de entrada desse tipo de estrangeiro. A comprovação dessa afirmativa é observada no parágrafo 2º: "Os nacionais de Estados não americanos, pertencentes a raças e categorias de pessoas contra as quais esses Estados estabelecem discriminações, são considerados como não possuindo a referida autorização e o visto temporário lhes deve ser negado."[406]

O terceiro parágrafo indicava a possibilidade, "excepcionalmente", de o visto temporário ser concedido aos nacionais dos Estados não americanos sob duas condições. A primeira, nos casos em que os estrangeiros possuíssem visto temporário ou permanente para qualquer país americano, "caso em que lhes poderá ser dado o visto de trânsito".[407] Na prática, esses casos foram avaliados subjetivamente por Ernani Reis. Muitos europeus que possuíam visto válido para países como a Bolívia ou Paraguai e solicitaram a concessão de visto temporário ou de trânsito para o Brasil, seja pelo fato de fazer uso do meio aéreo, que implicava escalas no território brasileiro — no qual o visto de trânsito também era exigido —, seja pela intenção de seguir por terra até o seu destino final, dependendo do caso ou do subjetivo cumprimento relacionado aos "requisitos físicos e morais", tiveram ou não o trânsito autorizado. A suspeita corrente no Serviço de Visto era a de que os vistos de trânsito seriam solicitados para burlar a fiscalização e que o estrangeiro desejasse permanecer no Brasil. Assim, nos casos em que o solicitante aparentemente reunia "os requisitos físicos e morais", a concessão foi aprovada.[408] Quando a suspeição recaiu sobre os que desejassem burlar

---

[406]Parágrafo 2º do art. 4º das "Instruções para a aplicação do Decreto-Lei 3.175/41". No caso, por exemplo, do "biologista" francês Henri Lazard, que pretendia fazer uma viagem de estudos para o Brasil e solicitou um visto no início de 1942 ao consulado em Marselha, aparece a observação na guia remetida ao MJNI de que "como se trata de semita, é de supor que não esteja autorizado a regressar à França. Segundo informa o Consulado em Marselha, o interessado é filho do banqueiro Raymond Lazard. As informações enviadas não são suficientes". O que levou Ernani Reis a negar a concessão em 15/4/1942. AN, SV: 198/42.

[407]Parágrafo 3º do art. 4º das "Instruções para a aplicação do Decreto-Lei 3.175/41".

[408]Como, por exemplo, no caso do espanhol em trânsito para a Argentina Ramon Mas Beya. AN, SV: 51/43.

as leis e imigrar para o Brasil, a concessão foi indeferida.[409] Conforme, quase em tom de lamento, Ernani Reis deixou registrado em um de seus pareceres ao ministro, em novembro de 1942: "[...] os pedidos de trânsito para países latino-americanos têm, com desagradável frequência, constituído meros expedientes de imigração contra as disposições da lei".[410]

A segunda, se os estrangeiros solicitantes apresentassem prova direta de que dentro dos dois anos seguintes, contados de sua chegada ao Brasil, estariam autorizados a voltar para o país onde haviam obtido o visto.

O 4º e último parágrafo destaca que em relação às duas exceções mencionadas no parágrafo anterior (portadores de visto para outro país americano ou dispor de provas de que poderiam voltar ao país de origem em dois anos) "quando se tratar de judeus, não deverão ser abertas sem consulta prévia".

Os artigos 5º e 6º orientavam os cônsules no sentido de que informassem os portadores de visto temporário (os turistas e negociantes) de que o MJNI "tem a faculdade de conceder-lhes prorrogação da estada no Brasil por mais um ano, findo o prazo do visto, mediante o pagamento de taxa de rs. 1:000$000", e quanto às restrições relacionadas ao exercício de atividade remunerada.[411]

O artigo 7º reforça que os vistos permanentes poderiam ser concedidos a portugueses e naturais dos Estados americanos, observada a lei. Em um parágrafo único, destaca, entretanto, que a consulta prévia "é, porém, necessária" quando se tratar:

---

[409]Como foi o caso, por exemplo, das francesas classificadas como "arianas" Suzanne Pierre Mathis e a filha menor Yolanda Gerst, que estavam na Suíça e que já possuíam o visto de turismo para o Uruguai e permanente para a Austrália. Em seu parecer de 28/9/1942, Ernani Reis opinou que "há condução direta, por mar, entre a Europa e o Uruguai; de resto, a viagem para a Austrália e, portanto, para o Uruguai é aleatória, em vista da situação atual. O visto de trânsito é, portanto, um simples expediente para imigrar sem o cumprimento da lei. Pelo indeferimento". O assistente do ministro não confiou na análise do cônsul e suspeitou que se tratasse de refugiadas. AN, SV: 590/42.

[410]AN, SV: s/n [42]. Relativo ao pedido de concessão de visto de trânsito para o casal de franceses Mario e Tâmara Dini e para o russo (pai de Tâmara) Pedro Chiroky, que se dirigiam da França para o Peru.

[411]Os vistos de artistas (letra "c" do art. 25 do Decreto-Lei 3.010/38) permitiam atividade remunerada.

a) de sacerdotes, missionários, pregadores e religiosos ou religiosas em geral, de qualquer religião;
b) de exploradores e membros de expedições que não sejam estritamente científicas;
c) de pessoas notoriamente ligadas a organizações destinadas à propaganda de ideologias contrárias à segurança do Estado e à estrutura das instituições políticas brasileiras;
d) de indivíduos que pretendam empregar-se no magistério, em escritórios e ocupações urbanas para as quais não sejam necessários conhecimentos especializados;
e) de estrangeiros de outras nacionalidades que por qualquer meio tenham adquirido a nacionalidade portuguesa ou a de um Estado americano;
f) de judeus.

E foram esses os casos dos quais o Serviço de Visto do MJNI mais se ocupou ao longo de sua existência. Os estrangeiros enquadrados no item "a" eram identificados por força do esclarecimento relativo à profissão. No acervo do Serviço de Visto existem 72 processos — alguns dos quais envolvendo dois ou mais estrangeiros — com pedidos dessa natureza profissional. De um modo geral, os pedidos de concessão de visto para religiosos católicos tiveram a concessão aprovada.[412] Já os que envolveram religiosos de outras religiões foram indeferidos.[413] Uma vez que Ernani Reis considerava que

> a penetração de missionários protestantes no Brasil tende a enfraquecer um dos laços mais importantes da unidade nacional, que é a religião comum do povo brasileiro, considerando que o esforço no sentido de aperfeiçoar os característicos espirituais e de cultura de um povo soberano incumbe, como encargo e como privilégio, ao próprio elemento nacional.[414]

---

[412]Salvo raras exceções, como, por exemplo, a relativa ao pedido de concessão de visto para o padre Arno Wildgruver, residente em La Paz. Em seu parecer de 25 de agosto de 1942 Ernani Reis argumentou que o "vigário apostólico de Chiquitos, que encaminhou o pedido, é de nome alemão e o núncio, italiano. Todas essas circunstâncias indicam o indeferimento". AN, SV: s/n [42].
[413]Ernani Reis estabeleceu como critério que a concessão só poderia ser autorizada se o religioso não católico viesse para o Brasil em substituição a outro de sua própria igreja, como, por exemplo, o processo (SV: 412/43) envolvendo a concessão de visto para dois missionários norte-americanos da Igreja Presbiteriana.
[414]AN, SV: 468/43.

A ENTRADA EM VIGOR DO DECRETO-LEI 3.175/41

Os casos relativos ao item "b" foram extremamente raros na época e sobre eles não é possível tecer maiores considerações.[415] Os pedidos classificados no item "c" dificilmente passaram pelo cônsul e jamais chegaram ao MJNI. No máximo, surgiram consultas relacionadas a opositores do regime espanhol e membros do governo francês no exílio.[416]

Os profissionais relacionados na primeira parte do item "d", os professores, foram rigorosamente controlados por Ernani Reis. Era fato extremamente raro, durante esse período, um professor estrangeiro conseguir autorização de concessão de visto para o Brasil quando o seu objetivo declarado era o de lecionar no país. As raras exceções ocorreram quando se tratava de substituição, na mesma proporção, de professores estrangeiros já antigos residentes no país que se aposentavam.[417] Quanto ao restante do item, Ernani Reis sistematicamente buscou impedir a entrada de estrangeiros que se ocupassem de profissões urbanas. Entretanto, sua primeira dificuldade surgiu quando propôs o indeferimento de um cidadão português que, como a maioria absoluta — se não a totalidade — dos lusitanos que imigravam nesse período, buscava empregar-se em profissão urbana e não possuía qualquer formação profissional, técnica ou acadêmica. O caso chegou a Vargas, em grau de recurso, em razão de o solicitante possuir parentes no Brasil.

---

[415]No caso, por exemplo, de um grupo de 27 excursionistas a bordo do pequeno vapor argentino *Iris*, que pretendiam seguir navegando até Foz do Iguaçu e Porto Mendes, o pedido foi negado em 19/5/1942 pelo MJNI.

[416]Como, por exemplo, o espanhol residente na Argentina Alberto Oller Turbat: "[...] o consulado da Espanha naquela capital se nega a fornecer passaporte a todos os espanhóis que, como o interessado, fazem parte da chamada facção dos 'republicanos'". Turbat era portador de um salvo-conduto emitido pela Diretoria de Imigração do Ministério da Agricultura da Argentina, válido para viajar para o Brasil e regressar àquele país. Ernani Reis aprovou a concessão de um visto temporário em 25/9/1944. AN, SV: 957/44.

[417]Como, por exemplo, Dorothy Gillen, que contou com o apoio da Embaixada dos Estados Unidos, que, "em cumprimento das instruções recebidas do Departamento de Estado", havia procurado o MRE para explicar que Gillen "substituiria, no corpo docente daquela escola, outro membro, de nacionalidade norte-americana, nas classes de matemática e de inglês do curso secundário [...] para que as aulas da Escola Americana não sofram interrupção". AN, SV: 1.086/44. Mesmo caso da missionária norte-americana Evelyn Wolfe, que, de acordo com Ernani Reis em seu parecer de 6/12/1944, "viria lecionar inglês em substituição à missionária professora de inglês Virginia Payne Neel, que deixou o serviço daquela missão no ano passado". SV: 1.174/44.

Em 26 de março de 1942 o português Joaquim Vaz Júnior, residente no Brasil desde 1920, requereu no MRE que fosse autorizada a concessão de um visto permanente para o sobrinho, também português, Amílcar Moreira Simões, menor de 16 anos, que não tinha profissão indicada.[418] Declarou em sua solicitação que iria se responsabilizar "pela manutenção do parente". De acordo com a lei, o visto deveria ter sido solicitado no consulado brasileiro no exterior. Como o processo foi aberto antes da sistematização do Serviço de Visto, estabelecida após a chegada de Marcondes Filho ao ministério, não consta parecer de Ernani Reis dando conta das razões que levaram o impedimento. Aparece tão somente na guia própria remetida pela Divisão de Passaportes do MRE a palavra "negado" escrita à mão por Ernani Reis e acompanhada da data (27/3/1942) e a rubrica de Vasco Leitão da Cunha.

Como o indeferimento produziu recurso a Vargas, é possível saber das razões alegadas pelo MJNI para justificar o impedimento, por meio da exposição de motivos que seria apresentada. No dia 30 de junho de 1942, Joaquim Vaz Júnior dirigiu uma carta a Vargas apelando da decisão do MRE, que na realidade havia sido tomada no MJNI. Conforme o usual, a Secretaria da Presidência — em razão do assunto — encaminhou o pedido ao MJNI. Em 2 de outubro de 1942, já com Marcondes Filho respondendo pelo ministério, seguiu para o presidente a exposição de motivos (claramente redigida por Ernani Reis, como se pode verificar pelo estilo) relacionada ao caso. Nela, o MJNI explicava que havia recusado autorizar a concessão do visto permanente:

> as instruções baixadas para cumprimento do Decreto-Lei 3.175/41 contêm disposições tendentes a evitar que emigrem para o Brasil indivíduos que não representem uma contribuição apreciável para a economia do país, ainda quando pertençam a nacionalidades a respeito das quais a lei não estipula restrições de ordem geral. Decidindo sobre pedido de "vistos" permanentes, este ministério entende que o seu dever é cingir-se às disposições expressas da lei e às considerações de utilidade nacional

---

[418]AN, SV: 165/42.

A ENTRADA EM VIGOR DO DECRETO-LEI 3.175/41

que as inspiraram. O candidato ao visto, no caso, um *menor de 18 anos e sem profissão*, o que vale dizer que viria a ser no Brasil um simples *empregado no comércio*, em concorrência com o trabalhador brasileiro. As condições do momento, quando em alguns setores da atividade brasileira se desenha uma crise de trabalho em consequência das restrições impostas pela guerra, contraindicam a imigração de trabalhadores não qualificados para o trabalho na indústria ou na lavoura. Foram estes os motivos do indeferimento. Vossa Excelência dignar-se-á, contudo, de resolver como for acertado.[419]

Dias depois, um auxiliar de Vargas redigiu à mão junto ao documento: "Deferido, de acordo com a exceção 1ª do art. 2º do Decreto-Lei 3.175, de 7 de abril de 1941." Abaixo desses dizeres, o presidente datou e rubricou: "Em 20-10-942. GVARGAS." Como se vê, Vargas participava diretamente da tomada de decisões em relação a esses assuntos, ao contrário da opinião dos que afirmam em contrário.[420]

Até essa data, Ernani Reis e os diferentes ministros já haviam indeferido pedidos de concessão de vistos permanentes para alguns portugueses em situação semelhante ao requerente.[421] A partir daí, a decisão de Vargas passou a ser adotada como uma espécie de jurisprudência estabelecida, ou, conforme a expressão regularmente adotada no Serviço de Visto, como "precedente estabelecido". Os entendimentos que eram reiterados nos despachos ministeriais e, especialmente, nas decisões do presidente tornavam-se espécie de norma em relação a novos pedidos que possuíssem semelhante matéria. O assistente do ministro inclusive

---

[419]Os grifos foram inseridos pelo autor original do texto.

[420]Entre outros, Paula Beiguelman, professora emérita do Departamento de Ciência Política da Faculdade de Filosofia, Letras e Ciências Humanas da USP e vice-presidente do Sindicato dos Escritores de São Paulo. A respeito da afirmativa de que "os judeus que buscavam refúgio no Brasil [...] encontravam obstáculos que iam desde má vontade das autoridades alfandegárias, fortes restrições à entrada de refugiados, até ameaças de repatriamento", Beiguelman contesta: "Essa é a mais indigna das tentativas de denegrir a imagem de Getúlio" [...] "Durante toda a minha vida nunca ouvi nenhum relato, soube de mau trato ou intransigência ocorrida contra refugiados judeus naquele período." Disponível em http://www.horadopovo.com.br/2000a/outubro/20-10-00/pag7b.htm Acesso em 19/2/2007.

[421]Como foram os casos, por exemplo, de Octávio Sérgio Boaventura (AN, SV: 135/42) e Maria Laura Parreira de Cunha (AN, SV: 440/42).

IMIGRANTE IDEAL

instruía os funcionários que trabalhavam no Serviço de Visto que abrissem arquivo temático relacionado a esses precedentes.[422]

A predileção de Vargas pelos portugueses era bastante conhecida. Como também era declarada a vontade de Francisco Campos e Ernani Reis de restringir a vinda também desses imigrantes. Mas o ditador era quem tinha a palavra final. Em 26 de maio de 1942, por exemplo, em plena implementação do rigoroso sistema de seleção e controle de entrada, Oswaldo Aranha comunicou ao "Senhor Encarregado do Expediente" do MJNI, Vasco Leitão da Cunha, que Vargas havia "manifestado o desejo de que embarcassem para o Brasil" a bordo de três navios brasileiros, "450 imigrantes portugueses". Sendo assim, comunicava que o MRE iria expedir as "necessárias instruções" aos consulados brasileiros em Portugal. Os primeiros 360 estrangeiros, "ou seja, a lotação completa da 3ª classe do *Bagé* e do *Siqueira Campos*", embarcariam nesses vapores, devendo vir os restantes no *Cuiabá*.[423]

Enquanto os indeferimentos de autorização para concessão de vistos para cidadãos portugueses ocorreram sem o conhecimento de Vargas, o MJNI pôde cumprir de uma maneira ou de outra o seu entendimento relativo à questão, que era o que aparece expresso na exposição de motivos encaminhada ao presidente na época da elaboração do Decreto-Lei 3.175/41. Se os portugueses eram considerados imigrantes adequados, por que o Serviço de Visto indeferia determinados pedidos? Diferentemente de Vargas, o MJNI não abria mão da seleção rigorosa e individualizada do imigrante, respeitados todos os critérios. Nenhum estrangeiro deveria receber um visto permanente para o Brasil sem que reunisse as condições exigidas. Vargas pensava de modo diferente. Menos preocupado com essa seleção rigorosa, considerava que a condição de português (de origem europeia) seria suficiente para tornar o imigrante desejável.[424]

---

[422]Entre outros, aparecem na capa do processo AN, SV: 262/43 os dizeres redigidos de próprio punho por Ernani Reis: "Fazer ficha com as indicações: licença de retorno para empregados de diplomatas."

[423]AN, SV: s/n [42]. Ofício de Oswaldo Aranha para Vasco Leitão da Cunha, de 26/5/1942. No alto do documento, Leitão da Cunha redigiu de próprio punho: "Dr. Ernani Reis". E rubricou suas iniciais.

[424]A concessão do visto seguia essa lógica em relação à origem. O termo acabou sendo expresso literalmente: AHI, Relatório do MRE, 1944, p. 89.

A ENTRADA EM VIGOR DO DECRETO-LEI 3.175/41

Em relação aos casos relativos à letra "e", o Serviço de Visto do MJNI praticamente não reconhecia as naturalizações, especialmente dos estrangeiros potencialmente indesejáveis, mas também dos naturais de países-membros ou aliados do Eixo. Incluíam-se aí, além da Alemanha, da Itália e do Japão, a Hungria, a Bulgária, a Romênia e todos os países que naquele momento haviam rompido relações diplomáticas com o Brasil. Em tese, essas pessoas nascidas nos países mencionados e posteriormente naturalizados poderiam receber um visto, desde que procedessem à consulta prévia. Na prática, raramente esses pedidos eram deferidos. A regra geral estabelecida pelo Serviço de Visto era a de indeferir a concessão de visto a naturais de países então inimigos. O procedimento foi esse até que se transformou em "precedente estabelecido" derivado da decisão relativa ao processo de concessão de visto para Walter Grunebaum.[425]

Grunebaum e a esposa, ele representante e sócio da Casa Barrell-Warburg, tendo já estado no Brasil em meados de setembro de 1941, solicitaram novo visto temporário em 7 de março de 1942. Quatro dias depois, Ernani Reis negou a concessão, no que foi seguido por Leitão da Cunha.

Em 7 de abril de 1942 a Casa Barrell-Warburg de Buenos Aires encaminhou uma longa carta ao diplomata Octávio de Abreu Botelho, conselheiro comercial da embaixada do Brasil na Argentina e chefe do Escritório de Propaganda e Expansão Comercial em Buenos Aires. Na carta era relatado que o sócio Grunebaum regularmente ia ao Brasil efetuar compras para a empresa, que era também representante de várias empresas brasileiras. E que da última vez, em 1941, temeroso de que, em razão de sua naturalidade alemã, pudesse ter problemas de regressar, antes de sair do país dirigiu-se à Delegacia Especial de Estrangeiros (DEE), ao MRE e ao MJNI. E todos lhe garantiram que isso não aconteceria. Entretanto, o visto foi negado. Declarou que não eram militantes políticos, mas eram simpatizantes de "*las democracias norteamericanas e inglesa, lo que pueden confirmar las embajadas de los dos países nombrados*". Solicitara ajuda no trato do assunto de recon-

---

[425]AN, SV: 126/42. Existiram exceções, especialmente a partir da aproximação do fim da guerra.

sideração em relação à decisão. E anexara documentos comprobatórios relativos às representações comerciais.

No dia 28 de abril, a pedido do conselheiro Abreu Botelho, Guilherme Vidal Leite Ribeiro, diretor do Departamento Nacional de Indústria e Comércio (DNIC), órgão subordinado ao MTIC, remeteu a Ernani Reis a carta encaminhada pela Casa Barrell-Warburg e justificou-se: "Como no mesmo documento haja matéria de interesse comercial para o Brasil, muito agradeceria a V. Ex. o favor de determinar que a situação do Sr. Walter Grunebaum fosse, pela repartição competente, estudada e, em seu favor, se fizesse o que fosse possível."

Sem ter certeza sobre qual decisão tomar, o MJNI fez uso de uma das muitas medidas protelatórias. O texto não segue o estilo comum de Ernani Reis e é de tão fraca argumentação que não parece ser de autoria dele, mas de algum outro funcionário ali lotado. Em 7 de maio respondeu ao DNIC que lamentava "trazer ao conhecimento" dele que "a pretensão do senhor Walter Grunebaum já fora indeferida a 11 de março último". Resposta pouco lógica, uma vez que o fato já era justamente mencionado na carta encaminhada pela empresa juntamente com a solicitação do DNIC. A seguir, conclui o ofício informando que Grunebaum, natural da Alemanha e naturalizado argentino, "é casado com uma senhora alemã, que o acompanharia. Não consta, de resto, dos papéis respectivos, que os mesmos estejam autorizados a voltar ao país de procedência, ou seja, à Argentina, o que é condição *sine qua non* para a concessão de vistos temporários".

Em 19 de junho de 1942, o próprio Octávio de Abreu Botelho, do escritório comercial do Brasil em Buenos Aires, escreveu a Vasco Leitão da Cunha. Disse que a vinda de Grunebaum é apoiada "plenamente pelo Sindicato de Fiação e Tecelagem do Rio e pelas casas comerciais que representam a firma Barrell-Warburg, e eu mesmo, pessoalmente, tratei do assunto durante minha estadia aí, sem que se pudesse chegar a um resultado satisfatório". Botelho reiterou o pedido de reconsideração em relação à negativa.

No dia 19 de junho de 1942, o Sindicato das Indústrias de Fiação e Tecelagem do Rio de Janeiro encaminhou "memorial de várias empresas

A ENTRADA EM VIGOR DO DECRETO-LEI 3.175/41

exportadoras de tecidos, no qual é solicitada licença especial para que o Sr. Walter Grunebaum, argentino naturalizado, de origem alemã, possa ingressar no Brasil e aqui permanecer por uns seis meses".[426] Em 10 de setembro de 1942 foi a vez de o próprio Grunebaum escrever ao presidente solicitando a concessão do visto. Além de reiterar que era simpático à causa aliada e que não possuía qualquer parente na Alemanha, informou que quando da estada do ministro do Trabalho, Indústria e Comércio do Brasil, Marcondes Filho, em Buenos Aires, ele mesmo ficara de intervir no assunto. Não sabia o missivista que Marcondes Filho, justamente, respondia, naquele momento, pela pasta da Justiça e, em tese, era quem iria decidir em relação ao assunto.

Assim que chegou, no dia 25 de setembro de 1942, da Secretaria da Presidência da República, o protocolo contendo a carta de Grunebaum, Marcondes Filho despachou no próprio documento, de próprio punho: "Ao assistente Ernani Reis."

Em 25 de setembro de 1942, Ernani Reis preparou uma exposição de motivos para Vargas que seguiu com a assinatura de Marcondes Filho.[427] Faz um muito breve histórico mencionando as demandas do presidente do sindicato que havia recorrido do despacho e, sem mencionar a carta recebida do interessado por último, pondera:

> É exato que, desde o rompimento [das relações diplomáticas], este ministério se vem recusando escrupulosamente a autorizar "vistos" em favor de alemães naturalizados. Se aos brasileiros naturalizados de nascimento alemão o governo impõe restrições de ordem legal ou moral, é evidente que não devemos tratar por forma diversa os naturalizados em país estrangeiro. Acresce que, ao contrário do que sucede no Brasil, os "naturalizados" não se acham, na Argentina, incluídos na definição legal de "argentinos"; nem a renúncia da nacionalidade de origem é

---

[426] O texto consta na forma de "assunto" do protocolo de entrada da Secretaria da Presidência da República.

[427] Depois de estudar sistematicamente os textos publicados na imprensa e especialmente os pareceres de Ernani Reis, é possível identificar com precisão o estilo, os vocábulos empregados repetitivamente, o tipo de estrutura de texto, de frases, a forma do argumento, além de característicos vícios de redação do assistente do ministro.

IMIGRANTE IDEAL

condição legal para a naturalização. A lei, a jurisprudência e a maioria dos autores atribuem à nacionalidade como que um caráter indelével. Noto, por fim, que à concessão de naturalizações preside, na lei argentina, um espírito extremamente liberal. De resto, é impossível que a firma importadora de Buenos Aires não disponha de sócio ou empregado argentino que possa vir ao Brasil sem que lhe seja necessário ir contra a orientação das autoridades brasileiras. Meu parecer é, em conclusão, pelo indeferimento. Vossa Excelência dignar-se-á, contudo, de resolver como for mais acertado.[428]

O despacho do presidente seguiu a opinião do MJNI. Na própria exposição de motivos, Vargas redigiu de próprio punho: "Indefiro, de acordo com o parecer. Em 13-10-942."

Sem que algum dia soubesse a esse respeito, Grunebaum foi citado algumas vezes em pareceres redigidos por Ernani Reis nos processos do Serviço de Visto, como foi o caso do processo relativo à concessão de visto para o alemão naturalizado argentino Anselmo Arnoldo Martin Werner Zahn.[429] Nele, em 27 de outubro de 1942, Ernani Reis anexou cópia da exposição de motivos redigida no processo de Grunebaum e, em seu parecer, o assistente do ministro recordou ao chefe que, por despacho, "o senhor presidente da República concordou com o parecer, junto por cópia e segundo o qual os alemães naturalizados em países estrangeiros devem ser tratados como alemães e não receber 'visto' para o Brasil. Nessa conformidade, proponho o indeferimento", no que foi seguido por Marcondes Filho dois dias depois. O mesmo se deu no caso do alemão naturalizado argentino Gualterio Meyerhoff, que, por ocasião da solicitação de concessão de um visto temporário (negócios), obteve de Ernani Reis o seguinte parecer: "A nacionalidade de origem indica,

---

[428]O mesmo procedimento Ernani Reis adotou em relação aos italianos naturalizados até o segundo semestre de 1943, quando o Brasil suspendeu as restrições a nacionais daquele país. Em um parecer redigido em 27/4/1943, a respeito de um visto de turista solicitado pelo italiano naturalizado uruguaio Sebastian Fasanello, propôs que: "Considerando a nacionalidade de origem; considerando, mais, que a lei uruguaia dispõe expressamente que a naturalização não importa a perda de nacionalidade anterior; tendo em vista os precedentes estabelecidos em virtude da existência de um estado de guerra entre o Brasil e a Itália, proponho o indeferimento." AN, SV: 197/43.
[429]AN, SV: 656/42.

a meu ver, de acordo com o despacho do Sr. presidente da República, no caso de Walter Grunebaum, o indeferimento".[430]

Outros estrangeiros naturalizados na Argentina tiveram seus pedidos de vistos indeferidos pelo MJNI. Compreendendo que o "precedente estabelecido" deveria ser necessariamente estendido também a todos os naturalizados naturais de outros países, Ernani Reis redigiu em seu parecer relativo à concessão de visto temporário para o comerciante romeno naturalizado argentino Efraim Lobel, em fins de março de 1943, que "a nacionalidade originária (a Romênia cortou relações com o Brasil) indica, a meu ver, de acordo com os precedentes (cf. Walter Grunebaum), o indeferimento".[431]

Conforme se pode observar, embora existisse nas instruções que regulavam a aplicação do Decreto-Lei 3.175/41 a aparente possibilidade de concessão de vistos para esses naturalizados, a prática seguiu sendo a de indeferir sistematicamente esses pedidos.

O sexto e último dos itens cuja concessão de visto estava condicionada a consulta prévia, o "f", dizia respeito a "judeus". O tema envolvendo os refugiados judeus e o debate relacionado a propostas de restrição da entrada desses no Brasil eram comuns às elites e até apareceram nos jornais. Como foi possível notar, durante a elaboração do Decreto-Lei 3.175/41, a questão foi tratada como essencial. Ainda assim, nenhum decreto explicitou-a. Quando foi necessário, o legislador fez uso de outros termos para fazer compreender e indicar às autoridades envolvidas na execução e no cumprimento da lei a quem se fazia referência. As "Instruções", como as demais circulares do MRE, não eram públicas. A referência aos judeus sempre se fez de forma direta. Mas o que chama atenção no contexto específico desse item, relacionado aos casos nos quais a consulta prévia ao MJNI era

---

[430] AN, SV: 304/42. Marcondes Filho indeferiu o pedido em 19/4/1943.
[431] AN, SV: 227/43. Lobel não era alemão e possuía toda a documentação regular, incluindo licença de retorno e indicações precisas das empresas com as quais negociaria no Rio de Janeiro. Num dos raríssimos casos nos quais Marcondes Filho não seguiu o parecer de seu assistente, concedeu visto temporário válido por sessenta dias para o estrangeiro. No documento original Reis refere-se a Romênia como "Rumânia".

indispensável e obrigatória, é que a única categoria discriminada em termos "étnicos" era a judaica.[432]

O artigo 8º informava que o visto só seria concedido aos estrangeiros pertencentes a nacionalidades não compreendidas no artigo anterior, de acordo com os termos descritos no texto do decreto-lei.[433]

O artigo 9º esclarecia os procedimentos que deveriam ser tomados para a realização da consulta prévia a que se referiam os artigos anteriores. A autoridade consular deveria realizar a consulta por intermédio do MRE. Depois de o cônsul "entrar em contato com o interessado e concluir que ele reúne os requisitos físicos e morais exigidos pela legislação em vigor, tem aptidão para os trabalhos a que se propõe e condições de assimilação ao meio brasileiro", ele deveria encaminhar o pedido ao MRE com as suas observações sobre o estrangeiro e a declaração de que esse apresentara os documentos exigidos pelo Decreto-Lei 3.010/38. O MJNI, "depois de examinar o pedido e ouvir, se julgar conveniente, outros órgãos do governo, concederá, ou não, a autorização para o visto, a qual será comunicada à autoridade consular pelo Ministério das Relações Exteriores".

Seguiam-se cinco parágrafos normativos. O primeiro orientava em relação aos procedimentos relativos aos casos nos quais os pedidos de concessão de vistos envolvessem judeus: "No caso da letra f do artigo anterior, a consulta poderá ser transmitida em telegrama, que mencionará a qualidade eminente do interessado e dará as informações essenciais que a seu respeito possuir à autoridade consular."

O segundo parágrafo estabelecia que a prova de casamento ou filiação (letras "a" e "b") poderia ser feita perante a autoridade consular ou no

---

[432]Mais adiante, neste mesmo capítulo, tratarei de indicar como foram feitos os procedimentos relacionados ao item "f".

[433]Estrangeiro casado com brasileira (condicionado a consulta prévia); estrangeiros que tenham filhos brasileiros natos; agricultores ou técnicos agrícolas que se destinem a colonização previamente aprovada pelo governo federal; estrangeiros que provem a transferência, por intermédio do Banco do Brasil, de quantia em moeda estrangeira equivalente a no mínimo quatrocentos contos de réis; técnicos de mérito notório especializados em indústria útil ao país e que encontrem no Brasil ocupação adequada; estrangeiros que se recomendem por suas qualidades eminentes ou sua excepcional utilidade ao país (condicionada a consulta prévia); portadores de licença de retorno válida e estrangeiros em missão oficial de seus governos. Decreto-Lei 3.175/41.

A ENTRADA EM VIGOR DO DECRETO-LEI 3.175/41

MJNI. Na prática, Ernani Reis possibilitou a apresentação dessas provas nos consulados brasileiros no exterior quando os solicitantes não lhes despertaram suspeitas relacionadas ao cumprimento dos "requisitos físicos e morais exigidos". Nessas oportunidades, confiou no juízo e no discernimento dos cônsules e os autorizou, verificada a autenticidade de tais documentos, a emitir os vistos permanentes.[434] Quando os solicitantes lhe pareceram indesejáveis, protelou a autorização com exigências e questionamentos, demandando saber, por exemplo, se a esposa "conserva a nacionalidade brasileira e se apresenta prova dessa nacionalidade e do casamento".[435] Ocorreram também casos em que a certidão brasileira de nascimento foi apresentada no MJNI e ainda assim, em decorrência do tipo de solicitante, Ernani Reis questionou se ele ainda conservava a nacionalidade brasileira.[436]

O terceiro parágrafo dizia respeito aos agricultores ou técnicos, cuja consulta seria feita, preferencialmente, "coletivamente, sobre grupos estrangeiros, que para esse fim se inscreverão no consulado". Os poucos casos que na época envolveram pedidos coletivos de concessão de visto para agricultores não foram encaminhados ao Serviço de Visto, mas para o CIC. Quanto aos técnicos, na prática, a consulta foi feita sempre individualmente, com o rigor de análise variável de acordo com a intenção de Ernani Reis de proceder ou não ao deferimento do pedido.[437]

---

[434]Como foi o caso do italiano Julio Tuccimei, casado com brasileira. Ernani Reis redigiu em seu parecer de 12/12/1944 que "estando o caso previsto no Decreto-Lei 3.175, de 1941, art. 2º, nº. 2, por se tratar de estrangeiro casado com brasileiro, proponho o deferimento." O assistente do ministro não inquiriu acerca da apresentação das provas relativas ao nascimento da esposa e/ou quis saber a respeito da certidão de casamento. Não o fez também por saber (e sobre o tema escreveu em outros pareceres) que as esposas de italianos eram consideradas italianas. Como o Brasil não admitia na época a dupla nacionalidade, o casamento implicava a perda da nacionalidade brasileira da esposa. O mesmo fato se deu em relação ao pedido de concessão de visto permanente em outubro de 1944 para os dois casais, compostos de duas irmãs brasileiras casadas com dois cidadãos italianos: Matilde Giorgio Marrano, casada com Paolo Spagna; e Nicola Annamaria Vincenzo Giorgio, casada com o italiano Antonio Perrei. AN, SV: 1.030/44.

[435]AN, SV: 972/43. No caso, perguntava sobre os documentos de Elisa Leite, esposa do chinês Wu-hua Sung.

[436]AN, SV; s/n [42]. No caso de Gaston Frey, cuja certidão de nascimento brasileira permanece nos autos até os dias de hoje.

[437]Conforme as evidências mencionadas no capítulo 7 do presente livro.

Somente em duas oportunidades a consulta relacionada à concessão de visto para técnicos se fez de torma coletiva.[438] A primeira ocorreu no início de 1942 e era relacionada à instalação de uma fábrica de vidro.[439] Em 24 de fevereiro de 1942, o interventor no Estado do Rio de Janeiro (e genro de Vargas), Ernani do Amaral Peixoto, encaminhou ao "ilustre amigo Vasco Leitão da Cunha", que respondia pelo MJNI, a solicitação para que fosse autorizada a concessão de vistos permanentes para um grupo de 18 espanhóis: dois engenheiros, três técnicos e 13 "operários especializados", todos eles "técnicos especializados, que não se encontram no país e cujos serviços considero indispensáveis." Do pedido, constava também carta da empresa requerente, a Companhia Vidreira do Brasil (Covibra), representada pelo proeminente advogado San Tiago Dantas. O interesse de Amaral Peixoto dizia respeito à localização da fábrica, São Gonçalo. Sem que fosse apresentado qualquer tipo de prova técnica, o pedido foi aprovado por Ernani Reis e por Leitão da Cunha.

Em abril de 1942, San Tiago Dantas voltou a encaminhar ao MJNI novo pedido de concessão de vistos para técnicos. O primeiro era em caráter temporário para o casal espanhol Miguel Cortina Gomez e esposa. O segundo, em caráter permanente, para o francês Lucien Gerard, acompanhado da esposa e do filho. Como os requerentes tinham muita pressa e passados alguns dias o MJNI não havia dado resposta, Amaral Peixoto dirigiu em 16 de abril nova carta ao "prezado amigo Dr. Vasco Leitão da Cunha" solicitando "seus bons ofícios no sentido de serem autorizados os consulados do Brasil em Madrid/Espanha e Marselha/França" a conceder os vistos solicitados. O primeiro viria organizar

---

[438]Uma terceira até poderia ser considerada a relativa aos técnicos funcionários da empresa The Western Telegraf Company Limited, que vieram em número significativo para o Brasil nessa época, por conta da ausência de técnicos especialistas no país. Embora recebessem visto permanente, esses estrangeiros, em sua maioria britânicos, vinham para o Brasil trabalhar por alguns períodos e retornavam para o país de origem. Em nenhum dos casos envolvendo esses pedidos de visto aparecem solicitações extensivas a esposa, filhos e parentes. O visto permanente era concedido de forma a possibilitar o trabalho remunerado no Brasil e, se necessário, a permanência por um tempo superior ao prazo estabelecido para os portadores de vistos temporários.
[439]AN, SV: s/n [42]; SV: 201/42 e SV: 1.136/43.

"uma nova indústria ligada ao desenvolvimento da fábrica de vidro plano, instalada no município de São Gonçalo neste estado, e o segundo, reconhecido técnico, para servir nessa mesma fábrica".

Ao receber a solicitação, Leitão da Cunha escreveu de próprio punho sob o documento: "Dr. Ernani Reis, Urgente. V.C." A concessão do visto permanente para um francês, do qual não se tinha maiores informações, acompanhado de sua família, certamente chamou a atenção de Ernani Reis e causou-lhe desconfiança. Não há registro documental das medidas que o assistente tomou. Mas aparece nos autos carta encaminhada a Ernani Reis, em 28 de abril de 1942, na qual o representante da Covibra menciona a seguinte informação: "De acordo com a conversação telefônica de hoje [28 de abril] entre esta companhia e o gabinete de S. Exa. o Sr. ministro da Justiça" a respeito do pedido feito ao MJNI pela Interventoria no Estado do Rio de Janeiro, constituindo em clara indicação de que o assunto foi tratado diretamente por Ernani Reis. Ainda assim, somente duas semanas depois, em 12 de maio de 1942, o visto foi autorizado.[440]

A segunda questão envolvendo técnicos ocorreu por conta da vinda de "técnicos especialistas em elevadores". A empresa Elevadores Schindler do Brasil S.A., entre fevereiro de 1942 e outubro de 1944, trouxe para o Brasil, em caráter permanente, sete técnicos.[441] Em três dos casos, o pedido incluía a esposa.[442] Com exceção do primeiro técnico, que era holandês residente na Suíça, os demais eram todos suíços. Contrariando a lei, nenhum deles dirigiu-se inicialmente ao consulado brasileiro no exterior para solicitar a concessão. Em todos os casos a empresa requerente deu entrada no pedido no Rio de Janeiro. Não foi apresentado — seja

---

[440]Embora Ernani Reis não tenha expressamente mencionado no ofício que encaminhou à Divisão de Passaportes, em sua resposta Afrânio de Mello Franco Filho fez questão de ressaltar que o consulado em Marselha havia sido comunicado da autorização de visar "mediante a apresentação da documentação exigida pelo art. 30 do Decreto-Lei 3.010 de 20/8/1938".

[441]AN, SV: 69/42 (Adrian Blokland); SV: 639/42 (François Schlatter e esposa Margarita Kuepfer); SV: 163/43 (Robert Portman e esposa Charlota Dora Schlaefli Portman); SV: 164/43 (Emile Baumann); SV: 165/43 (Hans Friedli); SV: 572/43 (Heinrich Weidmann e esposa Gertrude Gut Weidmann) e SV: 1025/44 (Georges Emil Kocher).

[442]Outras esposas também obtiveram a autorização de concessão de visto permanente por parte do MJNI posteriormente.

pelos técnicos, seja pela empresa — qualquer tipo de prova relacionada à especialidade de técnico, antes ou depois da chegada ao Brasil, ficando a palavra da empresa contratante como suficiente para comprovar o alegado. Tampouco Ernani Reis exigiu tal comprovação.

Do primeiro pedido dirigido ao MJNI em uma época em que os pareceres mais detalhados não eram ainda elaborados, é possível saber que Ernani Reis aprovou sem nenhuma observação ou exigência o pedido em 3 de fevereiro de 1942, no que foi seguido por Leitão da Cunha dois dias depois.[443]

Já do segundo pedido, encaminhado em outubro do mesmo ano e acompanhado de vasta documentação relativa à empresa Elevadores Schindler do Brasil, sendo já a época de Marcondes Filho na pasta, encontra-se um parecer de Ernani Reis datado de 14 de outubro de 1942.[444] Nele o assistente do ministro opina que "o pedido parece feito *bona fide* e o caso é previsto no Decreto-Lei 3.175/41. Proponho o deferimento". Quatro dias depois, o ministro deferiu a concessão. Uma vez mais, não foram exigidas provas técnicas do solicitante.

O terceiro pedido diz respeito a um técnico suíço acompanhado da esposa. Não foram fornecidas provas relativas à capacidade técnica do solicitante. Mas a empresa preocupou-se em esclarecer que ambos seguem "professando a religião católica".[445] No parecer que redigiu em 16 de março de 1943, Ernani Reis opinou que "tratando-se de atividade industrial útil ao país, considerando que, no momento, há uma considerável escassez de elevadores, proponho o deferimento, que é justificado pelo Decreto-Lei 3.175/41, art. 2º". Respondendo pela pasta em 18 de março de 1943, Fernando Antunes deferiu o pedido.

O quarto e o quinto pedido, cujos processos foram encaminhados juntos pela empresa requerente — contrariando uma vez mais a lei — ao MJNI, os pareceres e as autorizações foram rigorosamente iguais ao terceiro pedido.[446]

---

[443]AN, SV: 69/42.
[444]AN, SV: 639/42.
[445]AN, SV: 163/43.
[446]AN, SV: 164/43 e SV: 165/43.

A ENTRADA EM VIGOR DO DECRETO-LEI 3.175/41

O sexto pedido envolvia também um técnico e a esposa.[447] Uma vez mais não foi feita qualquer prova da formação técnica do solicitante. Mas a empresa preocupou-se em informar que ambos eram de "religião protestante" e "filiação protestante". A religião dos pais dos dois estrangeiros foi também declarada, informação que só teria sentido, em tese, em se tratando de pedido de autorização a ser remetido a algum órgão de governo sob a legislação nazista da época.[448] Em seu parecer datado de 25 de junho de 1943, Ernani Reis informou que a empresa declarara que o solicitante "é técnico especialista a ser contratado em substituição do atual chefe de montagem, que foi convocado para o serviço militar. Tendo em vista que se trata de uma indústria útil ao país e na qual a sociedade requerente é notoriamente especializada, proponho deferimento." No dia seguinte, o parecer foi aprovado por Marcondes Filho.

No dia 17 de outubro de 1944, o sétimo e último técnico em elevadores teve a sua solicitação de concessão de visto aprovada pelo MJNI em razão do requerimento da Elevadores Schindler do Brasil S.A.[449] Uma vez mais, nenhuma prova técnica foi apresentada ou solicitada. E Ernani Reis redigiu um parecer bastante curto no dia anterior à aprovação, no qual opinou que "estando o caso previsto no Decreto-Lei 3.175/41, art. 2º, nº 6, por se tratar de técnico, proponho o deferimento".

Mas será mesmo que a condição de "técnico em elevadores" poderia facilitar e ser determinante em relação às exigências a serem cumpridas junto ao Serviço de Visto na obtenção da entrada de qualquer tipo de estrangeiro no país? No acervo do Serviço de Visto do MJNI aparecem somente mais três processos envolvendo exatamente o mesmo tipo de técnico.

O primeiro caso tratava do norte-americano Kermit Kraus, que obteve em fins de 1943 um visto temporário no consulado brasileiro em Nova York. A condição de norte-americano nato permitia ao cônsul conceder esse tipo de visto sem a necessária consulta ao MJNI. O objetivo de

---

[447]AN, SV: 572/43.
[448]De acordo com as leis nazistas, eram considerados judeus aqueles que tivessem mais de 25% "de sangue judeu", ou seja, que possuíssem dois ou mais avós judeus.
[449]AN, SV: 1.025/44.

Kraus era treinar no Brasil uma turma de 270 mecânicos e ajudantes da empresa Otis Elevator Company.[450]

Nos primeiros dias de julho de 1944, o MRE encaminhou ao MJNI o pedido que recebeu da empresa solicitando a prorrogação do prazo de permanência de Kraus no Brasil, pois tal assunto era da competência do MJNI. Kraus não teve maiores problemas em prorrogar a sua permanência no Brasil.

O segundo caso envolveu a solicitação de concessão de visto temporário para o polonês (identificado como judeu) Jakub Cornreich, procedente de Nova York.[451] Da mesma forma que Kraus, Jakub era enviado por uma empresa de elevadores, no caso dele a Warsaw Elevator Company. No dia 8 de dezembro de 1944, antes de redigir o parecer relativo ao processo, Ernani Reis encaminhou ao MRE ofício indagando se Jakub "satisfaz o item 6", ou seja, quis saber se o técnico em elevadores tinha assegurada licença de regresso ou saída do Brasil ao término de sua estada aqui e por quanto tempo eram válidas etc., dentro dos critérios e das regras da legislação. A resposta da Divisão de Passaportes foi encaminhada em 11 de janeiro de 1945. Jakub possuía licença de retorno aos Estados Unidos. No dia 25 de janeiro de 1945, Ernani Reis redigiu seu parecer informando que se tratava de "polonês (judeu)" e "enviado por uma companhia de elevadores". Concluiu o texto no padrão das aprovações ("as condições legais estando cumpridas") e propôs o deferimento do pedido, aprovado dois dias depois por Marcondes Filho. O pedido era relativo à concessão de visto temporário. O solicitante tinha o regresso assegurado aos Estados Unidos. A concessão poderia ser feita, uma vez que a permanência definitiva no Brasil dependeria de autorização do MJNI. Caso o estrangeiro desejasse permanecer no país, o MJNI analisaria novamente as informações e decidiria pela concessão ou pelo indeferimento. No caso de indeferimento, a possibilidade de saída do estrangeiro do território nacional era certa, em razão da licença de retorno concedida pelas autoridades norte-americanas. O mesmo procedimento

---

[450]AN, SV: 742/44.
[451]AN, SV: 1.167/44.

A ENTRADA EM VIGOR DO DECRETO-LEI 3.175/41

aplicou-se a estrangeiros identificados como judeus solicitantes de vistos temporários, especialmente os que vieram em caráter de negócios, não acompanhados por suas respectivas famílias.[452] A garantia de retorno a países do continente americano era interpretada como garantia de efetivação da deportação, se essa se fizesse necessária.

O terceiro e último caso envolvendo a vinda de "técnico em elevador" chegou ao MJNI no fim de janeiro de 1945.[453] A Embaixada do Brasil em La Paz encaminhou o pedido de concessão de visto permanente do polonês identificado como judeu Majer Galazka, que residia na Bolívia. Declarou que "o interessado apresentou bons certificados de várias e importantes companhias de La Paz por trabalhos técnicos executados para as mesmas, especialmente na instalação e conservação de elevadores".

Ernani Reis não buscou maiores informações sobre a formação ou a capacidade técnica do estrangeiro recomendado pelo embaixador do Brasil ou se interessou por elas. Mesmo em se tratando de "atividade industrial útil ao país", dessa vez o assistente do ministro não considerou "que, no momento, há uma considerável escassez de elevadores". No dia 7 de fevereiro de 1945 Ernani Reis redigiu o seu parecer sobre o pedido. Informou que Galazka era "polonês (judeu)" e que "não estando devidamente provada a qualidade de técnico, penso não lhe valer nenhuma das exceções previstas no Decreto-Lei 3.175/41, à regra da suspensão dos vistos permanentes. Concluo, pois, pelo indeferimento". O indeferimento foi ratificado em 5 de fevereiro de 1945 por Marcondes Filho.

Curiosamente, dentre todos os "técnicos em elevador" que solicitaram visto permanente para o Brasil, Galazka era o único que seguira as determinações do Decreto-Lei 3.175/41 e se dirigira a uma representação do Brasil no exterior, diferentemente dos demais, cujos pedidos haviam sido encaminhados por requerentes no Brasil, contrariamente ao que estabelecia a lei. E foi também o único que teve seu visto indeferido. A diferença consistia na qualidade étnica indesejável do solicitante e o tipo de visto

---

[452]Letra "b", art. 25, Decreto-Lei 3.010/38. Esse detalhe era comumente observado por Ernani Reis, como indicativo de que o estrangeiro solicitara visto temporário, mas sua real intenção era a de, uma vez no Brasil, permanecer como residente.
[453]AN, SV: 108/45.

que ele desejava: o permanente. Nas solicitações de autorização para concessão de visto permanente, por razões lógicas, o serviço consular não informava se o estrangeiro estava ou não autorizado a regressar ao país de origem ou a qualquer outro. Uma vez no Brasil, se fosse necessária, a sua expulsão não estaria garantida. Com esse tipo de visto, uma vez no Brasil, o MJNI só voltaria a opinar e decidir em relação a qualquer assunto relativo ao estrangeiro se ele desse entrada em um pedido de naturalização. Convém ressaltar que o Decreto-Lei 3.175/41 tinha como objetivo, justamente, impedir a entrada, em caráter permanente, desse tipo de estrangeiro considerado indesejável. A exceção estabelecida nas regras de concessão de vistos permanentes a técnicos, em tese, deixava abertas as possibilidades de autorização de visto permanente a indesejáveis. Na prática, o Serviço de Visto selecionou rigidamente os pedidos de visto permanente dos técnicos, estabelecendo um rigor praticamente intransponível para os indesejáveis e uma flexibilidade completa para os desejáveis. A boa formação do técnico e a comprovação dessa qualidade não eram os fatores determinantes observados pelo Serviço de Visto para deferir ou indeferir um pedido.

O quarto parágrafo do artigo 9º das "Instruções" notificava o cônsul de que os vistos concedidos a técnicos especializados "fica sujeito a revisão no Brasil, quando houver suspeita de fraude na documentação ou nas informações quanto a sua competência". Embora se tratasse de uma espécie de alerta aos cônsules, sujeitos a repreensões e punições pela concessão indevida, de fato essa situação não ocorreu. O procedimento de Ernani Reis era o de exigir rigoroso — e até praticamente impossível — cumprimento das exigências em relação a certas categorias de solicitantes indesejáveis, ao mesmo tempo em que era bem mais liberal em relação a outras categorias consideradas desejáveis. Dessa forma, uma vez obtido o visto por parte de algum indesejável, o rigor com que havia sido conduzido o processo e o rol das provas certamente não deixariam dúvidas em relação ao técnico. Quanto aos técnicos que não passavam por esse tipo de rigor comprobatório, uma vez no Brasil, quem é que se interessaria em verificar as informações relativas à sua competência? Talvez os potenciais contratantes e empregadores, mas não o Estado.

A ENTRADA EM VIGOR DO DECRETO-LEI 3.175/41

O quinto parágrafo traz uma instrução especial, descrita de forma clara e explícita. Diz respeito à informação que deve figurar na solicitação de autorização para concessão de vistos que seria encaminhada ao MJNI, seja em caráter temporário ou permanente, necessária a todo e qualquer estrangeiro, independentemente de nacionalidade, naturalidade ou status: "Quando se tratar de judeus e de indivíduos não pertencentes à raça branca, a autoridade consular fará menção dessa circunstância."

Essa disposição foi seguida fielmente pelas autoridades brasileiras até 1945. No acervo do Serviço de Visto do MJNI aparecem 320 processos no qual a origem judaica declarada ou presumida figura expressamente na documentação remetida ao MJNI e também em boa parte dos pareceres redigidos.[454] Todos os nomes que aos olhos dos cônsules ou funcionários administrativos apontavam para uma suposta condição de judeu tinham essa condição devidamente mencionada, chegando ao ridículo, em alguns casos, de serem apontados como israelitas pessoas com nomes que evidentemente indicavam outro credo, como, por exemplo, Mohamed, que em árabe quer dizer Maomé, entre outros estrangeiros que possuíam nomes improváveis ou pouco comuns aos seguidores da fé judaica.[455]

Embora no estudo de milhares de pedidos de visto analisados no decorrer da pesquisa a classificação "de cor preta" tenha aparecido apenas uma vez, é provável que essa baixa incidência esteja relacionada também à competência dos cônsules de indeferir de imediato os pedidos de visto que julgassem inapropriados em todos os casos.[456] A classificação

---

[454]O número diz respeito tão somente aos cerca de dois mil processos remanescentes. Considerando que cerca de três mil processos relativos a 1941 não foram localizados, esse total aumentaria substancialmente. Dos 320 processos, 255 diziam respeito a solicitações de concessão de visto temporário, 24 a vistos de trânsito e 41 a permanentes. Dos permanentes, 31 foram indeferidos e dez foram deferidos. Entre os deferidos, cinco tratavam de norte-americanos ligados a empresas com representação no Brasil, quatro possuíam filhos ou cônjuge brasileiro e um era relativo à família de um técnico.

[455]AN, SV: 1.003/44. Relativo ao sírio Mohamed Abdel Ghani Habraim, anotado no pedido de visto como "suposto judeu".

[456]Um terceiro caso relacionado a um longo processo envolvendo a concessão de um visto para o Brasil a ser dado à esposa negra de um cidadão português no mesmo período é relatado e estudado por MOVSCHOWITZ, Jeronymo, op. cit.

"de cor preta" apareceu em janeiro de 1942 no caso de prorrogação de permanência do estudante Christiaan Hendrik Eersel, natural da então Guiana Holandesa, que teve o pedido indeferido.[457] A classificação "raça negra" foi redigida no processo do britânico natural da Índia Beny Yanga Zavarg quando ele tentou a sua permanência definitiva no Brasil. Em maio de 1944 o parecerista chamou atenção para o fato de o "suplicante em questão" ser "de raça negra, raça essa cuja imigração, atualmente, não consulta aos interesses nacionais, conforme doutrina formada em casos idênticos. Nessas condições, proponho que, "in limine", o pedido seja indeferido [...]".[458]

Conforme pretendemos demonstrar no presente livro, orientais de diferentes nacionalidades e americanos possivelmente identificados como não brancos tiveram o visto indeferido ou enfrentaram um grau de exigências bem mais rígido para obtenção de autorização.

O artigo 10º reiterava a observância relacionada ao sistema de quotas e o artigo 11º a manutenção de todas as exigências constantes no Decreto-Lei 3.010/38 e "da legislação acessória até agora em vigor".

O artigo 12º esclarecia que os portadores de passaportes Nansen[459] e os apátridas em geral só poderiam obter o visto permanente ou temporário mediante consulta prévia.[460]

---

[457]AN, Processo SV 35/42. Christiaan Hendrik Eersel, nascido em 9/6/1922 e que estava habilitado a regressar ao seu país em qualquer tempo, pretendia estudar no Brasil. No início de 1942, sua ficha de "Pedido de Visto" foi remetida ao MJNI, com uma observação inscrita ao lado do espaço relativo à nacionalidade: "Holandês. De cor preta". O pedido foi negado por Ernani Reis em 14/1/1942 e o indeferimento ratificado por Vasco Leitão da Cunha.

[458]AN, Processo 13.315/44. Agradeço a Paulo Valadares as informações relativas ao caso. Personagem popular do bairro paulista do Bom Retiro, Beny Yanga (1928-2000) era judeu, embora essas informações não apareçam na documentação. Foi professor de inglês e cantor.

[459]Nome dado ao tipo de passaporte emitido pela Liga das Nações, após o acordo de 1922, aos refugiados que perderam sua nacionalidade. O termo "Nansen" tem origem no nome do Alto Comissário da Liga, o norueguês Fritjof Nansen. MELLO, Rubens Ferreira de. *Dicionário de Direito Internacional Público*. Rio de Janeiro: publicado pelo autor, 1962.

[460]Em 1937 o governo expediu uma "circular abolindo a concessão de vistos em passaportes de apátridas, o que era até então permitido pelo regulamento em vigor, uma vez que o Brasil reconhecera sempre a legitimidade dos passaportes Nansen. O fim da circular era impedir, de certo modo, a entrada de pessoas que, em se tornando apátridas, aqui aportavam como turistas, ficando as autoridades policiais impossibilitadas de expulsá-las, já que nenhum país aceitaria recebê-las". AHI, Relatório do MRE, 1937, p. 110.

A ENTRADA EM VIGOR DO DECRETO-LEI 3.175/41

O artigo 13º obrigava a se informar nas consultas prévias o lugar ou porto pelo qual o estrangeiro pretendia entrar no Brasil. Esse item foi essencial ao sistema, uma vez que a cada nova autorização ou negativa de concessão de visto o MJNI encaminhava uma das três vias da guia remetidas originalmente pelo MRE com as informações de cada estrangeiro e já com o despacho do MJNI às autoridades encarregadas da fiscalização de cada porto, fronteira e aeroporto do local específico declarado de desembarque. A segunda via era devolvida também com o despacho do ministro da Justiça à Divisão de Passaportes. A terceira via era apensada ao processo arquivado no Serviço de Visto.

As notícias relacionadas aos indeferimentos e às aprovações de pedidos, igualmente, eram distribuídas em comunicações do MJNI. No mínimo, o MRE, o Departamento Nacional de Imigração (DNI) e a Delegacia Especial de Estrangeiros (DEE) recebiam comunicações a esse respeito. Dependendo do caso, também eram encaminhadas comunicações a outras autoridades do Distrito Federal ou dos estados.[461]

O artigo 14º comunicava que os vistos já concedidos até a data do recebimento das instruções valeriam para o desembarque no Brasil desde que, na data do embarque, o prazo de sua validade ou da prorrogação já concedida (art. 41 do Decreto-Lei 3.010/38) não tivesse sido excedido. Informava ainda que "Após a data do recebimento destas instruções, a revalidação fica sujeita às restrições constantes."

Em 16 de julho de 1941 Maurício Nabuco encaminhou a todas as "missões diplomáticas encarregadas do serviço consular e aos consulados de carreira" a Circular 1.537, intitulada "Pedidos de vistos em passaportes estrangeiros".[462] O texto trazia em anexo o formulário ou "guia" — como chamada na época — padrão da Divisão de Passaportes que seria encaminhado ao MJNI nas três vias aqui mencionadas.

Nabuco recomendou que

---

[461]Em alguns Estados essa delegacia era referida como Delegacia Especializada de Estrangeiros
[462]AHI, Circular 1.537 (16/7/1941).

quando, de acordo com o artigo 9º das Instruções para aplicação do Decreto-Lei 3.175, de 7 de abril do corrente ano, encaminhem os pedidos de visto em passaportes, a fim de serem submetidos ao Ministério da Justiça e Negócios Interiores, o façam fornecendo os dados necessários para o preenchimento dos quesitos constantes do formulário anexo.

Dez eram os itens a serem preenchidos na "guia": "nome"; "nacionalidade"; "país em que se encontra ou de domicílio"; "profissão"; "[tipo de] visto"; o "item 6", ou seja, "está habilitado a prosseguir viagem? Para onde? Está habilitado a regressar? Para onde? Quando caduca o direito de entrada em outro país, ou de regresso?"; "objetivo da viagem"; "lugar de entrada e via"; "solicitado por"; "autoridade consular que deverá conceder o visto". Abaixo desses itens um espaço de três linhas para "observações"; outro para "data"; e mais um para assinatura do chefe da Divisão de Passaportes. A seguir outro espaço de três linhas para o "despacho do ministro da Justiça". Abaixo, uma nota específica para vistos de "artistas, desportistas e congêneres, contratados: 'O contrato está em regra? Tem o visto do DIP? Foi depositado no Ministério da Justiça?' Data e assinatura pelo ministro da Justiça e Negócios Interiores".[463]

Entretanto, com todas essas disposições relacionadas ao controle de estrangeiros, o governo brasileiro e, mais especificamente, o MJNI seguiam com um problema incontornável: o que fazer com os estrangeiros que não conseguiam repatriar para os respectivos países de origem? Como a maioria dos problemas relacionados ao assunto era identificada com a guerra em curso, e também por não se ter outra opção, decidiu-se regular a figura da "permanência a título precário". Os estrangeiros que estivessem envolvidos em crimes ou representassem perigo para a sociedade seriam mantidos presos aguardando a possibilidade de repatriamento. Aos demais, alguns deles portadores de visto temporário (turistas e negociantes), que a invasão e ocupação da França e o desenrolar da guerra haviam surpreendido aqui no Brasil, a Portaria 4.941 (21/7/1941)

---

[463] AHI, anexo da Circular 1.537 (16/7/1941). Esse exato modelo foi utilizado até o fim dos trabalhos do Serviço de Visto do MJNI.

A ENTRADA EM VIGOR DO DECRETO-LEI 3.175/41

estabeleceu que poderiam permanecer "a título precário" no Brasil, enquanto fosse impossível o regresso aos respectivos países de origem. A ideia era a de que os estrangeiros considerados "bons imigrantes" requeressem a permanência definitiva, que seria analisada e concedida, sem estender necessariamente aos indesejáveis tal possibilidade.

6.4 Dificuldades e soluções encontradas pelos cônsules brasileiros

O tema da concessão de visto poderia envolver casos de interpretações refinadas, nuances e um bom grau de subjetividade. Momentos em que é possível identificar a boa ou má vontade do cônsul para com o solicitante. Envolvia também o conhecimento preciso das regras para enquadrar, qualificar, aceitar — ou não — como "satisfeitas as exigências" da legislação em vigor. Essas dificuldades preexistiam ao decreto-lei e persistiram sob o controle de outro ministério. Especialmente em razão de duas naturezas de complicadores: os critérios que poderiam ser afetados pela qualidade dos solicitantes ou pelo empenho de interessados influentes na concessão (embora nem sempre o MJNI se dobrasse a essa pressão, mesmo em se tratando da embaixada norte-americana, por exemplo);[464] e, especialmente, em razão das regras que explicitamente envolviam decisões cujos critérios dependiam da precisa identificação relativa à origem étnica dos solicitantes.

Ao estabelecer — e reiterar inúmeras vezes — que os pedidos de concessão de vistos deveriam, em todos os casos, ser dirigidos inicialmente ao representante consular brasileiro no exterior, o MJNI pretendia saber, no momento em que analisava cada caso, independentemente das provas, as razões alegadas e a influência de possíveis interessados outros na concessão, a origem étnica e as condições mentais e físicas do

---

[464]Como, por exemplo, o caso da concessão de visto permanente ao britânico George Henry Dagley. Procedente da Bolívia, Dagley saiu do Brasil em 1939 com licença de retorno cuja validade expirou. Pretendia trabalhar no escritório de Manaus da Rubber Reserve Development Co., mas teve o pedido de visto indeferido por Ernani Reis em 20/2/1943. Recorreu então seguidamente da decisão, contando com o forte apoio da embaixada britânica e a reiterada interferência da embaixada norte-americana, por intermédio do então conselheiro John F. Simmons. Mesmo assim, o pedido foi novamente indeferido por Ernani Reis em 1/6/1943.

solicitante. Somente "no consulado mais próximo em que se encontrava o estrangeiro",[465] a partir do contato pessoal e direto com o solicitante, acreditavam, seria possível avaliar de maneira mais precisa essas condições. Tratava-se de um princípio estabelecido já nos artigos 5° e 6° do Decreto-Lei 406 (4/5/1938),

> Art. 5° — As autoridades brasileiras do país ou região de procedência dos estrangeiros, antes de apor o visto nos passaportes, deverão verificar, por todos os meios ao seu alcance, as condições de legalidade e autenticidade dos documentos exigidos por esta lei e respectivos regulamentos. Parágrafo único — Os atestados relativos às condições físicas e de saúde dos estrangeiros, serão passados por médicos de confiança dos consulados.
> Art. 6° — Não será aposto o visto:
> a) se a autoridade consular verificar que o estrangeiro é inadmissível no território nacional;
> b) se a autoridade consular tiver conhecimento de fatos ou razoável motivo para considerar o estrangeiro indesejável.

O decreto lei 3.010 (20/8/1938) mencionava explicitamente, inclusive, que os pretendentes a visto permanente deveriam apresentar-se "em pessoa, perante a autoridade consular".[466] O decreto também estabelecia os modelos de atestados de saúde a serem elaborados por médicos de confiança dos respectivos consulados e o restante dos formulários, dos quais constava a solicitação de fotografia.

As informações destas duas naturezas — étnica e física — remetidas pelo cônsul relacionavam-se à principal razão do estabelecimento de todo o aparato que dizia respeito ao sistema de controle de entrada de

---

[465]Muitas vezes mesmo em se tratando de solicitação relativa a cidadãos que em tese poderiam estar entre as exceções de concessão de visto permanente e contaram com o apoio de parentes interessados já residentes no Brasil. Como foi, entre muitos outros, o caso do menor português Luiz Gonzaga Garcia Cristóvão, cujo tio, empresário residente no Brasil, dirigiu em 1942 e 1943, sem sucesso, solicitação de concessão de visto. O pensamento manifesto nos pareceres de Ernani Reis era que "o visto deve ser pedido ao consulado brasileiro no lugar onde reside o estrangeiro. Este é o procedimento que, a meu ver, deve ser adotado no caso". AN, SV: 236/42 e 659/43.
[466]Artigo 30 do Decreto-Lei 3.010 (20/8/1938).

estrangeiros e eram essenciais para a decisão em relação à entrada ou não no território nacional.[467] A análise dos dois aspectos dependia da capacidade e do comprometimento do representante brasileiro no exterior. Todas as demais informações e provas poderiam ser analisadas a distância a partir de documentação.

Obedecido ao que estabelecia a lei, os pedidos de concessão de vistos permanentes cujos solicitantes possuíam impedimentos de ordem étnica e física foram indeferidos já no consulado, sem que fossem remetidas consultas ao Rio de Janeiro. O pedido de concessão só seguia para o Rio de Janeiro quando o solicitante aparentemente se encaixava em uma das exceções de concessão estabelecidas pelo decreto. Ou quando essas solicitações contaram com interessados — parentes, amigos, contratantes, representações diplomáticas etc. — atuando na obtenção do visto aqui no Brasil e, contrariando a lei e as regras, tiveram seus pedidos dirigidos diretamente aos ministérios ou ao presidente da República e acabaram por seguir para o Serviço de Visto do MJNI. Foram justamente essas exceções que fizeram com que fossem abertos processos e legassem aos dias de hoje algum registro.

Os impedimentos relacionados à identificação de deficiências de origem física eram mais objetivos e de mais fácil percepção. Contavam também com o auxílio técnico do mencionado médico de confiança do consulado, que ainda fornecia um atestado. Já o cumprimento relativo aos impedimentos relacionados à origem étnica, dependendo dos casos — em especial, a identificação de judeus —, era bem mais difícil. A análise em relação ao caso estava sujeita a interpretação e subjetividade, o que levou o chefe da Divisão de Passaportes, pouco mais de três meses antes da publicação do Decreto-Lei 3.175/41, mas já sob a pressão das reclamações dirigidas pelo MJNI em relação à concessão de vistos

---

[467]Convém destacar que ao tempo da publicação dos principais decretos que estruturaram a administração e estabeleceram os critérios de concessão, o Brasil ainda não se encontrava em guerra ou tinha rompido relações diplomáticas com os países beligerantes. Com essa modificação em relação à política externa brasileira, outros critérios relacionados à concessão de vistos a nacionais ou natos em países inimigos foram incorporados nas restrições de entrada, embora a concessão de visto pelo Serviço de Visto do MJNI em nenhum momento, até o seu fim em 1945, tenha deixado de seguir os critérios essenciais anteriores.

para essa categoria de estrangeiros, a elaborar e encaminhar a todas as representações diplomáticas brasileiras no exterior um texto com o fim de orientar a identificação dos "semitas":

> Do exame dos passaportes e das cédulas de qualificação de estrangeiros entrados em território nacional, se verifica que nem sempre as repartições consulares acertam na seleção étnica dos mesmos, dando em resultado a entrada de israelitas aos quais deveria ser negado o visto consular. Isso resulta da dificuldade que apresenta, a todos os que não residiram em país habitado por agrupamentos de israelitas, de distinguir os aspectos étnicos dos mesmos.

2. É mister que os funcionários encarregados do serviço consular tomem todas as precauções a fim de evitar enganos que virão favorecer uma imigração que não convém aos interesses do Brasil.

3. Para efeito de seleção a que se acham empenhadas as autoridades brasileiras de imigração, são israelitas os descendentes dos filhos de Israel, não só os habitantes sionistas da Palestina, mas todos os israelitas disseminados pelo mundo. O fato de um israelita professar o catolicismo ou outra qualquer crença que não seja a mosaica não modifica a condição do mesmo, que, para efeito da recusa do visto consular, será sempre considerado israelita. É a etnia que deve prevalecer, e não a circunstância de o candidato ao visto consular abraçar alguma crença que não seja a mosaica. As provas étnicas serão colhidas na documentação que o pretendente ao visto apresentar, dando-se preferência aos certificados de natureza oficial e aos da comunidade religiosa a que o referido interessado pertencer ou tiver pertencido, pertença ou tenha pertencido algum dos pais ou avós ou antepassados. Outros elementos de prova serão fornecidos pelo nome ou sobrenome do interessado — prova característica e, na maioria dos casos, inconfundível. O tipo físico do interessado, a modalidade do falar de que se apercebem facilmente todos os que viveram em países habitados por agrupamentos israelitas, a profissão, a circunstância de ser naturalizado (são os israelitas os que mais propensão têm de mudar de nacionalidade e de religião e o fazem e o declaram com alarde), o modo caracteristicamente servil com que formulam um pedido. Outras características que

A ENTRADA EM VIGOR DO DECRETO-LEI 3.175/41

ficam ao critério inteligente do agente consular verificar contribuirão igualmente para a formação do juízo.

4. Não haverá inconveniente em dizer-se ao israelita, naturalmente com discrição e evitando-se ferir suscetibilidades, que o visto lhe é negado porque a sua admissão não responde aos interesses do Brasil, que, na imigração, procura unicamente indivíduos que se assimilem na população brasileira, o que raramente se dá com os israelitas.[468]

O MJNI exigiu das representações diplomáticas que nos casos que tratassem "de judeus e de indivíduos não pertencentes à raça branca", a autoridade consular fizesse sempre menção a essa circunstância.[469]

Os funcionários públicos que descumprissem tais disposições corriam o risco de sofrer pena de suspensão de trinta dias, dobrada em caso de reincidência, e até de ser demitidos, em caso de dolo, "sem prejuízo da responsabilidade."[470] Isso fez com que, nos ofícios encaminhados pelos cônsules e representantes consulares brasileiros no exterior, passasse a aparecer uma série de expressões tais como: "satisfazem todas as exigências físicas e morais requeridas pela legislação em vigor".[471] Normalmente as exigências morais diziam respeito à ausência de impedimentos de consciência relacionados à opção religiosa, se o solicitante era oriundo de família que professava o cristianismo, ou que sobre ele não existiam registros que pudessem relacioná-lo a "ideias extremistas". As físicas, ter a origem étnica adequada, ser da "cor branca" e não possuir problemas de saúde ou defeito físico.

Os raros "não brancos" que conseguiram que a representação consular brasileira encaminhasse o seu pedido de autorização de visto, como ocorreu no mencionado caso do estudante Christiaan Hendrik Eersel, residente na então Guiana Holandesa, que contou com o apoio — e a

---

[468] AHI, circulares 1.498 e 1.499. Esse texto de Labienno Salgado dos Santos, então chefe da Divisão de Passaportes do MRE, foi remetido em 15/1/1941 aos consulados junto com exemplares das circulares aqui mencionadas.

[469] AHI, § 5º do art. 8º das "Instruções para a aplicação do Decreto-Lei 3.175/41".

[470] Art. 5º do Decreto-Lei 3.175/41.

[471] AN, SV: 669/43. Relativo ao português Pedro Henrique Burnay e a esposa.

pressão — de uma autoridade local para que o cônsul assim o fizesse, produziram uma guia com a informação complementar datilografada: "de cor".[472] Ao lado do termo classificatório, realizado à mão e em momento posterior, aparece a inscrição entre parênteses "preta". O aparentemente constrangido cônsul brasileiro em Paramaribo foi provavelmente questionado pela Divisão de Passaportes ou pelo Serviço de Visto em relação à expressão que utilizara e a cor a que se referia. Era praxe completar as guias dessa forma com informações complementares posteriormente apuradas. Entretanto, normalmente, referiam-se a informações tais como se o estrangeiro estava habilitado a retornar ao país de origem. Os estrangeiros solicitantes de visto para o Brasil cuja condição étnica fosse identificada a partir de características físicas, como africanos, orientais e demais pessoas consideradas "não brancas" e seus respectivos descendentes, não traziam dificuldades de identificação aos cônsules. O mesmo já não se pode dizer dos judeus.

Naquele momento em que muitos refugiados de guerra de todas as origens e nacionalidades — em especial, judeus e os demais potenciais perseguidos pelo nazismo — buscavam fuga da Europa ou, já fora do continente, procuravam novo país para viver, a origem étnica judaica era uma característica que, obviamente, a maioria dos estrangeiros tratava de ocultar.

A concessão de vistos permanentes estava suspensa. Os estrangeiros de origem judaica que não eram norte-americanos natos, mesmo pleiteando um visto dentro das exceções estabelecidas — em especial, os técnicos —, dificilmente obtiveram autorização para imigrar para o Brasil. O mesmo se passou com todos os considerados não brancos e com os portadores de doenças e deficiências físicas. Se contaram com a boa vontade do cônsul ou de interessados influentes e o pedido chegou a ser remetido ao MJNI, a razão da consulta prévia sempre era explicitada na guia padrão remetida. Essa era a regra. Receosos de sofrer punição em razão de vistos concedidos a estrangeiros que posteriormente pudessem ser identificados no Brasil como judeus, muitas vezes os cônsules prefe-

---

[472]AN, SV: 35/42.

A ENTRADA EM VIGOR DO DECRETO-LEI 3.175/41

riram pecar pelo excesso de zelo. Assim procederam com a remessa de um significativo número de consultas à Secretaria de Estado do MRE e, por consequência, ao Serviço de Visto do MJNI, de solicitantes sobre os quais tinham "suspeitas" ou "presumiam" que tivessem origem étnica judaica. Expressões tais como "suspeito de ser israelita",[473] "suspeitos de serem judeus",[474] "havendo outrossim suspeitas de que o mesmo seja de origem étnica israelita",[475] "a interessada é presumidamente de ascendência étnica israelita",[476] "possivelmente semita",[477] "suposto semita",[478] "suposto judeu",[479] "provavelmente israelita",[480] "origem supostamente semita",[481] "há suspeitas de que o interessado seja semita",[482] "o consulado geral tem suspeitas de que o candidato é de origem semítica",[483] "sobre quem há suspeitas de que seja semita",[484] "suposto ser de origem israelita",[485] e outras tantas formas de registrar a dúvida foram costumeiramente usadas.

Entretanto, na maioria absoluta dos 320 processos cujos pedidos envolviam judeus ou pessoas identificadas como tais, que chegaram ao Serviço de Visto com a condição mencionada ou aventada, a guia reproduziu tal informação de forma taxativa: "semita", israelita",

---

[473]AN, SV: 629/43. Relativo ao belga naturalizado argentino Juan Gyselynck e esposa.

[474]AN, SV: s/n [42]. Relativo aos ioguslavos Leo Lenski Korican, Oton Fischer e Imre Polak.

[475]AN, SV: 70/42. Relativo ao francês Luis Leon Lemonier.

[476]AN, SV: 169/44. Relativo à russa nacionalizada peruana Póla Cozak Eidelmann e à filha Sara.

[477]AN, SV: 64/43. Relativo ao austríaco naturalizado argentino Ricardo Fernando Kuffler; AN, SV: 678/43. Relativo ao polonês Spencer Dyner.

[478]AN, SV: 620/42. Relativo ao holandês Arthur Hartog; SV: 864/43. Relativo ao liechtensteinense Fritz (Frederico) Deutsch; SV: 634/43. Relativo aos franceses Gabriel Compte, Justine Compte e filha menor e Luis Landoff.

[479]AN, SV: 367/42; SV: 112/43. Relativos aos belgas Abraham Albert Nagnenski e esposa, Lucie Lauffern; SV: 814/44. Relativo à iugoslava Ernestina Beatriz Spira de Premiani.

[480]AN, SV: 137/42. Relativo ao holandês Leon Kunstenaar; SV: 146/43. Relativo ao polonês Ch. Natan Blank; SV: 704/43 e SV: 1.986/41. Relativos ao alemão naturalizado argentino Curt Wolf Carlos Heymann.

[481]AN, SV: 196/43. Relativo ao casal francês Auguste François David-Cavaz e esposa, Maria Manet.

[482]AN, SV: 213/43. Relativo ao libanês portador de passaporte francês Jean Moukarzel.

[483]AN, SV: 174/43. Relativo ao espanhol Guillermo Benelbaz.

[484]AN, SV: 287/43. Relativo ao turco naturalizado argentino Carlos Salomon Mauas; SV: 304/43. Relativo ao alemão naturalizado argentino Gualterio Meyerhoff.

[485]AN, SV: 386/42. Relativo ao naturalizado britânico Cecil Jacum.

"judeu".[486] Outras designações indicavam composições de nacionalidade e origem étnica, quando não de naturalidade, nacionalidade e origem étnica, como foram, entre diversos outros, os casos do uruguaio Ignácio Kempner, classificado como "polaco-israelita";[487] de Claire Fischer, classificada como "belga-semita";[488] dos argentinos Selin Saban e esposa Rosa Duer Saban, cuja naturalidade indicada era a "sírio-judaica";[489] do uruguaio (nascido na Turquia) Leon Margounato, de "naturalidade de origem israelita";[490] de Henrique (Henry) Polack, classificado como "sul-africano naturalidade de origem alemã-judeu";[491] de Aiach Cuan, "sírio naturalizado argentino-semita";[492] de George Etienne Boronski, "semita russo naturalizado francês";[493] de Isaac Auffmann, "semita polonês naturalizado uruguaio"[494] e assim por diante. Aparecendo inclusive a designação "não arianos".[495]

No processo relativo ao pedido de autorização para concessão de visto para Alberto Heilbrunn e sua esposa, ambos naturais da Alemanha e naturalizados paraguaios, o consulado brasileiro em Assunção informou que "o interessado é de origem meio-judia" e nazista.[496] O pedido foi indeferido.[497] O que exatamente seria um "meio-judeu"? Se o cônsul estivesse seguindo os parâmetros nazistas, isso significava que ou o pai ou a mãe do solicitante era judeu.

---

[486]Embora o termo semita refira-se não somente ao povo judeu, era então utilizado com esse único significado.
[487]AN, SV: 447/42 e SV: 478/43.
[488]AN, SV: 486/43.
[489]AN, SV: 365/43.
[490]AN, SV: 82 e SV: 295/43.
[491]AN, SV: 204/43.
[492]AN, SV: 488/43.
[493]AN, SV: 555/43.
[494]AN, SV: 642/43.
[495]AN, SV: 114/45.
[496]AN, SV: 985/44. Da esposa, é informado somente o sobrenome de solteira: Klausthal.
[497]Informou em setembro de 1944 que ele viria ao Brasil visitar a filha paraguaia Martha, do primeiro matrimônio, que vivia em Porto Alegre há muitos anos, casada com o alemão naturalizado brasileiro Geraldo Krausse. Relatou também que Alberto era sócio de "um nazista extremado e ele próprio é simpatizante do nazismo". No parecer de 4/10/1944 Ernani Reis redigiu que "o nosso consulado informa que os interessados, apesar de meio-judeu [sic], é simpatizante do nazismo. Atendendo à nacionalidade de origem, proponho o indeferimento". AN, SV: 985/44.

A ENTRADA EM VIGOR DO DECRETO-LEI 3.175/41

Nos casos em que se verificava que somente um dos cônjuges era judeu, fazia-se a ressalva, conforme o caso, "o marido é israelita", mesmo em se tratando de portugueses ou naturais de Estados americanos.[498] Quando somente parte dos requerentes — nos processos relativos a mais de um solicitante — era judia, os que eram assim classificados eram identificados. Até mesmo em se tratando de vistos que foram concedidos dentro do contexto do "esforço de guerra", como foi o caso do processo de concessão de visto permanente para dois funcionários da United Service Organization designados para a base militar no Recife, a condição judaica foi mencionada: "ambos norte-americanos, sendo o último judeu", tendo sido aprovada a concessão.[499]

Em pelo menos um processo foi possível identificar um caso no qual o pedido de concessão de um visto de turista para um casal de franceses acompanhado do filho menor, todos residentes no Paraguai, foi encaminhado pelo MRE sem a informação relativa à presumida classificação da origem étnica dos requerentes. O comerciante Fritz Kassener, acompanhado da esposa Vera e do filho menor Roger, todos três franceses, encaminharam a solicitação de concessão de visto de turismo em fevereiro de 1943.[500] Ao analisar o processo, Ernani Reis desconfiou do pedido. Para ele, tratava-se de expediente para imigrar ilegalmente. Sendo assim, indeferiu o pedido. Respondia pelo expediente do MJNI Fernando Antunes. O mais flexível dos ocupantes do posto de ministro da Justiça discordou do parecer de Ernani Reis, considerou as condições legais cumpridas, pois havia garantia de regresso ao Paraguai, e deferiu o pedido. Dias depois, o MJNI recebeu um informe urgente do chefe da Divisão de Passaportes denunciando serem israelitas os requerentes, lamentando não ter prestado a informação antes.

Em outros processos nos quais os requerentes não eram identificados/classificados como judeus, embora possuíssem nomes ou indicações que o condicionamento do pessoal administrativo pudesse assim

---

[498]AN, SV: 930/43. Relativo ao pedido do casal norte-americano Jack Charles Osserman e esposa, G. Vera Osserman.
[499]AN, SV: 302/43 e SV: 374/43. Relativo ao pedido de Nicholas Teodore Young e Harold Blum.
[500]AN, SV: 129/43.

indicar, a informação que aparecia nas guias não era "não judeu" ou "não semita". Em alguns casos, como o do pedido relativo ao engenheiro e músico tcheco Friedrich Karl Schadler, cuja esposa e a mãe já se encontravam no Brasil, o MJNI foi informado pelo MRE de que ambos possuíam "documentos comprobatórios, fornecidos pelo Bureau permanente da República Tchecoslovaca junto à Sociedade das Nações, de que não são de origem judaica, sendo o marido da peticionária compositor sacro católico e regente de coro, considerado fiel filho da Igreja Católica".[501]

O modo encontrado para dar a informação de maneira indireta era mencionar que o requerente era "ariano" ou "ariana",[502] ou ainda "ariano e católico" ou "de religião católica, de origem ariana",[503] embora a designação "católica" ou a informação dando conta de filiação à fé cristã atribuída aos requerentes não os livrassem da classificação de semitas, uma vez que o critério não era religioso, mas étnico. Raramente Ernani Reis mencionava a condição de "ariano" do requerente em seus pareceres.[504]

Outras formas encontradas pelos cônsules para explicitar que os solicitantes não eram judeus era mencionar informações tais como

---

[501] AN, SV: 173/42. Schadler era nascido em Viena e encontrava-se na Turquia. Obteve e não utilizou um visto permanente para o Brasil em 22/1/1941, antes da vigência do Decreto-Lei 3.175/41. A esposa Grete Schadler e a mãe dele encontravam-se no Brasil. Nos primeiros meses de 1942 ele dirigiu pedido de concessão de visto ao consulado em Istambul. Ernani Reis e Leitão da Cunha negaram em 4/4/1942. Em uma carta contendo seis páginas, a esposa no Brasil dirigiu apelo ao MRE em 27/5/1942. Informou também que não poderia transferir os quatrocentos contos de réis. Em 2/6/1942 remeteu 14 certidões relativas às qualificações do marido. Nos mesmos dias, a mãe de Schadler encaminhou ao MJNI comprovação relativa ao visto não utilizado pelo filho. Em 8/6/1942 Ernani Reis reiterou o indeferimento, no que foi seguido por Leitão da Cunha.
[502] Conforme aparece, por exemplo, nos processos AN, SV: s/n [42]; AN, SV: s/n [42]; SV: s/n [42]; SV: s/n [42]; SV: 136/42; SV: 590/42; SV: 52/43; SV: 591/42; SV: 226/43; SV: 983/43; SV: 999/43; SV: 567/44.
[503] AN, SV: 1.022/41; SV: 100/42; SV: 341/43; SV: 589/43; SV: 618/43.
[504] Normalmente Ernani Reis não repetia em seus pareceres a classificação "ariana" que era mencionada nas solicitações que o Serviço de Visto do MJNI recebia. Inclusive, há nítida reserva no parecer redigido em 31/10/1942 em relação à informação relativa ao fato de um alemão ter se declarado "ariano" na solicitação de concessão de autorização de saída do Brasil, conforme AN, SV: 541/42.

"origem turca";[505] "de origem étnica ibero-americana";[506] "de origem latina";[507] "francês, de origem síria";[508] "de origem irlandesa";[509] "de origem anglo-saxônica"[510] e "de origem eslava".[511] Os dois últimos casos chamam a atenção.

O primeiro relaciona-se ao pedido de concessão de visto permanente encaminhado pelo casal de norte-americanos natos Luther Gordon Kent e Electra Gordon Kent.[512] Após verificar que o casal cumpria todas as demais exigências, o cônsul brasileiro em Porto of Spain (Trinidad e Tobago, então possessão britânica) relatou que apesar de "terem declarado ser de origem anglo-saxônica, parecendo-me, entretanto, que o Sr. Kent é de descendência israelita" e por essa razão, consultava o MRE. Sem ter competência para responder, a Divisão de Passaportes repassou o assunto ao MJNI.[513] Luther Gordon Kent tinha aparência física — não havia qualquer outro indício — do que o cônsul considerava ser um judeu.

O segundo caso é especialmente curioso. Trata da solicitação de concessão de visto temporário para o eminente professor norte-americano (naturalizado) Teodosio Dobszhansky, da Universidade de Colúmbia, em Nova York.[514] No pedido remetido nos primeiros dias de março de

---

[505]AN, SV: 742/42 e SV: 319/43. Relativos ao pedido de Leon Rafael Heffesse.

[506]AN, SV: 1.078/43. Relativo ao pedido do colombiano Julio E. Medina. No caso, a informação esclareceu que não se tratava de judeu, ao mesmo tempo em que indicou tratar-se de suposto descendente de europeus e, portanto, não era um "não branco".

[507]AN, SV: 984/44. Relativo ao pedido do colombiano Hernando Muñoz Torres.

[508]AN, SV: 5/43. Relativo ao pedido de Nessim Seroussi.

[509]AN, SV: 364/43. Relativo ao pedido do norte-americano James McLaughlin.

[510]AN, SV: s/n [42]. Relativo ao pedido do casal norte-americano nato Luther Gordon Kent e Electra Gordon Kent.

[511]AN, SV: 201/43. Relativo ao pedido de Teodosio Dobszhansky, cuja nacionalidade e naturalidade o MRE não soube informar, mas era norte-americano de origem ucraniana.

[512]AN, SV: s/n [42].

[513]O casal havia comprovado em agosto de 1942 que trabalhara entre 1933 e 1938 na empresa Gulf Oil Corporation, em Houston, Texas, quando fora para a empresa Menegrande Oil Company. Iria para o Brasil cumprir contrato com a empresa Drilling and Exploration Company Inc., de Los Angeles. O pedido ficou sem resposta até a chegada de uma carta em 11/9/1942 do Conselho Nacional do Petróleo recomendando os dois e solicitando a concessão do visto. No mesmo dia, Ernani Reis deferiu o pedido. Marcondes Filho assinou a autorização em 15/9/1942.

[514]AN, SV: 201/43. O sobrenome estava grafado dessa forma na documentação. Originalmente era Feodosy Gregorevich Dobrzhansky. Aparece também grafado Theodosius Grigorevich Dobzhansky. Depoimento de Warwick Estevam Kerr, por e-mail, em 4/9/2006.

1943 aparece a informação de que "não se conhece a nacionalidade [original] do professor Dobzhansky, mas sabe ser o mesmo de origem eslava, sendo residente nos Estados Unidos já há dez anos". Sobre o professor, os autos não davam maiores informações. Como nos demais casos, a "origem eslava" mencionada aparece como esclarecimento de que o estrangeiro não era judeu. A classificação genérica "eslava" não pode ter sido mencionada em um segundo sentido de informar que o estrangeiro não era natural de um país considerado inimigo, uma vez que o termo não esclarece a respeito do que seria necessário nesse caso, a nacionalidade original, a naturalidade de Dobzhansky.[515]

Duas são as curiosidades relacionadas ao caso. A primeira é o fato de o cientista, hoje considerado como um dos pais da genética moderna, ter recebido uma classificação de sentido eugenista em relação a sua "origem". Quando chegou ao Brasil, já havia publicado — seis anos antes — a obra *Genetics and the Origin of the Species*, tendo se tornado um especialista em genética humana. A segunda é o fato de ter sido Dobszhansky o "responsável pela formação de uma geração de pesquisadores brasileiros na área de genética".[516] De acordo com o que deixou registrado em suas memórias — anos depois de sua estada no país, sem jamais ter sabido da troca de expedientes envolvendo a sua

---

[515]O pedido, que foi aprovado pelo MJNI (Ernani Reis e Fernando Antunes em 18/3/1943), foi encaminhado ao MRE pela Reitoria da Universidade de São Paulo. O objetivo declarado da vinda do professor era a realização de palestras. Theodosius Grigorevich Dobzhansky (1900-1975) era nascido na cidade de Nimirov, na Ucrânia. Iniciou os seus estudos na Universidade de Kiev e emigrou para os Estados Unidos em 1927. Desde 1937 era naturalizado americano. Esteve seis meses no Brasil em 1943 e depois voltou em 1948. Por ocasião da segunda vinda ao Brasil, o jornal carioca *A Noite*, dirigido por Ernani Reis, publicou em 29/8/1948, no encarte "Ciência para Todos", cujo redator era Fernando de Sousa Reis, sobrinho de Ernani, uma longa reportagem de capa a respeito de Dobzhansky. Depoimento de Warwick Estevam Kerr, por e-mail, em 4/9/2006; entrevista realizada com Oswaldo Frota-Pessoa, por telefone, em 4/7/2006; entrevista realizada por e-mail com Chana Malogolowkin em 21/2/2007. Ver, também: ESTEVES, Bernardo, op. cit., p. 25.

[516]ESTEVES, Bernardo, op. cit., p. 24. O autor cita os geneticistas brasileiros Crodowaldo Pavan, Antônio Brito da Cunha, Newton Freire-Maia, Oswaldo Frota-Pessoa e Chana Malogolowkin como discípulos de Dobzhansky. De acordo com Warwick Estevam Kerr, que, como outros brasileiros, conviveu proximamente com Dobzhansky nos Estados Unidos, o cientista "era um homem religioso. Era cristão, pertencia à Igreja Ortodoxa da Rússia [...] e não conseguia dormir se, antes, não orasse de joelhos." Depoimento concedido por e-mail, em 4/9/2006.

A ENTRADA EM VIGOR DO DECRETO-LEI 3.175/41

"origem" na concessão do visto —, quando o geneticista "visitou o Brasil, na década de 1940, ficou surpreso com o número de brasileiros que ainda acreditavam na hereditariedade de características adquiridas".[517]

Em alguns casos, ao mencionar a "origem", os cônsules resolviam dois problemas ou esclareciam dois pontos ao mesmo tempo. De acordo com as "Instruções", a consulta era sempre necessária, mesmo em se tratando de portugueses e nacionais dos Estados americanos, quando se tratassem de naturalizados. De um modo geral, salvo algumas exceções, os naturais ou antigos nacionais dos países componentes do Eixo ou "país aliado ao inimigo e com o qual o Brasil cortou relações",[518] independentemente da nacionalidade adquirida posteriormente, tinham o pedido indeferido pelo Serviço de Visto.

De acordo com as "Instruções", figurava entre as informações a serem preenchidas no formulário a naturalidade dos solicitantes. Somente as "circunstâncias" de "judeu" e "não pertencente à raça branca" é que deveriam ser mencionadas e o foram, em separado, de acordo com a praxe, próximas ao nome do estrangeiro. Ao mencionar a origem dentro da forma preestabelecida, o cônsul expressamente esclarecia que não deixara de observar o critério "étnico" e não tinha mais a informar. Conforme já comentado, a existência de outra origem étnica que não a mencionada produziria a inserção da palavra indicativa da origem étnica judaica ao lado da que seguia mencionada, como "origem polaco-israelita", por exemplo.

Para esclarecer que o requerente não era natural de país inimigo do Brasil e tampouco israelita, os cônsules informavam: "de origem espanhola";[519] "belga de origem e francesa por casamento";[520] "de origem sueca";[521] "origem inglesa"[522] etc.

---

[517]STEFAN, Nancy Leys. *A hora da eugenia: raça, gênero e nação na América Latina*. Rio de Janeiro: Fiocruz, 2005, p. 178.
[518]AN, SV: 754/43.
[519]AN, SV: 221/43. Relativo ao pedido do argentino naturalizado Julio Soto; e SV: 657/43. Relativo ao pedido da norte-americana Juan Llausas Lopez.
[520]AN, SV: 741/43. Relativo ao pedido de Fernande Lagoutte.
[521]AN, SV: 366/43. Relativo ao pedido do norte-americano Martin Swenson.
[522]AN, SV: s/n [42]. Relativo ao pedido do norte-americano Al Gillan Buckloy.

IMIGRANTE IDEAL

Em somente um processo, relativo ao pedido de um cidadão uruguaio, aparece a referência "presumivelmente de origem italiana".[523] Nesse caso, Ernani Reis informou e propôs em seu parecer de 27 de abril de 1943 que, "considerando a nacionalidade de origem; considerando mais, que a lei uruguaia dispõe expressamente que a naturalização não importa perda de nacionalidade anterior; tendo em vista os precedentes estabelecidos em virtude da existência de um estado de guerra entre o Brasil e a Itália, proponho o indeferimento". O visto pretendido era o de turismo e o solicitante estava, havia 57 anos, no Uruguai. Desejava visitar dois filhos seus que viviam no Brasil. O caso desencadeou uma forte pressão sobre o governo brasileiro, chegando inclusive o próprio presidente do Uruguai, Juan José de Amézaga,[524] a intervir em favor da concessão.[525]

A informação relativa aos naturalizados "de origem italiana"[526] ou "italiano de origem"[527] também aparece nos diversos processos.

Em relação aos austríacos de nascimento e aos nacionais da Áustria, Ernani Reis estabeleceu um determinado critério e procedimento que passou a ser adotado como "precedente estabelecido". Não aparece na documentação qualquer referência ou indício de que tenha sido decorrente de qualquer decisão de Vargas, de um dos ministros ou baseado em sugestão do Itamaraty, mas o assistente do ministro mencionou em alguns processos que tal orientação teria sido estabelecida por meio de "instruções reservadas".[528]

O primeiro processo que aparentemente criou o precedente foi o relativo ao casal Ernst Georg Josef Froehlich e Maria Anna Froehlich,

---

[523] AN, SV: 197/43 e SV: 135/43. Relativo ao pedido do uruguaio naturalizado Sebastian Fasanello.
[524] Juan José de Amézaga (1881-1956) foi presidente do Uruguai entre 1943 e 1947.
[525] Em 26/6/1943 Ernani Reis propôs que "a regra de que está vedada a entrada, no país, de súditos das potências inimigas deve, a meu ver, ser mantida com o máximo escrúpulo", mas, por fim, propôs que se abrisse uma exceção levando em consideração o pedido do presidente do país vizinho.
[526] AN, SV: 48/53. Relativo ao norte-americano Mario Capelli; SV: 589/43. Relativo aos britânicos naturalizados John Baptiste Giusto e esposa, Maria Giusto.
[527] AN, SV: 711/43. Relativo ao argentino naturalizado Rodolfo Luis Francisco.
[528] AN, SV: 1.034/44.

no qual Ernani Reis emitiu a seguinte opinião: "Se um determinado estrangeiro é portador de passaporte austríaco e se de qualquer forma não aceitou a nacionalidade alemã em virtude da anexação da Áustria, não me parece que o Brasil deva proceder como se tivesse havido essa mudança de nacionalidade."[529] E em nenhum momento de sua permanência no Serviço de Visto o procedimento foi questionado.

Um cidadão que se dizia austríaco, mas que fora qualificado como sendo alemão, em razão dos documentos que portava, tendo sido preso para "averiguações" por uma semana e uma vez "solto por nada ter sido apurado em seu desabono", dirigiu, em seu pedido de solicitação de visto de saída para a Argentina, argumento de que os Estados Unidos e a Argentina faziam a distinção entre essas duas nacionalidades, concluindo que

> Segundo afirmação do presidente Vargas, num dos seus últimos discursos, não devem sofrer nenhuma restrição de sua liberdade ou de seus direitos todos aqueles súditos do Eixo, cuja conduta tem sido sempre correta e legal. Tomo a liberdade de opinar que, impedimentos como o no presente caso, são justamente uma restrição no sentido acima criticado, tanto mais que são aplicados, sem serem especialmente decretados.[530]

Em decorrência da guerra, mesmo permanecendo formalmente com as relações diplomáticas rompidas com a União Soviética, e do "esforço

---

[529]AN, SV: s/n [42]. O casal possuía uma licença de retorno ao Brasil válida, mas seus respectivos passaportes estavam peremptos. Outros processos nos quais austríacos de nascimentos obtiveram autorização de concessão de visto para o Brasil foram, por exemplo, SV: 65/43 (Hedwig Von Conrad Ives); SV: 64/43 (Ricardo Fernando Kuffler); SV: 1.123/43 (José Manber). No processo relativo ao brasileiro naturalizado Leopoldo Wiesinger, funcionário da S.A. Philips do Brasil, que precisava viajar para a Argentina a serviço da empresa e encontrou dificuldades junto às autoridades policiais em São Paulo, Ernani Reis redigiu em seu parecer de 28/5/1944 que "quer os brasileiros naturalizados de origem austríaca, quer os austríacos não estão sujeitos a restrições para viajar. Proponho que disto seja informada a delegacia de estrangeiros." AN, SV: 968/44.
[530]AN, SV: 629/42 e SV: 689/43. Relativos ao pedido de visto de saída de Egbert Leopold Fritz Ritter Von Stockert, natural de Viena.

de guerra comum",[531] ocorreram autorizações de concessão de vistos de trânsito para pessoal administrativo e "oficiais russos",[532] alguns meses depois de a missão diplomática brasileira no Peru ter desconfiado da "origem russa" do comerciante naturalizado peruano identificado como judeu Samuel Eidelmann Siperman.[533] Samuel solicitou um visto temporário de negócios, mas "a citada missão diplomática julgou de boa cautela consultar por se tratar de um cidadão russo de nascimento".[534]

Por fim, concluo o presente capítulo apresentando o conteúdo de três casos que produziram processos paradigmáticos nos quais é possível notar claramente as características, nuances e contradições do período.

O primeiro trata da vinda para o Brasil da família do engenheiro iraniano Georges Soubotian.[535] Georges estava no Brasil em junho de 1941. Em 24 de fevereiro de 1942, na qualidade de "engenheiro geólogo, consultor e delegado no Brasil das fábricas Fabra y Coats, de Barcelona, e recomendado por Sr. Luiz Bettim Paes Leme", solicitou a concessão de visto permanente para a esposa e seus dois filhos, que também haviam recebido vistos permanentes para o Brasil em 1940, que não haviam sido utilizados dentro do prazo de validade.[536] Os três se encontravam na Espanha. O pedido chegou às mãos de Ernani Reis no dia 24 de fevereiro de 1942. Dentro dos critérios adotados, o pedido tinha características de tentativa de um refugiado, que conseguira entrar no Brasil com um visto emitido antes da vigência do Decreto-Lei 3.175/41, trazer o restante da sua família. Um expediente que Ernani Reis e Vasco Leitão da Cunha sistematicamente indeferiam, produzindo processos que, em

---

[531]Expressão utilizada por Ernani Reis em alguns processos, como, por exemplo, AN, SV: 941/43.
[532]AN, SV: 1.013/43. Passaram por Natal e Belém os oficiais soviéticos Konstantin Federovich Speranski, Mark Isaakvic Lvovich e Serapion Tadeevich Pagava. AN, SV: 1.109/43. Os interventores federais do Pará e do Rio Grande do Norte foram comunicados em 22/12/1943 da passagem em trânsito dos "técnicos do comissariado das finanças da União Soviética", em trânsito para os Estados Unidos: Chechulias Fedorovich, Yan Danilovich Zlobin, Aleksander Petrovich Mrozov, Nikolai Ivanovich Kuznetsov e Anna Nikitichna Pugacheva.
[533]AN, SV: 472/43.
[534]A consulta já era necessária em razão do fato de Samuel não ser peruano nato e ter sido identificado como judeu. Ernani Reis aprovou a concessão e Marcondes Filho assinou o despacho em 7/6/1943.
[535]AN, SV: 100/42 e SV: 341/43.
[536]Esposa Eva Soubotian e os filhos Boris e Nicolai, solteiros e maiores de idade.

decorrência dos apelos desesperados dos familiares, geraram os mais dramáticos registros entre os arquivados no Serviço de Visto. A ideia de ambos era, além de indeferir a vinda de novos refugiados com a negativa, conseguir que o refugiado aqui residente também saísse do país para poder reunir-se aos seus familiares.[537] O sobrenome armênio Soubotian certamente também não contribuiu para conseguir uma melhor boa vontade do MJNI. Dessa forma, no dia 24 de fevereiro de 1942 Ernani Reis indeferiu o pedido, no que foi seguido por Vasco Leitão da Cunha.

Mais de um ano depois, em 9 de abril de 1943, o coordenador da Coordenação de Mobilização Econômica, João Alberto Lins de Barros — um nome de conhecida expressão política[538] —, escreveu a Marcondes Filho uma longa carta na qual se interessava pela concessão de visto permanente para a esposa e os dois filhos do técnico, que então se encontravam em Roma. Argumentou que:

> Durante a sua permanência neste país, tem o Snr. Georges Soubotian demonstrado grande interesse pelos problemas industriais e geológicos brasileiros, havendo estudado atentamente várias regiões de grande interesse econômico para o país, como, por exemplo, a cassiterita, no Estado do Rio Grande do Sul, o petróleo, no Estado de Sergipe, e diversas betas metalíferas de titânio e manganês, além de estar construindo fornos de coque no Estado de Santa Catarina e uma usina metalúrgica no Estado do Rio, em Valença. Além disso, o referido técnico tem estudos e patente de um novo tipo de vagão do mais alto interesse para a economia nacional e, ainda, observações de natureza econômica, relativas ao melhor aproveitamento de fornos de várias indústrias existentes no país.

---

[537]Conforme os processos, AN, SV: 3.638/41; SV: 195/42; SV: 150/42. Em um dos processos, Francisco Campos questiona as razões que levaram à concessão de visto do solicitante que pleiteava a vinda de seus familiares. A médio prazo, a negativa de concessão de visto para esposa e filhos ainda no exterior, normalmente, fazia com que o estrangeiro acabasse por sair do Brasil. Como foi o caso do processo AN, SV: 3.638/41.

[538]João Alberto Lins de Barros (1897-1955) participou do movimento tenentista de 1922 e da Coluna Prestes (1924-27). A partir de seu engajamento na Revolução de 1930, tornou-se partidário de Vargas. Foi interventor federal em São Paulo e ao longo dos dois governos de Vargas ocupou diferentes postos, entre os quais o de coordenador da citada Coordenação de Mobilização Econômica.

Informou ainda que, "em virtude das circunstâncias decorrentes do estado de guerra", Soubotian encontrava-se afastado de sua família composta da esposa e dois filhos maiores, "todos três de nacionalidade iraniana, de religião católica e de origem ariana".[539] Concluiu considerando que, "dado o interesse que, para a economia nacional, representa a permanência do Snr. Georges Soubotian, neste momento, no Brasil, muito agradeceria a Vossa Excelência suas determinações, a fim de que, nos termos do inciso 7, do art. 2º, do Decreto-Lei 3.175/41" fosse autorizado o MRE a permitir que os vistos fossem concedidos. O inciso mencionado dizia respeito aos técnicos, e não às famílias desses.

O pedido seguiu os trâmites regulares do Serviço de Visto. Abriu-se o processo.[540] A distribuição deste fez com que a carta de João Alberto ao ministro fosse encaminhada de acordo com o seu despacho: "Ao Dr. Ernani Reis". Ao recebê-la, o assistente do ministro, como era de praxe, encaminhou à "CPE e SV/Informar" (arquivos da Comissão de Permanência de Estrangeiros e do Serviço de Visto para informar se existia algum registro anterior). A CPE respondeu "nada anterior." O SV "informado". A informação era o processo anterior aberto em 1942 com o primeiro pedido de Georges que havia sido indeferido.[541]

No dia 21 de maio de 1943, decorrido mais de um mês da solicitação de João Alberto, Ernani Reis redigiu um longo parecer. No texto repetiu boa parte dos argumentos e das informações que João Alberto havia mencionado em sua carta. Concluiu, entretanto, reiterando que o Decreto-Lei 3.175/41 "não contempla expressamente a hipótese nas exceções abertas, pelo art. 2º, à regra da suspensão de vistos permanentes. Contudo, é fora de dúvida que a vinda da família de um bom especialista contribui para fixá-lo no Brasil. Assim, e como não se pode pôr em dúvida o testemunho do senhor coordenador, proponho o deferimento". Entretanto, ao concluir seu parecer, o zeloso assistente preferiu

---

[539]A sugestão era a de que a partir de Berna, Suíça, onde existia uma legação do Irã, os três embarcariam de avião com destino a Portugal, Estados Unidos e, por fim, América do Sul, "ou diretamente para Natal".

[540]AN, SV: 341/43.

[541]O que levou à anotação, na capa do processo, "em anexo, o proc. SV 100/42".

A ENTRADA EM VIGOR DO DECRETO-LEI 3.175/41

protelar um pouco mais a concessão: "Parece-me, entretanto, que antes convém pedir que o senhor Soubotian apresente os seus documentos de identidade e que sejam solicitadas informações à polícia a respeito dos seus antecedentes, que o sr. coordenador não certifica."

Normalmente, Ernani Reis teria proposto essa apresentação e verificação como despacho, antes de mencionar a sua decisão relacionada ao processo. Mas a postura cautelosa ou o cuidado nesse caso se deu em decorrência do interesse direto de João Alberto no assunto. No processo, o assistente do ministro escreveu: "fazer expediente" e "aguardar resposta da DE [Delegacia de Estrangeiros]".

Dois meses e meio depois, Ernani Reis redigiu novo parecer dando notícia de que "o interessado provou bons antecedentes e estar registrado como permanente" e que "a Polícia nada informa em desabono".[542] E apontou entre as razões que o levaram a concluir pelo deferimento: "atendendo a que o visto é solicitado pelo coordenador". Em meados de março de 1944, os familiares de Soubotian ainda não haviam conseguido embarcar para o Brasil e ele fez novo pedido para que a validade dos vistos fosse dilatada. Ernani Reis consentiu.[543]

Existia um "precedente estabelecido", "atendendo a que a vinda da família contribuirá para fixar um bom técnico", de conceder

---

[542] Parecer redigido em 7/7/1943 e aprovado por Marcondes Filho em 8/7/1943.

[543] Parecer redigido em 15/3/1944 e aprovado por Marcondes Filho em 16/3/1944. Em 27/11/1944 Soubotian requereu autorização para a vinda do grego Constantino Potsios, residente em Roma, cineasta, diretor e coproprietário da indústria cinematográfica Minerva. Tendo "importantes capitais" e sendo especializado nessa indústria, desejava vir ao Brasil por seis meses para "estudar aqui no lugar as possibilidades de organização de uma grande indústria cinematográfica brasileira, com a finalidade de produzir os filmes tanto para a distribuição no Brasil, como tb a exportação no estrangeiro". Disse que em razão da guerra teve de reduzir o trabalho na Itália. Soubotian declarou conhecê-lo da Itália, onde residiu. E ainda informou: "Consultei a Administração do DIP, Palácio Tiradentes, e essa me disse que um novo empreendimento desse caráter é de interesse nacional, por isso autorizou-me oralmente a referir no meu presente pedido a conversação que tiveram comigo". E pediu que o MJNI autorizasse Leitão da Cunha (representante diplomático do Brasil na Itália) a emitir visto. Pediu ainda autorização para que Constantino Potsios embarcasse num navio brasileiro que transportava o corpo expedicionário brasileiro, com os repatriados, uma vez que não havia outro meio no presente. Em 15/12/1944 escreve novamente, dessa vez diretamente ao MJNI, solicita um visto temporário de seis meses e menciona vinda por avião. Em 18/12/1944 Ernani Reis quis saber do MRE se Potsios "possui licença para voltar à Itália". Como a licença só era emitida depois que o estrangeiro mostrasse visto válido para outro país, o pedido acabou sendo indeferido por Ernani Reis em 6/2/1945. SV: 1.219/44.

visto permanente para esposa e filhos de técnico útil à indústria do Brasil.

O caso mais antigo relacionado a esse precedente ocorreu no processo relativo à concessão de visto permanente para a suíça Margrit Sulser Abderhalden.[544] Ela era esposa do técnico suíço Johannes Sulser, contratado pelo Ministério da Educação e Saúde Pública "para o ensino de montagem de aparelhos elétricos", que chegara havia pouco ao Brasil. Em 25 de fevereiro de 1942, Gustavo Capanema dirigiu uma solicitação ao MJNI para que autorizasse a concessão do visto. A resposta do MJNI, em 2 de março de 1942, foi a de que "as disposições legais em vigor não permitem atender à pretensão do Sr. Johannes Sulser, a menos que a Sra. Sulser Abderhalden satisfaça alguma das condições do Decreto-Lei 3.175, de 7 de abril de 1941, artigo 2º".

No dia 20 de março de 1942, seguiu outro pedido relacionado à mesma pessoa, dirigido pelo MRE, reiterando que ambos poderiam regressar para a Suíça. Uma vez mais, Ernani Reis e Vasco Leitão da Cunha negaram a solicitação no dia seguinte. Em 9 de abril, a Divisão de Passaportes oficiou a Ernani Reis solicitando reconsideração ao MJNI e encaminhando uma carta que havia sido recebida da Legação Suíça no Rio de Janeiro contendo a mesma reivindicação que o MRE julgava "digna de ser atendida". Capanema voltou a escrever para Leitão da Cunha insistindo na concessão do visto no dia 10 de abril de 1942.

A resposta do MJNI seguiu para Capanema em 13 de março, perguntando se Johannes Sulser "figura entre os técnicos recentemente contratados na Suíça por esse ministério", informação que o ministro da Educação já havia mencionado na primeira carta que enviara. No dia 27 de abril de 1942, Capanema respondeu confirmando o que o MJNI já sabia, mas achou por bem perguntar. Pouco mais de duas semanas se passaram até que, finalmente, antes que o assunto fosse encaminhado a Vargas — como deveria ter sido, pois contrariava a lei e, em tese, somente o presidente poderia abrir uma exceção —, o MJNI aprovou a concessão, em 22 de maio de 1942.

---

[544]AN, SV: 154/42.

A ENTRADA EM VIGOR DO DECRETO-LEI 3.175/41

Entretanto, Ernani Reis não considerou essa aprovação como "precedente estabelecido". Provavelmente, por tratar-se de um caso no qual o visto acabou sendo concedido em razão de pressão e por não ter contado com a base mais usual dessa espécie de jurisprudência de um só juiz supremo, a decisão e o despacho específico de Vargas sobre o assunto.

Outro caso em que a justificativa relacionada à fixação no Brasil de um técnico foi apresentada ocorreu em uma exposição de motivos redigida por Ernani Reis e assinada por Vasco Leitão da Cunha, datada de 4 de julho de 1942. Como eram dias conturbados para Leitão da Cunha, é possível que essa tenha sido a razão — não habitual — de ter delegado ao assistente a redação da exposição.[545] Tratava-se da concessão de visto permanente para a holandesa Frederica Sara Luderitz, requerido pelo marido dela que residia no Brasil, Herbert Luderitz, que trabalhava na produção do Diário Oficial. Na exposição de motivos, o MJNI explicou a Vargas que

> o pedido não tem fundamento na letra da lei. É, porém, verdade que o requerente está contratado pela Imprensa Nacional, como técnico de encadernação, blocagem e acabamento de brochura. A vinda de sua mulher contribuiria, inegavelmente, para a fixação desse técnico num importante serviço do governo. Meu parecer é, portanto, pelo deferimento.

Cinco dias depois, o presidente escreveu o seu despacho no alto e do lado esquerdo do documento: "Deferido. Em 9-7-942. GVargas." Dessa vez, o MJNI agiu na forma da lei e remeteu o assunto para quem tinha competência para abrir uma exceção. Ainda assim, da mesma forma que o caso anterior, esse não se transformou em "precedente estabelecido". Embora possuísse um dos requisitos para tal — a decisão expressa do ditador sobre o assunto —, o visto foi concedido para a esposa de um técnico que, em última análise, trabalhava diretamente para o governo,

---

[545]AN, SV: s/n [42]. Conforme ele mesmo tratou de relatar em suas memórias, 4/7/1942 foi justamente o dia da passeata comemorativa ao Dia da Independência dos Estados Unidos cuja autorização para realização fez Leitão da Cunha protagonizar um grave desentendimento com o chefe de Polícia, Filinto S. Müller. CUNHA, Vasco Leitão da, op. cit. (1994), pp. 88-93.

tal como o processo anterior, que contou com o empenho e a insistência de Capanema.

O caso que passou a ser citado como "precedente estabelecido" foi o processo decidido dois meses depois, envolvendo a concessão de visto para Lucienne Amaury Reuche, em 9 de setembro de 1942.[546] Outro caso envolvendo a autorização baseada no mesmo sentido e na mesma lógica, que também é mencionado em pelo menos um processo, é o de Marek Weinfeld, no qual "a vinda de mulher e dos filhos contribuirá para fixar no Brasil esse bom técnico industrial".[547]

Mas esse precedente, como os demais "precedentes estabelecidos", só era lembrado ou mencionado quando Ernani Reis decidia-se por deferir a solicitação. Antes, durante e depois que o Serviço de Visto consolidou esse princípio, outros técnicos residentes no Brasil não tiveram sucesso em trazer suas famílias.

Em 2 janeiro de 1942, por exemplo, Karl Martin Silberschmidt, que chegou em 1935 ao país para chefiar "a seção de doenças de plantas no Instituto Biológico de São Paulo" e se naturalizara brasileiro em 1940, escreveu para Vargas pedindo que fosse autorizada a vinda da Alemanha de sua família.[548] A exposição de motivos de Leitão da Cunha para o presidente, encaminhada em 7 de fevereiro de 1942, foi muito curta: "O pedido não tem fundamento legal. Aproveito a oportunidade para renovar a Vossa Excelência os protestos do mais profundo respeito." O despacho do presidente foi "Satisfaça as exigências do art. 2º do

---

[546]O "precedente estabelecido" e até o nome de Reuche são citados em alguns processos, como, por exemplo, no SV: s/n [42] (a britânica Rosa Queenie Tessier); SV: 643/43 (a francesa Suzanne Leduc e dois filhos menores); SV: 733/44 (a belga residente no Canadá Maria Suzanne Verhas e três filhas). Lamentavelmente, o processo de Lucienne Amaury Reuche não se encontra arquivado no acervo hoje existente do Serviço de Visto do MJNI.

[547]Mencionado no processo AN, SV: 210/43. Lamentavelmente, o processo de Marek Weinfeld também não se encontra arquivado no acervo remanescente do Serviço de Visto do MJNI.

[548]AN, SV: 163/42. Cinco anos eram um tempo muito curto para que um estrangeiro obtivesse a naturalização, o que indica que seu processo foi acelerado em razão de interesses do próprio governo. Karl pretendia trazer a mãe, a irmã e o irmão. Todos "israelitas", de acordo com a declaração do requerente. O pai de Karl, já falecido, havia sido professor catedrático da Universidade de Munique e juiz do Supremo Tribunal da Baviera.

A ENTRADA EM VIGOR DO DECRETO-LEI 3.175/41

Decreto-Lei 3.175, de 7 de abril de 1941. Em 19-2-942. GVargas", o que significava o indeferimento.[549]

O segundo caso paradigmático trata de um caso que produziu um dos mais volumosos processos arquivados no Serviço de Visto: o relativo à vinda da família do técnico industrial Boris Rosenzveig para o Brasil.[550] Nascido na Rússia em 1895, emigrou na época da Revolução Russa para a Itália e estabeleceu-se em Gênova. Em outubro de 1940, obteve um visto permanente no consulado do Brasil, dentro da quota destinada a "católicos não arianos", concedido em razão de uma autorização especial do governo brasileiro.[551] Boris chegou ao Brasil e foi residir em São Paulo. Segundo ele, ou alguém que redigiu o pedido dirigido ao presidente, tomou "desde logo o meu posto na sua integridade social como e sobretudo econômica. Técnico industrial, autor de inventos com os quais se outra cousa não consegui, tenho contudo por bem provado o meu amor ao trabalho perseverante e honesto".

O objetivo da carta era solicitar que fosse autorizada a concessão de visto permanente para o Brasil de todos os familiares dele, que ainda se encontravam em Gênova: a esposa Dreisin Rebeca Lia Rosenzveig (nascida em Minsk, Rússia), os filhos Albina e Gianni (nascidos em Milão), "todos de religião católica", e o pai, Leivi Rosenzveig, "que vive às expensas do suplicante".[552]

---

[549]O artigo mencionado refere-se aos itens relacionados no decreto relativos às nove exceções em que vistos permanentes poderiam ser concedidos: 1) a portugueses e a nacionais de Estados americanos; 2) ao estrangeiro casado com brasileira nata, ou à estrangeira casada com brasileiro nato; 3) aos estrangeiros que tenham filhos nascidos no Brasil; 4) a agricultores ou técnicos rurais que encontrem ocupação na agricultura ou nas indústrias rurais ou se destinem a colonização previamente aprovada pelo governo federal; 5) a estrangeiros que provem a transferência para o país, por intermédio do Banco do Brasil, de quantia, em moeda estrangeira, equivalente, no mínimo, a quatrocentos contos de réis; 6) a técnicos de mérito notório especializados em indústria útil ao país e que encontrem no Brasil ocupação adequada; 7) ao estrangeiro que se recomende por suas qualidades eminentes, ou sua excepcional utilidade ao país; 8) aos portadores de licença de retorno e 9) ao estrangeiro que venha em missão oficial do seu governo.

[550]AN, SV: 2.550/41 e SV: 210/43.

[551]Sobre o assunto, ver: MILGRAM, Avraham. *Os judeus do Vaticano*. Rio de Janeiro: Imago, 1994.

[552]A esposa era nascida em 8/7/1898; a filha em 25/11/1917; o filho em 13/6/1926; e o pai em 12/3/1867.

O pedido fez produzir pelo MJNI uma exposição de motivos, que foi encaminhada por Leitão da Cunha em 23 de agosto de 1941. No breve texto, mencionou o pedido, listou os nomes e, a despeito da declaração do requerente, informou e concluiu que "todos, como ele, russos e judeus. O pedido não tendo fundamento legal, este ministério opina pelo indeferimento". Leitão da Cunha nem se preocupou em redigir a última linha "padrão" que tinha um sentido de não assumir julgamento ou decisão que eram privativos do chefe, uma das comuns variantes da menção "Vossa Excelência dignar-se-á, contudo, de resolver como for acertado" ou frase de semelhante sentido.

Dois dias depois o presidente fez o despacho no mesmo documento: "Indeferido. Em 25-8-941. GVargas."

No início de 1943 Boris insistiu para que fosse autorizada a vinda de sua família. Conseguiu que, em 10 de março, o interventor federal no Estado do Rio de Janeiro, Amaral Peixoto, escrevesse a Oswaldo Aranha informando que se tratava de familiares de "pessoa que colabora com o governo quer junto à Companhia Siderúrgica Nacional, quer junto à Secretaria de Viação e Obras Públicas do Estado do Rio".[553] Do requerimento não constava mais o nome do pai dele, Leivi, talvez falecido. Dessa vez, instruiu o pedido com um número expressivo de provas relativas à sua atividade industrial. Enviou uma grande quantidade de registros de patentes, plantas, projetos, catálogos técnicos de máquinas e equipamentos, folhetos da empresa que levava o seu sobrenome e que fabricava e vendia todos os seus inventos, como o "britador-granulador Colibri", entre outros. Anexou também seus contratos de fornecimento de equipamentos e os dados contábeis da empresa.

Na guia remetida pela Divisão de Passaportes, informou-se também que a nacionalidade da esposa e dos filhos não estava indicada, mas que eram "provavelmente israelitas".

No dia 30 de março de 1943, Ernani Reis preparou seu breve parecer sobre o assunto. Listou os nomes da esposa e dos filhos de Boris, "russos

---

[553]As informações constam na guia padrão remetida pela Divisão de Passaportes para o Serviço de Visto.

(judeus), residentes na Itália" em favor dos quais era pedido visto permanente. Concluiu observando que "o mesmo pedido já foi indeferido, em 25 de agosto de 1941, pelo Sr. presidente da República, por não ter fundamento legal. Proponho o arquivamento".

Inicialmente, no dia 1º de abril de 1943, Marcondes Filho seguiu o parecerista e mandou arquivar o pedido. Dois dias depois, mudou de ideia. Aparece um risco no despacho anterior e, de próprio punho, o ministro redigiu "junte e volte". Logo abaixo completou: "Solicitem-se informações ao I.F. [interventor federal] do Rio de Janeiro", datou e assinou. Não é possível saber com precisão o que fez Marcondes Filho mudar de ideia. Mas os indícios são que o MJNI recebeu um telefonema de Amaral Peixoto, interessando-se pela concessão. Tal possibilidade parece a mais provável, baseada também no fato de aquele interventor, em outras oportunidades, ter interferido na concessão de vistos, ou se interessado por ela, a estrangeiros, em especial que se ocupassem de atividades relativas ao desenvolvimento da indústria no Estado do Rio de Janeiro. O teor do ofício encaminhado pelo MJNI, em 5 de abril de 1943, também induz a essa conclusão:

> Prezado amigo comandante Amaral Peixoto,
> A respeito da concessão de visto de entrada no Brasil a pessoas da família do senhor Boris Rosenzveig, cumpro o dever de levar ao seu conhecimento que Sua Excelência o Senhor presidente da República, em 25 de agosto de 1941, já indeferiu a pretensão.
> Muito lhe agradeceria, portanto, o obséquio de comunicar-me as novas informações que possuir sobre o caso e que me habilitem a proceder sem ofensa daquela alta decisão, no novo pedido que agora é feito a este ministério.

O texto notifica, com os devidos cuidados de redação, que a concessão já fora indeferida por Vargas. Ao fazer a ressalva, o MJNI tinha também a esperança de fazer o interventor desistir do pedido. Mesmo sendo genro do ditador, certos cuidados sempre se faziam necessários, não sendo usual e inteligente simplesmente contestar uma decisão de Vargas.

A resposta do interventor foi encaminhada em 31 de maio de 1943. Não trouxe, de fato, nenhuma informação de que o MJNI já não dispusesse por meio dos inúmeros anexos remetidos por Boris pouco mais de um mês antes. Mas concedeu ou reiterou testemunhos pessoais seu e de seu secretário de governo, personagens de expressão política.

Amaral Peixoto dirigiu-se ao ministro com um bem mais comedido "Prezado ministro Marcondes Filho", disse pretender fazer chegar ao MJNI "as novas informações que possuo. Penso, mesmo, possam elas ser suficientes a habilitar-me, sem ofensa à decisão de 25 de agosto de 1941", submeter novo "pronunciamento de Sua Excelência o pedido ora nesse ministério". E reafirmou que Boris "vem colaborando com o governo, quer junto à Companhia Siderúrgica Nacional, quer junto à Secretaria de Viação e Obras Públicas deste estado, cujo titular, o major Hélio de Macedo Soares e Silva, o considera técnico capaz, honesto e o melhor fabricante de máquinas para construção".

Com o cuidado de não desqualificar ou censurar as decisões anteriores — de Vargas, em 1941, e do MJNI, em 1943 —, tratou de indicar uma saída que não produziria maiores contragostos para aquela situação, reiterando que Boris

> É, hoje, negociante estabelecido em São Paulo, com propriedades e dispondo de crédito, o que, realmente, não se verificava em 25 de agosto de 1941, data da anterior decisão presidencial, quando, ainda, não havia instalado indústria e não possuía bens de raiz. As três cópias fotostáticas que a esta acompanham elucidam a asserção. Trata-se de um engenheiro de nacionalidade russa, especialista em mecânica industrial, que pode assegurar, no país, o bem-estar da família [...] cuja vinda para o Brasil constitui sua maior aspiração.

Embora na guia do MRE de 1943 já aparecessem essas informações essenciais, o MJNI sentiu-se pressionado e voltou atrás. Não dando resultado o argumento baseado na decisão já proferida por Vargas, a solução mais prudente foi a de acomodar e conceder a Boris o tratamento que teria recebido um não "indesejável" em semelhante situação.

A ENTRADA EM VIGOR DO DECRETO-LEI 3.175/41

No dia 28 de junho de 1943, decorrido tempo para que Ernani Reis fizesse todos os possíveis levantamentos junto às autoridades, especialmente as policiais, redigiu seu parecer. Após longo e detalhado histórico relacionado ao caso, informou que Boris

> tem propriedade e crédito, o que não se verificava em 25/8/1941, data da decisão do Sr. presidente da República. Acompanham a carta três cópias: ordem de compra da Companhia Brasileira de Alumínio, no valor de Cr$ 260.833,00, pela qual se verifica que Boris Rosenzveig é fornecedor de máquinas; recibo do pagamento do imposto como construtor de máquinas e certificado de compromisso de compra e venda de uma área de 2.726.35 m2 na capital do Estado de São Paulo. Tendo em vista o precedente firmado no caso de MAREK WEINFELD, e como a vinda de mulher e dos filhos contribuirá para fixar no Brasil esse bom técnico industrial, proponho o deferimento.

Em realidade, com ou sem o apoio do interventor, se dependesse de Ernani Reis o pedido não teria sido aprovado. Esse caso constitui-se em um dos tantos processos nos quais se tem a nítida impressão de que Marcondes Filhos assinou o parecer sem a devida atenção para com o assunto. Ernani Reis já sabia do interesse de Amaral Peixoto, uma vez que lera a guia remetida pelo MRE. Mas, por considerar que o pedido não deveria ser aprovado, simplesmente o ignorou.

Os "precedentes estabelecidos" só surgiam quando era necessário dar base técnica ou se pretendesse justificar uma decisão tomada. Antes da carta do interventor, fosse o solicitante alguém que cumprisse "as exigências físicas e morais", e não o russo católico qualificado como israelita, Ernani Reis provavelmente se lembraria de mencionar os "precedentes estabelecidos" para aprovar o pedido sem que houvesse a necessidade de consultar qualquer autoridade ou certificados e documentos para tal.

O terceiro e último processo apresentado como paradigmático é o relativo à autorização para concessão de visto temporário para a britânica Maud Cohen, que se encontrava em Madri.[554] Em 16 de

---

[554]AN, SV: 833/43.

setembro de 1943, o MRE encaminhou ao MJNI o pedido de concessão de visto temporário (turismo), informando que a interessada "foi recomendada ao embaixador do Brasil em Madrid pelo embaixador de Portugal ali, como pessoa de toda a honorabilidade, que deseja vir ao Brasil para tratar de assuntos particulares". A guia do Itamaraty informava que Maud era "portadora de passaporte britânico. SEMITA".

Com esse perfil, Ernani Reis tratou de opor-se à concessão. Depois de uma breve descrição das informações relativas ao pedido, concluiu, em 22 de setembro de 1943:

> Não estando devidamente esclarecidos esses assuntos particulares, e consideradas as dificuldades de transporte existentes entre o Brasil e a Espanha, as quais tornam extremamente problemático o regresso e eliminam a hipótese de viagens de turismo transatlânticas, proponho o indeferimento.

No dia seguinte, Marcondes Filho assinou o parecer, do qual já constava a palavra "indefiro" previamente datilografada.

Em 14 de outubro de 1943, a Divisão de Passaportes encaminhou ofício a Ernani Reis em caráter "Urgente" e "Reservado". No documento era informado que Oswaldo Aranha "está muito interessado, a fim de atender a uma solicitação do senhor embaixador de Portugal, em que seja autorizado o visto temporário em favor da senhora Maud Cohen". Informou ainda que ela era portadora de passaporte britânico e que em qualquer época poderia regressar a Portugal ou à Grã-Bretanha e que viria ao Brasil a turismo.

No dia 25 de outubro, Ernani Reis preparou um longo parecer. Nele, uma vez mais historiou o processo e, a respeito do parecer anterior, disse que "era natural a recusa". A seguir relatou o ofício recebido do MRE e fez as seguintes considerações:

A ENTRADA EM VIGOR DO DECRETO-LEI 3.175/41

A declaração de que a Sra. Cohen poderá regressar a Portugal ou à Grã-Bretanha em qualquer época significa apenas que ela tem, por enquanto, o direito de fazê-lo; mas não desfaz a convicção de que a viagem de regresso é problemática, em vista das dificuldades de transporte. Sendo ela apenas *portadora* de um passaporte britânico, isto significa que ela não é realmente um súdito britânico. Costumam ser qualificados como *portadores* de passaporte britânico as pessoas de nacionalidade *palestinense*. Essas pessoas são nominalmente protegidas pelo governo britânico. Mas esse governo já tem cassado passaportes dessa natureza quando os seus portadores se acham em viagem. Deu-se pelo menos um caso destes no Brasil. Por outro lado, não deixa de ser estranho que por essa portadora de passaporte britânico se interessem não as autoridades britânicas, mas, como se vê dos autos, o embaixador de Portugal em Madrid e, agora, o embaixador de Portugal no Rio.

Contudo, o interesse demonstrado pelo senhor ministro das Relações Exteriores leva-nos a pensar que talvez a matéria seja politicamente relevante e que a alegação de turismo seja apenas um disfarce para a viagem da Sra. Cohen.

Isto posto, e considerando que, se a alegação de uma viagem de turismo entre a Europa e o Brasil é, no momento, aparentemente irrelevante, a concessão do visto, no caso, é, todavia, *legal*, proponho que a mesma seja deixada à vontade do senhor ministro das Relações Exteriores, com as ponderações que acima foram feitas.[555]

Sem conhecer pormenores do pedido ou da nacionalidade de Maud, Ernani Reis deduziu que ela era uma judia "palestinense". Tratou de não confrontar Oswaldo Aranha, ao mesmo tempo em que deixou no ar uma série de considerações e desconfianças, todas baseadas em sua particular e habitual interpretação das informações, que o conduzia a uma série de deduções que em seus pareceres eram transformadas em certezas e despachos de indeferimento. Era um exercício ao qual ele estava acostumado e produziu um bom número de impedimentos, já que, na maioria dos casos, os estrangeiros não solicitaram reconsideração e

---

[555]Os grifos no original, redigido por Ernani Reis.

quando o fizeram, o parecer seguinte repetiu o indeferimento em razão de não ter "apresentado fato novo" ou, de acordo com Ernani Reis, "a meu ver, não há argumento novo que conduza a modificar as decisões proferidas no processo".[556]

Assim, deixou claro suas impressões convertidas em certezas. Que Maud era uma refugiada, já que a presença na Península Ibérica seria evidência que a condição de judia tratava de confirmar, que pretendia, com o visto temporário de turista, entrar irregularmente no Brasil e depois aqui ficar à revelia da lei. Isso decorreria a partir da ocorrência de três fenômenos simultâneos e inevitáveis: ela não poderia sair do Brasil devido às dificuldades de transporte por meio marítimo; pelo fato de ser "palestinense" e apenas "portadora" de documento britânico, não era "realmente" um súdita daquele país e não teria reingresso garantido posteriormente; a qualquer momento o governo britânico iria retirar o documento de viagem dela e ela se tornaria uma apátrida no Brasil. Uma prova desse desinteresse ou descaso dos britânicos por ela era observada no "estranho" fato de ela recorrer à interferência de diplomatas portugueses para pedir por ela. E por fim, depois de apontar a irregularidade dada como certa, Ernani Reis apresenta uma justificativa (não sincera para ele) de que a viagem pudesse ser "politicamente relevante", transparecendo claramente que essa possibilidade ele não acredita ser factível. O disfarce mencionado no texto tem a conotação de atribuir a autorização de um visto do gênero, repleto de suposições do assistente do ministro (que se verificariam incorretas) em relação às condições legais não atendidas, como verdadeiro disfarce para a refugiada emigrar irregularmente para o Brasil.

A mensagem subliminar de Ernani Reis era deixar a entender que o ministro do MRE estava incorrendo em irregularidade e seria responsável por ato que a produziria. Com o despacho de Marcondes Filho, assinado no dia seguinte, o MJNI encaminhou aviso a Oswaldo Aranha, em 5 de novembro de 1943, a respeito do parecer de Ernani Reis. No

---

[556]Como, por exemplo, os autos AN, SV: 467/42 e SV: 204/43 relativos ao pedido de Henrique (Henry) Polack.

A ENTRADA EM VIGOR DO DECRETO-LEI 3.175/41

texto assinado por Marcondes Filho, e redigido por Ernani Reis, uma vez mais fazem-se o histórico do caso e as respectivas justificativas das decisões e despachos. Autorizando ao mesmo tempo em que censurava educadamente, informou Oswaldo Aranha que

> os dados que são oferecidos não desfazem a convicção de que a viagem de volta será problemática e de que, sendo apenas indicada como portadora de um passaporte britânico, é possível que a Sra. Cohen realmente não possua a qualidade de súdito britânico. No entanto, o fato de estar Vossa Excelência empenhado em que a solicitação seja atendida e de existirem recomendações dos Srs. embaixadores de Portugal nesta capital e em Madrid, levou-me a pensar que a matéria pode ser politicamente relevante. Isto posto, e tendo em vista que a concessão de visto temporário, aparentemente contraindicada, é todavia legal, julguei que o melhor alvitre seria deixar a solução do pedido ao elevado critério de Vossa Excelência, o que faço por meio deste. Muito agradeceria a Vossa Excelência o obséquio de informar-me da sua decisão, para que as autoridades da fiscalização possam oportunamente ser avisadas.

Dessa forma, além de reiterar o estranhamento em relação ao deferimento do pedido, passava-se a Aranha toda a responsabilidade pelo ato, que seria, para todos os fins, documentado por meio da resposta ao aviso.

No dia seguinte, 6 de novembro de 1943, Oswaldo Aranha respondeu ao ofício do MJNI: "Em resposta, levo ao conhecimento de Vossa Excelência que autorizei a concessão do visto em caráter temporário em favor da referida senhora, a qual deverá desembarcar nesta capital" e não se preocupou em justificar mais coisa alguma. Cinco dias depois, em 11 de novembro, Oswaldo Aranha voltou a encaminhar ofício a Marcondes Filho. A embaixada do Brasil em Madrid avisou que Maud "viaja com certificado de identidade expedido pelo Consulado da Grã-Bretanha na referida capital, e não com passaporte britânico, como anteriormente havia comunicado". E avisou que mantivera a autorização. Especialmente em razão de declaração que recebera um dia antes do Consulado Geral de Portugal no Rio de Janeiro.

O documento anexo certamente causou muita surpresa a Ernani Reis. Nele o cônsul português declarou que Maud não só tinha "o seu regresso a Portugal garantido por este Consulado Geral" como também informou "que em qualquer momento" que ela desejasse lhe concederia passaporte.

Em 24 de novembro, Ernani Reis oficiou à DEE e ao DNI informando que, embora tivesse comunicado em 16 de setembro que o MJNI negara visto à Sra. Cohen, avisava naquele momento que a decisão havia sido modificada e autorizada.

Em 20 de setembro de 1944, Maud Cohen se encontrava na Argentina. De lá solicitou novo visto temporário para o Brasil. Dessa vez, a guia remetida pelo MRE informava como "portuguesa" a sua nacionalidade. Como não poderia deixar de ser, com um sobrenome como esse, ao lado do nome a guia trouxe entre parênteses o dizer "judia". Quando a guia do MRE chegou às mãos de Ernani Reis, ele tratou de redigir longo parecer no qual, uma vez mais, pormenorizou todos os detalhes do processo de autorização da entrada anterior, reiterando que ela havia dito antes que tinha passaporte britânico e possuía na verdade apenas um certificado de identidade etc. E concluiu no dia 2 de outubro de 1944:

> Agora, a mesma estrangeira está em Buenos Aires e pede novamente visto, temporário, constando, porém, que a sua nacionalidade é portuguesa. Existe uma contradição considerável entre essa nacionalidade declarada e a qualidade em que antes apareceu a interessada. Proponho que se peça ao Ministério das Relações Exteriores o obséquio de informar a que título a interessada possui a nacionalidade portuguesa, que não lhe fora atribuída anteriormente.

Marcondes Filho uma vez mais rubricou seu despacho previamente preparado no dia seguinte e, em 6 de outubro, Ernani Reis oficiou à Divisão de Passaportes solicitando que a contradição fosse esclarecida.

A resposta do MRE foi encaminhada três dias depois:

A ENTRADA EM VIGOR DO DECRETO-LEI 3.175/41

O cônsul-geral de Portugal nesta capital declara ser a senhora Cohen filha de inglês e de portuguesa, nascida em Portugal, onde aliás sempre viveu, e que nunca deixou de ter a nacionalidade portuguesa, de harmonia com as leis em vigor. Para que a tivesse perdido seria necessário que à sua maioridade tivesse optado pela nacionalidade inglesa, o que não fez, nem poderia ter feito, porque era ao mesmo tempo portuguesa também pelo casamento. A razão pela qual não foi atribuída anteriormente na guia nº. 1.094, de 16 de setembro de 1943, a nacionalidade portuguesa à senhora Cohen deve ser porque a consulta transmitida pela embaixada do Brasil em Madrid tinha a indicação de "British by birth".

A resposta não iria satisfazer Ernani Reis, ávido por identificar uma irregularidade que pudesse justificar o seu completo equívoco inicial relacionado à análise, às impressões e às certezas a respeito da estrangeira e do caso. Em 16 de outubro o assistente do ministro redigiu outro parecer detalhando o processo inteiro no fim, repetindo a última resposta da Divisão de Passaportes. E concluiu: "Não está suficientemente explicado o motivo pelo qual, sendo portuguesa, a interessada viajou da Europa para o Brasil com certificado de identidade britânico, ao invés de fazê-lo com passaporte português. Proponho seja pedido este esclarecimento ao Itamaraty."

Que diferença técnica ou legal faria realmente para o MJNI o esclarecimento desse assunto? O que exatamente procurava o assistente do ministro? Uma irregularidade de Maud ou da embaixada do Brasil em Madri? Qual seria a razão da insistência de Ernani Reis em relação a essa quase obcecada ânsia de identificar irregularidade? Novo despacho pré-aprovado e nova rubrica de Marcondes Filho conduziram à continuidade ou ao protelar da autorização de concessão de visto temporário para Maud, que esperava resposta em Buenos Aires.

Em 19 de outubro, Ernani Reis oficiou à Divisão de Passaportes uma vez mais, dessa vez solicitando que "este ministério seja informado sobre a razão pela qual a senhora Maud Cohen viajou da Europa para o Brasil com certificado de identidade britânico, ao invés de fazê-lo com passaporte português".

A resposta da Divisão de Passaportes seguiu no dia 25 de outubro. Com ela foi encaminhada cópia da carta do cônsul português explicando o "motivo de natureza privada" que levou a estrangeira, filha de inglês, a recorrer ao consulado britânico em Madri. O documento utilizado por Maud só seria válido para o Brasil. Uma vez que o Itamaraty obteve do consulado português a garantia de que concederia a ela um passaporte e que "estava garantido o regresso a Portugal", procedeu com a autorização de concessão de visto. "Essa declaração foi, aliás, transmitida a esse ministério" e citou os números dos avisos relativos ao assunto.

Curiosamente, depois de prestar todos esses esclarecimentos, conclui o chefe da Divisão de Passaportes que

> Acrescentarei ainda a informação prestada a este ministério pelo mesmo cônsul-geral de ser a referida senhora ligada por parentesco à conhecida família portuguesa Espírito Santo, sendo sua mãe portuguesa, católica, e ela própria é também católica. No parecer deste ministério, o caso apresenta-se agora com outra feição, desaparecendo, com essa informação, o motivo da obrigatoriedade de consulta prévia para o visto, estabelecida no § 4º do art. 4º das Instruções para a aplicação do Decreto-Lei 3.175, de 7 de abril de 1941.

Ernani Reis não só havia se equivocado em relação à condição de refugiada que logo perderia a sua documentação britânica como a Sra. Cohen era católica.

As explicações do cônsul português deixam transparecer uma certa perplexidade com a insistência no assunto e a sistemática necessidade de explicar e tornar a explicar o mesmo assunto, fornecendo uma vez mais as mesmas informações. Explicou que no documento inglês "se declarava expressamente a sua *nacionalidade portuguesa*, com a indicação complementar de 'British of birth'".[557] E mencionou uma vez mais os procedimentos que adotara para comprovar "ter a requerente direito a passaporte português" e todos os demais detalhes do caso. Comentou ainda que "a

---

[557]Grifo no original.

circunstância de a referida senhora ter sido portadora de um certificado inglês já a expliquei a Vossa Excelência por razões de caráter particular. não tinha a tempo autorização do marido para sair de Portugal, formalidade de que depende a concessão do passaporte português".

Em 1º de novembro de 1944, Ernani Reis redigiu seu quinto e último parecer relativo ao pedido de Maud Cohen. Na medida em que o caso foi produzindo novas correspondências e respostas, o parecer de Ernani Reis já não cabia mais em um único ofício, chegando a perto de cinquenta linhas para dar conta de toda a história que, em realidade, havia muito deveria ter sido resolvida. Não satisfeito, concluiu o assistente do ministro:

> As explicações não desvanecem a estranheza causada pelo fato de a interessada viajar com um documento que não corresponde com exatidão à sua nacionalidade. Em vista, contudo, das explicações dadas pelo Itamaraty, e segundo as quais a interessada possui, de direito, a nacionalidade portuguesa, proponho o deferimento, na forma do pedido (180 dias).

Marcondes Filho assinou abaixo do "aprovo" previamente datilografado juntamente com o mês e o ano e colocou o dia, 4.

O caso é adequado como exemplo das preocupações, dos estereótipos, das classificações, certezas, implicâncias e até perseguições que o Serviço de Visto impunha a muitos estrangeiros. O principal problema de Maud Cohen para com o assistente do ministro foi o de não corresponder às deduções do funcionário. Em alguns prontuários, Ernani Reis procedeu com semelhante insistência e, no fim, por confirmar as suas suspeitas, deixou expresso no parecer uma certa vaidade.

Embora tenha proposto a aprovação da autorização de concessão do pedido, isso serviria apenas simbolicamente e, em verdade, foi perda de tempo. Conforme comunicou o chefe da Divisão de Passaportes, o visto temporário de Maud Cohen iria ser concedido independentemente da resposta de Ernani Reis. A solicitante era portuguesa nata e católica. Deixava de ser incluída então nos casos que estavam sob a competência decisória do MJNI.

IMIGRANTE IDEAL

Em verdade, mesmo pelas rigorosas regras então estabelecidas, o processo nem deveria ter sido iniciado em 1943. Tal ocorreu tão somente em razão das práticas de identificar e qualificar os estrangeiros usando como parâmetro único os sobrenomes. Tendo o nome sido descolado da etnia, a mesma Sra. Cohen seria então bem-vinda.

A não ser que a insistência de Ernani Reis estivesse relacionada a um fato não mencionado em nenhum dos documentos, mas que se deduz da documentação: o pai ou o marido de Maud era judeu. Se fosse o marido português, por não acompanhá-la, a condição não traria o pedido de concessão para a esfera decisória do MJNI. Mas tratando-se do pai, dentro dos critérios e das práticas estabelecidos no ministério, fazia da solicitante católica filha de mãe católica uma judia. E, nesse caso, a concessão de visto estaria necessariamente condicionada à aprovação pelo Serviço de Visto. É possível que tenha sido essa a razão do ânimo de protelar e da insistência de Ernani Reis, por todas as formas, de esclarecer cada detalhe do pedido e elaborar seu parecer manifestando a sua "estranheza" relacionada aos procedimentos e ao caso. O condicionamento dele era esse nos casos em que o solicitante era considerado israelita ou indesejável, conforme tratarei de exemplificar no próximo capítulo.

CAPÍTULO 7 A eugenia nas entrelinhas

Art. 38 — Não será aposto o visto se o estrangeiro não satisfizer as exigências dos artigos anteriores; for aleijado ou mutilado, inválido, cego, surdo e mudo; for inadmissível em território nacional a juízo da autoridade consular; [...] ou se a autoridade consular tiver conhecimento de fatos ou razoável motivo para considerá-lo indesejável.[558]

Art. 3º — O Ministério da Justiça e Negócios Interiores coordenará as providências necessárias à execução desta lei, de modo que melhor corresponder ao bem público.

Cabe-lhe especialmente:

declarar impedida a concessão do visto a determinados indivíduos ou categorias de estrangeiros; [...]

§ 1º — Para esse fim, a autoridade consular, depois de entrar em contato com o interessado e concluir que ele *reúne os requisitos físicos e morais* exigidos pela legislação em vigor [...][559]

---

[558]Artigo 38 do Decreto-Lei 3.010 (20/8/1938), § único do mesmo artigo: "As condições relativas a lesões orgânicas — insuficiência funcional, aleijão (deformidade) ou mutilação, invalidez, cegueira, surdez, mudez — serão dispensadas se o estrangeiro vier ao Brasil em caráter temporário."

[559]Parágrafo 1º do art. 3º do Decreto-Lei 3.175/41. O grifo é meu.

7.1 Dos requisitos físicos e morais: a necessária apresentação ao consulado

No presente capítulo, indicarei processos nos quais, especialmente, Ernani Reis e os diferentes ocupantes da pasta do MJNI expressam seus pontos de vista, valores e suas contradições. Diversos modelos de procedimentos serão apresentados. Assim como o posicionamento do Serviço de Visto em relação às situações que surgiram.

No dia 24 de agosto de 1942, o português José Augusto Braz, residente no Brasil, escreveu ao presidente da República solicitando que a esposa Maria do Carmo Guerra, de 41 anos, e a filha Ermelinda, de 15, residentes em Freixo da Serra, Portugal, fossem autorizadas a emigrar para o país.

A solicitação foi encaminhada ao MJNI. Em 17 de outubro do mesmo ano, em uma exposição de motivos assinada por Marcondes Filho — mas redigida por Ernani Reis — o MJNI reiterou junto a Vargas que de acordo com o Decreto-Lei 3.175/41 "o estrangeiro que pretenda viajar para o Brasil deve apresentar-se ao consulado brasileiro no lugar onde reside, cumprindo as condições legais, entre as quais se acham a prova de bons antecedentes e a de boa saúde. É, portanto, caso de arquivamento".[560]

A ausência do sobrenome do marido no nome da mulher possivelmente chamou a atenção do MJNI. Conforme já mencionado, a regra de impor a apresentação tinha como objetivo permitir ao cônsul que verificasse pessoalmente se os solicitantes reuniam as condições físicas para a concessão do visto. A distância, sem uma análise pessoal dos solicitantes, a concessão não era recomendável.

Entretanto, quando do exterior, os solicitantes contaram com o auxílio de parentes ou interessados na concessão do visto que já residiam no Brasil, esses sistematicamente dirigiram os seus requerimentos diretamente aos ministérios, normalmente ao MRE. Quando em se tratando de gente informada a respeito da existência do Serviço de Visto, os pedidos foram encaminhados diretamente ao MJNI — o que fazia com que Ernani Reis reiteradamente redigisse pareceres informando

---

[560]AN, SV: s/n [42].

A EUGENIA NAS ESTRELINHAS

que a lei em vigor determinava que tais pedidos deveriam ser dirigidos aos consulados brasileiros no exterior. Em um parecer elaborado em 14 de maio de 1943, o assistente do ministro transpareceu irritação ao afirmar que "ainda uma vez se insiste em solicitar o visto nesta capital, ao contrário do que dispõe o Decreto-Lei 3.175".[561]

O mesmo se deu com o também português Elias Julião de Gouveia, de 19 anos. O irmão desse, Gabriel Paulo Gouveia de Freitas, residente na cidade de São Paulo, escreveu em 20 de agosto de 1942 a Vargas pedindo que fosse concedido um visto permanente para Elias, que residia na Ilha da Madeira. Comprometia-se a se responsabilizar pela manutenção dele.[562] Como os demais, o pedido foi remetido ao MJNI.

Em resposta, no dia 9 de novembro de 1942 o ministro dirigiu a Vargas uma exposição de motivos. No texto, Marcondes Filho — ou muito provavelmente Ernani Reis, embora a assinatura do documento fosse do primeiro — uma vez mais informou o presidente que de acordo com o Decreto-Lei 3.175/41 "o estrangeiro que pretende imigrar para o Brasil deve comparecer ao consulado brasileiro do lugar onde reside e aí satisfazer as condições fixadas, inclusive de prova de boa saúde, bons antecedentes e aptidão para o trabalho. É, portanto, o caminho que deve seguir o irmão do requerente". O despacho foi anotado à mão no lado superior esquerdo do documento: "Aprovado. Em 11-11-942. GVargas." No caso, o presidente referia-se ao parecer, e não à concessão do visto.

Em 17 de fevereiro de 1943, a brasileira Lourdes Vidal Rodrigues, residente na Bahia, encaminhou ao MJNI um pedido relativo à vinda do pai, o espanhol Manuel Vidal Counhago, que se encontrava na Espanha.[563] Remeteu cópias das certidões de casamento e de nascimento dela e dos irmãos, todos brasileiros, filhos de mãe também brasileira, além de comprovações relativas aos inúmeros imóveis que Manuel Vidal e sua família possuíam em Salvador. Informaram também que o pai vivera por trinta anos no Brasil. Mas a informação, mencionada com o

---

[561]AN, SV: 602/42 e 443/43.
[562]AN, SV: s/n [42]. Pedido protocolado na Presidência da República sob o n.º 23.522/42.
[563]AN, SV: 192/43.

fim de justificar a viagem para o exterior, certamente foi a que chamou a atenção do MJNI e fez com que o visto não pudesse ser autorizado. Manuel Vidal havia viajado para a Espanha para tratamento de saúde. Tal fato não poderia passar pelo rigor do Serviço de Visto. No dia 17 de março de 1943 Ernani Reis escreveu em seu parecer: "É caso previsto no Decreto-Lei 3.175, art. 2°, mas de acordo com esse mesmo decreto-lei, o visto deve ser pedido, pelo estrangeiro, ao consulado do Brasil no lugar onde reside." Fernando Antunes, respondendo interinamente pelo MJNI, aprovou o parecer no dia seguinte. É de se presumir que Manuel Vidal já houvesse tentado, sem sucesso, na cidade espanhola de Vigo, onde se encontrava, a obtenção da concessão. Até o fim do funcionamento do Serviço de Visto no MJNI, em maio de 1945, não existem novos registros no processo ou indícios de que a família tenha lançado mão do único recurso então cabível: solicitação dirigida ao presidente da República.

Em 20 de setembro de 1943 o MJNI produziu uma exposição de motivos para instruir Vargas em relação à solicitação dirigida ao presidente em uma carta escrita e enviada do Paraguai por Yolanda Samaniego, no dia 30 de junho de 1943.[564] Nela a estrangeira apresentava-se como doente e viúva e "com um filho doente precisando de clima ameno e desejando viver no Brasil". O primeiro argumento do MJNI dirigido a Vargas para sugerir que o pedido não fosse atendido foi o de que a nacionalidade da solicitante não estava esclarecida. O segundo era o de que, de acordo com o Decreto-Lei 3.175/41, o pedido deveria ser feito ao consulado brasileiro "no lugar onde reside o interessado, feitas as provas de saúde e bons antecedentes. É o que deverá fazer a suplicante, caso satisfaça as exigências legais. Proponho o arquivamento". Dessa forma, em 27 de setembro de 1943, Vargas assinou e assinalou: "Arquive-se."

Uma senhora, provavelmente paraguaia, talvez de origem étnica indígena, viúva, doente, com seu filho doente, não era uma solicitante que pudesse ter um visto aprovado pelo MJNI. E ela possivelmente já havia se dirigido ao consulado e tivera o visto negado. Daí ter tido a iniciativa de solicitá-lo a Vargas.

---

[564] AN, SV: 812/43.

7.2 Deficientes físicos: "Aleijados e mutilados"

De acordo com a legislação, cabia aos cônsules brasileiros a responsabilidade de selecionar criteriosamente os potenciais imigrantes e impedir a vinda para o Brasil de estrangeiros que não estivessem de acordo com os parâmetros estabelecidos. A maioria absoluta dos solicitantes que naquele período buscaram um visto para o Brasil e não atenderam aos "requisitos físicos e morais" recebeu uma negativa e desses episódios não se fez registro. Os casos que deixaram registros foram exceções. Situações nas quais os processos por alguma razão — no mais das vezes apelo dirigido ao presidente da República; intervenção de pessoa influente ou já residente no Brasil — lograram produzir recurso e, dessa maneira, documentação em processo.

Casos e decisões do Serviço de Visto em 1941 deixaram registros esparsos. Entretanto, situações ocorridas nos portos brasileiros nesse mesmo ano se constituem em indicativo da efetivação da política estabelecida nos decretos e dos procedimentos adotados pelas autoridades brasileiras. Um caso paradigmático desses procedimentos ocorreu quando da chegada do vapor *Bagé* ao porto do Rio de Janeiro, em 29 de setembro de 1941. Em meio a centenas de imigrantes, o casal Kurt Marx e Ruth Hanna Marx não foi autorizado a desembarcar pelas autoridades portuárias, que comunicaram ao CIC que "o impedimento oposto ao seu desembarque e ao de um filho do casal, de dois anos de idade, por apresentar este um defeito físico nos dedos". Excepcionalmente, no dia do desembarque havia jornalistas no porto e o caso ganhou destaque em alguns jornais. O *Jornal do Brasil*, que entrevistou diversos passageiros e descreveu o navio *Bagé* como conduzindo "verdadeira Babel em seu bojo, de maneira que a visita das autoridades foi, por força das circunstâncias, bastante demorada". De acordo com George Jean Marx, "um médico sanitarista" impediu o desembarque dele e dos pais, mas uma ordem de Getúlio Vargas contornou a situação e eles puderam desembarcar.[565] Poucos dias depois, o assunto foi tratado durante a reunião do

---

[565]Depoimento de George Jean Marx, por telefone, em 7/10/2010.

CIC e, considerando que [o "defeito físico"], "entretanto, não lhe tolhe o uso das mãos" e que "visto não se enquadrar o caso nos impedimentos absolutos previstos pelo regulamento de imigração, e considerando ainda que a criança é mantida pelos pais e deles não pode ser separada, o Conselho resolveu deferir o requerimento" em que "Kurt Marx e sua esposa pediam ao Conselho autorizar a Saúde dos Portos a levantar o impedimento oposto ao seu desembarque".[566]

O caso efetivamente era previsto pela lei como determinante de impedimento, tanto que acabou por ser apontado pelo "médico sanitarista" no porto do Rio de Janeiro. O contraditório parecer, que por um lado tinha a aparência de não considerar inválida a criança, mas por outro afirmava que ela seria "mantida pelos pais", efetivamente e na prática tão somente buscava conceder à autorização excepcional de Vargas um tom de conformidade com a lei.

Embora a lei permitisse a concessão de vistos em caráter temporário para portadores de deficiências físicas, em maio de 1942 o espanhol Emilio Recorder Clavell encontrou resistência para obter um visto para visitar o irmão que residia em Minas Gerais. O MRE informou na guia do pedido, remetida no dia 19 de maio de 1942, que "o interessado é mutilado de guerra no braço direito". Informou também que possuía documentação completa, ou seja, poderia também retornar ao país de origem, e recursos suficientes. No dia 28 de maio de 1942 Ernani Reis, com a anuência de Vasco Leitão da Cunha, negou a autorização para a concessão. Com a negativa do pedido em Madri, Clavell decidiu então se dirigir a Buenos Aires.

Em 11 de agosto de 1942, o Itamaraty avisou ao MJNI que autorizara a concessão de um "visto oficial grátis", com validade de dois meses, no passaporte oficial do cidadão espanhol. Clavell conseguiu junto à embaixada espanhola na capital argentina apoio e um tipo de passaporte que não possuía. Diante do passaporte oficial, uma recusa poderia criar um incidente diplomático. A solução adotada para contornar a situação foi a concessão de "um visto oficial grátis" com prazo de dois meses,

---

[566]Ata da 191ª Sessão do CIC, de 3/10/1941.

A EUGENIA NAS ESTRELINHAS

semelhante a um visto de trânsito. Uma forma que, de acordo com a lei em vigência, não existia para vistos dessa natureza.

O objetivo do solicitante não era oficial, mas visitar um irmão, conforme declarou. A contradição e a contrariedade às leis tiveram de ser assimiladas por Ernani Reis, que então procedeu orientando a sua secretária Heloísa a fazer as comunicações às autoridades competentes "consignando que a permissão não poderá exceder de dois meses".

Mesmo sendo Clavell portador de uma deficiência física não heredi- tária ou potencialmente transmissível, o MJNI possivelmente procurava impedir tal concessão com o fim de não criar precedentes relacionados à concessão de vistos para pessoas que apresentassem defeitos físicos, pois com esse cuidado acreditavam estar evitando a entrada de pessoas com deficiências físicas hereditárias.[567]

Em 25 de agosto de 1944, o MRE encaminhou ao Serviço de Visto a solicitação do português José Tomaz dos Reis, negociante estabelecido no Brasil.[568] O solicitante desejava trazer de sua terra natal, em caráter permanente, a esposa Ilda Soares Albergaria e o filho menor Joaquim Soares dos Reis, ambos portugueses. Entretanto, a Divisão de Passaportes do Itamaraty informou na guia que "o menor é paralítico dos membros inferiores, o que, de conformidade com o art. 38 do decreto 3.010, não permitiria o seu ingresso no Brasil em caráter permanente". A resposta de Ernani Reis tardou quase um mês. No dia 21 de setembro de 1944, determinou que fosse informado sobre o tempo de permanência do soli- citante como residente no Brasil. A resposta foi encaminhada dias depois: José Tomaz dos Reis havia chegado ao Brasil em 16 de agosto de 1941. Em 6 de outubro de 1944, Ernani Reis redigiu um pequeno histórico do caso em seu parecer e sentenciou: "Isto posto [o fato de o menor ser paralítico], e tendo em vista que não se trata de antigos residentes, de vez que o pai chegou ao Brasil em 1941, proponho o indeferimento." No dia seguinte o ministro ratificou o parecer e o pedido de concessão de visto foi negado.

---

[567]AN, SV: 359/42.
[568]AN, SV: 944/44.

Ao informar a condição física de um dos pretendentes ao visto, o MRE antecipou-se a uma possível resposta do Serviço de Vistos no sentido de reiterar uma vez mais que a lei em vigor determinava o encaminhamento das solicitações de visto ao consulado brasileiro no país de origem. É de se supor que mãe e filho já tivessem se dirigido, antes da solicitação do pai no Rio de Janeiro, à representação consular brasileira em Portugal e obtido a orientação de pleitear uma exceção à lei no Brasil. O que suscita dúvida no caso é a razão que levou Ernani Reis a pedir a informação relativa ao tempo de permanência do solicitante. Considerando que a primeira resposta tardou mais do que o normal, essa solicitação poderia indicar indecisão ou uma medida protelatória. A permanência de três anos do pai foi considerada recente. Por outro lado, se José Tomaz estivesse há muitos anos no país, o funcionário do MJNI autorizaria a concessão do visto ao menor paralítico? Certamente que não, já que em outros casos foi justamente o longo afastamento de um pai de sua família a razão alegada, da mesma forma, para que o visto fosse igualmente indeferido. Como no processo relacionado à menor espanhola Maria Tereza dos Santos Rodrigues, filha de português residente no Brasil, no qual aparece na exposição de motivos do MJNI o argumento de que "o governo brasileiro não é responsável pelo fato de haver o requerente deixado a filha no exterior durante quase dez anos".[569]

A única maneira de o menor Joaquim obter um visto naquele momento seria por meio de uma solicitação dirigida a Vargas, como fez o

---

[569]AN, SV: 78/43. A menor, de 15 anos, vivia com a avó na Espanha. Com a morte da parenta, o pai tentou trazê-la para o Brasil, dirigindo-se para tal diversas vezes ao MRE, entre janeiro e maio de 1943. Em 4/2/1943 e 13/5/1943, Ernani Reis redigiu pareceres, seguidos pelo ministro, indeferindo o pedido. As negativas por parte do Serviço de Visto do MJNI fizeram com que José dos Santos encaminhasse recurso ao presidente da República, que em julho do mesmo ano deferiu o pedido. Apesar de o próprio ministro ter aprovado os indeferimentos, por fim declarou reconhecer, "no entanto, que o motivo alegado merece consideração. Isso posto, e considerando que o pai é de nacionalidade portuguesa e radicado no Brasil, onde residem atualmente a mãe e um irmão menor, e atendendo à idade dessa última, não tenho dúvida de opinar pelo deferimento". Curiosamente, a forma e o estilo de redação são de Ernani Reis, que deixou documentado por duas vezes sua posição contrária à concessão. O que nos leva a considerar que o conteúdo da exposição de motivos foi ditado pelo ministro e a deduzir que Marcondes Filho nem sempre lia com atenção os pareceres de Ernani Reis que aprovava. Não seria lógico por duas vezes manifestar-se contra a concessão para, por fim, recomendar a aprovação quando do recurso interpelado a Vargas.

pai de Maria Tereza. Poderia ser ou não atendido. E assim procedeu. Em 30 de novembro de 1944, dirigiu carta ao presidente da República.

Declarou-se industrial e residente no Brasil desde 1940. Informou que um dos filhos, "o menor de cinco anos de idade, havia sido impedido de embarcar, por ter seus membros inferiores inutilizados, em virtude de ter sido o mesmo, quando tinha dois anos, acometido de paralisia infantil". Sem perder a esperança, declarou que com a doença o filho ficou "com referidos membros sem ação de movimentos, havendo, porém, esperança de cura". Em emocionado apelo, argumentou que o filho havia sido "acometido de moléstia tão terrível, certo é também que aqui não ingressará para ser um peso morto ao Estado, pois tem responsáveis pela sua manutenção e talvez ainda possa recuperar a saúde e tornar-se útil à coletividade".

Seguindo a praxe governamental, a carta foi encaminhada ao MJNI. Em 20 de dezembro de 1944, o ministério elaborou uma exposição de motivos para o presidente. O texto relata o caso, comentando que o fato de o menor ser paralítico constitui-se em "impedimento sobre o qual a lei não concede, às autoridades administrativas, nenhuma elasticidade de julgamento e que tem por fim evitar a admissão de pessoas incapazes para o trabalho ou que tendam a ser um ônus para a nação". E por não considerar José Tomaz dos Reis "antigo residente", o ministro indeferira o pedido. E em uma redação característica de Ernani Reis, conclui o texto:

> Alega o pai, agora, que seria desumano separá-lo do filho e que este não constituirá encargo para o Estado, visto ser possuidor de bens suficientes para garantir a sua manutenção. Não foi, porém, o governo brasileiro quem separou o requerente da mulher e do filho, o qual já era paralítico ao tempo da vinda do pai para o Brasil, há três anos. Por estes motivos, e não tendo o pedido amparo legal, meu parecer é pelo indeferimento.

Vargas despachou sobre o próprio documento do MJNI, no canto superior esquerdo, onde anotou: "Arquive-se. GVargas", sem datar, como era de seu costume regular. O documento voltou ao MJNI em 10 de janeiro de 1945 com a ordem do presidente.

Não teve sorte o pequeno Joaquim. A doença não sendo hereditária talvez pudesse fazer com que o MJNI sugerisse uma exceção. Porém, diferentemente de outros casos aqui citados, a exposição de motivos foi taxativa e o MJNI inflexível em relação ao impedimento. As razões estão relacionadas também ao fato de não se ter certeza em relação à causa da paralisia da criança. Conforme se nota dos processos, as deficiências físicas foram, em mais de uma oportunidade, apresentadas como de causas não congênitas. A lei e seu cumprimento eram rígidos também em razão dessa dúvida ou imprecisão. A regra era geral também por esse motivo.

7.3 Das imperfeições

Em 5 de novembro de 1941, o embaixador de Portugal no Brasil, Martinho Nobre de Mello, remeteu ao secretário-geral da Presidência da República, Luiz Vergara, a solicitação que recebera de Lisboa, por telegrama, do secretário-geral do Ministério dos Negócios Estrangeiros do governo português, no qual relatava:

> Família cônsul Joaquim Ferreira da Silva, recentemente falecido, tem necessidade urgente, devido sua situação econômica, de seguir Rio de Janeiro para juntar-se com família da viúva. Esta e dois filhos menores, assim como filho primeiro casamento, têm já visto. Consulado Brasil informa, porém, não poder conceder sem autorização especial o visto para outro filho do primeiro casamento, João Manoel Madeira de Barros Ferreira Silva, de 21 anos, devido incapacidade física por descalcificação óssea. Este não tem outra família. Muito agradeceria V.Exa. se puder obter autoridades brasileiras autorização visto sem demora para todos seguirem vapor *Serpa Pinto* meados novembro.[570]

Em seguida, conclui a solicitação informando que "muito estimaria que Vossa Excelência se interessasse pela resolução favorável do mesmo assunto, pois seria um ato descaritativo deixar aquele mencionado membro da referida família, João Manoel Madeira de Barros Ferreira da Silva, sem a única proteção que lhe resta".

---

[570]AN, SV: 209/42.

O embarque na data pretendida não pôde se realizar. A Secretaria da Presidência encaminhou o pedido ao MJNI. O protocolo do ministério indica que o documento chegou ao gabinete do ministro somente em 22 de janeiro de 1942. Dois dias depois, Ernani Reis remeteu ao chefe da Divisão de Passaportes, Afrânio de Mello Franco Filho, um ofício no qual informou a respeito da solicitação. Reproduziu a íntegra do telegrama recebido de Lisboa, encaminhado, mais de dois meses antes, pelo embaixador português. Por fim, concluiu solicitando saber se a Divisão de Passaportes "possui algum esclarecimento sobre o assunto, e se era brasileiro o cônsul Joaquim Ferreira da Silva". A resposta de Mello Franco chegou, em 26 de janeiro, informando que a respeito da concessão de visto para o filho do falecido "cônsul português" nada constava, mas que "por várias vezes tem telefonado da Embaixada de Portugal, perguntando se esse ministério ainda não autorizou o mencionado visto, tendo sido dada resposta negativa".

No dia 2 de fevereiro, Vasco Leitão da Cunha preparou uma exposição de motivos e a encaminhou a Vargas. Como era de praxe, fez um breve histórico do fato e esclareceu que a viúva, os dois filhos menores e um enteado estavam, "na forma da legislação em vigor, habilitados a vir para o Brasil. A João Manoel, porém, o consulado brasileiro em Lisboa recusou o visto, porque, segundo informação constante da carta, é fisicamente incapaz".

O ministro informou que o MRE não possuía nenhum registro sobre o caso. O cônsul que verificou o impedimento e indeferiu *in limine* o pedido não tinha obrigação de noticiar — a não ser em casos excepcionais — tal fato ao Itamaraty.

Leitão da Cunha reitera em seu parecer a lei e conclui:

> sendo vedado, de acordo com o decreto 3.010, de 20 de agosto de 1938 (arts. 113, II e 114, I e II), o desembarque de estrangeiros inválidos, ou que apresentem manifestações de tuberculose ou lesões orgânicas com insuficiência funcional que os invalide para o trabalho, a recusa do nosso consulado é perfeitamente legal e denota zelo digno de louvor. Dest'arte, somente uma autorização de Vossa Excelência poderá levantar o impedimento, abrindo uma exceção ao texto legal.

IMIGRANTE IDEAL

Em 5 de fevereiro de 1942, como de praxe, Vargas escreveu no canto superior esquerdo da exposição de motivos encaminhada pelo ministro o seu despacho: "Deferido. Em 5-2-942. GVargas." Da mesma forma que outros despachos, o "defiro" referia-se ao conteúdo da exposição de motivos.[571] Leitão da Cunha, no caso específico, não indicou expressamente a sua opinião em relação à solução do caso, embora evidencie, na maneira de redigir e no conteúdo do texto, que era contrário à concessão.

Mas a solução do caso foi favorável ao solicitante. Em 28 de fevereiro de 1942, Ernani Reis oficiou aos órgãos de praxe — Divisão de Passaportes, Delegacia Especial de Estrangeiros da Polícia Civil do Distrito Federal e Departamento Nacional de Imigração — a comunicação relativa à autorização da concessão do visto de João Manoel Madeira de Barros Ferreira da Silva. O processo foi encerrado pelo ofício encaminhado pela Divisão de Passaportes a Ernani Reis, comunicando em 4 de março de 1942 que havia sido autorizada a concessão do visto do rapaz e de sua mãe.[572]

Mesmo em se tratando de pedido relativo a cidadão português, se não tivesse contado com o empenho direto e o esforço do Ministério dos Negócios Estrangeiros do governo português e a insistência do embaixador aqui lotado, o visto não teria sido autorizado. Por outro lado, a nacionalidade portuguesa e a constante simpatia de Vargas pela vinda de "novas levas imigratórias" daquele país não permitiram que o caso pudesse produzir desapontamento para os membros do governo luso. Era uma exceção pequena diante do interesse maior em manter-se a corrente imigratória desejada. Porém, se dependesse do MJNI, o visto seria negado.

---

[571]Como, por exemplo, na exposição de motivos relativa ao processo de concessão de visto permanente para o "mecânico especializado", natural de Luxemburgo e "israelita" Joseph Kahn, sua esposa Lina Kahn e as duas filhas menores Eliane e Denise Kahn, que possuíam parentes (irmã, mãe, entre outros) no Brasil e encontravam-se naquele momento refugiados em Cuba. O MJNI conclui o parecer redigindo que "o meu parecer é, portanto, pelo indeferimento, a menos que os interessados provem satisfazer algumas das condições acima enumeradas". Na parte superior esquerda do mesmo documento, o presidente anotou: "Aprovo. Em 22-2-943." O pedido foi indeferido, o que estava sendo aprovado era o parecer do MJNI. AN, SV: s/n [43].
[572]AN, SV: 209/42.

A EUGENIA NAS ESTRELINHAS

No processo, entretanto, não foi mencionada ou se questionou uma informação relevante. Se o cônsul Joaquim Ferreira da Silva, em algum momento, teria servido no Brasil. Ou seja, se os filhos eram antigos residentes. Consultados os relatórios anuais do Itamaraty, que exibem ano a ano a lista completa do Quadro do Corpo Consular Estrangeiro, o nome não figura entre os mais de 70 cônsules — entre honorários e de carreira — que o governo português manteve no Brasil entre 1930 e 1941.[573]

No dia 8 de maio de 1942, a Divisão de Passaportes remeteu ao Serviço de Visto o pedido de concessão de visto permanente para o espanhol Gabriel Gimenez Blasquez, requerido pela filha desse, Beatriz Gimenez Beleza.[574] De acordo com as informações, Gabriel teria residido no Brasil entre 1912 e 1930, "tendo ido à Espanha para tratamento de saúde. É pai de brasileiros natos e residentes nesta capital". Em anexo, o MRE remeteu duas certidões de nascimento cuja restituição solicitava.

O motivo apresentado para justificar a saída e a ausência de 12 anos do Brasil, e que dizia respeito a tratamento de saúde, não despertou naquele momento desconfianças em Ernani Reis. Os demais elementos relacionados ao pedido não sugeriam que se tratava de estrangeiro indesejável ou passível de impedimento por razões físicas ou morais. Na própria guia remetida pelo Itamaraty, o assistente do ministro redigiu e assinou em 12 de maio 1942: "Autorizado". A rubrica de Vasco Leitão da Cunha, colocada imediatamente abaixo, transformou a palavra em despacho e a concessão foi autorizada.

Somente mais de dois anos depois, no dia 20 de julho de 1944, a Divisão de Passaportes comunicou o MJNI "haver o consulado do Brasil em Málaga deixado de outorgar o visto em apreço, em virtude de atestado concedido pelo doutor Javier Viar Flores, médico do referido consulado, segundo o qual apresenta o Senhor Blazquez 'lesões de tracoma antigo em regressão'".

---

[573] AHI, Relatórios Anuais do MRE.

[574] AN, SV: 340/42 e SV: 800/44. Foram abertos dois processos sobre o assunto, possivelmente por equívoco. Mais tarde o processo anterior de 1942 foi anexado ao posterior de 1944. O sobrenome Gimenez aparece nos autos também grafado Jimenez. Da mesma forma, Blasquez aparece também grafado Brazquez.

A comunicação do MRE fez com que Ernani Reis redigisse em 2 de agosto de 1944 um novo parecer. Nele, informou ao ministro que havia sido autorizada a concessão de visto permanente para Gabriel, mas que, entretanto, o consulado deixou de concedê-lo em razão de o interessado ser "portador de tracoma". E conclui o seu parecer propondo que fosse "revogada a autorização". No dia 5 de agosto de 1944 Marcondes Filho aprovou o parecer. Dois dias depois ofícios foram remetidos para as autoridades competentes comunicando a revogação da autorização.

Nos primeiros meses de 1943 o português residente no Brasil Francisco Joaquim Botelho solicitou ao presidente que autorizasse a concessão de um visto permanente para o filho, José Botelho de Brito, então com 33 anos. O pedido foi remetido ao MJNI, que em 29 de março de 1943, por meio de uma exposição de motivos, reiterou que de acordo com o Decreto-Lei 3.175/41 o interessado deveria se dirigir ao consulado do Brasil. Mas o solicitante tinha outras características:

> Contudo, o próprio requerimento declara que José Botelho de Brito sofre de "defeitos meningíticos" e por isso necessita de assistência. Ora, uma das condições elementares para a concessão de vistos permanentes é a boa saúde, isto é, que o candidato seja apto para o trabalho (dec. 3010, art. 30, nº 2). Ainda que portador de visto consular em ordem, é impedido de desembarcar no Brasil o estrangeiro atingido de afecção mental ou que apresente lesão orgânica com insuficiência funcional (dec. cit., art. 114). Assim, e ainda que obtivesse um visto permanente, José Botelho de Brito seria, pela fiscalização sanitária, impedido de desembarcar, a menos que, por ordem de Vossa Excelência, uma recomendação especial fosse feita àquelas autoridades. Atendendo a que o interessado não satisfaz as exigências fundamentais da lei, meu parecer é pelo indeferimento. Vossa Excelência dignar-se-á de resolver como for mais acertado.[575]

---

[575]AN, SV: 172/43. Nos autos não aparece a carta original de Francisco J. Botelho e tampouco o despacho final de Vargas em relação ao assunto.

Caso semelhante ocorreu com o também português Miguel Campos, de 67 anos.[576] Desconsiderando o estabelecido pelo Decreto-Lei 3.175/41, que determinava que as solicitações de concessão de vistos deveriam ser unicamente dirigidas às representações consulares no exterior, em 20 de maio de 1943 o Serviço de Visto aprovou a concessão do visto permanente requerida por Ercy Campos, brasileira nata e residente no Brasil, filha do estrangeiro.

O Serviço de Visto aprovou o pedido, com base no artigo 2º do Decreto-Lei 3.175/41, em 26 de maio de 1943. Entretanto, o consulado brasileiro em Lisboa negou-se conceder o visto autorizado pelo MJNI "alegando doença mental". O que fez com que a esposa espanhola de Miguel Campos, Emilia da Silva Campos, dirigisse ao ministro do MJNI uma carta argumentando que os parentes tinham condições de arcar com o sustento do marido, uma vez que possuíam "bens imóveis no Brasil". Argumentou também que "a alegação de doença é mais um motivo para se reunir à família, pois já estava radicada no Brasil desde 1910". Disse que o marido fora a "passeio para Portugal", embora estivesse internado na Casa de Saúde Telhal com "ciclofrenia".

Diante do caso, Ernani Reis redigiu novo parecer ao ministro em 31 de janeiro de 1944. Como de praxe, fez um detalhado histórico dos fatos e dos argumentos da família residente no Brasil. Em seguida, citou o artigo 114, do Decreto-Lei 3.010/38, que determinava que seriam impedidos

> de desembarcar, ainda que com o visto permanente em ordem, os estrangeiros atingidos de afecção mental. A autoridade sanitária estaria obrigada a impedi-lo a bordo e recambiá-lo para o país de procedência, tendo adoecido em Portugal, de moléstia que o torna inadmissível no Brasil, o estrangeiro deve constituir em encargo para o país onde se encontra, que é a sua própria pátria, e não para o Brasil. São os motivos que me levam a opinar pelo cancelamento da autorização para o visto.

---

[576]AN, SV: 408/43.

No dia 1º de fevereiro de 1944, Marcondes Filho aprovou o parecer. Entretanto, com a informação e o decorrente esclarecimento, os parentes de Miguel Campos no Brasil não desistiram de trazê-lo. Pai de três filhos brasileiros, todos professores no então Distrito Federal, foi então feito apelo ao presidente.

Em 21 de junho de 1944 o MJNI dirigiu uma exposição de motivos para Vargas. Nela o caso é novamente historiado, surgindo a informação de que Miguel Campos teria seguido para Portugal a fim de curar-se de "forte neurastenia" e por esse motivo internara-se em um sanatório. Reiterou que a lei não permitia, entretanto

> não me é possível negar, contudo, que se trata de um caso impressionante e merecedor de consideração [...] De outro lado, a idade, quase setenta anos, exclui o temor de que uma nova prole se forme, que venha a herdar uma enfermidade paterna. Impedindo de proferir uma decisão que exorbita do quadro de leis e dos regulamentos sobre a matéria, não o está, porém, este ministério de propor, como propõe, que Vossa Excelência, como supremo poder de Estado, abrindo uma exceção à rigidez do texto de lei, autorize a concessão do visto.

E assim, seguindo o parecer assinado por Marcondes Filho — mas claramente redigido por Ernani Reis — Vargas finalmente aprovou a concessão de visto permanente para Miguel Campos. Em 7 de julho de 1944, o MJNI oficiou ao ministro Gustavo Capanema rogando "o obséquio de determinar as providências necessárias para que as autoridades sanitárias não impeçam o desembarque do mencionado estrangeiro no porto desta capital".[577] A vinda do português Miguel Campos, da mesma forma que outras dezenas de processos do Serviço de Visto, transformou-se em um drama. Não há dúvida de que a boa condição financeira — da qual, diferentemente de tantos outros casos, não foi

---

[577]As autoridades sanitárias que visitavam os navios chegados aos portos brasileiros estavam subordinadas ao Ministério da Educação e Saúde Pública.

exigida comprovação[578] — e, especialmente, o fato de o estrangeiro ser pai de três brasileiros natos residentes no Rio de Janeiro que se empenharam insistentemente em trazer o pai contribuíram para que o pedido fosse finalmente aprovado. A condição de professores possivelmente também influenciou, sensibilizou e convenceu Ernani Reis a redigir o parecer final e não questionar o que obviamente o rígido funcionário público faria em qualquer outro caso e não o fez. Não quis saber em que ano Miguel Campos saiu do Brasil e não questinou a razão pela qual o português não providenciou uma licença de retorno, algo que seria considerado lógico se o estrangeiro realmente pretendesse realizar uma viagem a "passeio" — como o alegado — e depois retornar ao país.[579] Por fim, a condição de português constituía-se sempre em um facilitador junto a Vargas.

O longo processo, que se arrastou por mais de um ano, por fim produziu uma exposição de motivos na qual as preocupações eugênicas relacionadas à herança de enfermidades na formação de uma nova prole foram explicitadas como argumento favorável à concessão.

No dia 13 de agosto de 1943, a Divisão de Passaportes do MRE dirigiu ao Serviço de Visto do MJNI o pedido do "empreendedor de transportes" francês Charles Victor Henri Langlet.[580] Residindo na Guiana Francesa, Langlet solicitou visto temporário de turismo para ele, sua esposa Marie Martha Laurence e o filho Guy André Yves. Normalmente, os cidadãos franceses residentes em Caiena que cumprissem "as condições legais" — em especial, a prova de que poderiam regressar ao país de origem — recebiam, sem maiores problemas, concessões de vistos temporários. Em 1943, variavam de no mínimo sessenta dias a cento e oitenta dias. A razão era, em especial, que a volta ao país de origem não dependia de

---

[578]Como, por exemplo, nos processos AN, SV: s/n [42]; SV: 332/43; SV: 339/43; SV: 751/43 e SV: 874/44. A falta de provas de possuir meio de subsistência foi o argumento utilizado para justificar o impedimento de concessão de visto das cidadãs paraguaia e boliviana, conforme SV: 401/43 e SV: 632/42, respectivamente, embora a afirmação tivesse sido presumida, e não exarada com base em informações remetidas pelos consulados brasileiros no exterior.

[579]Entre outros casos, o processo AN, SV: 346/43 tratado neste capítulo, relativo à solicitação de concessão de visto a Gill Zdanowsky.

[580]AN, SV: 744/43.

transporte marítimo, afetado pela guerra. Em caso de necessidade de repatriamento, por constituir-se em Estado fronteiriço com o Brasil, a execução seria relativamente simples. Também o fato de a Guiana não ter se constituído em uma rota de refugiados europeus fez com que a concessão fosse relativamente mais fácil.

Entretanto, a família não estava interessada efetivamente em turismo. O objetivo era ir a Belém consultar o Dr. Jayme Aben Athar "sobre o seu filho Guy André Yves, de 18 anos, que sofre de epilepsia". Da guia relativa ao pedido encaminhado pelo MRE não constava uma fundamental informação: a que dava conta da autorização de retorno à Guiana. Aparentemente, a informação constava do pedido dirigido pelo cônsul brasileiro, já que a anotação "podem voltar para Caiena" feita a lápis na mesma guia, possivelmente a partir de uma consulta feita por telefone, aparece no documento original. Certificado a respeito desse detalhe de fundamental importância, Ernani Reis redigiu em 25 de agosto de 1943 em seu parecer: "As condições legais estando cumpridas, proponho o deferimento para 60 dias. Improrrogáveis."

Dentre os quase dois mil processos do Serviço de Visto do MJNI, esse é o único que apresenta tal declaração. Até mesmo porque não estava de acordo com a lei. A família poderia solicitar normalmente a prorrogação do visto e o MJNI negá-la. Mas da concessão do visto temporário, ou seja, nos documentos de viagem ou nas guias emitidos pelo consulado do Brasil em Caiena, e demais papéis apropriados para o preenchimento das informações relativas à concessão, não seria possível redigir um impedimento de prorrogação. É possível que a informação fosse dirigida ao próprio MJNI, pois no caso de prorrogação de visto temporário o procedimento do MJNI seria o de justamente consultar o que havia "anterior", conforme a praxe corrente. A declaração constante no parecer impediria a família de alongar a permanência e, por conseguinte, ocorrer "o risco" de o doente indesejável vir a residir como permanente no Brasil.

O art. 159 do Decreto-Lei 3.010/38 estabelecia que poderia "ser repatriado o estrangeiro que dentro do prazo de seis meses, contados da data do seu desembarque", apresentasse sintomas ou manifestações

A EUGENIA NAS ESTRELINHAS

de certas doenças. E a epilepsia era a doença que encabeçava a lista, de acordo com a tabela anexa ao próprio decreto:

I. Doenças mentais:
Epilepsias.
Personalidades psicopáticas (especialmente alcoolistas e outros toxicômanos, perversos, amorais, paranoicos).
Psicoses agudas e crônicas.
II. Doenças nervosas:
Mielopatias sistematizadas — esclerose lateral amiotrófica, poliomielite anterior crônica.
Mielopatias não sistematizadas — siringomielia, esclerose em placa, neuromielite.
Doenças hereditárias e familiares do sistema nervoso — heredoataxias, degeneração lenticular progressiva, coreia crônica, miopatias.
Doença de Parkinson, parkinsonismo.
Neurolues (especialmente tabes, paralisia geral, mielopatias).
Encefalopatias.
III. Endocrinopatias:
Doenças de Basedow.
Mixedema.
Acromegalia.
Síndrome adiposo-genital.
Diabete grave.
IV. Outras doenças:
Lepra.
Câncer.
Cardiovasculopatias, nefropatias e hepatopatias com insuficiência funcional irredutível.
Síndromes hemáticas graves — anemia perniciosa ou leucemias.

No processo não há registro ou qualquer indicação de que os Langlet tenham contado com algum apoio influente. De qualquer forma, a impossibilidade de prorrogação da estada solucionava um possível "problema" que, de um modo geral, Ernani Reis sempre evitava o risco de criar.

No mesmo dia em que a Divisão de Passaportes do MRE dirigiu ao MJNI o pedido de Langlet e de sua família, dirigiu também outra solicitação muito semelhante: um pedido de concessão de visto temporário para o Brasil de outra família francesa, também residente na Guiana Francesa. Tratava-se do engenheiro André Lagoutte, que solicitou a concessão de um visto temporário para si e para a sua família, composta por sua esposa — que era belga de origem, mas francesa em decorrência do casamento — Fernande Lagoutte e a filha menor do casal, Renée Claude Jeanne.[581] O caso é especialmente paradigmático em relação a diversos processos que serão tratados no presente capítulo. Em seu pedido, em sentido diferente dos regulares solicitantes de visto de negócios, não informou o nome de nenhuma empresa com a qual iria negociar. Sem qualquer tipo de comprovação documental, declarou que era especialista em açúcar e álcool e que aproveitaria a viagem para oferecer seus préstimos a usinas brasileiras. Ou seja, pretendia procurar emprego de engenheiro no Brasil, atividade profissional que Ernani Reis declarou mais de uma vez ser "privativa de brasileiros". O francês pretendia concorrer com os profissionais locais.

A solicitação de um visto de negócios no qual o solicitante pretendia seguir acompanhado de toda a sua família, essa composta por franceses e belgas de nascimento — indicativo de possíveis refugiados — normalmente sugeria a Ernani Reis um claro indício de "não ser mais do que um expediente para, uma vez no Brasil, fixar-se o estrangeiro sem o cumprimento das condições impostas à obtenção de vistos permanentes".[582] Com outro sobrenome, outra origem étnica, outra residência ou outras características "físicas e morais", o pedido receberia indeferimento do MJNI.

Entretanto, no parecer que redigiu em agosto de 1943, sem possuir qualquer tipo de prova a esse respeito, Ernani Reis declarou que se tratava de "um especialista" e propôs o deferimento.

No caso do também engenheiro francês e residente na Guiana Francesa Roger Charles Radust, a boa vontade e o rigor de Ernani Reis no

---

[581]AN, SV: 741/43.
[582]AN, SV: s/n [42].

A EUGENIA NAS ESTRELINHAS

cumprimento incompleto das exigências não foram diferentes.[583] Acompanhado da esposa Renée Louise Radust — o que poderia, dependendo do estrangeiro solicitante, sugerir uma tentativa irregular de mudança da família para o Brasil —, Roger solicitou, em fins de agosto de 1943, um visto temporário para o Brasil. Declarou que tinha como objetivo "comprar material para exploração de minérios". Sem qualquer tipo de comprovação de qualquer natureza, inclusive a garantia de regresso a Caiena, o pedido foi aprovado sem maiores considerações por Ernani Reis no dia 15 de setembro de 1943 e por Marcondes Filho no dia seguinte.

Entretanto, não diferente de outros casos e procedimentos, a aparente boa vontade de Ernani Reis para com os franceses também estava afetada a certos nuances, subjetividades e contradições. Mesmo para os que aparentemente cumpriam as considerações relativas à origem étnica e respondiam às exigências físicas e morais, quando o estrangeiro ainda residia na Europa, ocorria suspeição de que a condição do solicitante fosse a de refugiado. O que, para os potenciais imigrantes que não fossem identificados como indesejáveis, também se constituía condição impeditiva.

Se a desconfiança fosse relacionada a um suposto engajamento político do estrangeiro, conforme o mencionado nas "Instruções" relativas ao cumprimento do Decreto-Lei 3.175/41, "pessoas notoriamente ligadas a organizações destinadas à propaganda de ideologias contrárias à segurança de Estado e à estrutura das instituições políticas brasileiras", a posição do assistente do ministro era inflexível. Conforme é possível perceber no processo envolvendo a concessão de visto permanente para o casal português Pedro Henrique Burnay e sua esposa.[584]

Em 15 de julho de 1943 o MRE remeteu ao MJNI as informações, relativas ao pedido, fornecidas pelo cônsul-geral do Brasil em Lisboa, Joaquim Pinto Dias: "O Sr Burnay e senhora satisfazem todas as exigências *físicas* e morais requeridas pela legislação em vigor e possuem renda

---

[583]AN, SV: 768/43.
[584]AN, SV: 669/43.

suficiente para se manter no Brasil."[585] Informou também que o casal estivera no Rio de Janeiro, "onde tem parentes", em 1928 e que Burnay pretendia ter uma atuação no Brasil junto à "França Combatente". O pedido foi analisado na mesma época que as solicitações de concessão dos franceses residentes em Caiena, aqui mencionados. Mas o objetivo eminentemente político — mesmo em se tratando de política francesa, então ocupada pela Alemanha — fez com que Ernani Reis redigisse o seguinte parecer em 7 de agosto de 1943:

> o marido é candidato a um lugar nos serviços que a 'França Combatente' mantém nesta capital. Trata-se, como é óbvio, de português naturalizado e a exceção do Decreto-Lei 3.175 em favor de portugueses se tem aplicado exclusivamente aos natos, uma vez que somente estes correspondem aos motivos históricos e étnicos nos quais se funda a exceção. Isto posto, e considerando que o requerente pretende exercer um emprego urbano, proponho o indeferimento.

No dia 10 de agosto de 1943, Marcondes Filho, como de hábito, seguiu o parecer de seu assessor e indeferiu o pedido. Ernani Reis nem se deu ao trabalho de solicitar maiores informações relacionadas à naturalidade de Burnay. Na realidade, o que motivava o indeferimento era a mencionada atividade política, a qual o estrangeiro pretendia desenvolver no Brasil, o que, no mínimo, poderia lhe conferir a suspeita de tratar-se de um exilado político.

Fosse ou não ele português nato, com o objetivo de justificar um parecer que evidentemente tinha por frágil base suposições amparadas somente pelo sobrenome e interesses do solicitante, os argumentos desqualificativos em relação a Burnay serviriam — como de fato o foram — para produzir o impedimento. Se o impedimento não foi acertado verbalmente pelo ministro e seu assistente — fato hoje não passível de apuração —, o caso é um dos que trazem dúvidas em relação à atenção e à leitura atenta de Marcondes Filho. Fica a impressão de que não raras

---

[585] O grifo é meu.

foram as vezes em que o ministro não leu ou leu muito apressadamente os pareceres de Ernani Reis. A impressão é reforçada pelo fato de Marcondes Filho, entre 1942 e 1945, ter despachado 1.713 processos (dos hoje remanescentes)[586] e somente em seis únicos casos não ter seguido o parecer de Ernani Reis.[587] Trata-se de um indicativo de que, na maioria absoluta dos casos, o ministro seguiu sem qualquer questionamento as recomendações do assistente. Considerando que Marcondes Filho naquele momento ocupava duas pastas ministeriais, não lia boa parte dos pareceres que assinava do Serviço de Visto. Com o passar dos anos, a partir de 1943, os pareceres passaram a ser encaminhados ao ministro com as datas e as palavras "Aprovo" ou "Indeferido", conforme o conteúdo, já datilografadas, restando ao ministro somente inserir o dia e a sua rubrica, evidências que reforçam essa impressão.

No dia 4 de janeiro de 1945, a Divisão de Passaportes do MRE encaminhou a solicitação de concessão de visto permanente para a menor paraguaia Delia Ribelli, "atacada do mal de Hansen".[588] O embaixador do Brasil em Assunção, Francisco Negrão de Lima — que ocupara interinamente justamente a pasta da Justiça já durante o Estado Novo —, informou em 15 de dezembro de 1944 que recebera do Ministério das Relações Exteriores do Paraguai uma nota, datada de 6 de dezembro, dando conta de que o embaixador paraguaio no então Distrito Federal, depois de vários contatos com o Ministério da Educação e Saúde Pública, em fins de novembro, conseguira junto ao doutor Ernani Agrícola, diretor do Serviço de Combate à Lepra brasileiro, autorização para internação da menina no Brasil.

Em 26 de janeiro de 1945, Ernani Reis redigiu que "a menor, sendo leprosa, será impedida, de acordo com o art. 113, item II, do dec. 3.010, de 20 de agosto de 1938, de desembarcar no país, ainda que possuísse visto consular. Esse é um impedimento que a autoridade sanitária é

---

[586]É preciso levar em consideração que um mesmo processo, muitas vezes, passava por diferentes ministros. Considerando tão somente 1942, Leitão da Cunha despachou 176 processos. Quando esteve respondendo pelo MJNI, Fernando Antunes despachou 66 processos.
[587]Respectivamente AN, SV: s/n [42]; SV: 352/42; SV: 355/43; SV: 400/43; SV: 638/43 e SV: 641/43.
[588]AN, SV: 73/45.

obrigada a opor. Isso posto, é caso de indeferimento, que proponho". No dia seguinte, o despacho do ministro acompanhou o parecer. Mas teve ele mesmo o cuidado de redigir à mão no alto: "Reservado".

O item e o artigo mencionados informavam que seriam impedidos de desembarcar, mesmo com o visto consular em ordem, os estrangeiros: "doentes ou apresentando manifestações de moléstias infectocontagiosas graves, lepra, tuberculose, tracoma, elefantíase, câncer, doenças venére-as em período contagiante". Mesmo com a interferência do ministério paraguaio e dos embaixadores dos respectivos países, a autorização não foi concedida. O caso é aqui mencionado como indicativo e exemplo da adoção efetiva do texto legal, contrariando de certa forma a ideia de que no Brasil o rigor das leis estaria permanentemente afetado pelas circunstâncias ou de que certos dispositivos foram criados e jamais apli-cados, especialmente quando contaram com patrocinadores influentes.[589]

Dependendo das razões que levavam ao indeferimento de um pedido de concessão de visto, a pressão ou a influência de interessados importantes poderia ou não mudar uma decisão tomada pelo Serviço de Visto do MJNI. Tal influência ajudava, mas não se constituía em garantia de concessão.[590]

7.4 Surdos-mudos

Manuel Gomes de Mendonça, lavrador de profissão, viveu no Brasil entre 1911 e 1920. Em maio de 1942, solicitou um visto permanente para ele, a esposa e os quatro filhos, todos de nacionalidade portuguesa.[591] Reunia, de acordo com a lei, condições de obter um visto permanente. Sua ocupação profissional, a condição de antigo residente e a naturalidade

---

[589]A ideia de "negociações" ou variantes na aplicação da lei aparece também em alguns dos textos do historiador Jeffrey Lesser, como na obra *O Brasil e a questão judaica: imigração, diplomacia e preconceito*. Rio de Janeiro: Imago, 1995.

[590]Como, por exemplo, o forte empenho dedicado pela Embaixada dos Estados Unidos em obter a autorização para concessão de um grupo de missionários não fez com que o despacho do MJNI fosse modificado. Conforme AN, SV: 117, 118, 119, 120, 121, 122 e 123/43. O mesmo ocorreu com o cidadão britânico residente em La Paz que contou com reiterados esforços da embaixada britânica no Rio de Janeiro para que ele obtivesse um visto. AN, SV: 322/43. Em todos esses casos, o indeferimento foi mantido.

[591]AN, SV: s/n [42].

A EUGENIA NAS ESTRELINHAS

portuguesa asseguravam que a concessão fosse autorizada. Entretanto, a idade de 53 anos e, especialmente, o fato de o cônsul brasileiro ter mencionado que um dos filhos de Manuel, "embora tenha sido julgado, por médico de confiança deste consulado, apto para o trabalho de lavoura, é surdo-mudo" fizeram com que Ernani Reis, apoiado por Vasco Leitão da Cunha, negasse "à família" a concessão do visto em 11 de junho de 1942. A preocupação não era naquele momento com a ocupação do rapaz na lavoura, mas sim a atenção com a sua possível descendência portadora da mesma característica.

Em 21 de maio de 1943, o chefe da Divisão de Passaportes do MRE, Afrânio de Mello Franco Filho, encaminhou um ofício urgente para Ernani Reis. Transmitia a consulta feita pelo Consulado Geral do Brasil em Montevidéu relacionada à concessão do visto permanente para o uruguaio Antônio Mattos Gutiérrez, em cuja companhia viajaria "seu filho menor de três anos, Marcos Thadeu Matos, que, desde os sete meses de idade, é surdo-mudo, enfermidade que lhe foi provocada por um forte choque elétrico que recebeu naquela idade".[592] Informava ainda Mello Franco que, apesar do disposto no item I, do artigo 114, do Decreto-Lei 3.010/38, "não ser permitida a entrada no Brasil a pessoa nas condições do citado menor", o MRE submetia o assunto à decisão do MJNI "com parecer favorável".

Três foram as razões apresentadas para que o Itamaraty recomendasse a autorização. A criança viajaria em companhia da mãe, a brasileira nata Lourdes Villar de Mattos. A segunda razão dizia respeito à condição social do casal: "Trata-se de pessoas de bem, muito conceituadas no Uruguai, com meios de subsistência, que trazem seu filho ao Brasil, a conselho médico, para internarem no Instituto de Surdos-Mudos no Rio de Janeiro". O terceiro e último argumento era de ordem política. A família tinha laços próximos de parentesco com César G. Gutiérrez, embaixador do Uruguai no Brasil, "que se interessou pessoalmente pela concessão do visto em apreço".

---

[592]AN, SV: 501/43. Assim aparece na documentação, grafias diferentes para o sobrenome dos pais, "Mattos" e do filho "Matos".

Em 8 de junho de 1943, Ernani Reis redigiu o parecer relativo ao pedido. Destacou que o menor era "nascido no Uruguai" e que "o menor Marcos é surdo-mudo". Reproduziu a argumentação favorável do MRE e concluiu que "como se trata de um caso verdadeiramente excepcional, parece-me necessário provar-se, em preliminar: que a Sra. Gutiérrez é brasileira; que o casal tem os meios de subsistência a que se refere a informação". O parecerista não costumava tomar decisões — ou recomendá-las — de forma precipitada sem antes averiguar todos os ângulos e detalhes dos casos que lhe parecessem complexos, suspeitos ou contassem com uma pressão evidentemente baseada em razões políticas ou sentimentais. Seu princípio era o de conduzir os assuntos tendo como base a lei e uma pretendida não emocional tecnicidade de sua aplicação. Conectado com a realidade política que o cercava e o natural instinto de preservação de seu posto quando lidava com assuntos envolvendo gente potencialmente poderosa ou patrocinada por figuras de expressão, como era o caso, embora nem sempre o assistente do ministro se dobrasse a pressões ou a pedidos de pessoas influentes. As solicitações que dirigiu, como veremos mais adiante, tinham como fim fornecer elementos que pudessem criar argumentos para a condução da aprovação da solicitação. Mas a anunciada urgência do caso e a disposição dos solicitantes de utilizar-se de outros recursos de pressão para conseguir que o filho fosse cuidado no Brasil dariam outro rumo à solução do caso. Marcondes Filho nada despachou em relação ao parecer de Ernani Reis, que permaneceu aparentemente sem o encaminhamento sugerido, mas, ao que tudo indica, produziu as respostas necessárias.

Nas primeiras semanas em que entraram em vigor as determinações estabelecidas no Decreto-Lei 3.175/41, até que o novo sistema do Serviço de Visto do MJNI estivesse em pleno funcionamento, concessões de autorização para entrada no Brasil — em caráter temporário e permanente — foram uma a uma pessoalmente autorizadas por Vargas.[593] A partir da

---

[593]AHI, Ofícios recebidos do MJNI. Os documentos todos eram encaminhados com a assinatura de Francisco Campos.

plena implementação da estrutura administrativa nos dois ministérios, os casos em que ao presidente da República foi solicitada a autorização de concessão geralmente ocorreram a partir do encaminhamento em caráter de pedido ou recurso por parte do interessado, parente, amigo ou procurador. Raros então passaram a ser, entre os processos do Serviço de Visto arquivados, os casos em que, por iniciativa própria, o ministro da Justiça submeteu ao presidente a decisão relacionada à concessão de um visto. O caso do pequeno Marcos foi um deles.

Em 21 de junho de 1943, o MJNI oficiou a Vargas: "Peço vênia para submeter à alta consideração de Vossa Excelência o caso que em seguida é exposto e ao qual me faltam poderes para dar solução favorável, muito embora esteja nele pessoalmente interessado o Senhor César G. Gutiérrez, embaixador do Uruguai." O restante do texto de Marcondes Filho era mais um dos que tinham como autor oculto Ernani Reis. E seguiu a estrutura comum do trato desse tipo de caso. Uma exposição de motivos na qual o caso era historiado, contextualizado ou rememorado a Vargas sobre as razões que fizeram com que as regras de impedimento tivessem sido elaboradas.

Diferentemente do MRE, que havia classificado o impedimento do menor tendo como base o item I do artigo 114 do Decreto-Lei 3.010/38, ou seja, o impedimento foi enquadrado na referência a "aleijados ou mutilados, inválidos, cegos, surdos-mudos", outra foi a classificação do MJNI. Sem que se contasse com qualquer parecer médico ou prova nesse sentido além do depoimento dos pais, o MJNI acatou a tese alegada de a deficiência ter sido causada por um acidente ocorrido com o menor ainda bebê. O que indicava o item III do mesmo artigo, que dizia respeito aos impedimentos impostos aos estrangeiros "que apresentem lesões orgânicas com insuficiência funcional, que os invalide para o trabalho". Esse detalhamento — bem próprio de Ernani Reis — era coerente com a linha da exposição de motivos que na forma abaixo explicou o impedimento:

IMIGRANTE IDEAL

É uma exigência que as autoridades sanitárias têm a obrigação de fazer respeitar e que interessa à melhoria do padrão de saúde do nosso povo. Ainda que a surdo-mudez do menor seja atribuída, como se alega, a um choque elétrico, e não a causas congênitas, a verdade é que ele constituirá um peso morto para o Brasil. Dentro das disposições legais, o meu despacho não poderia ser outro, portanto, senão o indeferimento, e este seria também o meu parecer. Mas, a circunstância de serem os interessados parentes próximos do Senhor Embaixador do Uruguai e, ainda, a de poder o menor, atingindo a capacidade civil, optar pela nacionalidade brasileira, uma vez que efetivamente seja brasileira a Senhora Lourdes de Matos, levam-me a trazer o caso à suprema decisão de Vossa Excelência, que se dignará julgar se tais elementos devem autorizar uma solução favorável.

Uma simples negativa por parte do MJNI, tomada em contrário ao que desejavam os interessados influentes, certamente iria produzir um apelo em grau de recurso a Vargas. O que colocaria Marcondes Filho e Ernani Reis em posição de desgaste, caso o presidente por fim os contrariasse e decidisse — como de fato acabou por fazê-lo — a favor da concessão. Ao mesmo tempo, o MJNI temia que a produção de uma exceção e o decorrente precedente colocassem em risco a manutenção dos impedimentos de base similar. A condução da resolução do assunto para a Presidência contendo elementos que permitissem a Vargas decidir-se por qualquer uma das soluções, sem aparentemente ferir a regra do impedimento em caso de deferimento, era a mais adequada.

Dois questionamentos elaborados por Ernani Reis resolveriam os problemas. O primeiro relacionava-se à manutenção ou à capacidade econômica da família de prover a manutenção de Marcos. O segundo, à certeza em relação à nacionalidade de origem da mãe. Se o MJNI obteve resposta sobre essas duas questões, a documentação não esclarece. Mas a nacionalidade brasileira da mãe — e a possibilidade de o menor ser impedido de conseguir também nacionalidade brasileira, ao atingir a maioridade — apareceu no texto como argumento definitivo em prol da autorização de concessão de visto para o Brasil.

A EUGENIA NAS ESTRELINHAS

Em 1º de julho de 1943, Vargas escreveu "deferido", datou e assinou no canto superior esquerdo do documento encaminhado por Marcondes Filho. Em diversos outros documentos encaminhados ao presidente, o termo "deferido" indicava a aceitação da posição do parecer assinado pelo ministro. Em verdade, cuidadosamente, o texto do MJNI não era conclusivo. Sendo assim, sabemos que o "defiro" quis dizer que o pedido dos pais de Marcos seria atendido a partir das comunicações de praxe encaminhadas pelo Serviço de Visto à Divisão de Passaportes, ao delegado especializado em Estrangeiros da Polícia do Distrito Federal e ao diretor-geral do Departamento Nacional de Imigração, todos em 9 de julho de 1943. Antes que tivesse recebido a comunicação, sob a pressão do embaixador uruguaio, o MRE enviou em 2 de julho de 1943 um novo ofício a Ernani Reis cobrando uma posição em relação ao caso.

Em decorrência de tratar-se de uma exceção, o MJNI também precisou oficiar uma comunicação ao ministro da Educação e Saúde, Gustavo Capanema, solicitando que esse tomasse as providências junto às autoridades de fiscalização sanitária de modo a informá-las em relação à autorização de Vargas. No documento também há uma breve exposição do caso, informando e justificando que "o menor Marcos Tadeu é surdo-mudo. Sua mãe é, porém, brasileira nata e o seu pai é parente próximo do senhor César G. Gutiérrez, embaixador do Uruguai no Brasil". No dia 29 de julho de 1943, Capanema acusou o recebimento por meio de ofício.[594]

A recusa da concessão poderia causar mal-estar e até um incidente diplomático. Mas chama a atenção o fato de o governo brasileiro, em pleno tempo de guerra, se ocupar tão intensamente de um caso que envolvia a autorização de entrada no Brasil de uma criança uruguaia surda-muda de 3 anos, filha de mãe brasileira. O assunto mobilizou três ministérios e o presidente da República. Dois ministros, Marcondes Filho e Gustavo Capanema, ocuparam-se diretamente do assunto, sendo que o primeiro mais do que o segundo. Em razão do envolvimento do embaixador uruguaio no caso, não está descartada a possibilidade de

---

[594]AN, SV: 501/43.

311

ter ocorrido uma interferência pessoal — que se manteve oculta — do também ministro Oswaldo Aranha.

No terreno da argumentação, o fato de a deficiência não ter origem congênita — informação essa que não foi realmente comprovada, mas que foi mencionada quanto à classificação legal do impedimento — contribuiu para que a autorização de entrada fosse concedida.

7.5 Indeferidas etnias

Conforme estabelecido na legislação e, em especial, nas "Instruções" para o cumprimento dessa, a necessária consulta ao MJNI deveria ocorrer em uma série de situações já comentadas. Nas informações remetidas pelo cônsul à Divisão de Passaportes e na guia remetida por essa última ao Serviço de Visto do MJNI, era necessário mencionar expressamente a razão que levava à consulta. Entre outras determinações, se o estrangeiro fosse naturalizado, sempre mencionar a nacionalidade de origem. E, em todos os casos, incluindo americanos ou portugueses natos, se o solicitante fosse judeu ou "não branco", "a autoridade consular fará sempre menção dessa circunstância".[595]

Portanto, a condição étnica seria considerada no momento em que Ernani Reis estudasse o caso e elaborasse o seu parecer. O que se depreende com bastante evidência do estudo sistemático dos processos é que a informação relativa a determinadas "circunstâncias" fez com que os técnicos, que se pretendiam comprometidos unicamente com o fiel cumprimento dos dispositivos legais, estabelecessem critérios diferenciados no que tange às suas considerações relativas ao cumprimento ou não das exigências estabelecidas em lei.

De um modo geral, a rigorosa observação do cumprimento das exigências enumeradas na lei era evidentemente mais rígida nos casos em que o solicitante era judeu ou "não branco". Seja nos pedidos permanentes ou temporários. Dessa forma, era, por exemplo, exigido dos comerciantes judeus residentes nos países americanos — mesmo os natos

---

[595]AHI, § 5º do art. 8º das "Instruções para a aplicação do Decreto-Lei 3.175/41".

e naturalizados — que apresentassem, além da documentação regular, informações precisas relacionadas às empresas com que pretendiam negociar no Brasil. Tal detalhamento não aparece na maioria dos casos envolvendo espanhóis residentes ou naturalizados argentinos que seguiam para o Brasil com os mesmos objetivos, desde que não fossem identificados como judeus.[596]

A ideia do MJNI era controlar a entrada de supostos indesejáveis que buscassem a permanência no Brasil e o controle exercido sobre os solicitantes de vistos temporários dos judeus — considerados genericamente como refugiados — tinha como propósito, tão somente, evitar os expedientes nos quais o visto temporário era solicitado com fins imigratórios.

Por essa razão, os judeus que residiam como definitivos em algum país americano e possuíam pleno direito de retorno a esses países, de um modo geral, conseguiram obter seus vistos sem maiores problemas.[597] Já para os que se encontravam na Europa, ou em qualquer outra cidade fora do continente americano, o visto dificilmente foi concedido. E os argumentos para tal referiam-se à incerteza relacionada às condições da viagem de volta — em tempos de guerra — ou a algum outro detalhe real ou presumido que dizia respeito à validade da autorização de regresso ou ao destino do estrangeiro depois da permanência no Brasil.

Os processos que envolveram solicitações de concessão de visto que encontravam abrigo na lei mas, mesmo assim, foram indeferidos pelo MJNI chamam atenção.

---

[596]AN, SV: 27/43; 148/43; 148/43; 284/43; 287/43; 307/43; 309/43; 333/43; 343/43 e 352/43, entre outros, são exemplos de processos que tratam de estrangeiros que requereram a concessão de um visto de negócios (art. 25 letra b do Decreto-Lei 3.010/38), foram identificados como judeus e, em razão de tal fato, exigiu-se a informação relativa ao nome das empresas com as quais pretendiam negociar. Já os processos AN, SV: 224/43; 271/43; 599/43; 825/43; 957/44 e 1.072/43 são exemplos de processos relativos a pedidos de solicitantes de visto de negócios encaminhados por naturais da Espanha cujos pedidos não apresentam o mesmo detalhamento em razão de as informações não terem sido exigidas. Já o comerciante espanhol Isaac Moreno Erruá (ou Erruah), classificado de "semita" e "judeu", residente na Argentina, precisou indicar detalhes de seu objetivo comercial no Brasil. Conforme AN, SV: 402/43.

[597]Dos 255 pedidos de visto temporário relativos a solicitantes judeus ou classificados como tal, 56 foram indeferidos. Desses 56, 11 tinham como motivo do impedimento a nacionalidade de origem.

IMIGRANTE IDEAL

Da mesma forma que ocorreu nos casos de impedimentos relacionados a "imperfeições físicas", o elevado grau de rigor no cumprimento das exigências associado a um ilimitado rol de medidas protelatórias fez com que muitos processos se arrastassem por anos e tenham se tornado dramáticos. Especialmente os que envolviam pais e filhos ou maridos e esposas vivendo separados em diferentes países.

O caso de Gill Zdanowsky é exemplar.[598] Em maio de 1941, o então chefe da Divisão de Passaportes do MRE, Fonseca Hermes, encaminhou a Ernani Reis o pedido do brasileiro nato Isaac Zdanowsky no sentido de que o consulado brasileiro na cidade do Porto fosse autorizado a visar em caráter permanente "o título de viagem" de Gill, pai do solicitante, que se encontrava em Portugal.[599] Informou ainda que o estrangeiro possuía "a mulher e quatro filhos brasileiros no Brasil". Em anexo, Fonseca Hermes remeteu "a certidão de nascimento do peticionário".

Com o sistema estabelecido pelo Decreto-Lei 3.175/41 ainda funcionando precariamente, os pareceres de Ernani Reis ao ministro não passavam de uma linha redigida na parte superior esquerda de cada ofício remetido pelo MRE. E assim escreveu o assistente do ministro em 24 de maio de 1941: "O requerente deve provar em que data foi feito o assento do seu nascimento." A assinatura de Francisco Campos feita abaixo da frase transformou a sugestão de Ernani Reis em despacho ministerial.[600] Aparentemente, o MRE havia esquecido de remeter a certidão mencionada no ofício anterior. Dessa forma, no dia 3 de junho de 1941 Fonseca Hermes remeteu novo ofício contendo em anexo a certidão brasileira de nascimento de Isaac. Solicitando "o obséquio de restituir o citado documento a este ministério". Dessa feita, Ernani

---

[598]AN, SV: 346/43. O nome Gill também aparece grafado Chill e Gihll.

[599]João Severiano da Fonseca Hermes Júnior respondia pela chefia da Divisão de Passaportes desde fevereiro de 1941, em substituição a Labienno Salgado dos Santos, que foi designado para o posto de cônsul-geral em Montevidéu. AHI, 105/3/19 e Relatório Anual do MRE, anos 1940 e 1941.

[600]Embora não tenha assinado, é possível reconhecer a letra de Ernani Reis com base na leitura sistemática de milhares de processos nos quais ocorreu de o assistente do ministro redigir de próprio punho. A letra de Francisco Campos guardava muitas diferenças. Tal fato também é facilmente constatado em razão da tonalidade da cor de tinta utilizada na redação da frase, claramente diferente da que aparece na assinatura do ministro.

A EUGENIA NAS ESTRELINHAS

Reis respondeu três dias depois: "Pedir informação sobre a data em que viajou para o estrangeiro o pai do requerente." Novamente, aparece a assinatura de Francisco Campos abaixo da exigência.

Tanto o ministro quanto o seu assistente sabiam que a exigência não era legal. A lei — elaborada por ambos — era absolutamente clara nesse sentido. A terceira das exceções relativas à suspensão da concessão de vistos permanentes justamente dizia respeito "aos estrangeiros que tenham filhos nascidos no Brasil".[601] O máximo que se poderia exigir do estrangeiro era a prova de que o filho era brasileiro nato ou, quando muito, que conservava a nacionalidade brasileira. Existe um número expressivo de processos arquivados no Serviço de Visto nos quais estrangeiros das mais diferentes nacionalidades obtiveram a concessão de visto permanente tão logo comprovaram ser progenitores de brasileiros natos. Mas as razões que motivavam esse tipo de resposta pelo MJNI tinham por objetivo protelar a concessão o máximo possível — as medidas protelatórias — ou, na falta de melhor recurso, proceder com o indeferimento, mesmo que contrário à lei.

No dia 7 de junho de 1941, Ernani Reis oficiou a Fonseca Hermes informando que o "ministro da Justiça e Negócios Interiores estimaria ser informado quanto à data em que Gill Zdanowsky viajou para o exterior, bem quanto às atividades que exerce".

A resposta foi encaminhada pela Divisão de Passaportes em 21 de junho de 1941, juntamente com uma carta de Isaac Zdanowsky. A carta era dirigida a Fonseca Hermes. Nela informava que o pai vivera no Brasil em São Paulo, tendo chegado ao país em 1910, e aqui vivera "como comerciante estabelecido com o ramo de fazendas e armarinho," mas que, ao que se refere à futura ocupação, estava dividido entre duas possibilidades: ou trabalhar com o filho Ernesto Zdanowsky, "natural de São Paulo que é técnico no ramo de eletricidade, profissão que há dez anos vem exercendo", e desejava fundar uma fábrica de produtos elétricos "que ainda não são fabricados no Brasil"; ou, seguindo "o próprio desejo de meu pai, entretanto, é comprar uma fazenda de regular tamanho para se dedicar a

---

[601]Inciso 3º do art. 2º do Decreto-Lei 3.175/41.

agricultura e criações". Informava também que o pai havia viajado com destino à Europa a bordo do vapor *Cuyabá*, em 1º de outubro de 1934.

Sem saber exatamente o que argumentar, talvez surpreendido pela pergunta relacionada à atividade profissional do pai, Isaac corretamente avaliava que a ocupação de negociante poderia não ser bem-vista. Já a instalação de uma indústria ou a atividade agrícola e de criações possivelmente soaria melhor como projeto. Se a lei tivesse sido já obedecida, não teria precisado passar por tal exposição e constrangimento. Entre tantos outros exemplos, o português também comerciante José Agostinho Paiva, que estava ausente do Brasil havia quatro anos, declarou no mesmo consulado em Lisboa, ao solicitar o seu visto permanente, que iria assumir a gerência de uma empresa comercial da qual se dizia sócio; sem, contudo, "dispor de elementos suficientes para provar o alegado", teve o seu pedido aprovado por Ernani Reis.[602] Ou, ainda, o processo do também comerciante espanhol Jesus González Hermina.[603] Ao consulado do Brasil em Vigo, Hermina declarou que pretendia "voltar para gerir o seu negócio de secos e molhados" na Bahia e provou ser pai de quatro brasileiros. O pedido foi autorizado um dia depois que chegou ao MJNI, em 31 de janeiro de 1942.[604]

A resposta de Ernani Reis aos esclarecimentos encaminhados por Isaac Zdanowsky desta vez foi mais curta e limitou-se à redação de uma única palavra: "Não". Em 20 de julho de 1941 Francisco Campos ratificou a negativa. No dia seguinte o MRE foi comunicado simplesmente de que em relação à carta da Divisão de Passaportes o ministro da Justiça, "por despacho exarado na mesma, nega autorização de visto no passaporte de Gill Zdanowsky".

---

[602]AN, SV: 933/44. A informação de o requerente não dispor dos meios de prova foi remetida pelo MRE. Também os processos AN, SV: 215/43; 305/43; 664/43 e 684/43 tratam de comerciantes que lograram obter, sem precisar responder a qualquer exigência ou apresentar qualquer tipo de apresentação de prova, visto permanente para o Brasil.

[603]AN, SV: 65/42.

[604]Na mesma guia remetida pela Divisão de Passaportes Ernani Reis escreveu "Autorizado". Ao lado, Vasco Leitão da Cunha rubricou a sua assinatura. O pedido seguinte ao de Hermina era da também espanhola e mãe de brasileira Herculina Garrido Solla, que da mesma maneira seguia para a Bahia com a filha Lourdes Lamoso Garrido. Foi aprovado na mesma data que o de Hermina.

Nos primeiros dias de agosto de 1941, Isaac Zdanowsky, desta vez acompanhado de suas duas irmãs, Rosa e Sarah, todos três brasileiros natos, residentes no Rio de Janeiro, dirigiram carta ao presidente da República, contendo "como prova" anexada as três certidões de nascimento dos requerentes e vindo

> mui respeitosamente solicitar de V. Excia. que se digne conceder-lhe a vinda para o Brasil de nosso pai, Gill Zdanowsky, de nacionalidade russa, atualmente com passaporte sem nacionalidade fornecida da Polícia de Portugal, com 52 anos de idade, comerciante residente no Brasil, atualmente em Portugal, visto já ter sido chamado por duas vezes e não podendo aproveitar por motivo de doença, tendo requerido do Snr. ministro do Exterior do qual foi recusado desta vez, vimos solicitar de V. Excia., confiante no vosso bondoso coração de que seremos atendidos.

Embora estivessem reivindicando um direito absolutamente legal, que dispensava qualquer outra justificativa, sem saber os filhos complicaram ainda mais a vinda do pai. O tipo de documento de viagem era uma certeza de que Gill estava na condição de refugiado. Dentro da lógica das desconfianças e suspeitas do MJNI, ser de origem russa aproximava potencialmente o estrangeiro do comunismo; ser comerciante aproximava-o do exercício das chamadas profissões urbanas parasitárias; e, por fim, ter 52 anos e, especialmente, ser doente enquadrava Gill em alguns dos mais recorrentes impedimentos de concessão praticados então pelo MNJI.

Sem obter qualquer tipo de resposta, em 22 de setembro de 1941 os irmãos Zdanowsky encaminharam nova carta a Vargas, na qual

> vêm solicitar de V. Excia. para a vinda ao Brasil de nosso pai, Gill Zdanowsky, visto já termos feito um requerimento como prova com as três certidões anexas, do qual fomos por diversas vezes à Secretaria Presidencial, obtendo como resposta que o nosso requerimento e as certidões ainda não tinham sido encontrados, por isso, vimos apelar para V. Excia. mui respeitosamente que se digne resolver esse caso, a fim de que possam ser encontrados os ditos documentos.

No próprio texto da carta, junto às palavras "certidão anexa", que aparecem também sublinhadas, a anotação feita a lápis por um dos funcionários do MJNI nos primeiros dias de outubro de 1941, quando a carta chegou àquele ministério: "Não vieram." O MJNI sempre exigia as certidões originais.[605] Em algum momento até 1º de novembro de 1941, quando Vasco Leitão da Cunha redigiu a sua exposição de motivos para Vargas, as certidões foram localizadas, já que a ausência dos referidos documentos não é observada e mais tarde a devolução foi solicitada.

Na exposição de motivos, Leitão da Cunha diz que Isaac, Rosa e Sarah Zdanowsky, brasileiros natos e residentes na capital, solicitavam a concessão de visto de entrada no Brasil "em favor de seu pai Gill Zdanowsky, judeu russo". Em documento algum dos autos é dito que Gill era judeu. Mas a designação não dita pelos requerentes — ou pela Divisão de Passaportes, no presente caso — era regularmente deduzida e tratada como fato concreto. E conclui o ministro:

> Feito igual pedido a este ministério, foram exigidos, em tempo, a prova da nacionalidade dos requerentes e esclarecimentos sobre a data da viagem de Zdanowsky. O fato de se encontrar com um passaporte sem nacionalidade fornecido pela polícia portuguesa é bastante estranho. Ele deve possuir o passaporte com que saiu do Brasil e com o qual se deveria apresentar ao nosso consulado em Lisboa. O parecer deste ministério é que o visto deve ser condicionado à apresentação do documento com que Zdanowsky deixou o Brasil.

Aos requerentes, em nenhum momento até então, a exigência mencionada pelo ministro havia sido apresentada. Vargas recebeu a exposição de motivos e, do modo que sempre fazia, de próprio punho redigiu seu despacho sobre o canto superior esquerdo do próprio ofício de Leitão da Cunha: "Indeferido, de acordo com o parecer. Em 7-11-941. GVargas."

---

[605] Conforme a ordem de Ernani Reis redigida em um parecer relativo ao processo no qual um espanhol, pai de brasileiro nato, solicitava a autorização para a concessão de um visto permanente: "É necessária a certidão de nascimento, em original, do solicitante." AN, SV: 589/42. A exigência fez com que tanto no acervo da Comissão de Permanência de Estrangeiros como no do Serviço de Visto exista hoje um grande número de certidões de casamento e nascimento originais.

Várias podiam ser as possibilidades relacionadas às razões para o estrangeiro não possuir mais o antigo passaporte. Desde a perda de validade do passaporte anterior em decorrência de sua caducidade ou até seu simples extravio. Mas em todos os casos, para o MJNI, as dificuldades na obtenção de um novo documento pelo estrangeiro eram um fato que funcionava como uma espécie de certificação de que o requerente era refugiado. E, em razão desse fato, tornava-se um "indesejável".

A escusa de Vasco Leitão da Cunha tinha como propósito único justificar a recomendação de indeferimento do pedido. Uma explicação que poderia ser aventada para a recusa de concessão de visto, mesmo igualmente ilegal, poderia ser relativa a desconfianças de que Gill, mesmo tendo saído em outubro de 1934, estivesse envolvido com o comunismo ou com o levante de 1935 ou que ele tivesse sido expulso do Brasil em razão de algum crime. Mas essa possibilidade é descartada não somente pelo fato de o MJNI não ter em momento algum solicitado informações aos órgãos policiais, como também pelo fato de justamente o ministério contar com a possibilidade de consultar seus próprios arquivos relativos aos expulsos. Em verdade, nada tinham contra Gill a não ser o fato de ele ser visto como "inassimilável" e indesejável.

Exatamente naqueles dias entre setembro e novembro de 1941 Vargas e o MJNI estiveram extremamente ocupados e sob pressão — especialmente das representações diplomáticas dos governos estrangeiros e dos parentes aqui residentes — em decorrência da chegada e do impedimento de desembarque nos portos brasileiros de três vapores vindos da Europa trazendo mais de uma centena de refugiados, que de igual forma foram genericamente presumidos como sendo judeus, portadores de vistos brasileiros considerados caducos pelo MJNI.[606]

No dia 19 de fevereiro de 1943 Isaac, Rosa e Sarah, filhos de Gill, solicitaram ao MJNI que fossem devolvidas suas certidões originais de nascimento. Pouco mais de um mês depois, em 16 de março de 1943, o cônsul-geral do Brasil na capital paraguaia, Paranhos da Silva, remeteu consulta ao ministro Oswaldo Aranha. Nela relatava ter sido procurado

---

[606]Sobre o assunto, ver: KOIFMAN, Fábio, op. cit.

por Gill, "polonês, industrial, casado em segundas núpcias com mulher portuguesa" solicitando a concessão de um visto permanente para o Brasil. Encontrava-se acompanhado da esposa e de uma irmã dessa, menor de idade, e viera de Portugal com um passaporte expedido em Lisboa pelo Ministério do Interior.

> disse-me que deixou de ir para o Brasil por ter o consulado geral na referida capital se recusado a dar novo visto em seu passaporte. Que ao obter o primeiro visto na referida repartição consular brasileira caiu gravemente enfermo, sendo obrigado a recolher-se a uma casa de saúde, onde permaneceu por mais de três meses, doença que perdurou além da expiração do prazo do segundo visto, tendo por fim o cônsul-geral na capital portuguesa se negado a conceder um terceiro visto.

Aqui aparecem informações até então não mencionadas. Com toda a certeza, observando as datas das solicitações, as duas primeiras concessões de vistos a Gill haviam ocorrido antes da vigência do Decreto-Lei 3.175/41. Os vistos eram então autorizados pelo MRE e o foram. Uma vez transmitidas as atribuições de concessão, o visto não poderia mais ser autorizado pelo Itamaraty e do histórico das consultas dirigidas ao MJNI damos conta nas linhas anteriores.

O cônsul em Assunção informa ainda que "os filhos do Senhor Zdanowsky são os seguintes: Ernesto, Jaques, Sarah e Rosa, todos nascidos em São Paulo".[607] E concluiu que, em vista do exposto, "peço a Vossa Excelência habilitar-me a conceder ou a negar o que me pede o interessado que, agora, é titular de um passaporte expedido pelo consulado da Polônia nesta capital".

O novo pedido de concessão de visto foi então dirigido pelo chefe da Divisão de Passaportes, Afrânio de Mello Franco Filho, a Ernani Reis em 27 de março de 1943. Quase dois meses depois, o assistente do ministro da Justiça remeteu a sua resposta — em papel timbrado da Comissão

---

[607] Em 12/3/1912; 15/7/1915; 5/7/1917 e 18/7/1918, respectivamente. Desconheço as razões que levaram o filho Isaac a não ser mencionado pelo cônsul. É possível que Isaac e Jaques se tratassem da mesma pessoa, em um nome composto.

de Permanência de Estrangeiros — datada de 18 de maio de 1943: "O senhor presidente da República, por despacho de 7 de novembro de 1941, indeferiu o pedido da concessão de visto de entrada no Brasil em favor de Gill Zdanowsky, de acordo com parecer deste ministério de que o referido visto deve ser condicionado à apresentação do documento com que Zdanowsky deixou o Brasil."

O reconhecimento de sua nacionalidade pelo representante polonês no Paraguai e a posse de um passaporte dessa nacionalidade de nada adiantaram. Na falta de outro argumento, o descumprimento de uma solicitação que sequer guardava amparo na lei vigente fez com que Gill Zdanowasky, depois de passar por três diferentes homens que responderam pelo Ministério da Justiça e pelo presidente da República, não conseguisse — ao menos durante o período do Estado Novo — entrar no território nacional.

Critério diferente foi aplicado pelo Serviço de Visto em relação a outros solicitantes. Os espanhóis Waldo Fernandes Serra, Casimiro Nobel Borras, Concepcion Vidal Lovelle;[608] a inglesa Ivonne Antoinette Dempster de Janovitz; o tchecoslovaco Nicolau Lagini; a apátrida Marianne Hausner Sumyk[609] e até os naturais da Itália Luiz Ricardo Zucchi e Francisco Sarpa e um solicitante de nacionalidade francesa, mas cujo nome evidenciava origem italiana, Ângelo Di Scala; todos estrangeiros que residiam no exterior e em razão de estarem na condição de ser pais de brasileiros natos conseguiram, com relativa facilidade, obter visto permanente com a autorização de entrada pelo MJNI.[610]

Em 27 de junho de 1941 Fonseca Hermes encaminhou a Ernani Reis o pedido de concessão de visto da lituana "ariana" — eufemismo para informar não ser judia — Bronislava Latoyte, que se encontrava no Uruguai.[611] A requerente dizia-se casada com um agricultor residente em São Paulo, cidade onde teria vivido por onze anos, e mãe de um filho brasileiro. No Brasil também viveriam os pais de Bronislava.

---

[608]Respectivamente, AN, SV: 323/43; 589/42 e 1.077/43.
[609]Respectivamente, AN, SV: 133/43; 118/45 e 47/45.
[610]Respectivamente, AN, SV: 301/43; 62/43 e 532/43.
[611]AN, SV: 226/43. Embora o processo tenha sido iniciado em 1941, só foi catalogado em 1943.

No dia seguinte, Ernani Reis logo tratou de anotar "Não" na parte superior do ofício e datou. Mas depois mudou de ideia. Como não há no documento a assinatura de Francisco Campos, que justamente estava doente naquele período e iria se afastar por quase um ano da pasta, não é possível deduzir que tal mudança decorreu em razão de discordância do ministro. No parecer que seguiu só se vê a rubrica do próprio Ernani Reis, que em na nova decisão escreveu "informar desde quando o marido se acha no Brasil". O despacho seguiu para o MRE quase um mês depois, no dia 22 de julho de 1941.

A resposta da Divisão de Passaportes só foi encaminhada em 23 de fevereiro de 1942. Nela o MRE informava que a requerente vivera maritalmente em São Paulo com "um agricultor de nacionalidade lituana", com o qual tivera o filho Alberto Juvella. Acompanhada do agricultor — cujo nome não é mencionado no processo — "a senhora em questão partiu há tempos para o Uruguai, tendo sido, após a chegada àquele país, abandonada pelo mesmo, passando a viver em estado de extrema miséria, com o filho brasileiro".

Em 28 de fevereiro de 1942, Ernani Reis uma vez mais redigiu seu parecer no documento: "Pede-se a apresentação da prova de registro de filho." A assinatura de Vasco Leitão da Cunha abaixo do parecer formalmente transformou-o em despacho, que foi encaminhado no dia 5 de março de 1942 ao Itamaraty. A resposta da Divisão de Passaportes chegou dois dias depois. Nela o MRE informava que o cônsul-geral havia examinado a certidão de nascimento e comprovado que "se trata de brasileiro nato". Em 14 de maio de 1942, Ernani Reis escreveu "autorizado" no documento. A assinatura de Leitão da Cunha colocada abaixo autorizou a concessão de visto permanente.[612]

---

[612]Somente em 18/3/1943 o MRE avisou ao MJNI que Bronislava finalmente havia reunido dinheiro para fazer a viagem e que em razão da demora o consulado consultara "se ainda podia visar". Em 29/3/1943 Ernani Reis notificou a Delegacia Especial de Estrangeiros e demais autoridades de que a autorização para o visto exarada dez meses antes deveria ser mantida. No dia 2/4/1943 o MRE avisou que em razão das viagens por mar entre o Uruguai e o Brasil terem cessado por causa da guerra, a estrangeira seguiria para o Brasil de trem. O aviso se fez uma vez que era necessário comunicar às autoridades de fronteira em Santana do Livramento. Apesar dessa última informação, em 22/5/1943 foi encaminhada nova autorização para que ela descesse no porto de Santos.

A EUGENIA NAS ESTRELINHAS

Nos primeiros meses de 1942, o espanhol Manuel Corrales Fernandez apresentou-se ao consulado brasileiro na cidade espanhola de Vigo solicitando a concessão de um visto permanente.[613] Não indicou qualquer tipo de profissão, mas fez algum tipo de prova indicando ser casado com brasileira nata e pai de dois filhos brasileiros natos residentes no Brasil. Ernani Reis declarou no parecer, redigido em 18 de março de 1942 e aprovado no mesmo dia por Vasco Leitão da Cunha: "Autorizado, devendo apresentar no desembarque a prova de que a mulher e os filhos são brasileiros natos", e não fez qualquer outra exigência.

Em fevereiro de 1943, a Legação da Polônia no Rio de Janeiro encaminhou ao MRE o pedido de concessão de visto permanente para o polonês Eugeniusz Gruda, que se encontrava na Grã-Bretanha.[614] A informação da Legação dava conta de que Gruda havia chegado ao Brasil em 1929 e se "consorciado nesse ano com a brasileira nata Wanda Paul, havendo desse matrimônio dois filhos brasileiros, Ivonne e Mário, nascidos em Marechal Hermes respectivamente em 20 de maio de 1930 e 3 de setembro de 1931". O polonês teria se ausentado para prestar serviço militar. A mulher e os filhos viviam em São Paulo. Ernani Reis, em parecer aprovado pelo ministro em exercício em 18 de março de 1943, fez breves considerações: "Alega ter filhos brasileiros natos. É necessário que se junte a certidão de nascimento de um dos filhos." Não mencionou o dispositivo legal em vigor que determinava que os estrangeiros deveriam dirigir-se ao consulado brasileiro mais próximo ou fez quaisquer outras exigências. Feitas as comunicações, a resposta do Itamaraty chegou no dia 15 de abril do mesmo ano. Junto ao ofício, o registro civil de nascimento do filho Mário. A data de nascimento era 9 de setembro de 1931, e não 3 de setembro. E o registro civil não era de Marechal Hermes, como se havia dito anteriormente, mas da cidade paranaense de Araucária. Contradições dessa natureza, dependendo da maneira com que o Serviço de Visto qualificasse o solicitante, poderiam produzir uma série de questionamentos e exigências por parte do

[613]AN, SV: 142/42.
[614]AN, SV: 144/43.

MJNI. Não foi o caso. Em 24 de abril de 1943, Ernani Reis declarou em seu parecer que "prova-se que tem filho brasileiro, nascido no Brasil. É, portanto, caso previsto no Decreto-Lei 3.175 de 7 de abril de 1941, art. 2º. Proponho o deferimento". E assim o fez Marcondes Filho cinco dias depois.

No dia 23 de março de 1944, Ernani Reis recomendou a concessão de visto permanente no passaporte do espanhol Manoel Justo, que dirigira o seu pedido ao consulado brasileiro na cidade de Vigo. Declarando-se casado e pai do menor brasileiro nato Valentim Justo Amoedo, não teve como fazer meio de prova do alegado, pois declarou haver extraviado sua licença de retorno, sua carteira de permanência definitiva no Brasil e todos os seus demais documentos. Sem que fosse comprovado documentalmente o relato, o assistente do ministro fez a sugestão do deferimento por tratar-se de "antigo residente" e "pai de brasileiro", o que de fato sucedeu-se em 25 de março de 1944 com a assinatura de Marcondes Filho. Os meios de prova eram possíveis, mas seriam demorados e trabalhosos para os parentes de Justo no Brasil. Mas o que chama atenção no processo é a boa vontade do MJNI e a flexibilização do critério em razão do tipo de solicitante.

Já no caso da espanhola Maria de Las Mercedes Perez Garcia, que não possuía filhos brasileiros natos, mas sim irmãos, Ernani Reis contrariou a lei e admitiu em seu parecer que "o Decreto-Lei 3.175 de 1941 não prevê a hipótese entre as exceções abertas à suspensão dos vistos permanentes. Contudo, considerando que se trata de pessoa cuja família está radicada no Brasil, considerando que viajaria em companhia do irmão brasileiro nato, considerando a existência de cinco outros irmãos também brasileiros natos, proponho o deferimento".[615] Exatamente o mesmo que se sucedeu com a também espanhola Josefa Dominguez, que não era mãe de brasileiro nato, e sim irmã.[616]

---

[615] AN, SV: 770/43.

[616] AN, SV: 1.077/43. Josefa Dominguez obteve visto permanente no mesmo processo que a mãe, a também espanhola Concepcion Vidal Lovelle. Lovelle residia na Espanha e possuía o filho Florentino Dominguez Vidal, brasileiro nato, vivendo no Brasil. A concessão de visto permanente para a filha nessas condições constituía claro desacordo com o estabelecido no Decreto-Lei 3.175/41.

A EUGENIA NAS ESTRELINHAS

A nenhum desses estrangeiros, Ernani Reis ou o MJNI exigiram informações relativas à atividade profissional, tampouco a exibição do passaporte com o qual haviam deixado o país. O que teria sido determinante para que Gill Zdanowsky, como os demais, pai de brasileiros natos, não conseguisse obter a concessão de um visto permanente? Que recurso tinham os demais estrangeiros, de diferentes nacionalidades, a que Gill não conseguia atender? O que tinham em comum os demais solicitantes era o fato de a documentação — e o MJNI — não os ter classificado ou identificado como judeus. No acervo remanescente do Serviço de Visto aparecem mais 18 casos de estrangeiros que possuíam filhos brasileiros. Com exceção de Zdanowsky e do espanhol João Antich (caso relatado mais adiante neste capítulo), nenhum outro estrangeiro, no período, em semelhante situação, teve o visto indeferido.[617]

O procedimento único e incomum inventado de se exigir de Gill a exibição do passaporte utilizado na saída tinha por objetivo tão somente procrastinar e impedir a vinda do "indesejável". Uma vez que o MJNI percebeu que essa exigência — de todo inexistente na legislação — não poderia ser cumprida por alguma razão, tratou de condicionar a aprovação ao cumprimento.

Sobre o pedido de concessão de visto do casal William Jukius Bromet e Harriette Elisabeth, ele comerciante de sapatos, neerlandeses nascidos na então Guiana Holandesa que solicitaram vistos temporários, com fins comerciais, em 18 de janeiro de 1943 o Serviço de Visto nutriu suspeitas. O consulado informara que "o interessado apresenta características semíticas", mas que já estivera no Brasil, em 1941. A entrada e a saída anteriores contribuíram para a aprovação da concessão do visto sem maiores problemas no primeiro dia de fevereiro de 1942.[618]

Sorte diferente teve o turco naturalizado argentino José Zeki Barbouth, sócio gerente da Casa Franco Bonalanza e Cia. Importadora de

---

[617]Das respectivas nacionalidades: italiana: AN, SV: s/n [42]; s/n [42]; 162/43 e 251/43; portuguesa: AN, SV: 62/43; 250/43; 408/43 e 570/44; tcheca: AN, SV: 162/42 e 118/45; britânica: AN, SV: 1.073/43 e 940/44; húngara: AN, SV: 804/43; russa (apátrida): AN, SV: 47/45; espanhola: AN, SV: 184/44; polonesa: AN, SV: 144/43; francesa: AN, SV: 532/43; e lituana: AN, SV: 226/43.
[618]AN, SV: 61/43.

Tecidos. Barbouth teve o pedido de visto permanente encaminhado pela Divisão de Passaportes ao Serviço de Visto em 27 de março de 1942. O seu objetivo era o de instalar no Rio de Janeiro um escritório comercial de exportação para a Argentina. O MRE informou que, de acordo com o cônsul-geral, "o interessado declarou não pertencer à raça judaica e, apesar de sua mãe ter o nome Sara, não há indício físico que faça supor seja ele israelita", seguindo a lógica que indicava características físicas específicas para indivíduos dessa origem étnica. Parece que a dúvida quanto à verdadeira origem étnica de Barbouth ou o nome Sara de sua mãe valeu uma negativa de Ernani Reis e Vasco Leitão da Cunha no dia 31 de março de 1942.

Contudo, em 11 de novembro de 1942, Barbouth chegou ao Rio de Janeiro a bordo de um avião norte-americano da Pan American Air System. Uma semana depois, o Departamento Nacional de Imigração comunicou Ernani Reis a respeito do fato. O estrangeiro obtivera um visto temporário em Buenos Aires. A rigor, não poderia receber um visto temporário tendo sido negada a concessão de um visto permanente, pois o MJNI interpretaria tal recurso como uma das formas de ludibriar as regras de controle estabelecidas.[619] E mesmo em se tratando de visto temporário, o fato de o solicitante não ser argentino nato implicaria uma necessária e formal consulta ao Serviço de Visto antes de efetivar a concessão. No dia 24 de novembro de 1942, Ernani Reis oficiou ao chefe da Divisão de Passaportes do MRE relatando o ocorrido relacionado ao "turco de nascimento e argentino naturalizado, a quem fora recusado visto permanente em 31 de março último (guia nº. 320)".

---

[619]Entre os processos arquivados no Serviço de Visto do MJNI existem inúmeros casos nos quais Ernani Reis indeferiu o pedido de concessão de visto temporário e expressou em seu parecer que "pedidos dessa natureza costumam não ser mais do que um expediente para, uma vez no Brasil, fixar-se o estrangeiro sem o cumprimento das condições impostas à obtenção de vistos permanentes". Parecer redigido em 30/7/1942 relativo ao pedido de Rafael Uziel. AN, SV: s/n [42]. Outro exemplo é o texto que aparece no processo relativo ao pedido de Willy Meyer, esposa, filhos e irmã, no qual Ernani Reis expressa que "sabemos, por uma longa experiência, que esses vistos de trânsito para o Paraguai não oferecem a menor garantia, tanto mais quanto, se de qualquer modo caducar o visto paraguaio — e têm sido frequentes tais casos — seria praticamente inexequível a volta forçada ao país de origem". AN, SV: 745/43. Seguindo a mesma linha de argumento também os processos SV: 590/42; 1.129/43; 882/43, entre outros.

A resposta do MRE chegou três dias depois. Nela, Mello Franco informava que o cônsul-geral em Buenos Aires havia sido "advertido por haver outorgado indevidamente o mencionado visto" e que para evitar a repetição de casos semelhantes o Itamaraty expediria a todas as missões diplomáticas encarregadas do serviço consular e aos consulados de carreira e privativos uma circular com o seguinte teor:

> A Secretaria de Estado das Relações Exteriores, tendo em vista que alguns consulados têm concedido indevidamente vistos em caráter temporário em favor de pessoas que tendo pleiteado entrar no Brasil em caráter permanente não obtiveram a necessária autorização das autoridades competentes, recomenda [...] que não concedam nenhuma espécie de visto a qualquer indivíduo a quem já tenha sido negada a concessão de visto permanente para a entrada no território nacional, sem que, previamente, consultem sobre o assunto a Secretaria de Estado.

Para fiel cumprimento dessas instruções, o MRE recomendou que as repartições organizassem, "por ordem alfabética, um fichário com os nomes das pessoas às quais tenha sido negada a concessão de visto, permanente ou temporário".

Em janeiro do ano seguinte, o solicitante fez outro pedido de visto, dessa vez novamente em caráter temporário. O objetivo era relacionado a fins comerciais. Ernani Reis aprovou a solicitação. Uma vez negado o visto permanente, Barbouth passou então a solicitar vistos temporários e até janeiro de 1945 viria ao Brasil oito vezes nessa condição.[620] O estrangeiro não permanecera além do tempo permitido na primeira oportunidade em que entrou no território nacional, meses depois de ter lhe sido recusado um visto permanente. Esse era o indício de que não pretendia permanecer no Brasil. E foi o que Ernani Reis considerou para autorizar a concessão dos vistos temporários posteriores.

Embora o MRE tenha comunicado às representações consulares no exterior que a negativa de concessão de um visto permanente implicava,

---

[620]AN, respectivamente SV: 169/42 e 281/43.

IMIGRANTE IDEAL

no mínimo, uma nova consulta, caso o interessado solicitasse posteriormente um visto temporário, a orientação não seria necessária a todos
os tipos de estrangeiros.

É o que se depreende do caso do comerciante Alejandro Arias Carvajal. Espanhol naturalizado argentino, em 22 de abril de 1942 teve um
pedido de visto permanente indeferido por Ernani Reis, negativa ratificada por Vasco Leitão da Cunha.[621] Como não logrou obter um visto
permanente, Carvajal solicitou então um visto temporário. Como não
era nem refugiado nem judeu, tampouco "não branco", e possuía a sua
documentação completa, com licença de retorno ao país de origem, na
condição de argentino naturalizado obteve o visto no consulado brasileiro
em Buenos Aires. Assim como as autorizações de concessão, todos os
indeferimentos eram comunicados pelo Serviço de Visto do MJNI, por
ofício, à Divisão de Passaportes do MRE, ao Departamento Nacional
de Imigração (DNI) do Ministério do Trabalho, Indústria e Comércio
e à Delegacia Especial de Estrangeiros da Polícia do Distrito Federal.
Ao tentar desembarcar no porto de Santos no dia 10 de junho de 1942,
Carvajal foi impedido pela Inspetoria Federal de Imigração. Somente
depois que ocorreu "um entendimento telefônico da Polícia Marítima
deste porto com o Ministério da Justiça" o desembarque foi autorizado.

O ocorrido fez com que o DNI oficiasse a Ernani Reis, em 25 de
junho de 1942, solicitando esclarecimentos, que foram remetidos no
dia 8 de julho do mesmo ano. Na resposta, o assistente do ministro
afirmou que o desembarque de Carvajal "não foi ilegal". Complementou
esclarecendo que:

> é exato que lhe fora recusado um visto "permanente". Mas essa recu-
> sa fundou-se apenas no fato de não estar o estrangeiro nas condições
> estipuladas para a obtenção de um visto dessa natureza, e não porque
> houvesse motivo para considerá-lo indesejável. O consulado brasileiro
> tinha, portanto, o direito de conceder-lhe visto "temporário", desde que
> para este fim ele possuísse os documentos necessários.

---

[621]AN, SV: 207/42.

A regra que ditava o impedimento de concessão, ou uma nova consulta prévia de visto temporário a estrangeiros cujos pedidos de visto permanente já tivessem sidos indeferidos anteriormente, só se aplicava aos estrangeiros indesejáveis, situação em que a solicitação de um visto temporário seria interpretada como recurso para permanecer no país, à revelia da lei.

Conforme é possível perceber da leitura do processo de "Maurycy Saidman, polonês (judeu), residente no México", que solicitou, em agosto de 1944, visto de trânsito para o Uruguai e teve sua solicitação indeferida por Ernani Reis.[622] De acordo com o parecer redigido pelo assistente do ministro, no dia 16 de agosto de 1944, a negativa se deu pois "ao interessado foi concedido, pelo nosso consulado em Istambul, em 1940, um visto permanente, de que nunca usou. Esta circunstância indica que, com o pedido atual, o interessado tem o intuito de fixar-se no Brasil à revelia das disposições legais que regulam a imigração. Pelo indeferimento".[623] O MJNI considerava todos os vistos concedidos antes da vigência do Decreto-Lei 3.175/41 se não irregulares, já caducos. As renovações obedeceriam às novas regras então em vigor.

Em 3 de outubro de 1944, o MRE remeteu ao MJNI o pedido de visto permanente do dinamarquês Suen Helge Paulsen. A solicitação fora encaminhada pela representação brasileira na Colômbia, país no qual o estrangeiro encontrava-se. Paulsen declarou-se engenheiro químico. Uma semana depois, Ernani Reis em seu parecer considerou que "tratando-se de um técnico especialista, proponho o deferimento com base no Decreto-Lei 3.175/1941, artigo 2º, nº 6", opinião que foi ratificada por Marcondes Filho em 12 de outubro de 1944.[624]

---

[622]AN, SV: 838/44. O trecho entre aspas é originário do parecer de Ernani Reis. O visto de trânsito era necessário por razão das escalas obrigatórias que uma viagem de avião então entre o México e o Uruguai fazia. A todos os passageiros era exigido o visto de trânsito em viagens dessa natureza.
[623]No dia seguinte Marcondes filho aprovou o parecer. Em 23/8/1944 o MRE comunicou a Ernani Reis em caráter de urgência que a Embaixada do Brasil no México solicitara reconsideração da decisão, "pois se trata de notável cirurgião que foi chamado a Montevidéu a fim de tentar salvar a vida de seu irmão". O pedido contava com forte empenho da legação polonesa na capital mexicana. Ernani Reis acabou por reconsiderar e recomendou a concessão do visto de trânsito para trinta dias em 25/8/1944, no que foi atendido pelo ministro da Justiça em 26/8/1944.
[624]AN, SV: 1.005/44.

O item mencionado no parecer é a exceção relativa "a técnicos de mérito notório especializados em indústria útil ao país e que encontrem no Brasil ocupação adequada". Se esse era o caso de Paulsen, ele não comprovou. Nenhum tipo de prova foi apresentado. A formação em engenharia química, um contrato de trabalho ou qualquer informação relativa a uma possível empresa interessada em contar com o profissional não aparecem nos autos. Tampouco o expediente de consultar algum departamento do próprio governo para avaliar o assunto. É possível que Paulsen estivesse refugiado da guerra na Colômbia. Mas a nacionalidade dinamarquesa, ou a etnia "adequada", ajudou o estrangeiro a obter a autorização para receber um visto permanente sem nenhuma dificuldade interposta pelo MJNI.

Mesma facilidade já havia tido o suíço Robert Steiger em março de 1942, também engenheiro químico e de declarada "religião protestante". Entretanto, a vinda de Steiger foi aprovada depois que a empresa Indústrias Reunidas Matarazzo encaminhou a Vargas solicitação acompanhada de detalhada explicação sobre a especialização do estrangeiro e sua ocupação no Brasil.[625]

De igual forma, o engenheiro químico sueco Johan Sunstedt, acompanhado de esposa e filhos, não encontrou maiores dificuldades de nos últimos dias de abril de 1942 ter uma solicitação de visto permanente aprovada. Entretanto, naquela oportunidade, apresentou contrato de trabalho com a empresa Indústria Klabin do Paraná.[626]

Alberto Regis Conteville, residente no Distrito Federal, solicitou em 10 de agosto de 1942 ao MRE que fosse autorizada a concessão de um visto permanente para Gaston Frey, engenheiro químico, nascido em 1906 no Brasil, acompanhado dos pais, Georges e Louise Halphen Frey. O objetivo de Gaston era o de trabalhar na Sociedade Industrial Eletro-Metalúrgica Ltda, da qual Conteville era diretor-gerente. Trabalhara na França na Société Industriélle d'Electro-Metallurgie.[627]

---

[625]AN, SV: s/n [42]. A solicitação fez gerar uma exposição de motivos do MJNI assinada por Vasco Leitão da Cunha que foi pessoalmente aprovada e assinada pelo presidente em 4/4/1942.
[626]AN, SV: 240/42. O parecer relativo ao processo foi elaborado por Ernani Reis em 28/4/1942 e aprovado por Vasco Leitão da Cunha no dia 30 do mesmo mês e ano.
[627]AN, s/n. [42]. Depoimento de Paul Frey Wolff, sobrinho de Gaston, por telefone, em 30/1/2007.

A EUGENIA NAS ESTRELINHAS

Nos últimos meses de 1941 a empresa havia encaminhado ofícios ao Conselho Nacional de Minas e Metalurgia, "que por sua vez os encaminhou ao Conselho de Segurança Nacional". Nos documentos era exposta, "com todas as minúcias, a montagem no país do fabrico de carbureto de tungstênio e de indústrias derivadas para ferramentas de alto rendimento". Na mesma oportunidade, solicitou-se ao governo permissão para a vinda de técnicos especialistas, "o que o Exmo. Snr. presidente da República houve por bem conceder, conforme carta do Snr. secretário-geral da Presidência da República, de 5 de junho de 1942".

Com o objetivo de iniciar as atividades industriais, a empresa precisava instalar fornos. Para tal, justamente, solicitou a vinda da França do engenheiro químico Gaston Frey. Junto ao pedido, foi anexada a certidão brasileira de nascimento de Gaston. Conteville informou também que o engenheiro era diplomado em ciências físicas pelo "Laboratório do Prof. Fabry e possui, além disso, os certificados de física geral, química geral, mecânicas racionais, SPCM da Faculdade de Paris, e o de chefe de Laboratório Industrial de Eletricidade".[628] É dado como referência de "idoneidade moral" o cunhado Leon Wolff, diretor gerente da Joalheria La Royale, "naturalizado brasileiro, proprietário no Rio de Janeiro, onde reside desde 1913".

A carta, cujo redator conhecia as regras vigentes, ainda menciona que "requer respeitosamente a V. Exa., ouvido o Ministério da Justiça e Negócios Interiores, se digne conceder o visto para a vinda do Sr. Gaston Frey" e para os pais desse, ambos franceses, com 75 e 67 anos, respectivamente, que haviam vivido no Brasil por trinta anos. Como estavam na "França não ocupada", concluiu a carta solicitando que a autorização de concessão fosse encaminhada ou ao consulado em Marselha ou ao de Lyon.

O pedido seguiu para o MJNI. Em 23 de agosto de 1942, Ernani Reis analisou a documentação e expressou em seu parecer que "se Gaston

---

[628]Na documentação não está esclarecido, mas é possível que a sigla SPCM mencionada signifique "Sciences Physiques et Chimiques spécialité Modélisation".

conserva a nacionalidade brasileira — e é de presumir que não, pois do contrário não estaria encontrando dificuldades junto ao consulado brasileiro para obter os documentos respectivos — a concessão do visto aos seus pais estaria autorizada pelas disposições legais em vigor" e parecendo expressar alguma indecisão concluiu: "Ainda que, porém, tenha adquirido a nacionalidade francesa, a circunstância de tratar-se de um técnico indicaria, a meu ver, o deferimento, se tal circunstância estivesse comprovada." E tratou de exigir que a nacionalidade brasileira fosse então comprovada, caso contrário, que a empresa fizesse prova das qualidades técnicas do solicitante. O que, de certa forma, era um gesto de boa vontade, conduzido pela dúvida do rigoroso assistente do ministro em relação à nacionalidade brasileira de Gaston. A seguir simplesmente a lei, a resposta do MJNI seria a de que de acordo com o Decreto-Lei 3.175/41 o solicitante deveria se dirigir ao consulado e ali serem feitas as provas necessárias. Por outro lado, a empresa já havia comprovado por meio da certidão de nascimento que Frey havia mesmo nascido no Brasil. A hipótese seria a de que ao optar pela nacionalidade francesa, de acordo com o dispositivo legal então vigente, o engenheiro teria perdido a nacionalidade brasileira. Ainda assim, tratava-se de antigo residente. Em 25 de agosto Marcondes Filho aprovou o parecer de Ernani Reis.

No dia 4 de setembro a empresa escreveu a Euvaldo Lodi, presidente da Confederação Nacional da Indústria, informando que estava impossibilitada de "estabelecer o seu serviço de montagem e fabricação de carbureto de tungstênio, aços especiais e ferramentas de alto rendimento, por falta de um técnico especializado" e solicitando o seu parecer em relação à vinda do técnico Gaston Frey para executar o serviço. Em sua resposta, remetida em 15 de setembro, Euvaldo Lodi disse considerar "realmente indispensável a aquisição de um técnico no assunto. Julgamos de conveniência, para o país, a vinda do Sr. Gaston Frey". O expediente de solicitar um parecer e contar com o reconhecimento de um técnico por uma entidade do gênero da Confederação citada poderia funcionar junto ao Serviço de Visto. Como de fato funcionou, por exemplo, em semelhante interferência, dessa vez por parte da Federação das Indústrias do Estado de São Paulo (Fiesp), no processo de concessão de visto permanente relativo ao técnico de produtos químicos suíço René Greuter.[629] Ao dirigir-se ao ministro, Ernani Reis redigiu que "segundo o parecer da referida Federação [Fiesp], trata-se de um elemento cujos conhecimentos técnicos poderão contribuir para o desenvolvimento de uma indústria das mais interessantes que possuímos". E sendo esse o único elemento de prova de competência técnica apresentada, o MJNI aprovou a concessão. Gaston Frey não teria a mesma sorte. Não tinha a mesma origem étnica que Greuter.

No mesmo 15 de setembro de 1942, a Sociedade Industrial Eletro-Metalúrgica escreveu a Antenor Mayrink da Veiga, solicitando referências em relação a Gaston. Esse respondeu dois dias depois, declarando ter conhecido na Europa o engenheiro, com quem travou relações e "cuja capacidade técnica e científica são de molde a recomendá-lo". Não era essa uma referência relacionada à capacidade técnica de Frey, mas um importante documento, considerando que expressava em relação ao estrangeiro um conceito positivo produzido por pessoa de expressão social no Brasil. Convém lembrar que entre os critérios e os documentos requeridos aos solicitantes de um visto, a chamada "idoneidade moral" era especialmente observada pelo pessoal do MJNI.

No Brasil a família remeteu um exemplar da tese apresentada por Gaston para a obtenção do diploma na Faculdade de Ciências de Paris em 1931.

O texto em francês foi lido por Ernani Reis, que em 28 de setembro ponderou que, com o fim de cumprir o despacho ministerial, fora encaminhada "uma documentação destinada a provar que Frey é um técnico de alto valor" e comentou a respeito dos papéis que recebera. Concluiu seu parecer afirmando que "não está provado que se trate de um especialista em metalurgia, como foi alegado, pois a tese não diz respeito a essa matéria, mas ao 'enegrecimento das chapas fotográficas'. Proporho assim o indeferimento". Em uma das raras situações

---

[629]AN, SV: 57/45.

na qual o ministro da Justiça não seguiu integralmente a sugestão e o parecer de Ernani Reis, Marcondes Filho despachou no dia seguinte: "Diga o INT." Assim, o processo seguiu para o Instituto Nacional de Tecnologia.

Em novembro de 1942, possivelmente já sob o impacto da notícia da invasão da "França não ocupada" por tropas alemãs e o decorrente fechamento de todas as representações consulares e diplomáticas brasileiras naquele país, Jeanne Frey Wolff, irmã de Gaston, que residia no Brasil havia 15 anos, escreveu diretamente a Marcondes Filho uma carta solicitando uma vez mais a concessão do visto dos pais e do irmão, por meio da qual relatou:

> Disseram-me o quanto V. Excia. é justo e consciencioso e é a isso que venho fazer apelo para um papel de sumo interesse, que se acha há dois meses entre as mãos do Dr. Ernani Reis. Trata-se do processo vindo do Itamaraty sob o nº 1.015 e que pede a entrada no Brasil para o técnico Gaston Frey, meu irmão, contratado pela Sociedade Industrial Eletro-Metalúrgica. Juntamos, conforme pedido, novos documentos julgados indispensáveis e aguardamos, desde então, a resposta de V. Excia. [...] Possuímos agora, além das provas dadas, a fotografia dos diplomas do referido engenheiro caso isso possa interessar ao país.

Reiterava que o pai, Georges Frey, havia residido no Brasil por trinta anos, o que explicava o fato de Gaston ter nascido em São Paulo. Na parte superior da própria carta, Marcondes Filho escreveu: "Ao Ernani".

Esse processo do Serviço de Visto é um dos poucos entre os arquivados no qual o nome de Ernani Reis é mencionado por pessoas não ligadas diretamente ao governo. A dinâmica do funcionamento dos procedimentos parece ser de claro conhecimento dos aparentemente bem informados solicitantes. Ao assistente do ministro era atribuído um retardamento no encaminhamento do processo que lhe era regular, em muitos casos: as medidas protelatórias. No caso específico, a acusação não cabia, uma vez que o desejo de Ernani Reis era o de indeferir o pedido, e não protelá-lo. O encaminhamento a outro órgão havia sido ordem de Marcondes Filho.

A resposta do INT chegou em 9 de dezembro de 1942. Assinado por "E. Orosco. Chefe da 3ª Divisão — Indústrias Metalúrgicas", o parecer inicia relatando que "somos em tese de parecer que é do maior interesse para o país a vinda de técnicos extrangeiros [*sic*]".[630] Disse Eros Orosco que "no caso em apreço, embora existam entre os elementos nacionais técnicos no assunto em que se diz especialista o interessado, Gaston Frey, seríamos por sua vinda ao Brasil, desde que ficasse provado serem verdadeiros e suficientes os seus conhecimentos".

A preocupação essencial do MJNI era a constante suspeita de que a concessão de vistos para técnicos se constituísse em forma de escamotear a vinda de refugiados para o Brasil à revelia do Decreto-Lei 3.175/41. Desconfiando de que a mobilização no Brasil de parentes e amigos de Gaston para trazê-lo da França poderia ser simplesmente uma tentativa de patrocinar a vinda para o país de um francês e dos seus respectivos e idosos pais, todos três judeus e refugiados, tal como tantos outros que os funcionários se aplicavam em evitar a entrada.

Preocupação distinta em relação ao parecerista do INT, que se calcava na reserva e proteção do mercado de trabalho para os profissionais brasileiros. Os dois primeiros parágrafos são um tanto retóricos e pretendem dar a entender algo que o restante do parecer evidencia em contrário. Orosco desqualifica todas as provas e informações apresentadas no processo. Considera que as cartas de recomendação "não oferecem prova suficiente do valor dos conhecimentos do interessado". Quanto aos trabalhos de recém-formado que a irmã conseguiu encaminhar ao MJNI aqui no Brasil, "as teses, fls. 16 e seg., do interessado, versam sobre química geral. A primeira sobre misturas de manita e ácido bórico, ácido molibídico e ácido tartárico e a segunda, cujo texto não é presente, sobre

---

[630] O INT, especificamente a Divisão de Indústrias Metalúrgicas, é estudado em: CASTRO, M.H.M; SCHWARTZMAN, S. *Tecnologia para a indústria: a história do Instituto Nacional de Tecnologia.* Rio de Janeiro: Iuperj/INT, 1981.

o enegrecimento de chapas fotográficas". O que levou Orosco a considerar que eram temas "bastante afastados da especialidade citada pelo interessado". Usando a mesma maneira de argumentar, elogiando como forma de justificar a imediata desqualificação, o parecerista afirmou que "é de supor serem vastos os conhecimentos do interessado no domínio científico. O que não está provado, porém, é que estes conhecimentos, de caráter geral, façam do Snr. Gaston Frey um técnico especializado em metalurgia". Para não deixar dúvidas a respeito de seu ponto de vista, Orosco por fim conclui que

> cumpre ainda notar que na Universidade de Paris, são outras as escolas destinadas à formação de técnicos industriais e, sobretudo, para a metalurgia, a École Centrale. A Faculdade de Ciências, como seu nome bem indica, destina-se, sobretudo, à formação de cientistas. Nestas condições, sou de opinião que não seja atendida a pretenção [*sic*] do interessado de ingressar no país para aqui permanecer como técnico especializado em metalurgia de metais duros.

O objetivo de Orosco ao analisar com tal rigor a precária documentação que pôde ser reunida a distância é o que foi resumido nas últimas três linhas de seu parecer. Gaston Frey não estava presente e as condições da guerra não permitiriam que ele procedesse ao envio de provas mais consistentes de sua qualificação. Em especial, a prática de que se ocupara nos anos subsequentes a sua formação em 1931. Ou que se submetesse a uma prova de conhecimentos. O rigor do INT seria razoável se fosse aplicado a todos os engenheiros químicos e demais técnicos cujos pedidos de concessão de vistos chegaram ao MJNI entre 1941 e 1945. Como vimos em outros casos aqui mencionados envolvendo também engenheiros químicos e em um expressivo número de processos outros, as provas relativas às mencionadas especialidades de técnicos estrangeiros sequer foram exibidas e muito raramente — somente em quatro oportunidades — o INT foi chamado a opinar em processos do Serviço de Visto, embora uma quantidade expressiva de técnicos tenha ao longo do período solicitado vistos permanentes.[631] Quando muito, o parecerista do instituto ou realizou análise nada aprofundada indicando o deferimento ou limitou-se a comentar que não possuía elementos para julgar.[632]

Normalmente, a empresa contratante do técnico era a principal avalista da condição e competência do técnico que se pretendia trazer. No máximo, o MJNI autorizava que a prova fosse feita no Brasil. Como foi o caso, por exemplo, do técnico-eletricista espanhol Luis Quesada Auyanet, residente em Lãs Palmas (Canárias), para quem a empresa Toddy do Brasil requereu a autorização para concessão de visto permanente, incluindo mulher e filho no pedido dirigido ao presidente da República em 25 de fevereiro de 1942.[633] A empresa prontificou-se a "fazer prova

---

[631]Foram encaminhados ao MJNI 169 pedidos de concessão de vistos para técnicos, 23 em caráter temporário e os demais 146 permanentes. Entre os permanentes, cinco envolveram técnicos identificados como judeus e somente um foi deferido. Entre os temporários, dois que foram identificados como judeus tiveram o pedido deferido. Dos técnicos já residentes no Brasil, 13 pleitearam a concessão de vistos para os seus familiares. Desses pedidos, três eram identificados como judeus, obtendo dois indeferimentos e uma aprovação. Os demais dez técnicos obtiveram deferimento do pedido. Os pedidos de vistos permanentes encaminhados ao MJNI relacionados a engenheiros foram 53. Alguns dos processos envolviam mais de um profissional com essa formação. No acervo arquivado do Serviço de Visto do MJNI não aparece nenhum outro parecer de Orosco. Os demais são assinados pelo diretor Ernesto Lopes da Fonseca Costa. Além do caso em estudo, somente em mais quatro o parecer do INT foi solicitado por Marcondes Filho. Não coincidentemente, três dos cinco processos envolviam consultas relacionadas à formação técnica de candidatos a visto permanente apontados como judeus: AN, SV: s/n [42] (Salvador Said); AN, SV: s/n [42] (Gaston Frey) e AN, SV: 400/43 (Ladislav Eppinger). Os outros dois casos dizem respeito ao visto permanente a ser concedido aos soldadores norte-americanos Martin James Brennan (SV: 483/43) e Nicolson Watson (SV: 436/43), cujos pareceres nada detalhados — até porque nenhum documento comprobatório foi anexado — do INT, remetidos respectivamente em 23/6/1943 e 5/7/1943, recomendavam a concessão. Ambos seriam contratados por empresas norte-americanas envolvidas com o "esforço de guerra". O parecer de Brennan, por exemplo, limitou-se a declarar que "opina este instituto no sentido de ser concedido tal visto, por tratar-se de operário especializado, cujas atribuições muito interessarão ao nosso esforço de guerra". Também dentro do "esforço de guerra", vistos permanentes para norte-americanos não natos foram concedidos: para carpinteiros (SV: 366/43; 663/43 e 718/43); fiscal de construções (SV: 563/43); contramestres de construção (SV: 582/43, 614/43 e 673/43) e enfermeiro (183/44) entre diversos que não evidenciavam formação técnica na forma em que era descrita no Decreto-Lei 3.175/41 e foram imediatamente autorizados pelo MJNI e outros dois vistos permanentes foram autorizados para soldadores nas mesmas condições (SV: 364/43 e 506/43).
[632]AN, SV s/n [42]. Parecer do INT no processo envolvendo o pedido de Salvador Said, exarado em 17/2/1943. Com a sogra residindo no Brasil, Said teve depois do indeferimento ao pedido de visto permanente várias solicitações de concessão de visto temporário também negadas pelo MJNI.
[633]AN, SV: 241/42.

de sua capacidade logo chegado ao Brasil". Leitão da Cunha recomendou em sua exposição de motivos datada de 21 de março de 1942 que a concessão fosse autorizada. No que foi seguido pelo despacho manuscrito do presidente: "Defiro, em 26-3-942. GVargas."

Tal critério ou possibilidade não foram considerados no processo de Frey, demonstrando os dirigentes do Estado um critério que variava de acordo com a origem étnica do solicitante. Um técnico judeu ou não branco poderia até obter um visto para o Brasil, mas o grau de exigência seria semelhante, feitas as devidas adaptações, a uma prova de ingresso no magistério superior. As exigências tornariam, a distância, a aprovação da concessão muito difícil ou praticamente impossível.

O que pretendiam os parentes de Gaston e a empresa contratante com a documentação que encaminharam era comprovar que ele tinha a formação acadêmica de engenheiro químico, e não que era um especialista em metalurgia. O tema específico e restrito apresentado na tese onze anos antes provava a formação alegada e era a documentação de que os parentes dispunham por aqui. A especialidade tratada no trabalho não implicava o desconhecimento geral e amplo de sua formação como engenheiro químico. Comprovada a formação e a vaga na indústria nacional, a posição do MJNI — mesmo diante de tantos esforços e tantas interferências de compatriotas locais — evidenciava um rigor que tinha por objetivo tão somente recusar o visto.

Com o parecer do INT em mãos, e nada satisfeito com a carta da Sra. Jeanne Frey Wolff, que o havia acusado de morosidade, Ernani Reis escreveu ao ministro em 14 de dezembro de 1942 que o Instituto corroborara suas afirmativas anteriores. Não se provara que o solicitante fosse especialista em metalurgia e que a tese de Gaston versava sobre "química geral, com temas *bastante afastados* da especialidade citada. A Faculdade de Ciências de Paris não é, aliás, informa, uma escola de técnicos industriais. Confirmo, pois, o meu parecer pelo indeferimento".[634] No dia seguinte, o parecer foi ratificado por Marcondes Filho.

---

[634]Grifo no original.

A EUGENIA NAS ESTRELINHAS

Já o engenheiro químico britânico Robert Mouzillat, acompanhado da esposa francesa Josette e das filhas pequenas Marguerite e Elizabeth, todos residentes na França, conseguiu a autorização para concessão de seu visto permanente para o Brasil depois que Sir William Garthwaite Baronter, um grande empresário da navegação, solicitou no Rio de Janeiro a Vargas a concessão, argumentando também que Josette residira no Brasil e era neta de José Carlos Rodrigues, proprietário e diretor do *Jornal do Commercio*. Ainda assim, o MJNI, em sua exposição de motivos, destacou e mencionou as hipóteses previstas no Decreto-Lei 3.175/41 para as exceções relacionadas à concessão de vistos permanentes, inclusive a de "técnico de mérito notório". Concluindo que "é certo que o pedido em exame não pode ser classificado, a rigor, em nenhuma dessas hipóteses. Mas, seja atendendo às íntimas ligações de parentesco que tem no Brasil a família do requerente, à circunstância de aqui possuir a Sra. Mouzillat propriedades de valor considerável, à profissão do Sr. Mouzillat e, finalmente, às relações de Sir Garthwaite com a economia brasileira, não tenho dúvida em recomendar o caso à alta apreciação de Vossa Excelência, como estando contemplado pelo espírito da lei mais do que outros previstos na sua letra". Argumento que fez com que Vargas assinasse o deferimento em 17 de novembro de 1942.[635] Ou seja, a autorização não foi concedida exatamente em razão da formação técnica do solicitante.

O engenheiro químico tchecoslovaco Francisco Markus, acompanhado de sua filha menor Eva, então na Argentina, também foi autorizado a residir como permanente no Brasil pelo MJNI em agosto de 1943, após encaminhar um contrato de trabalho de três anos com a Antártica Paulista, pois contou com a rara boa vontade de Ernani Reis considerando que "tratando-se de uma companhia sabidamente idônea e de uma

---

[635]AN, SV: s/n [43]. A concessão contou também com o apoio e os esforços do embaixador Souza Dantas. Entretanto, considerando a data em que o pedido acabou finalmente aprovado, coincidente com a invasão da França não ocupada pelo Exército alemão, é possível precisar que caso os vistos tenham sido concedidos, não o foram a partir da representação diplomática brasileira na França, sem funcionar naquele momento em razão do confinamento de todo o pessoal diplomático pelas forças nazistas.

técnica que atingiu elevado grau de aperfeiçoamento no país de origem do suplicante, proponho deferimento".[636]

Poucas semana depois, o engenheiro químico suíço Pedro Wirth obteve do MJNI autorização para residir em caráter permanente. Embora tivesse como objetivo juntar-se ao pai Max Wirth, proprietário de uma fazenda em Marília, São Paulo. A solicitação partiu do pai, que alegou que o filho era antigo residente. O MNJI não questionou a falta de uma licença de retorno solicitada quando da saída ou fez qualquer exigência relacionada à comprovação das alegações e à formação do estrangeiro.[637] Nem mesmo a estranha afirmação de que Pedro havia se diplomado em "engenharia química e agrícola" chamou a atenção de Ernani Reis, que, inclusive, repetiu a informação não comprovada em seu parecer e ainda declarou que "tendo em vista a profissão agrícola e a manifesta utilidade da vinda de um técnico rural que já encontra colocação adequada, proponho o deferimento".[638]

Mesma sorte não teve o engenheiro químico Leon Rosenthal.[639] Ou não contou com os mesmos critérios ou com a mesma boa vontade por parte do MJNI. Leon obtivera um visto permanente para o Brasil em fins de 1940. Tornou-se um das centenas de passageiros que ficaram retidos dentro do navio *Alsina* pelas autoridades britânicas no porto africano de Dakar, entre janeiro e junho de 1941. O tempo de espera e, essencialmente, as mudanças na legislação brasileira em relação à entrada de estrangeiros, justamente estabelecidas em abril de 1941, fizeram o visto perder a sua validade.[640] Leon era natural do Cairo, tinha nacionalidade "palestiniana" e possuía um passaporte britânico. O MRE informou que se tratava de um judeu.

Em 1943, o engenheiro químico encontrava-se em Portugal. Em fins

---

[636]AN, SV: 750/43.

[637]AN, SV: 953/43.

[638]Como justificativa legal Ernani Reis mencionou o art. 2º, inciso 4, do Decreto-Lei 3.175/41, cujo conteúdo trata da exceção de concessão de vistos para "agricultores ou técnicos rurais que encontrem ocupação na agricultura ou nas indústrias rurais ou se destinem à colonização previamente aprovada pelo governo federal".

[639]AN, SV: 1.052/43.

[640]Sobre o assunto, ver: KOIFMAN, Fábio, op. cit.

de novembro daquele mesmo ano, o tio dele, Nathan Cohen, cidadão brasileiro e residente no país, encaminhou a solicitação de concessão de visto permanente. Anexou ao pedido comprovantes da habilitação científica do sobrinho, entre os quais o diploma de químico da Universidade d'Aix-Marseille e o diploma de engenheiro químico do Institut Technique Supérieur de la Chambre de Commerce de Marseille. Encaminhou também um contrato de trabalho no Brasil de Leon com a empresa B. Herzog e Cia. Trabalharia "no ramo especializado do fabrico de combustíveis para veículos a gasogênio", atividade que é descrita em detalhes no contrato registrado em cartório.

Ainda assim, o pedido foi negado, sem que nenhuma prova ou exigência fosse solicitada. Ernani Reis suspeitou da documentação apresentada e considerou que "trata-se, porém, de um estranho contrato, que caducará em seis meses", concluindo que "não estando provado que se trate de um técnico útil à indústria brasileira" e que o pedido não havia sido feito dentro das formalidades estabelecidas pelo Decreto-Lei 3.175/41, ou seja, o estrangeiro não havia se dirigido à representação consular no exterior, concluiu pelo indeferimento no primeiro dia de dezembro de 1943. No dia seguinte, Marcondes Filho indeferiu o pedido.

O contrato encontra-se anexado ao processo. Diferentemente do que argumentou Ernani Reis, o documento não caducaria em seis meses, mas sim a empresa estabeleceu que o profissional deveria apresentar-se ao trabalho em um prazo máximo de seis meses. O que era perfeitamente lógico, considerando-se que a contratação do técnico especializado era necessária à empresa e a demora superior a esse tempo faria com que o empregador buscasse outro profissional para suprir a demanda.

Conclui-se da comparação desses processos que o critério em relação à concessão de vistos permanentes para engenheiros químicos, em boa parte, não dizia respeito realmente a requisitos de ordem técnica dos solicitantes ou sua futura ocupação no Brasil, mas sim, e expressivamente, à origem étnica desses.

7.6 Orientais

Em 1941 a Casa Bratac Ltda. possuía um contrato para instalar a hidrelétrica de Macabu, no Estado do Rio de Janeiro.[641] O maquinário e a tecnologia eram de origem japonesa. No dia 28 de agosto daquele ano, Kunito Miyassaka, sócio-gerente da empresa, encaminhou uma carta ao secretário de Viação e Obras Públicas do Estado do Rio de Janeiro, Hélio de Macedo Soares e Silva.[642] No texto, Miyassaka informava que já havia se iniciado a remessa dos "maquinários e tubos adutores", mas que para que esses fossem instalados, os fabricantes desejavam enviar do Japão "o seu técnico encarregado", pois dessa maneira melhor garantiriam "o mais perfeito funcionamento". Argumentava que se tratava de maquinários "de certa precisão e delicadeza", cuja instalação e subsequente bom funcionamento dependiam de enviados especialistas do fabricante, já que o equipamento "obedece a certas e determinadas particularidades" e somente um técnico especializado estaria em condições de "desenvolver em plenitude suas funções normais".

Argumentou ainda que não havia possibilidade de substituição desses técnicos "por outrem residente no país" e que, "a bem do perfeito desempenho do compromisso contratual assumido pelo requerente", era indispensável trazer-se o técnico do estrangeiro.

> Acontece, porém, que os cônsules brasileiros nos portos japoneses de embarque não querem visar os passaportes dos viajantes japoneses com destino ao Brasil, sem que primeiro sejam autorizados pelo ministro da Justiça e dos Negócios Interiores do Brasil, por intermédio do seu Ministério das Relações Exteriores; d'aí a necessidade da prévia obtenção da autorização do ministro da Justiça e dos Negócios Interiores, para que os acima ditos fabricantes dos maquinários e tubos de aço possam enviar para o Brasil o técnico encarregado da respectiva instalação.

---

[641]AN, 19.396/41.

[642]A respeito da obra, ver: CORRÊA, Maria Letícia. *O setor de energia elétrica e a constituição do Estado no Brasil: o Conselho Nacional de Águas e Energia Elétrica (1939-1954)*. Tese (doutorado em história). Instituto de Ciências Humanas e Filosofia, UFF. Niterói, 2003.

Miyassaka conclui o texto solicitando que a Secretaria de Estado providenciasse junto ao MJNI a autorização do visto consular e que o MRE a transmitisse para o cônsul brasileiro na cidade japonesa de Yokohama, de modo a possibilitar a vinda ao Brasil do técnico encarregado. A permanência se daria pelo tempo necessário para término dos serviços de instalação, reiterando que o técnico possuía "as necessárias experiências" e que ele era indispensável para o "cumprimento das obrigações contratuais do requerente, com atinência às obras da instalação da hidrelétrica de Macabu."

O técnico era "montador eletromecânico" e chamava-se Koiti Hattori. Casado, tinha 60 anos e residia em Tóquio.

Em 2 de setembro de 1941, o assunto foi encaminhado para o gabinete do interventor do estado, Amaral Peixoto. Três dias depois, Amaral Peixoto oficiou a Francisco Campos, solicitando "as necessárias providências no sentido de ser autorizado", por intermédio do MRE, o cônsul brasileiro em Yokohama a conceder o visto em favor do técnico indicado "no incluso requerimento formulado pela Casa Bratac Ltda., que precisa vir ao Brasil e aqui permanecer até a conclusão das obras da Central de Macabu, neste estado, onde empregará sua atividade profissional."

Dentro dos critérios do pessoal do MJNI, Hattori poderia transformar-se em potencial imigrante. Nessa condição, sua etnia era indesejada e a sua idade não recomendável. A condição de técnico especialista não estava comprovada, tampouco a real necessidade de contar especialmente com a sua mão de obra indicada como imprescindível. Seria necessário esclarecerem-se todos esses assuntos, anexar evidências que comprovassem a formação de técnico especialista, cópias do contrato de trabalho, além de outras tantas exigências que lhe seriam impostas, justamente esperando que dessa maneira o interessado desistisse ou que o longo protelar do assunto levasse o processo ao arquivamento.

Mas esse caso, até então disciplinarmente conduzido por parte dos cônsules brasileiros no Japão, a contento do MJNI, negando peremptoriamente a Hattori qualquer tipo de visto sem sequer tentar uma consulta de autorização junto ao MRE, conforme, em tese, seria legal. A vigência do Decreto-Lei 3.175/41 possuía justamente esse objetivo. Dentro dos parâmetros estabelecidos, os cônsules indeferiam sem quaisquer outras consultas e ações as solicitações de concessão de vistos a determinada categoria de estrangeiros. Mesmo aqueles que aparentemente poderiam encaixar-se em alguma das exceções estabelecidas na lei, como em tese, era o caso de Hattori, um técnico.

Esse procedimento deu-se na grande maioria dos casos em que o pedido de visto envolveu um imigrante ou potencial imigrante indesejável. Não foi o caso de Hattori. A solicitação de concessão de visto para o técnico japonês tinha como origem o gabinete de um dos interventores (e pessoa) de maior prestígio junto ao chefe de Governo. Era um requerimento para ser indeferido, mas assinatura de Amaral Peixoto recomendava especial cuidado.

Dez dias depois, em 12 de setembro de 1941, em ofício com o timbre da Comissão de Permanência de Estrangeiros, o MJNI encaminhou resposta a Amaral Peixoto. Nela foi solicitado informar "se, no parecer da administração desse estado, os serviços técnicos do Senhor Koiti Hattori são considerados indispensáveis às obras da Central de Macabu".

A ideia era protelar enquanto fosse possível a decisão em relação ao assunto, ao mesmo tempo em que se buscava de forma sutil desestimular a pretensão, talvez fazendo ver ao influente interventor que outra solução pudesse ser encontrada.

A resposta de Amaral Peixoto seguiu no dia 26 de setembro, dirigida ao "chefe de gabinete, respondendo pelo expediente" do MJNI, Vasco Leitão da Cunha. Reiterou que os serviços técnicos de Hattori eram considerados pela Interventoria indispensáveis às obras da Central de Macabu. Demonstrando certa impaciência ou irritação, o interventor ainda completou: "Aliás, permita-me Vossa Excelência dizê-lo, si assim não fosse, o governo do estado não teria solicitado a vinda do técnico em apreço, pela forma por que o fez."

Quase um mês depois, Ernani Reis assinalou na parte superior esquerda do próprio ofício de Amaral Peixoto: "Autorizado. Em 20.X.1941." Logo abaixo, Leitão da Cunha endossou com a sua rubrica a decisão.

A EUGENIA NAS ESTRELINHAS

No dia seguinte, o MJNI encaminhou ao "Senhor Comandante Ernani do Amaral Peixoto" — na vez anterior havia sido qualificado como "Senhor Doutor" — texto de quinze linhas no qual esclarecia que

> Existindo, a respeito da concessão de vistos permanentes, instruções categóricas do Senhor Presidente da República, este ministério, ao fazer a Vossa Excelência a solicitação constante do Aviso n. CPE/625, de 12 de setembro último, não teve outro intuito senão o de obter, a respeito da necessidade dos serviços do referido técnico, o juízo pessoal de Vossa Excelência, uma vez que, pelos termos em que estava redigido, o ofício G/82, de 5 do mesmo mês, dessa Interventoria, poderia ser tomado como encaminhamento do pedido da firma citada.

Os termos da resposta de Amaral Peixoto, uma quase repreensão, deixavam limitada margem de manobra para o MJNI. Estrategicamente, optou-se por deixar algumas semanas passarem e o assunto esfriar-se um pouco para encaminhar uma resposta conveniente e uma justificativa absolutamente desprovida de lógica, já que os termos solicitando "as necessárias providências de Vossa Excelência no sentido de ser autorizado" eram absolutamente claros, precisos e não poderiam ser tomados "como encaminhamento" do pedido da firma interessada. Não existia realmente dúvida do MJNI quanto à interpretação do texto. O que existia era a intenção — que se mostrou ineficiente — de encontrar um meio de demover Amaral Peixoto de patrocinar a causa, a concessão de um visto permanente para um japonês de 60 anos de idade.

Dois dias depois, em 23 de outubro de 1941, Ernani Reis oficiou a Afrânio de Melo Franco Filho, chefe da Divisão de Passaportes do MRE, que, "por despacho exarado em ofício do Senhor Interventor do Estado do Rio de Janeiro, foi autorizada a concessão, pelo consulado em Yokohama, de visto permanente a Koiti Hattori, técnico japonês contratado pela Casa Bratec Ltda.". De fato, o despacho do MJNI foi registrado no mesmo citado documento. Entretanto, a informação (ou detalhamento dela) pouco usual aqui tinha por objetivo registrar claramente e para todos os efeitos a origem e a qualidade daquele que intercedeu pelo interessado.

Em 20 de março de 1942, o argentino naturalizado Antônio Silva e Souza solicitou um visto temporário alegando a intenção de realizar tratamento de saúde no Brasil. Com um nome que sugeria uma ascendência portuguesa, o pedido de Souza foi indeferido por Ernani Reis e ratificado por Vasco Leitão da Cunha no dia seguinte, 21 de março. A razão era o local de nascimento: Hong Kong. Embora a informação sugerisse que a provável nacionalidade de origem do estrangeiro fosse britânica, o fato de o solicitante ser "alto funcionário da companhia japonesa Osaka" tornava-o duplamente indesejável, mesmo tratando-se de um argentino naturalizado. Além da vinculação com uma empresa japonesa, tal vínculo sugeria que, apesar do nome, considerando o local de nascimento do estrangeiro, existia o risco de o mesmo ser de aparência oriental.[643]

O mesmo procedimento seria adotado cerca de cinco meses depois em um caso semelhante, no qual a origem étnica impeditiva foi mencionada mais explicitamente. Dessa vez, com o também argentino naturalizado e também solicitante a um visto temporário Andrés Scherbinin. "Engenheiro arquiteto", fora contratado para atuar nas ampliações das "packing-houses" da Companhia Swift nas cidades do Rio de Janeiro, Rio Preto, Campinas e Rio Grande. A guia do MRE datada de 14 de agosto de 1942 informava que Scherbinin "diz descender de russos, apresenta traços físicos de japonês". Dez dias depois Ernani Reis fez o parecer informando que se tratava de um "russo-japonês" naturalizado argentino. E encerrou concluindo que "quer a nacionalidade de origem, quer o fim da viagem, uma vez que a profissão de engenheiro é privativa de brasileiros, indicam o indeferimento, S.M.J. [salvo melhor juízo]". Parecer, datado de 25 de agosto de 1942, que foi aprovado por Marcondes Filho.[644] A nacionalidade de origem, a que Reis fez referência, sequer é mencionada, embora fosse presumidamente russa. O argumento relacionado à profissão de engenheiro foi utilizado para reforçar o im-

---

[643]AN, SV: 153/42.
[644]AN, SV: 547/42.

A EUGENIA NAS ESTRELINHAS

pedimento cuja principal causa era a etnia. A profissão de engenheiro do solicitante não fora lembrada ou destacada em outras situações, no mesmo período, em que o visto para um engenheiro foi aprovado, desde que os solicitantes fossem qualificados dentro da presumida origem étnica adequada aos padrões então estabelecidos no MJNI.[645] Como Scherbinin, outros engenheiros tiveram seus vistos permanentes indeferidos aparentemente sob o argumento da inadequação da profissão ou o zelo pelos postos dos profissionais brasileiros, mas a negativa tinha como real razão a origem étnica presumida dos solicitantes. Como no caso do casal Michel Notkine e Etiene Berger, ambos engenheiros.[646] Ele nascido na Hungria, ela inglesa, encontravam-se em Portugal, o que lhes conferia um indicativo de estarem na condição de refugiados e, por consequência, ser identificados como judeus. Seriam contratados pelo Escritório Técnico de Engenharia Alberto Haas, "contratantes de serviços e obras públicas" no Rio de Janeiro. O próprio Alberto Haas, "brasileiro nato, reservista do exército, engenheiro civil, chefe da firma brasileira", dirigiu a Vargas duas cartas: uma em 26 de janeiro de 1942 e outra, por não ter obtido resposta da primeira, em 22 de maio de 1942. Ambas solicitavam autorização para trazer o casal de estrangeiros, que eram possuidores de larga experiência profissional.

Várias foram as considerações de Haas nas duas cartas. Argumentava que a vinda dos engenheiros era necessária, uma vez que estava encontrando "dificuldades de ampliar e aperfeiçoar nossas empreitadas, mercê da dificuldade em encontrar, no país, técnicos especializados em construções civis e hidráulicas". Eram "contratantes" "de obras públicas, algumas ligadas à defesa nacional — pavimentação de estradas, cais, etc.". Dizia também que não pudera participar das concorrências

---

[645]No mesmo ano de 1942, foram abertos processos no Serviço de Visto do MJNI em nome dos seguintes engenheiros: do britânico de Trinidad John Sulivan, senhora e filhos; do suíço Robert Steiger; dos franceses René Guffon, Paul Marcel e Maurice Leon Coste; do britânico Edward Hatton, esposa Marjorie Anna Thomas Hatton e dois filhos; do suíço Jean Werner Steuble, senhora e duas filhas; do francês Roberto Henry Leduc; do francês Paul Lambert, mulher e três filhos menores, entre outros. Todos esses processos foram concluídos com a autorização para as concessões de visto permanente, independentemente de todos os solicitantes serem engenheiros.
[646]AN, SV s/n [42].

do "Aéreo Base Naval de Natal, que interessa à defesa nacional, por escassez de técnicos especializados" que fossem peritos que pudessem executar obras daquele grau de complexidade e que desejassem viver e atuar naquela região do país. Por fim, concluiu que "as firmas alienígenas, existentes no país, apresentam-se, vantajosamente, sobre as firmas nacionais, mesmo aquelas que dispõem de capital e organização, mercê da existência de excelentes corpos de técnicos, com longa aprendizagem e prática". Pretendia Haas, com os dois engenheiros, adequar sua empresa à concorrência das empresas estrangeiras.

Ao chegar o segundo pedido de Haas à Secretaria da Presidência da República e ser novamente encaminhado ao MJNI, a exposição de motivos de Vasco Leitão da Cunha para Vargas relacionada ao primeiro pedido já estava pronta. Em 20 de maio de 1942 o "sr. responsável pelo expediente do MJNI" redigiu um curto texto de cerca de dez linhas no qual afirmou: "Não se trata absolutamente de técnicos da indústria, como a lei exige, mas de engenheiros que pretendem vir exercer ilegalmente no Brasil a sua profissão. Esse ministério opina, portanto, pelo indeferimento." O despacho de Vargas foi redigido no mesmo documento, dessa vez no lado direito: "Satisfaça a exigência do art. 2º do Decreto-Lei 3.175, de 7 de abril de 1941. Em 2-6-942. GVargas."

Poucos meses depois, outro foi o critério no processo relacionado ao pedido de concessão de visto para o engenheiro Roberto Henry Leduc.[647] Como o casal de engenheiros Notkine e Berger, o francês Leduc também se encontrava em Portugal. De igual forma, a solicitação foi dirigida no Brasil, dessa vez pela firma pernambucana R.L. Almeida Brennand Irmãos (Cerâmicas São João). Pretendia contratá-lo como "engenheiro-cerâmico", categoria ou especialidade pouco comum em engenharia. Sem apresentar detalhes relacionados à formação acadêmica e à longa experiência profissional de engenheiro — como havia feito Haas — a empresa, representada na solicitação por Antiógenes Chaves, escreveu de Recife.

No dia 17 de novembro de 1942 Ernani Reis redigiu o seguinte parecer a respeito do caso: "O visto não foi pedido pelos meios regula-

---

[647]AN, SV: s/n [42j.

A EUGENIA NAS ESTRELINHAS

res, previstos no Decreto-Lei 3.175, de 1941. Contudo, e atendendo à idoneidade dos solicitantes, penso que este ministério poderia escrever ao Itamaraty que não objeta a concessão do visto, feitas perante o consulado as provas necessárias."[648] Em 25 de novembro de 1942 o MRE autorizou o consulado brasileiro em Lisboa a visar, observadas as provas do artigo 30 do Decreto-Lei 3.010/38, ou seja, as exigências comuns feitas a qualquer estrangeiro que tivesse um visto aprovado em razão das exceções estabelecidas no Decreto-Lei 3.175/41. Não se exigiu naquele momento que Leduc fizesse junto ao consulado qualquer prova de sua qualidade de engenheiro ou técnico.[649]

Para outros casos em que os solicitantes foram considerados, de igual forma, inadequados em razão de sua presumida origem étnica, surgiram argumentos que conduziram ao indeferimento, não presentes em processos semelhantes que envolviam solicitantes julgados etnicamente adequados, conforme, entre outros, o caso do engenheiro uruguaio naturalizado Carlos Maria Canosa Perez.[650]

No dia 28 de junho de 1943, o pedido de concessão de visto permanente de Perez foi encaminhado ao MJNI pela Divisão de Passaportes. A naturalidade do solicitante não foi questionada. Tampouco a sua ocupação profissional, "privativa de brasileiros". Em 7 de julho de 1943, Ernani Reis comunicou em seu parecer que o estrangeiro "vem trabalhar para um construtor estabelecido em Porto Alegre" e propôs o deferimento. Constava das informações remetidas pelo MRE que o objetivo de Perez era cumprir um contrato com Gabriel Pedro Moacir, mas que seguia aguardando a assinatura do contrato. Ou seja, o visto permanente foi concedido sem que fossem apresentadas todas as pro-

---

[648]Em muitos casos Ernani Reis, antes de qualquer julgamento, pedia à empresa contratante que comprovasse a qualidade de técnico.

[649]Temeroso de estar cometendo alguma irregularidade, o cônsul-geral do Brasil em Lisboa retardou a concessão por seis meses até que recebesse confirmação do governo brasileiro de que estava realmente autorizado a fazê-lo. A empresa telegrafou ao MJNI cobrando uma solução. Foram solicitadas informações a respeito ao MRE. Em resposta, o Itamaraty esclareceu que, em razão da guerra, o correio aéreo estava levando de três a seis meses para proceder à remessa de correspondência.

[650]AN, SV: 606/43.

'MIGRANTE IDEAL

vas mínimas. Tampouco a formação de engenheiro ou a existência do contrato foram comprovadas.

As mesmas observações se podem fazer em relação ao pedido de concessão de visto permanente do engenheiro eletricista Lorenzo Masdival Mora. Espanhol residente no Chile, o pedido remetido ao MJNI informava que tinha por objetivo cumprir contrato com a Companhia Força e Luz de Minas Gerais. Mas não apresentou contrato ou documento de espécie alguma em relação ao que afirmava. Tampouco comprovou a sua formação de técnico. O "item 6" da guia remetida pela Divisão de Passaportes do MRE, que continha os questionamentos: "Está habilitado a prosseguir viagem? Para onde? Está habilitado a regressar? Para onde? Quando caduca o direito de entrada em outro país ou de regresso?",[651] cuja falta de resposta precisa fez com que Ernani Reis recomendasse o indeferimento de diversos pedidos expressando em cada um de seus pareceres que "as condições legais não estão cumpridas",[652] não estava respondido. Embora o Decreto-Lei 3.175/41 tornasse obrigatória tal comprovação tão somente aos solicitantes de vistos temporários, na prática a resposta ao item 6 também era questionada.

Lorenzo não havia comprovado formalmente praticamente nenhuma de suas afirmações. Fosse outro o solicitante, o indeferimento seria certo. Ainda assim, em um parecer curto, Ernani Reis, em 19 de julho de 1943, informa "estando o caso previsto no Decreto-Lei 3.175/41, art. 2º, por se tratar de técnico especializado" e propõe o deferimento. No dia seguinte, Marcondes Filho acatou a sugestão e aprovou o pedido.

A diferença de tratamento ou critério é compreensível em relação aos técnicos estrangeiros, muitos dos quais engenheiros, que a partir de fins de 1942 passaram a vir em boa quantidade para o Brasil e tiveram seus respectivos vistos permanentes aprovados por Ernani Reis "por se tratar

---

[651]AN, SV. O "item 6" consta da guia padrão remetida pelo MRE ao SV. Em diversos processos, o despacho foi como o do SV: 168/42 "NEGADO, por não haver indicação quanto às condições do item 6". Ou até "NEGADO (cf. item 6), digo, AUTORIZADO se houver autorização de volta para a Argentina", conforme o processo SV: 160/42, entre outros.

[652]AN, SV: 1.173/44, entre outros.

A EUGENIA NAS ESTRELINHAS

de assunto ligado ao nosso esforço de guerra".[653] Mas conforme demonstro com os dois casos apresentados a título de exemplo, o critério também era extensivo a outros técnicos/engenheiros não ligados a esse contexto das obras de construção dos aeroportos e bases militares utilizados pelas forças norte-americanas no norte e no nordeste brasileiros. O que faz com que fique claro que o rigor das exigências determinadas nas leis e diretrizes era variável de acordo com as características do proponente ou a inclinação dos funcionários envolvidos, de aprovar ou não o pedido.

No dia 29 de setembro de 1943, a Divisão de Passaportes encaminhou ao Serviço de Visto o pedido de autorização de concessão do visto do comerciante chinês Wu-hua Sung, então residente no Uruguai.[654] Informou que "o interessado é casado com a brasileira Elisa Leite" e vivera por "longos anos" na Bahia, tendo apresentado carteira de estrangeiro emitida em 29 de setembro de 1939. A lei indicava que no que concernia à suspensão de concessão de vistos permanentes mantinha-se aberta a possibilidade de exceção para o "estrangeiro casado com brasileira nata, ou à estrangeira casada com brasileiro nato".[655] E Wu-hua era um "antigo residente". Dependendo do requerente, Ernani Reis redigiria seu parecer recomendando tão somente que o cônsul em Montevidéu se certificasse da nacionalidade brasileira da esposa e exigisse, no máximo, prova do casamento. Em consonância com o padrão estabelecido, poderia redigir que "as condições legais estando cumpridas, proponho o deferimento", sentença que aparece em centenas de pareceres. Como o interessado era chinês, julgava necessário o cabeça do Serviço de Visto encontrar algum fato ou identificar algum descumprimento de modo a evitar a entrada de Wu-hua no território nacional. Não diferentemente de outras repartições públicas, especialmente as policiais, na falta de resposta para a solicitação ou outra ideia, o primeiro recurso era a procrastinação.

---

[653]AN, SV: s/n [42]. Dos processos existentes no acervo do Serviço de Visto, 69 podem ser classificados como relativos ao comum "esforço de guerra". A maioria desses, que envolvia concessão de visto de entrada e transformação de visto, foi analisada e aprovada pelo MJNI nesse período. Somente em dois casos o processo foi indeferido.
[654]AN, SV: 972/43.
[655]Inciso 2º, art. 2º, do Decreto-Lei 3.175/41.

IMIGRANTE IDEAL

Entre as medidas protelatórias, a primeira delas era a de exigir os originais dos documentos que supostamente já haviam instruído o pedido junto ao consulado brasileiro ou saber deles. Seria uma forma de não autorizar e, quem sabe, o ideal seria identificar contradições ou novos fatos que pudessem levar ao indeferimento do pedido. Dessa forma, o parecer de Ernani Reis encaminhado ao MRE em 13 de novembro de 1943 questionava "se a esposa de Wu-hua Sung conserva a nacionalidade brasileira e se apresenta prova dessa nacionalidade e do casamento". Poderia também ter questionado a ocupação do estrangeiro ou até mesmo inquirido a respeito da data de saída do Brasil e até exigido a apresentação do documento utilizado na época da saída. Não havia limitações e sobrava criatividade no ato de propor novas exigências quando isso era julgado necessário.

Levando em consideração que o cônsul não remeteria um pedido da natureza do que remetera na solicitação de Wu-hua sem que tivesse as mínimas indicações sobre a aparente veracidade das afirmações, a falta de resposta à solicitação de Ernani Reis leva à conclusão de que ou o casal não tinha naquele momento condições de comprovar documentalmente o que era solicitado ou diante da dificuldade imposta tenha simplesmente desistido do pedido. Aqui não é possível estabelecer com precisão o que levou à não conclusão do processo. Mas é possível e claro identificar a diferença de postura e procedimentos do Serviço de Visto quando o requerente se tratava de um indivíduo considerado "não branco".

Dentre os processos arquivados no Serviço de Visto, um dos casos que mais chamam atenção é o da norte-americana Mitsuko Mori.[656] Em setembro de 1944 ela dirigiu-se ao consulado do Brasil em Chicago e solicitou a concessão de um visto permanente. Nascida em São Francisco, Califórnia, Mitsuko era professora e lecionava em um jardim de infância em Chicago. Tinha por objetivo reunir-se ao pai, Junkichi Mori, japonês residente no Brasil em Estação

---

[656]AN, SV: 978/44.

de Paraguassu, interior de São Paulo.[657] Além de todos esses dados, o consulado também informou ao MRE, que por sua vez transmitiu ao MJNI, que a interessada era protestante e o pai dessa, reverendo, pastor da Igreja Presbiteriana. Sem saber, a jovem reunia características que seriam determinantes para provocar o indeferimento da concessão do visto permanente. Em realidade, bastaria somente uma dessas características para que qualquer estrangeiro tivesse o visto indeferido no Serviço de Visto. E a moça possuía três.

Embora norte-americana nata, Mitsuko seria considerada japonesa. Pois o critério do Serviço de Visto, no caso dela, não seria baseado na nacionalidade nem na naturalidade, mas no fato de ela não ser considerada branca.

Sendo filha de pastor, era vista como missionária protestante. As "Instruções" relativas ao cumprimento do Decreto-Lei 3.175 orientavam aos cônsules que antes de proceder à concessão de vistos permanentes, mesmo em se tratando de americanos natos, mas identificados como "sacerdotes, missionários, pregadores e religiosos em geral",[658] necessária e obrigatoriamente procedessem à consulta prévia ao Rio de Janeiro. Nessas oportunidades, o parecer recorrente de Ernani Reis era baseado no argumento de que "não obstante a nacionalidade, e por ser a atividade, que se propõe exercer, contrária ao interesse do Brasil, opino pelo indeferimento".[659]

Em geral, as solicitações de concessão de visto permanente para religiosos não católicos encontravam forte resistência por parte de Ernani Reis. Com o fim de exemplificar o pensamento do assistente do ministro em relação a esse tema específico, abaixo transcrevo o parecer redigido em 5 de abril de 1943 para o processo em que o reverendo norte-americano nato Vance Edward Brown solicitou um visto permanente para o Brasil:

---

[657]O endereço que Junkuchi Mori forneceu foi "Caixa Postal 244, Estação Paraguassu, Estrada de Ferro Sorocabana, São Paulo." Hoje município de Paraguaçu Paulista.

[658]AHI, "Instruções para a aplicação do Decreto-Lei 3.175/41", remetidas às representações consulares brasileiras no exterior como anexo da Circular 1.522 (6/5/1941).

[659]AN, SV: 1.022/43. Processo relativo ao pedido de visto permanente nos passaportes dos missionários protestantes norte-americanos natos William R. Pencille e esposa.

IMIGRANTE IDEAL

É missionário e viria trabalhar na Missão Pró-Evangelização, em Belém do Pará. Trata-se, obviamente, de um missionário protestante. Considerando que a penetração de missionários protestantes no Brasil, máxime nas zonas de periferia, tende a enfraquecer um dos laços mais importantes da unidade nacional, que é a religião comum dos brasileiros; considerando que isto constitui ameaça à integridade espiritual e à própria segurança do país; considerando que o Brasil está, pelo menos na medida em que o está qualquer outro povo da América ou da Europa, devidamente evangelizado, isto é, incorporado à civilização cristã; considerando que o esforço no sentido de aperfeiçoar os característicos espirituais da cultura de um povo soberano, incumbe, como encargo e como privilégio, ao próprio elemento nacional, proponho o indeferimento.[660]

Outros tantos processos envolvendo reverendos norte-americanos natos, identificados como "missionários", foram indeferidos sob esses e outros argumentos.[661] Da mesma forma que ministros evangélicos Adventistas do Sétimo Dia, para Ernani Reis "trata-se, obviamente, de um pastor protestante".[662] Entretanto, na maioria das vezes em que o pedido envolvia religiosos católicos, a solicitação era normalmente deferida, "tendo em vista que se trata de cidadãos americanos, beneficiados com a exceção prevista no decreto-lei, artigo 2º, nº 1, e que também é útil a vinda desses sacerdotes *católicos*, que de certo modo contrabalançam com a influência dos missionários protestantes, que considero prejudicial à união brasileira".[663] Em outro parecer, relativo à concessão de vistos permanentes para 13 sacerdotes católicos norte-americanos, quatro deles não nascidos nos Estados Unidos — dois deles naturais da Alemanha — e que também se dirigiam para "zonas de periferia", Ernani Reis cita especificamente os professores protestantes:

---

[660]AN, SV: 244/43. Em vista do parecer, Marcondes Filho aprovou o indeferimento em 6/4/1943.
[661]Entre outros, os pedidos dos reverendos presbiterianos norte-americanos natos William John Larkin e John Erwin Woods, que viriam com as respectivas esposas. AN, SV: 65/45.
[662]AN, SV: 447/43. Processo relativo ao pedido de visto permanente do casal norte-americano nato John Demmings Haynes e Myrtle Leora Harrel Haynes. O parecer redigido era semelhante ao aqui reproduzido.
[663]AN, SV: 117/43; 118/43; 119/43; 120/43; 121/43 e 122/43. O grifo é original.

A EUGENIA NAS ESTRELINHAS

Tendo em vista a nacionalidade, o Decreto-Lei 3.175, artigo 2°, n° 1 e a profissão religiosa que se propõe exercer e que, a meu ver, é de grande interesse para o Brasil, especialmente porque a vinda de sacerdotes católicos norte-americanos constitui, diante da penetração de pastores e professores protestantes, uma reação benéfica ao sentimento de unidade nacional brasileira, proponho o deferimento.[664]

E justamente Mitsuko tinha como terceira característica a que implicaria o indeferimento, a profissão: o exercício do magistério. O Estado Novo a partir de 1938 teve especial atenção em relação à chamada nacionalização das escolas. O CIC, do qual Ernani Reis era membro, tomou parte em diversas elaborações de políticas relacionadas ao tema. Mas o conjunto de novas regras determinadas pelo governo e a sua implementação, que determinaram o fechamento de alguns estabelecimentos de ensino e produziram mudanças em muitas escolas, já efetivadas ainda no fim da década de 1930, não eram um processo novo ou razão principal da preocupação e da atenção no assunto por parte de Ernani Reis.[665] Tendo sido ele mesmo professor, por tantos anos, de uma família que produziu outros professores, era extremamente sensível ao assunto. Somando-se a isso uma profunda convicção de que os professores estrangeiros deveriam ser impedidos de lecionar no país por considerá-los necessariamente não imbuídos dos ideais brasileiros.

Conforme redigiu em parecer datado de 10 de outubro de 1943, por ocasião do pedido de concessão de visto permanente de um professor de educação física norte-americano, formado pela Universidade de Wooster, no Estado de Ohio, no qual propôs o indeferimento, "seja porque a direção da mocidade brasileira é um encargo e um privilégio do próprio

---

[664]AN, SV: 813/43. Paul Seibert; John Granahan; Philip Kennedy; Cristopher Neyland; Andrew Quinn; Bernard Trainor; James Schuck; Anselm Conahue; Damian Carney; Celsus Gansen; John Krieg; Connall Oleary e Gabriel Hughes. Membros da Ordem Franciscana. Gansen e Krieg eram nascidos na Alemanha.

[665]Sobre o assunto ver, entre outros: MOVSCHOWITZ, Jeronymo, op. cit.; SCHWARTZMAN, S.; BOMENY, H.M.B.; COSTA, V.M.R. *Tempos de Capanema*. 2ª ed. São Paulo/Rio de Janeiro: Paz e Terra/FGV, 2000; SEYFERTH, Giralda. *A assimilação dos imigrantes como questão nacional*, v. 3, n° 1. Rio de Janeiro: Mana, 1997 (http://www.scielo.br). Acesso em 15/2/2007.

Brasil; seja porque o recebimento dessa direção do exterior representa uma grave ameaça aos característicos nacionais".[666]

A convicção de Ernani Reis em relação ao assunto superava inclusive as suas simpatias pessoais para com os religiosos católicos. Ele colocava o assunto do magistério em um ponto acima em sua hierarquia de valores. O que pode ser comprovado, entre outras evidências documentais, pelo parecer redigido por ocasião do pedido de visto permanente para a religiosa católica espanhola Gumersinda Añon Gutierrez, que residia em Buenos Aires. Gumersinda tinha como objetivo "servir como irmã do Colégio das Religiosas da Companhia de Maria", no Rio de Janeiro.[667] Em seu parecer de 17 de novembro de 1943, Ernani Reis redigiu que "nem pela nacionalidade, nem pela profissão é possível classificar o pedido nas exceções à regra da suspensão dos vistos permanentes, constante do Decreto-Lei 3.175, de 1941. Pelo indeferimento". Em outro processo, com a mesma data de entrada, chegou ao MJNI o pedido de concessão de visto permanente para a argentina Hortensia Julia Guerrero.[668] Da mesma forma que Gumersinda, Hortensia tinha como objetivo "servir como irmã do Colégio das Religiosas da Companhia de Maria". As freiras pretendiam trabalhar na mesma escola e, ao que tudo indica, viajariam juntas. O argumento relacionado ao indeferimento em razão da nacionalidade não era possível no caso da argentina Hortensia. Dessa forma, em seu parecer, Ernani Reis redigiu que "a vinda de professores estrangeiros para a educação fundamental da mocidade brasileira é contrária ao princípio da nacionalização do magistério, inscrito na lei. Pelo indeferimento". Em ambos os casos, o ministro acompanhou o parecerista, dois dias depois.

Em 4 de outubro de 1944, Ernani Reis redigiu em seu parecer relativo ao processo de Mitsuko que "a interessada deseja vir para o Brasil a fim de reunir-se ao pai, pastor protestante, de nacionalidade japonesa, residente em São Paulo. Não havendo informação suficiente sobre os

---

[666] AN, SV: 894/43. Relativo ao pedido do casal norte-americano Curtis T. Gruenau e esposa.
[667] AN, SV: 975/43.
[668] AN, SV: 974/43.

A EUGENIA NAS ESTRELINHAS

fins de viagem, proponho o indeferimento". Três dias depois Marcondes Filho aprovou o parecer de seu assessor.

O objetivo mais simples e óbvio da viagem, que o parecerista do MJNI declarou estar oculto, se constituía na vontade de uma filha reunir-se ao pai ou ir residir com ele. Por mais óbvia e trivial que fosse tal motivação, naquele momento não era conveniente que fosse aventada. Outros tantos casos envolvendo a vinda de cidadãos norte-americanos que tinham como simples objetivo o mesmo apresentado pela jovem professora foram deferidos. Como foi o caso de Richard Paul Momsen, que cerca de um ano e meio antes, sem apresentar qualquer tipo de razão ou documento em especial, vindo então do Egito, solicitou visto permanente com o mesmo objetivo: o seu desejo de "residir em companhia do seu pai" e teve a solicitação aprovada a partir de um parecer de Ernani Reis assim redigido: "Tratando-se de cidadão de Estado americano, é caso previsto no Decreto-Lei 3.175, art. 2º. Pelo deferimento."[669]

Ou do caso envolvendo a francesa Marie Therese Chenivesse, residente nos Estados Unidos, que, três meses depois de Mitsuko, solicitou um visto permanente e, segundo escreveu o próprio Ernani Reis em seu parecer de 7 de dezembro de 1944, o objetivo de vir para o Brasil era "viver em companhia do pai", Emile Chenivesse, que vivia no Estado do Amazonas, e o que o fez concluir naquela oportunidade que "tendo em vista a situação de permanente do pai, proponho o deferimento", não citando nessa oportunidade nenhum dispositivo da lei, em razão do simples fato de a autorização não encontrar respaldo legal, pois ao contrário de Mitsuko, que era natural de país americano, em se tratando de francesa ou da qualidade do pai de estrangeiro aqui residente, o visto em tese não poderia ser concedido.[670]

A recusa de visto de Mitsuko não ocorreu em detrimento da situação de guerra, uma vez que a solicitante — mesmo filha de japonês

---

[669] AN SV: 214/43. O parecer de Ernani Reis data de 30/3/1943 e foi aprovado pelo ministro em 1/4/1943.

[670] AN, 1.177/44. Ernani Reis não solicitou nenhuma comprovação da alegação, não investigou junto à DEE informações sobre o pai, tampouco requereu da CPE e do Serviço de Visto informações relativas a ele.

IMIGRANTE IDEAL

— era norte-americana nata e, dessa forma, o tão corrente argumento relacionado à nacionalidade de origem não poderia ser mencionado ou levado em consideração. Conforme o próprio Ernani Reis resumira em parecer dirigido ao MRE em resposta a um pedido de autorização para concessão de um visto permanente para o cidadão norte-americano Andrey Boynton Lord:

> cabe transmitir a informação, acrescentando-se porém que, na forma do Decreto-Lei 3.175, de 7 de abril de 1941, e das instruções baixadas para sua execução, a autoridade prévia para a concessão do visto permanente a americanos não é necessária, a menos que se trate de caso compreendido no § único do art. 7º das referidas instruções: sacerdotes, missionários, pregadores e religiosos em geral, exploradores e membros de expedições; pessoas ligadas a organizações destinadas à propaganda de ideologias contrárias à segurança do Estado e à estrutura das instituições políticas brasileiras; indivíduos que pretendam empregar-se no magistério e em ocupações urbanas que não exijam conhecimentos especializados; naturalizados; judeus.[671]

As mesmas mencionadas instruções, no parágrafo 5º de seu artigo 8º, orientavam: "Quando se tratar de judeus e de indivíduos não pertencentes à raça branca, a autoridade consular fará sempre menção dessa circunstância[...]."[672] Em tese, além de característica étnica "não branca" da qual não possuíam dúvidas, o MJNI não tinha certeza de que Mitsuko iria se envolver com pregação religiosa ou com a prática do magistério, pois ela mencionou tão somente o desejo de reunir-se ao pai. A rigor, o visto solicitado por essa norte-americana nata nem precisava ter sido dirigido ao Serviço de Visto, mas sim autorizado diretamente pelo consulado brasileiro em Chicago, se ela não tivesse um pai japonês. O que leva à conclusão de que tão somente a característica étnica não branca constituiu-se no fator gerador principal do impedimento.

---

[671]AN, SV: 131/43.
[672]AHI, "Instruções para a aplicação do Decreto-Lei 3.175/41", remetidas às representações consulares brasileiras no exterior como anexo da Circular 1.522 (6/5/1941).

Ernani Reis nem se deu ao trabalho de solicitar ser informado, como em tantos outros casos, a respeito da situação legal do pai da solicitante no Brasil. Tampouco achou por bem proceder com o recurso da utilização de uma das suas medidas protelatórias. Ou se ocupou em elaborar mais um parecer a respeito da inconveniência da vinda de missionários religiosos protestantes para o Brasil. Da mesma forma, não utilizou os usuais argumentos críticos relacionados à vinda de professores estrangeiros. Dentro de seus critérios, o caso dispensava maiores justificativas. Era de sumário indeferimento. Caberia ao pai, Junkichi Mori, no Brasil, dirigir esforços para contornar a situação junto às autoridades do MJNI. Uma exposição nada provável, considerando-se a sua condição de estrangeiro, cidadão japonês e pastor religioso.

Em dezembro de 1944, Wang Shou Hai, residente no Brasil e pai de três filhos brasileiros, requereu a vinda de seu primo chinês Jessen Hwang, que era casado e tinha 26 anos. Jessen era diplomado pela Yen Nen University of Commerce em Chefou, China. Em um caso que não envolvesse solicitante chinês, a resposta do Serviço de Visto poderia ser a de indicar que o visto deveria ser solicitado no consulado mais próximo à residência do estrangeiro ou, dependendo do caso, inquirir a respeito de informações e provas relativas à formação acadêmica. No dia 26 de dezembro de 1944, Ernani Reis, em um breve parecer, opinou que "não lhe valendo nenhuma das exceções abertas pelo Decreto-Lei 3.175, de 1941, à regra da suspensão dos vistos permanentes, proponho o indeferimento", no que foi acompanhado por Marcondes Filho em despacho assinado a 4 de janeiro de 1945.[673] O indeferimento sumário tinha como causa a origem étnica do solicitante. Seria irrelevante para o MJNI qualquer outro argumento ou expediente.

---

[673] AN, SV: 1.234/44.

7.7 "Morenos" americanos

Além do já comentado caso do estudante holandês Christiaan Hendrik Eersel, residente na então Guiana Holandesa, cujo pedido remetido pelo cônsul brasileiro exibiu a classificação "de cor", posteriormente complementada no MJNI com o dizer "preta", que teve a concessão de visto temporário recusada pela dupla Ernani Reis e Vasco Leitão da Cunha no dia 14 de janeiro de 1942, outros casos menos explícitos repetiram-se.[674] Antes de mencioná-los, convém comentar a respeito da postura do MJNI em relação ao estudante. Qual seria a posição do governo brasileiro e do MJNI em relação à vinda de estudantes para o país? A resposta é encontrada em um parecer escrito por Ernani Reis em 27 de setembro de 1942: "Trata-se de matéria de interesse nacional";[675] ou em parecer de 27 de outubro de 1942: "A presença em nossas escolas de estudantes estrangeiros que, em seguida, voltam aos seus países só pode ser útil ao bom nome do Brasil, que por essa forma se torna um centro de irradiação intelectual";[676] ou ainda, o de 23 de agosto de 1943, a respeito da prorrogação de visto para um estudante colombiano: "Atendendo a que convém aos nossos interesses que sul-americanos façam estudos no Brasil, proponho, de acordo com os precedentes estabelecidos em casos idênticos, que seja autorizado o Itamaraty a fazer uma anotação no passaporte do referido estrangeiro, destinado a assegurar os seus estudos."[677] Dessa forma, por exemplo, alunos argentinos,[678] bolivianos,[679] colombianos,[680] paraguaios,[681] peruanos[682] e venezuelanos[683] conseguiram sem nenhuma dificuldade obter um visto para estudar no Brasil ou prorrogar a sua permanência. Alguns desses processos chegam a incluir dez estudantes.

---

[674]AN, SV: 35/42.
[675]AN, SV: s/n [42].
[676]AN, SV: s/n [42].
[677]AN, SV: 734/43.
[678]AN, SV: 740/42 e 240/43.
[679]AN, SV: 571/43 e 498/43.
[680]AN, SV: 345/43 e 985/43.
[681]AN, SV: s/n [42].
[682]AN, SV: 255/43 e 1.211/44.
[683]AN, SV: 930/44.

A EUGENIA NAS ESTRELINHAS

Importante ressaltar que a ideia de Ernani Reis era a de que, uma vez concluídos os estudos, os estudantes retornassem aos seus países de origem. As prorrogações de estadas eram redigidas de forma a possibilitar a permanência enquanto o estudante estivesse realizando os estudos.[684]

Será que o visto foi indeferido em razão de o Brasil não reservar aos residentes da Guiana Holandesa o mesmo tratamento que reservava aos nacionais de Estados americanos? A pergunta não precisa ser respondida, considerando que o mesmo tratamento dado a esses estudantes foi concedido a, por exemplo, um estudante de nacionalidade espanhola e, portanto, não americano.[685] Seria então uma restrição de caráter unicamente "étnico"? O estudante de uma faculdade de química e farmácia do Uruguai, Salomon Zukier, "polonês israelita", solicitou nos primeiros dias de junho de 1943 um visto temporário.[686] Desejava vir para o Brasil com um grupo de estudantes de sua faculdade "em visita de estudos". Ernani Reis aprovou a concessão, condicionando as observações de praxe: "Estando cumpridas as condições legais", no dia 5 de junho de 1943. Entretanto, o mexicano naturalizado, classificado como judeu, Teodoro Apstein, ao encaminhar seu pedido, em junho de 1943, de concessão de visto para uma estada de três meses no Brasil — era bolsista do Instituto Rockefeller — obteve como primeira resposta de Ernani Reis o pedido para que o Serviço de Visto "seja informado sobre a nacionalidade originária" dele. A resposta seguiu semanas depois: russa. Mas a concessão não chegou a ser autorizada.[687]

Tampouco o jovem britânico, residente no Panamá, Arich Diamend teve melhor sorte. Em um processo volumoso, em decorrência da insistência de Arich em vir estudar medicina no Brasil e do fato de ele ter remetido várias cartas de recomendação e outros documentos. No dia

---

[684]Conforme, por exemplo, a prorrogação de visto concedida no passaporte do estudante peruano Oscar Nieto Ginetti, que cursava a Escola Politécnica da Universidade de São Paulo. Em seu despacho, que era anotado no passaporte e assinado pelo próprio Ernani Reis, foi dito que o visto seria válido enquanto o aluno estivesse cursando a Escola Politécnica da USP. AN, SV: 1.211/44.
[685]AN, SV: 815/43.
[686]AN, SV: 479/43.
[687]As três vias das guias ainda encontram-se nos autos. Como o interessado não mais se manifestou, o processo acabou arquivado.

IMIGRANTE IDEAL

9 de novembro de 1944, Ernani Reis escreveu em seu parecer: "Natural da Palestina (judeu), residente no Panamá, pede visto permanente. Viria estudar medicina. O Decreto-Lei 3.175, de 1941, não prevê a hipótese entre as exceções abertas à suspensão dos vistos permanentes. Proponho o indeferimento." Sabe-se que Diamend seguiu insistindo até pelo menos 11 de abril de 1945. Já respondendo pelo Serviço de Visto Isidoro Zanotti (como parecerista) e Junqueira Ayres como responsável pela decisão. Quando os dois, naquela data, da mesma forma que os antigos ocupantes do posto, indeferiram o pedido.

Nos primeiros dias de outubro de 1942, a viúva Maria Velarde e sua filha Ernestina, ambas bolivianas natas, desejosas de viver em Corumbá, solicitaram a concessão de um visto permanente. O pedido chegou ao Serviço de Visto e em 13 de outubro de 1942, mesmo o MRE tendo afirmado que as solicitantes haviam apresentado a documentação completa, Ernani Reis indeferiu o pedido, já que "não havendo provas de que tenha meios de subsistência, proponho o indeferimento".[688] A informação relacionada à documentação completa fazia entender que as solicitantes obedeciam aos critérios legais. E, se necessário fosse, o MJNI poderia solicitar que fossem apresentadas as provas financeiras necessárias. Entretanto, o indeferimento não estava, de fato, relacionado à condição financeira das solicitantes, mas sim a sua presumida origem étnica indígena e, portanto, considerada não branca e indesejável. Marcondes Filho acompanhou o parecer de Ernani Reis cinco dias depois.

Diferente tratamento obteve o pedido de concessão de visto temporário da viúva Aurora Sola Stani.[689] Também residente no Paraguai, mas de nacionalidade espanhola. Declarou-se "proprietária" quando perguntada no consulado em Assunção a respeito de sua profissão. Mas evidenciou dificuldades financeiras por ter solicitado ao cônsul brasileiro que fosse dispensada das provas de que poderia custear sua estada de três meses no Brasil. Argumentou, sem comprovar, que possuía três filhas brasileiras residentes em Porto Alegre e essas iriam hospedá-la e custeá-la. Em 8

[688]AN, SV: 632/42.
[689]AN, SV: 1.063/43.

A EUGENIA NAS ESTRELINHAS

de dezembro de 1943, Ernani Reis recomendou em parecer dirigido ao ministro que "o pedido de exceção, a meu ver, merece deferimento, em vista da circunstância indicada".[690]

No dia 1º de abril de 1943 o dono de um café no Brasil, Amado Yampey, requereu no MRE a concessão de visto permanente para a sua cunhada, a costureira paraguaia Heliodora Ayala Meza.[691] Em seu parecer, Ernani Reis referiu-se ao requerente como "garçom" (e não dono de um café) e redigiu que "sob a responsabilidade de pessoas de mesquinho padrão de vida [...] estrangeiros em tais condições ameaçam constituir um encargo público e a sua vinda para o Brasil é antieconômica". E o pedido foi indeferido. Pouco mais de dois meses depois, em 7 de junho de 1943, Heliodora solicitou novo visto, dessa vez temporário. O pedido foi novamente indeferido. Embora nesse processo o presumido "mesquinho padrão de vida" tenha sido o argumento que teria motivado o indeferimento, em muitos outros casos envolvendo portugueses era utilizado como argumento pelos que solicitavam o visto. Como, por exemplo, o da portuguesa Maria Joaquina Gonçalves, que tinha uma filha brasileira e desejava vir em caráter permanente para o Brasil, pois estava "passando por necessidades por falta de recursos", segundo declarou-se em janeiro de 1943.[692] O pedido foi deferido pelo MJNI e a justificativa de Ernani Reis foi a de que "quer por se tratar de mãe de brasileiro nato, quer por se tratar de pessoa de nacionalidade portuguesa, o deferimento é legal".

No dia 5 de maio de 1943, o cônsul do Brasil no Paraguai remeteu a solicitação de visto permanente da datilógrafa Sofia Nieve Machain Rolón, que possuía "todos os documentos exigidos pela legislação em vigor". A solicitante viajava em companhia de um filho menor de poucos meses de idade e pretendia, de acordo com o preenchido pela Divisão de Passaportes na guia remetida ao MJNI, "empregar-se em zona urbana".

Para Ernani Reis, segundo redigiu em seu parecer datado de 18 de maio de 1943, tratava-se "de uma datilógrafa que vem em busca de em-

---

[690]Idem. O pedido foi aprovado pelo ministro em 11/12/1943.

[691]AN, SV: 288/43 e SV: 1.053/43. O nome da estrangeira também aparece no processo grafado Eleodora Ajala.

[692]AN, SV: 177/43.

prego. Sendo aleatório o objetivo da viagem e não provando a interessada ter meios de subsistência, proponho o indeferimento". O parecer foi aprovado no dia seguinte por Marcondes Filho.[693] A oposição à entrada de estrangeiros que pudessem concorrer com o trabalhador nacional era uma convicção de Reis. Mas pesou também para determinar a negativa da concessão a suposta condição de indígena da Sra. Rolón.

Em 10 de dezembro de 1943, Ernani Reis redigiu o parecer relativo à solicitação de visto permanente a ser concedido ao colombiano Julio E. Medina. O solicitante se declarou "mecânico", mas nenhuma prova ou detalhe específico a respeito dessa formação ou atuação profissional foi encaminhada ao MJNI. A embaixada do Brasil em Bogotá informou somente que se tratava de solteiro que pretendia fixar-se em Manaus — para onde pretendia dirigir-se por via fluvial — para exercer o seu ofício. Informou também que o interessado era "de origem étnica ibero-americana", ou seja, não se tratava de um descendente de índios.

Para aprovar uma solicitação de visto permanente para estrangeiro que tivesse como base o argumento de atender ao artigo 2º, n.º 1, do Decreto-Lei 3.175/41, ou seja, "a técnicos de mérito notório, especializados em indústria útil ao país e que encontrem no Brasil ocupação adequada" Ernani Reis precisaria exigir a documentação comprobatória da forma-ção técnica específica alegada e, preferencialmente, contar com as provas que indicassem por meio de contrato ou declaração que alguma empresa estava interessada em empregar o técnico, ou até remetê-las a algum outro órgão ou departamento técnicos ligado ao governo, como o fez em outras oportunidades. Consciente de que o pedido, de fato, não contava com esses requisitos, Ernani Reis declarou tão somente que "tendo em vista a nacionalidade, Decreto-Lei 3.175, artigo 2º, nº 1", ou seja, a exceção à proibição de concessão de vistos permanentes "a portugueses e a nacionais de Estados americanos" e, complementando, estar "atendendo à escassez de operários qualificados na região, proponho o deferimento".[694]

A condição de homem solteiro, nacional de Estado americano, etnica-

---

[693]AN, SV: 401/43.
[694]AN, SV: 1.078/43.

A EUGENIA NAS ESTRELINHAS

mente não indígena, que iria fixar-se, pelo menos em tese, em Manaus, uma região que precisava ser ocupada, bastou ao assessor do ministro da Justiça para recomendar a aprovação.

No dia 26 de setembro de 1944 a Divisão de Passaportes do MRE remeteu ao MJNI as informações, referentes ao pedido de concessão de visto permanente para o colombiano Hernando Muñoz Torres, que recebera do consulado brasileiro na Colômbia sobre o candidato: "Tem 23 anos, 'DE ORIGEM LATINA', operário, solteiro e deseja vir para o Brasil, onde se dedicará a ocupações que não exijam conhecimentos especializados, tendo apresentado toda a documentação prevista no art. 30 do Decreto-Lei 3.010/38, e provou ter recursos para manter-se durante seis meses."[695] O parecer de Ernani Reis escrito em 4 de outubro de 1944 repete os mesmos termos: "Colombiano, de origem latina, residente na Colômbia, pede visto permanente. O interessado tem 23 anos, é operário e provou ter recursos para manter-se durante seis meses. Tendo em vista a nacionalidade, Decreto-Lei 3.175, de 1941, art. 2º, nº 1, proponho o deferimento."[696]

Hernando Muñoz Torres não tinha qualquer tipo de formação, não tinha contrato de trabalho, não tinha emprego e ainda iria concorrer com os brasileiros empregando-se em uma ocupação urbana. Mas tinha um requisito que apareceu em destaque entre as informações a seu respeito: era "de origem latina", uma das muitas formas que os cônsules brasileiros adotaram na correspondência para evitar dizer diretamente que o estrangeiro era "branco".

Mesmo com os nacionais dos Estados americanos incluídos nas exceções previstas no Decreto-Lei 3.175/41, a posição do Serviço de Visto manteve reservas em relação, especialmente, a paraguaios e bolivianos. O argumento normalmente era apresentado como econômico, como se a pobreza fosse a principal exigência que os funcionários julgavam não atendida. Como a posição e a boa vontade em relação a uruguaios e argentinos era bastante diferente, é possível que o motivo subjetivo escamoteado por um discurso de cunho econômico estivesse em reali-

---

[695]AN, SV: 984/44. Maiúsculas originais, termos sublinhados no documento.
[696]Marcondes Filho aprovou o parecer em 7/10/1944.

dade relacionado ao fato de os nacionais desses dois países possuírem um contingente populacional mais europeizado, como, aliás, há muito se julgavam os nacionais da Argentina.[697]

Encontram-se indícios dessa diferenciação de tratamento, de um modo geral, nos pedidos de concessão de vistos e, especificamente, em um processo encaminhado ao MJNI pelo MRE em meados de 1943 contendo o "expediente necessário" para o "Convênio entre o Brasil e o Paraguai para o fomento de turismo e a concessão de facilidades para entrada nos respectivos territórios".[698] Pelo convênio, os paraguaios natos ficaram isentos de impostos e taxas de entrada, permanência e saída os que viajavam a título de turismo, excursão científica, artística ou esportiva, assim como negócio e trânsito, desde que "a demora não exceda 12 meses". Foram dispensados passaportes e aceitas cédulas de identidade, mas se manteria a exigência de "documentos sanitários e policiais". A proposta era estabelecer com os paraguaios um "tratamento análogo com os assinados com a Argentina e Uruguai". Aos naturalizados seria oferecida só a gratuidade das taxas.

O MJNI preparou uma exposição de motivos para Vargas na qual foi ponderado que:

> A gratuidade da prorrogação de seis meses importará, contudo, uma sensível agravação da tendência para uma forma irregular de imigração. Um semestre é, com efeito, tempo suficiente para viagens de turismo, repouso e cura, estudo, arte, esporte, trânsito, e prazo maior significaria, antes, uma verdadeira radicação no país, de elementos que muito raro podem ser considerados economicamente desejáveis. Isto é, trata-se ou de pessoas que vivem mais ou menos ao acaso, e que procuram pequenas ocupações urbanas, ou de pessoas com recursos que se prevalecem das condições favoráveis de vida que aqui encontram, mas cujo êxodo deve ser previsto no caso de se modificarem tais condições, e das quais é razoável exigir-se uma contribuição direta para o erário público [...] a meu ver, a gratuidade da prorrogação é, assim, inconveniente, mas estando já assinado o convênio, é evidente que seria difícil modificar a cláusula.

---

[697]Sobre o assunto, ver: BARROS, Orlando. *Corações de chocolate: a história da Companhia Negra de Revistas (1926-1927)*. Rio de Janeiro: Livres Expressões, 2005.
[698]AN, SV: 670/43.

Outras evidências relacionadas ao mesmo assunto apareceram no relatório anual do MRE relativo a 1944.[699] Nele informou-se que em novembro de 1944 o MJNI e o MRE, "considerando as repetidas decisões do senhor presidente da República e a orientação geral do governo", decidiram que o visto permanente poderia ser concedido independentemente de consulta prévia aos portugueses natos "de origem europeia" desde que "satisfizessem as condições de boa saúde e idoneidade".[700]

Convém fazer referência a um conceito do movimento eugenista: o pauperismo. Especialmente entre os eugenistas norte-americanos, a pobreza "era cientificamente considerada, por muitas universidades e médicos respeitados, um defeito genético transmitido de geração em geração".[701] Tendo ocorrido esterilizações em larga escala naquele país de indivíduos em razão da pobreza.

7.8 Idosos

A idade era uma das características que poderiam transformar um imigrante em indesejável.

Em 15 de março de 1942 o português Candido Antonio Mello, residente no Brasil desde 1926, pai de dois filhos brasileiros, escreveu ao MRE.[702] Em sua carta solicitava que o consulado do Porto fosse autorizado a conceder um visto permanente no passaporte do sogro dele, o lavrador português João Evangelista Christino, de 75 anos de idade. Candido se responsabilizava pela manutenção do sogro, que viria residir em sua companhia. Anexou à carta as certidões relativas aos filhos.

Dois dias depois, o pedido chegou ao MJNI, acompanhado da carta escrita pelo requerente. A informação "75 anos de idade" foi sublinhada e grifada por meio de duas linhas paralelas espessas, com a evidente intenção de dar-se destaque ao fato. Muito provavelmente foi o próprio Ernani Reis que realizou a marcação. Seja por não ter sido solicitado

---

[699]AHI, Relatório do MRE, 1944, p. 89.
[700]Apud MOVSCHOWITZ, Jeronymo, op. cit., p. 58.
[701]BLACK, Edwin, op. cit., p. 45.
[702]AN, SV: 140/42.

IMIGRANTE IDEAL

conforme a lei, no consulado brasileiro mais próximo ao solicitante, mas especialmente em razão da idade do requerente, Ernani Reis escreveu na guia remetida pela Divisão de Passaportes do MRE: "Negado". Na maioria absoluta dos casos Vasco Leitão da Cunha acompanhou a opinião do assistente. Em um dos únicos e raros casos em que não seguiu o parecerista, redigiu de próprio punho ao lado da negativa do assistente: "Digo, autorizado", e rubricou.

No dia 29 de maio de 1942, a argentina Maria Antich de Almeida, residente em São Paulo, mãe de filho brasileiro, solicitou ao MRE que permitisse a entrada no Brasil do pai, o espanhol João Antich, que residia em Felanitx, Palma de Maiorca. João era viúvo e tinha então 65 anos. O pedido já havia sido negado nos primeiros dias de 1942. E seria indeferido outra vez. Ernani Reis negou a concessão do visto e a negativa dessa vez foi ratificada por Vasco Leitão da Cunha em 8 de junho de 1942.[703]

No dia 28 de maio de 1943, o português José Lopes de Miranda, pai e avô de brasileiros natos, escreveu ao Itamaraty solicitando que fosse autorizada a concessão de visto permanente para sua cunhada, a espanhola Manuela González Fernandez, que residia na Argentina. Manuela tinha então 60 anos e viveu entre 1906 e 1922 no Brasil, onde possuía bens e três irmãs aqui residentes.[704]

Em um dos poucos e raros casos nos quais Ernani Reis leu sem muita atenção os autos do processo, o que é percebido pelo fato de ele ter redigido em seu parecer de 16 de junho de 1943 que se tratava da solicitação do "genro" da interessada, e não cunhado, como de fato era, invocou as regras contidas no Decreto-Lei 3.175/41, que "não prevê a hipótese entre as exceções abertas à suspensão dos vistos permanentes" e concluiu opinando pelo indeferimento. Três dias depois, Marcondes Filho seguiu o parecer de seu assistente e o pedido foi negado.

---

[703]AN, SV: s/n [42].

[704]AN, SV: 528/43. Aparece nos autos a informação de que Manuela tinha como objetivo "reunir-se aos filhos". Como não aparecem outros pormenores, é possível que a informação dissesse respeito aos filhos das irmãs da solicitante ou filhos residentes no país, mas não se tratasse de brasileiros natos.

A família recebeu então em casa, no Rio de Janeiro, uma carta de 25 de junho, endereçada pelo MRE, informando:

> Com referência a seu requerimento, datado de 28 de maio último, relativo à concessão de visto, em caráter permanente, em favor de sua cunhada Manuela González Fernandez, lamento comunicar a vossa Senhoria que as autoridades competentes, consultadas a respeito, foram de parecer contrário à concessão do aludido visto. Aproveito a oportunidade para apresentar os protestos da consideração, com que me subscrevo de vossa senhoria. Afrânio de Mello Franco Filho. Chefe da Divisão de Passaportes.

Esse era a forma e o conteúdo padrão das negativas encaminhadas aos solicitantes. Não eram mencionadas as razões e tampouco o Serviço de Visto ou o MJNI. Por razões lógicas, exemplares desse tipo de documento não ficavam arquivados no MJNI. A existência dos originais junto ao processo se deve ao fato de a irmã de Manuela, Mercedes González Fernandez, aqui residente, ter remetido o envelope contendo essa resposta junto ao recurso que interpelou a Vargas, em 23 de julho de 1943.

No recurso, Mercedes dizia que vivia no Brasil há mais de trinta anos e um de seus filhos, "neste momento, serve ao Brasil". E pediu pela irmã solteira, "muito idosa, com sessenta anos e enferma, sofreu além de tudo uma intervenção cirúrgica num seio e está completamente só".

A Secretaria da Presidência encaminhou o assunto ao MJNI. Em 10 de setembro de 1943 foi exarada no ministério a exposição de motivos relacionada ao caso. Seguindo a praxe, o texto apresentava um breve histórico no qual selecionava do processo, especialmente, os aspectos e dados que os servidores públicos consideravam relevantes. Subjetivamente selecionados e redigidos com maior ou menos destaque, as informações e os detalhes eram os que haviam dado apoio nas decisões tomadas por Ernani Reis e Marcondes Filho em seus pareceres e despachos, enquanto o assunto permanecia ainda em sua esfera decisória. Com o consequente indeferimento e posterior recurso a Vargas interposto por parte dos requerentes, na exposição de motivos o MJNI tinha a preocupação de justificar o indeferimento e convencer o presidente do acerto de seus atos, esperando obviamente que o chefe direto ratificasse todas as suas decisões.

Sendo assim, além de informar que se trata de um pedido de visto permanente encaminhado em favor de uma senhora espanhola, solteira e residente em Buenos Aires, reservam um parágrafo em separado para destacar que "declara que a interessada, sua irmã, é muito idosa e está doente". Duas características que, independentemente da nacionalidade da interessada, comprometeriam a concessão de qualquer visto permanente à luz dos critérios estabelecidos naquele momento.

No parágrafo seguinte, também uma frase curta redigida com o mesmo fim de proporcionar destaque ao conteúdo, informa-se que "por despacho de 19 de junho último, este ministério indeferiu a pretensão, por falta de apoio legal".

A seguir, a exposição de motivos menciona o conteúdo do Decreto-Lei 3.175/41 com seus impedimentos e suas exceções — reproduzidos em detalhes — para a concessão de vistos permanentes. Conclui que a solicitação "não se enquadra" em nenhuma das hipóteses e que "este ministério não tinha a faculdade de autorizar a concessão de visto" por essa razão. Uma justificativa sempre presente e reiterada nos documentos dessa natureza, como forma de fazer acreditar o presidente que o MJNI agia sempre dentro do rigor estrito da lei. E reitera que a interessada não pode ser atendida, "a menos que satisfaça as exigências do citado decreto-lei".

Por fim, aparece no texto outra frase ou ideia sempre presente nas exposições de motivos do MJNI: "Vossa Excelência dignar-se-á, contudo, de resolver como for mais acertado." O que expressava a ideia de que embora cumprindo a lei, o MJNI não se pretendia competente em proferir a última e mais acertada decisão. O que em outras palavras deixava Vargas à vontade para tomar a decisão que quisesse, sem, contudo, necessariamente deixar em (má) posição de oposição aqueles que aconselhavam em contrário. Nos pareceres em que o MJNI sugeria uma exceção à lei, os termos usados eram distintos, tais como "pertence, como seu irmão, a uma família de ótimo nome. O pedido não está, porém,

A EUGENIA NAS ESTRELINHAS

apoiado na lei que regulamenta a matéria e somente Vossa Excelência tem o poder de autorizar uma exceção".[705] Ou na forma do parecer relativo ao processo de concessão de visto para Robert Mouzillat, já mencionado no presente capítulo.[706]

Seguindo a praxe de despachar na parte superior do próprio documento, o presidente determinou: "Satisfaça a exigência do art. 2º do Decreto-Lei 3.175 de 7/4/1941. Em 28-9-943. GVargas." O que queria dizer que a espanhola Manuela González Fernandez tivera o visto indeferido.

No dia 18 de agosto de 1943, a Divisão de Passaportes encaminhou ao Serviço de Visto o pedido de concessão de visto, requerido no Brasil, pelo português Raul Augusto Chaves relativo à vinda de sua sogra, Alexandrina Maria de Oliveira e Silva. Chaves comprovou possuir residência permanente no Brasil e ser empregado do Banco Borges S.A. Ao enviar o pedido, o MRE tratou de esclarecer que "o assunto é encaminhado ao exame do MJNI por se tratar de pessoa maior de 60 anos de idade que não pode provar em Lisboa, ter meios para sua manutenção no Brasil". O genro havia se declarado responsável pela manutenção de Alexandrina no país.

Apesar da nacionalidade, a idade da solicitante fez com que, em 23 de agosto de 1943, Ernani Reis se utilizasse de uma de suas saídas protelatórias: "De acordo com o Decreto-Lei 3.175 de 1941, os vistos devem ser pedidos pelo próprio candidato ao consulado brasileiro no lugar onde reside. Proponho o arquivamento."[707] O arquivamento sumário era uma medida protelatória que poderia produzir o efeito desejado de impedir a vinda do estrangeiro. Dependeria da insistência do candidato ou dos interessados. O arquivamento do pedido e a condição de estrangeiro acabariam por intimidar o solicitante em relação a uma nova tentativa. Em diversos outros casos, o MJNI concedeu a autorização, mesmo

---

[705]AN, SV: s/n [42]. Exposição de motivos de Vasco Leitão da Cunha para Vargas em 21/5/1942.
[706]AN, SV: s/n [42]. Exposição de motivos de Vasco Leitão da Cunha para Vargas em 17/11/1942.
[707]AN, SV: 751/43.

tendo o pedido sido requerido no Rio de Janeiro.[708] O que se constitui em evidência de que também essa regra era utilizada de acordo com a conveniência de Ernani Reis.

No dia 22 de novembro de 1944, em um tempo em que as restrições para concessão de vistos para cidadãos italianos já haviam sido liberadas, a brasileira Julieta Giam Paoli, casada e com 59 anos, residente em Porto Alegre, solicitou a concessão de visto permanente para seu irmão Oliva Costiniero, então com 67 anos, residente em Buenos Aires. Gente de condição modesta, Oliva chegou ao Brasil com 4 anos em 1881. Residiu no país até 1927.

Embora seletivamente a condição de antigo residente tenha servido em outros processos como argumento em prol do deferimento do pedido, o fato de Oliva ter vivido por quarenta e seis anos no Brasil não foi suficiente para Ernani Reis.[709] Em 7 de dezembro de 1944 redigiu o parecer relativo ao processo no qual fez, como era praxe, um histórico dos fatos e concluiu que "tratando-se de pessoa cuja vinda constituiria encargo para nação, e não lhe valendo nenhuma das exceções previstas no Decreto-Lei 3.175, à regra da suspensão dos vistos permanentes, proponho o indeferimento". Sendo assim, a 12 de dezembro de 1944, Marcondes Filho negou o pedido.[710] Considerando que possuía parentes no Brasil e que àquele tempo o Estado oferecia limitadíssimas possibilidades de qualquer tipo de apoio aos idosos ou aos pobres, a que

---

[708]Embora constantemente o MJNI respondesse às solicitações de autorizações de pedidos encaminhados diretamente no Brasil e não para um consulado no exterior, como versava o Decreto-Lei 3.175/41, diversos processos contemporâneos ao de Alexandrina — em especial os que envolviam a imigração de portugueses — foram encaminhados inicialmente no Rio de Janeiro, por meio de parentes ou interessados aqui residentes, e tiveram a concessão de visto permanente autorizado: Jorge Libânio de Oliveira (SV: 10/42); Beatriz Neves Dias (SV: 705/42); Antônio Tavares Ribeiro (SV: 126/43); Maria Joaquina Gonçalves (SV: 177/43); Fernão Henriques da Cunha e esposa Helena Cunha (SV: 215/43); Manoel Rogério Garcia (SV: 336/43); Maria da Conceição Marques, um filho menor Amaro e cunhada Glória da Conceição Marques (SV: 339/43); entre outros.

[709]Entre outros processos, contemporâneos ao processo de Oliva, Ernani Reis mencionou o argumento "tratando-se de antigo residente" ao aprovar a concessão de vistos permanentes nos processos de Antonio Marques Frias (SV: 800/43), José Pereira Neves (SV: 875/43); Joaquim Pinto de Oliveira (SV: 166/44); Manuel Justo (SV: 184/44); José Antonio Pabon (SV: 1.165/44), entre outros.

[710]AN, SV: 1.179/44.

tipo de "encargo para nação" Ernani Reis estava fazendo referência? Conhecedor da então recentemente aprovada Consolidação das Leis do Trabalho (CLT), possuía o assistente do ministro uma ideia clara de que a previdência social e o gozo dos possíveis benefícios do Estado estariam condicionados tão somente aos contribuintes, no que não estavam incluídos novos imigrantes idosos. O principal fator de indeferimento tão somente era a idade do solicitante.

Entre todos os decretos-leis e regulamentos que diziam respeito à matéria da imigração, não existe qualquer referência a impedimentos de concessão de visto permanente estabelecidos por limite de idade. Tampouco a característica é listada entre os casos em que a concessão implicava consulta prévia. Conforme é possível observar-se do trato com os casos concretos e as expressões que aparecem na documentação, tratava-se de uma lei não escrita.

Era próprio da época que pessoas de idade mais avançada fossem consideradas improdutivas em termos de capacidade para o trabalho. Mas os principais motivos subjetivos que levavam as autoridades naquele momento a estabelecer a idade entre os critérios impeditivos a serem observados nos potenciais imigrantes tinham relação com a presumida incapacidade reprodutiva. Normalmente não formariam novos núcleos familiares e em consequência não poderiam ser inseridos no projeto relacionado ao ideal do branqueamento da população. É importante ressaltar, uma vez mais, que na imigração era depositada a esperança de desenvolvimento do país a ser alcançado com o necessário e esperado "melhoramento" da composição étnica do povo brasileiro.

CAPÍTULO 8 O imigrante ideal vem da Suécia

> Deixemos que a nossa gente cresça por si mesma, com a ajuda que lhe for
> útil: mas sem perder esse rosto que já principia a identificar-se à primeira
> vista, e com o seu aspecto, a sua língua, a sua crença, os seus hábitos,
> para que os nossos filhos e os filhos dos nossos filhos reconheçam como
> fisionomias familiares, os nossos retratos.[711]

Conforme o já demonstrado, mesmo com Francisco Campos, Ernani
Reis e Vasco Leitão da Cunha, entre outros, interessados em sujeitar os
nacionais de Portugal às mesmas restrições de concessão de vistos que
vigoravam para os demais europeus, em nenhum momento conseguiram persuadir o ditador de tal opinião. Pelo contrário, a ideia era a de
trazer o maior número possível de lusitanos para o Brasil. Desde que
cumprissem com os "requisitos físicos e morais". Vargas considerava os
portugueses como imigrantes ideais.

Considerando a resistência dos funcionários do MJNI em relação à
livre imigração de imigrantes lusos; a resistência a refugiados, judeus,
orientais, negros, "não brancos", índios e morenos; a resistência aos
imperfeitos, deficientes, aleijados e idosos; a resistência aos homens de

---

[711]REIS, Ernani. "Imigração e sentimento nacional". *A Noite*, Rio de Janeiro, 21/11/1943.

IMIGRANTE IDEAL

elevada cultura, que em pouco tempo no Brasil escreviam nos jornais, publicavam livros, criavam revistas, montavam peças teatrais, produziam cultura e influenciavam os intelectuais e estudantes brasileiros; afinal, qual então seria o grupo de imigrantes considerado ideal e que poderia fazer com que os projetos relacionados aos ideais do branqueamento implícito e explícito em propostas, "Instruções" e práticas, pudessem ser implementados?

Pelo que se pode observar dos pareceres, das exposições de motivos e dos artigos publicados em jornais, Ernani Reis acreditava fielmente na expressão "o Brasil terá de ser povoado pelos brasileiros", contida em um discurso de Vargas proferido em 31 de dezembro de 1940. Não por acaso, essa expressão aparece na longa exposição de motivos que Francisco Campos encaminhou a Vargas no dia 16 de janeiro de 1941 por ocasião dos debates relacionados à elaboração do Decreto-Lei 3.175. Aparece também no longo artigo intitulado "Imigração e sentimento nacional", publicado por Ernani Reis no jornal carioca *A Noite*, em 21 de novembro de 1943: "O Brasil terá de ser povoado, desbravado e cultivado pelos brasileiros. É indispensável, portanto, preparar os moços com um sentido pioneiro da existência, enrijando-lhes do caráter, tornando-os sadios e aptos a expandir suas energias criadoras." A insistência na ideia e na citação pode ser, talvez, um indício relacionado à autoria do texto proferido pelo presidente.

Se Francisco Campos demonstrou-se entre 1940 e 1941 genericamen-te xenófobo, mais do que especialmente intolerante com certos grupos étnicos ou preocupado em estabelecer critérios eugênicos de moldes norte-americanos para serem adotados por um sistema de controle de entrada de estrangeiros rigorosamente seletivo, Ernani Reis tinha a sua preferência em relação aos imigrantes: os suecos.

Do que chegou aos dias de hoje no acervo do Serviço de Vistos, durante o período no qual Ernani Reis esteve à frente do órgão, existem 15 processos relativos a pedidos de concessão de visto para um ou mais estrangeiros naturais da Suécia e um processo relativo a húngaro naturalizado sueco. Somente esse último foi indeferido, "atendendo à nacionalidade de origem".[712] Todos os demais 15 foram deferidos sem que em nenhum dos casos o MJNI tivesse exigido qualquer comprovação documental relacionada à profissão, declarações ou solicitado qualquer esclarecimento de qualquer natureza. Os diferentes casos reproduzem algumas das muitas situações nas quais muitos estrangeiros se viram envolvidos, mas de forma alguma contaram com semelhante boa vontade por parte das autoridades brasileiras do MJNI. Em nenhum dos processos relacionados aos suecos ocorreu consulta à Delegacia Especial de Estrangeiros ou a qualquer órgão governamental.

Os naturais da Suécia eram muito bem-vindos. Fossem eles refugiados, doentes, clandestinos ou tivessem tido o desembarque ilegal. Dramas que para outros estrangeiros produziram desespero e longos esforços, que produziram extensos processos, não raro com apelos a Vargas que invariavelmente levaram à manutenção do indeferimento inicialmente determinado pelo MJNI. Processos envolvendo maridos tentando trazer esposas; filhos os pais ou pais tentando trazer seus filhos; técnicos e engenheiros contratados para trabalhar no país; todos conseguiram autorização para receber vistos sem maiores exigências, delongas ou negativas por parte do Serviço de Visto. A qualidade de sueco aplacava qualquer suspeita comum àqueles servidores públicos, supria qualquer impedimento ou requisito estabelecido na lei.

Uma possibilidade para essa predileção por suecos pode, talvez, encontrar lógica em um raciocínio relativamente simples: se determinados grupos humanos eram considerados "indesejáveis" e a eles genericamente os servidores públicos associavam desqualificativos, seja pela justificativa cultural ou pela crença na hereditariedade de tais características negativas (eugenia), é perfeitamente lógico que, por outro lado, possuíssem modelos de imigrantes considerados como padrão ideal. Fazia parte do raciocínio natural e lógico daqueles que valoravam os seres humanos ou creditavam à etnia características gerais e imutáveis que tais modelos

---

[712]SV: 1.042/44. Relativo ao pedido de concessão de visto temporário (turismo) para Isabel Grunfeld Dahlberg, que residia na Argentina e era natural da Hungria.

pudessem existir. O limitado número de suecos residentes no Brasil fazia também com que o grupo pudesse ser idealizado.

Dentro do discurso que justificava a manutenção da vinda de imigrantes portugueses, "cuja afinidade étnica é ótima" e "esplêndida do ponto de vista da assimilação",[713] estava também relacionado o fato de os lusitanos possuírem idioma comum, serem católicos — como a grande maioria dos brasileiros — e terem para com o Brasil um laço cultural forte. Conforme já mencionado, eram apontados como "matriz" da composição étnica brasileira. A ideia de trazer portugueses não estaria relacionada a qualquer inclinação racista, mas seria um projeto nacional de preservação da própria cultura, da religião e dos valores brasileiros.

Então, no caso dos suecos, como compreender e explicar o reiterado princípio de que "o Brasil tem, neste momento, interesse em formar ambiente para uma corrente imigratória"?[714] Não falavam português e nenhum outro idioma próximo, não eram em sua maioria católicos, não possuíam qualquer tipo de herança cultural comum, não eram apontados como "matriz" formadora da população brasileira e até então, entre os estudos apresentados na documentação oficial, nenhum indicando uma alta capacidade de assimilação "ao meio" dos brasileiros.[715]

Algo especialmente surpreendente em relação ao "interesse" do "Brasil" por correntes imigratórias suecas está no fato de que fora o próprio Ernani Reis, e possivelmente Marcondes Filho — que, presume-se, lia os pareceres do seu assistente antes de assinar os despachos — e a presença do assunto em pelo menos três reuniões do CIC no período (uma em 1940 e duas em 1944), não foi possível encontrar registro algum

---

[713]AN, Processo 7.067/41. Palavras de Francisco Campos.

[714]AN, SV: 833/44; SV: 1.222/44; SV: 2.090/44 e SV: 109/45.

[715]Entre 1942 e 1945, país neutro, a Suécia assumiu a representação no Brasil dos interesses da Alemanha — como a Espanha, em algumas de suas legações — e dos demais aliados do Eixo (Hungria, Romênia, entre outros) por conta do rompimento diplomático entre essas nações. Em razão da incumbência de proteger interesses de cidadãos dessas nacionalidades que estavam no Brasil, muitos dos quais se encontravam presos e sob maus-tratos em presídios brasileiros, o que produziu enorme desgaste com o MJNI por conta das constantes prisões arbitrárias, agressões e dos maus-tratos que sistematicamente as polícias dos estados impunham aos estrangeiros. Os próprios suecos por vezes foram vítimas de acusações de colaboração com o inimigo. O que em momento algum interferiu na boa vontade para com imigrantes daquele país.

O IMIGRANTE IDEAL VEM DA SUÉCIA

que desse apoio a qualquer projeto imigratório voltado especificamente para nacionais daquele país escandinavo nas manifestações expressas de Vargas, considerando especialmente que a palavra final para esse tipo de decisão era a do presidente.

De qualquer forma, o CIC — que, embora se reunisse dentro do Palácio do Itamaraty, era subordinado diretamente à Presidência da República — demonstrou muito boa vontade e até expressa simpatia para com o potencial imigrante proveniente dos chamados países nórdicos, considerados altamente desejáveis. O primeiro registro de entusiasmo nesse sentido surgiu na 96ª Sessão do CIC, realizada em 15 de março de 1940.[716] A sessão tratou da informação recebida pelo CIC de que "se cogita na Finlândia das possibilidades de emigração para o continente americano". Na oportunidade, "o senhor presidente [João Carlos Muniz] enalteceu as qualidades do povo finlandês, postas à prova de maneira tão dramática ultimamente, pronunciando-se o Conselho sobre as vantagens de se aproveitar o saldo das quotas, a fim de permitir a localização no Brasil dos finlandeses que aqui desejarem fixar-se." [717]

Cerca de um mês depois, durante a 100ª Sessão do CIC, realizada no dia 12 de abril de 1940, o conselho adotou a "Resolução nº. 67", dessa vez especificamente dirigida aos potenciais imigrantes suecos.[718] Por meio da resolução, o Conselho declarou considerar "que a imigração sueca consulta perfeitamente os interesses nacionais nos seus aspectos étnico, econômico e cultural" e decidiu por atender à solicitação da legação

---

[716]Na oportunidade, a reunião contou com a presença do então presidente do órgão, o diplomata João Carlos Muniz, e dos conselheiros: capitão de fragata Átila Monteiro Aché; major Aristóteles de Lima Câmara, o representante da Polícia, Artur Hehl Neiva; Dulphe Pinheiro Machado, diretor do Departamento Nacional de Imigração, subordinado ao Ministério do Trabalho; José de Oliveira Marques e Luiz Betim Pais Leme, assim como do então chefe da Divisão de Passaportes do MRE, Labieno Salgado dos Santos, e dos observadores dos estados, respectivamente, Antônio Pedro de Andrade Müller (São Paulo); Vitor Midosi Chermont (Pará) e Zorobabel Alves Barreira (Rio de Janeiro), mas não de Ernani Reis, que só seria incorporado ao órgão no ano seguinte.

[717]A palavra "dramática" mencionada por Muniz fazia referência à resistência finlandesa à invasão do país pela URSS, ocorrida semanas antes.

[718]Além dos mesmos conselheiros presentes na 96ª Sessão do CIC, exceto Átila Monteiro Aché, a 100ª Sessão contou com a presença dos conselheiros observadores dos Estados Artur Ferreira da Costa (Santa Catarina) e Francisco de Paula Assis Figueiredo (Minas Gerais).

brasileira na Suécia de elevar a quota anual de imigrantes atribuída aos nacionais daquele país de 96,32 pessoas para três mil.[719]

A segunda referência específica aos potenciais imigrantes suecos data de 12 de junho de 1944, durante a 413ª Sessão do CIC, já com a presença de Ernani Reis.[720] Nessa oportunidade, o Conselho examinou o ofício do Ministério das Relações Exteriores que transmitia

> consulta da Legação do Brasil em Estocolmo sobre a possibilidade da imigração para o Brasil de escandinavos agricultores e operários qualificados. O Conselho encarando o assunto com simpatia, por considerar a dita imigração como muito desejável para o país, o distribuiu a relator a fim de ficar habilitado a dar todas as informações úteis à nossa legação naquele país.

Embora o representante brasileiro tenha destacado os "agricultores e operários qualificados", o que de fato tornava tal imigração "interessante", naquele momento relacionava-se provavelmente aos seus "aspectos étnicos".

O terceiro registro ocorreu durante a 424ª Sessão do CIC, realizada em 31 de julho de 1944.[721] A ata descreve que a sessão teve como "exame do expediente" dois itens:

> 1) Ofício do Ministério das Relações Exteriores transmitindo novas informações do ministro do Brasil na Suécia com relação à possibilidade futura de imigrantes daquele país para o Brasil e solicitando verba para publicação de folhetos informativos da vida brasileira, em língua sueca, para distribuição aos interessados; 2) Ofício do Departamento Nacional de Imigração informando, a pedido do Conselho, o número de suecos, noruegueses e dinamarqueses entrados em território nacional no triênio 1941-43.

---

[719]A cifra corresponde a média anual de imigrantes suecos entrados no Brasil no período compreendido entre 1884 e 1934, conforme o estabelecido pelo sistema de quotas.

[720]Além de Reis, presentes também o então presidente do CIC, embaixador Frederico do Castelo Branco Clark, e os conselheiros: (já promovido a) capitão de mar e guerra Átila Monteiro Aché, Dulphe Pinheiro Machado, José de Oliveira Marques e major Miguel Lage Sayão, além do observador do Estado de São Paulo, Antônio Pedro de Andrade Müller.

[721]A Sessão contou com a presença do presidente em exercício do Conselho, o capitão de mar e guerra Átila Monteiro Aché, e dos conselheiros Dulphe Pinheiro Machado, José de Oliveira Marques, major Miguel Lage Sayão e Ernani Reis.

O IMIGRANTE IDEAL VEM DA SUÉCIA

Lamentavelmente, como era de praxe, a ata divulgada limitou-se a informar tão somente que o assunto foi debatido sem, no entanto, revelar maiores detalhes, não aparecendo qualquer conclusão exarada na oportunidade. Os indícios enunciados no expediente da 424ª Sessão do CIC são os de que o órgão apoiou a iniciativa. Considerando a prática e os pareceres produzidos — na mesma época e até em período anterior — no Serviço de Visto, a decisão foi a de apoiar e incentivar a imigração sueca.

Os dois primeiros registros mencionados apareceram em uma época anterior à vigência do Decreto-Lei 3.175/41, que esvaziaria em muito as atribuições decisórias do CIC. Não por acaso, no mesmo ano de 1941, Ernani Reis tornou-se conselheiro do órgão e passou a participar de todas as reuniões. As duas demais atas datam de período posterior à promulgação do mencionado decreto e à consequente concentração decisória do tema imigratório sob a esfera do MJNI — na qual permaneceria até 1945. O CIC limitou-se na prática, especialmente, a analisar as propostas de imigração que envolvessem grupos de imigrantes e opinar sobre elas. Antes de algumas das decisões, cabia ao MJNI tão somente ouvir o CIC.[722] Quando do encaminhamento de solicitação de esclarecimento e orientação por parte das representações consulares brasileiras no exterior em relação à concessão de vistos para grupos de estrangeiros, competia ao CIC a análise de sua conveniência.

Na documentação do Itamaraty, aparece uma referência ao tema no relatório anual do MRE relativo a 1944. Em um trecho do relatório no qual era mencionado o interesse de estabelecer acordos de imigração com a Holanda e a Suíça, um parágrafo menciona "o interesse demonstrado pelos países escandinavos é sensível, como se verifica do expediente trocado em 1944, entre a Secretaria de Estado e a legação em Estocolmo".[723]

---

[722]Conforme, por exemplo, o texto da Portaria 4.807 (25/4/1941), publicada no DOU de 5/5/1941, no qual o ministro da Justiça e Negócios Interiores, usando da atribuição que lhe conferia o Decreto-Lei 3.175/41, "ouvido o Conselho de Imigração e Colonização", resolveu baixar novas instruções relacionadas à permanência dos estrangeiros no território nacional.
[723]AHI, Relatório do MRE, 1944, p. 93.

IMIGRANTE IDEAL

Mencionava-se o possível fluxo imigratório do pós-guerra e a ideia de o Brasil estar preparado para, feitas as devidas seleções, receber as boas levas de imigrantes. O assunto, entretanto, não aparece expressamente dirigido especialmente aos naturais da Suécia.

O interesse pela imigração sueca talvez possa encontrar explicação dentro da lógica própria e das contradições do eugenismo "tropicalizado" e dos eugenistas "à brasileira".

O primeiro caso de que se tem registro da entrada de suecos posterior à publicação do Decreto-Lei 3.175/41 é o processo relativo à concessão de visto permanente para Lilli e seu filho Thomas Aage Herz.[724]

Em 18 de abril de 1941, Hermann Herz, declarando-se "agrônomo especialista em laticínios", sem, no entanto, dar prova ou conta de sua formação ou local de trabalho, residente em São Paulo, encaminhou a Vargas uma carta curta dando parabéns ao presidente pelos 58 anos de vida [a se completarem no dia seguinte], informando que o filho Thomas fazia aniversário de 3 anos no mesmo dia, mas encontrava-se na Suécia. "Vossa Excelência daria o mais bonito presente a ele, como também a seus queridos pais", se permitisse que o menino e a mãe pudessem vir para o Brasil. Junto à carta, Hermann anexou uma foto do menino sobre esquis em vestimentas próprias para a neve que o circundava. O requerente estava no Brasil havia cerca de dois anos.

Com o Serviço de Visto ainda se estruturando, a carta foi encaminhada à CPE no dia 28 de abril de 1941. Em 8 de maio de 1941, Francisco Campos, recém-empossado na tarefa de restringir e controlar a entrada de estrangeiros no Brasil, remeteu ao presidente a exposição de motivos relativa ao caso.

Campos fez um muito breve histórico do caso. Em seguida informou e propôs:

---

[724]AN, SV: 688/41 e SV: 511/43.

O IMIGRANTE IDEAL VEM DA SUÉCIA

As disposições legais em vigor não preveem a hipótese, nem convinha que a previssem, dado que uma estipulação em tal sentido importaria revigorar o regime das "chamadas" que, com prejuízo do país, era praticado anteriormente ao Decreto-Lei 3.175, de 7 de abril último, e de cujos inconvenientes mais de uma vez informei Vossa Excelência. Contudo, se o requerente provar a legalidade de sua situação no país, os seus meios de subsistência, e o parentesco, não vejo nenhum motivo de interesse nacional que obste a um ato de generosidade. A autorização, pedida em nome de uma coincidência favorável, teria, de resto, um fim altamente moral, que seria o de reunir sob o mesmo teto o grupo familiar constituído de pai, mãe e filho menor.

Seguindo o seu hábito usual, o presidente despachou redigindo no canto superior esquerdo do documento: "Deferido. Em 15-5-941. GVargas."

No dia 22 de maio de 1941 o MJNI encaminhou a Hermann Herz um telegrama: "Informo Senhor presidente República autorizou visto mulher e filho. Comunique Divisão de Passaportes Itamaraty Consulado onde comparecerão para obter visto. Ernani Reis. Secretário ministro Justiça." No mesmo dia, remeteu-se também ao MRE a comunicação da autorização.[725]

Entre dezenas, talvez centenas de casos semelhantes, nos quais a guerra separou famílias, em especial, casais e pais dos filhos, o MJNI e Vargas — a quem foram dirigidos, em grau de recurso, muitos apelos desesperados — adotaram posição das mais duras, rígidas e inflexíveis. Mesmo nos casos em que a concessão de um visto poderia determinar a sobrevivência daqueles que a solicitavam, em especial os perseguidos pelo nazismo ainda na Europa.

---

[725]No dia 10 de março de 1942 Hermann Herz telegrafou novamente a Vargas informando que a esposa e o filho haviam chegado ao porto de Santos. Entretanto, as "autoridades locais de imigração negam entrada, falta de autorização especial". Em 19 de abril de 1943, novamente aniversário de Vargas e do menino e dois anos depois do pedido, a família, já reunida no Brasil, encaminhou emocionada carta de agradecimento ao presidente.

IMIGRANTE IDEAL

Como exemplo comparativo, é possível citar o caso da polonesa Basia Lowczy e da filha Jenny Lowczy, então com 3 anos e meio.[726] Mãe e filha haviam permanecido por cinco meses na costa da África, em condições difíceis, a bordo do navio *Alsina*, entre 15 de janeiro e 10 de junho de 1941. Portadoras de vistos concedidos em Vichy por intermédio do embaixador do Brasil na França, Souza Dantas, ao chegar finalmente ao Brasil, em 19 de outubro de 1941, foram impedidas de desembarcar. O pai e esposo delas, o alfaiate polonês Jehuda Mojze Lowczy, que residia no Brasil, ficou do porto acenando para as duas. No mesmo dia o navio partiu. Em Buenos Aires, a menina adoeceu com sarampo. A situação era tão grave que as autoridades marítimas permitiram que elas desembarcassem para que pudessem hospitalizá-la. Em 16 de dezembro de 1941, Jehuda escreveu a Vargas:

> Exmº. Senhor presidente. Tenha compaixão de nós; tenha pena de uma família que já está há três anos separada. Apelamos para o seu nobre e bondoso coração, a fim de que Vossa Excelência ouça o que pedimos de coração sangrando e não nos recuse esse favor. Seja Vossa Excelência o pai de minha única filhinha, desde que eu agora nada posso fazer. Faça, Excelência, que elas possam vir para esta abençoada terra, este grande país, que é o Brasil, para que possam, também, gozar a santa paz desta terra. Escrevo esta carta com lágrimas nos olhos.[727]

Leitão da Cunha remeteu a Vargas em 26 de dezembro de 1941 uma exposição de motivos na qual opinou que "não tendo o pedido fundamento na lei que regula a matéria, somente Vossa Excelência, a cuja clemência é dirigido o apelo, poderá abrir, aos dispositivos legais, a exceção pleiteada".[728] O assunto ficou pendente até que meses depois o presidente despachou a respeito: "Satisfaça a exigência do art. 2º do

---

[726]AN, SV: 3.638/41.
[727]Idem. O assunto é tratado em maiores detalhes em KOIFMAN, Fábio, op. cit.
[728]Idem. Exposição de motivos de Leitão da Cunha para Vargas, em 26/12/1941. A informação a respeito da origem do visto concedido no passaporte de Basia e Jenny Lowczy aparece na lista de passageiros do vapor *Cabo de Hornos*. AN, Relação dos Vapores.

Decreto-Lei 3.175, de 7 de abril de 1941. 31-3-942. GVargas", o que significava que o pedido havia sido indeferido.[729]

Os casos eram semelhantes e ocorreram no mesmo ano de 1941 com um intervalo de meses entre um e outro. Embora o segundo caso fosse bem mais dramático. Da mesma forma que tantos outros casos expostos e comparados no presente texto, a diferença de critérios, a aplicação da lei e de suas exceções, as opiniões, a clemência e as decisões do MJNI e de Vargas em relação às mesmas questões tinham como principal variável determinante a "qualidade" "física e moral" ou "étnica" do solicitante.

A família seguinte de suecos que aparece nos registros é a do engenheiro químico Nils Johan Sunstedt.[730] Menos de um mês depois que Vargas indeferiu o pedido de concessão da família Lowczy, Ernani Reis e Leitão da Cunha aprovaram sem nenhuma solicitação de prova de formação técnica ou exigência o visto de Sunstedt, esposa e filhos.

E assim, de forma liberal, foram seguindo os processos. Casos nos quais os procedimentos do Serviço de Visto do MJNI certamente imporiam rigor no cumprimento das exigências em se tratando de nacionais oriundos de outros países tiveram facilidades comparáveis somente às concedidas aos portugueses.[731] Como, por exemplo, no pedido relativo à equipe de técnicos em armas liderada pelo sueco Eric Rehnberg, cuja vinda para o Brasil havia interessado ao ministro Eurico Dutra.[732] Em seu parecer de 25 de maio de 1943, impressionado com o encaminhamento no mesmo processo e nenhum tipo de prova de casamento ou qualquer vinculação técnica com o assunto, pedidos de concessões também para

---

[729]Idem. O artigo citado por Vargas enumera as exceções vigentes para a concessão de vistos permanentes, nas quais as duas polonesas não se adequavam. De pouco mais de cem estrangeiros que foram impedidos de desembarcar nos portos do continente americano, somente as duas polonesas foram autorizadas. Os demais passageiros estavam viajando de volta à Europa quando, por pressão de organizações de ajuda humanitária, a ilha de Curaçao permitiu o desembarque. Em 1999 figurava o nome de Jenny Lowczy na lista telefônica de Buenos Aires.

[730]AN, SV: 240/42.

[731]AN, SV: 55/43, referente ao "maquinista de barco a motor" Axel Hermann Strid; SV: 289/43 referente ao engenheiro Vander Gustav Carlson; SV: 366/43, referente ao carpinteiro Martin Swenson; SV: 675/43, referente à "doméstica" Ragnhild Henriette Cecilia Gyllby; SV: 718/43, referente ao carpinteiro Cyrus Lindgren.

[732]AN, SV: 382/43. Os técnicos declaravam que tinham tecnologia para "transformar fuzis ordinários em armas automáticas".

IMIGRANTE IDEAL

mulheres, francesas e portuguesas, Ernani Reis escreveu: "Não está justificada a vinda de 'acompanhantes' dos referidos estrangeiros. Contudo, tendo em vista o testemunho do Sr. ministro da Guerra e porque se trata de assunto que interessa à defesa nacional, proponho o deferimento."

No pedido de concessão de visto permanente para o "proprietário" sueco Ulf Estman, solicitado pelo sogro em meados de 1943 no Rio de Janeiro, e não no consulado brasileiro no exterior,[733] Ulf declarou que era casado com Maria Clara do Rio Branco Westman, brasileira nata, "de acordo com o artigo 69, nº 3 da Constituição de 1891",[734] e fora dispensado pelo cônsul da exigência relativa aos antecedentes penais.[735] Em seu parecer datado de 14 de junho de 1943, Ernani Reis informou que o estrangeiro viajaria em companhia da esposa, "que é brasileira", e classificou-o na exceção prevista no Decreto-Lei 3.175/41 para o caso.[736]

Se fosse outro tipo de estrangeiro, o MJNI condicionaria a autorização de concessão de visto permanente à apresentação do atestado de antecedentes penais e às provas de que a esposa havia nascido no Brasil. Como também exigiriam a certidão de casamento e, por fim, desejariam ser informados se a esposa ainda conservava a nacionalidade brasileira. Esse seria o procedimento padrão do Serviço de Visto.

Em agosto de 1944, a legação da Suécia no Rio de Janeiro encaminhou ao MRE o pedido de concessão de visto permanente para o sueco Lennart Noren.[737] Ao receber a solicitação, Ernani Reis não dispunha de qualquer informação a respeito do estrangeiro. Na guia do MRE, aparecia como resposta relacionada à profissão do solicitante "chancelaria do consulado". Se Noren fosse realmente trabalhar oficialmente no consulado, a consulta não teria sido encaminhada pela Divisão de

---

[733]AN, 525/43.
[734]O nº 3 do art. 69 da Constituição de 1891 dizia: [São cidadãos brasileiros] "os filhos de pai brasileiro, que estiver em outro país ao serviço da República, embora nele não venham domiciliar-se". A afirmativa nos leva a crer que a esposa não conservasse mais a nacionalidade brasileira, em razão de seu casamento.
[735]Letra a, § 2º, do art. 30 do Decreto-Lei 3.010/38.
[736]Art. 2º, nº 2, "por se tratar de estrangeiro casado com brasileira nata". Marcondes Filho aprovou o parecer no dia seguinte.
[737]AN, SV: 833/44.

O IMIGRANTE IDEAL VEM DA SUÉCIA

Passaportes. Os funcionários do corpo consular estrangeiro não eram considerados imigrantes. Entre as exceções para concessão de vistos permanentes aos estrangeiros estava, por razões óbvias, prevista a concessão para aqueles que viessem em missão oficial de seus governos.[738]

Sem preocupar-se com a contradição, com o fato de constituir-se irregularidade o pedido ser dirigido no Rio de Janeiro, e não a um consulado brasileiro no exterior, ou ainda — como era de seu feitio e hábito — deter-se em algum detalhe do pedido, da formação profissional do estrangeiro ou do seu real objetivo no Brasil etc., Ernani Reis observou em seu parecer redigido em 16 de agosto de 1944: "O Decreto-Lei 3.175 não prevê a hipótese entre as exceções abertas à suspensão dos vistos permanentes. Considerando, porém, o fim a que se destina e o fato de se tratar de natural de um país onde o Brasil tem, neste momento, interesse em formar ambiente para uma corrente imigratória, proponho o deferimento."

Mesmo procedimento facilitador também ocorreu em relação ao processo relativo à concessão de visto permanente para o casal de suecos Adolf Wilhelm Gundersen e Margit Augusta Wilhelm.[739] Adolf era empregado da Companhia de Navegação Johnson Line e viria para o Brasil para "ocupar alto cargo numa das agências da companhia, onde trabalhou anteriormente". O pedido não informava que cargo seria esse, qual era a formação ou especialização do estrangeiro ou no que ele efetivamente trabalharia no Brasil. Em outros casos, mesmo envolvendo empresas norte-americanas, a postura de Ernani Reis era outra. Por exemplo, pouco mais de um ano antes, no pedido de autorização para concessão de visto permanente para o salvadorenho José Guillermo Trabanino, que havia sido designado para trabalhar como subgerente da sucursal no Brasil da empresa norte-americana Laboratórios Abbott, Ernani Reis emitiu o explicitamente irritado parecer:

---

[738]Inciso 9° do art. 2° do Decreto-Lei 3.175/41.
[739]AN, SV: 2.090/44.

IMIGRANTE IDEAL

os laboratórios Abbott pediram, há tempos, visto permanente, que foi recusado, para o mexicano Fernando Gallardo, para fins semelhantes. Parece-me incrível que a firma não possa encontrar, entre os seus empregados brasileiros, um subgerente para sua sucursal. Esse procedimento, que é frequente, é extremamente suspeito e irritante. Proponho o indeferimento.[740]

O salvadorenho não possuía a "origem sueca" do casal Wilhelm. Em 8 de novembro de 1944, em seu parecer, Ernani Reis argumentou que Adolf seria "superior de uma organização estrangeira" e propôs o deferimento, em "tratando-se de natural de um país onde o Brasil tem neste momento interesse em formar ambiente para uma corrente imigratória".

No dia 30 de novembro de 1944 a Divisão de Passaportes encaminhou ao MJNI o requerimento do "industrial" sueco Per Soederberg relativo à autorização para concessão de visto permanente para Per Elof Soederberg, filho do primeiro matrimônio do solicitante, que residia em Estocolmo.[741] O pai tinha sido cônsul da Suécia. Casou-se com a brasileira Maria da Conceição Salles Soederberg e aqui passou a residir havia 15 anos.[742] Per Elof — o filho — estava com 22 anos.

No parecer que encaminhou ao ministro em 4 de dezembro de 1944, Ernani Reis iniciou as suas considerações cometendo equívoco em relação à idade do rapaz, que ali apareceu contando 12 anos. E concluiu: "Tendo em vista a situação do pai, que não somente tem o domicílio permanente no Brasil, como também foi cônsul do seu país, proponho o deferimento."

O normal e regular para um caso dessa natureza era informar que o pedido deveria ser feito no consulado brasileiro mais próximo e propor

---

[740]AN, SV: 580/43. O parecer foi emitido em 28/6/1943. Marcondes Filho indeferiu o pedido em 7/7/1943. Curiosamente, José Guillermo Trabanino tornou-se poucos anos depois, entre 1951 e 1960, o primeiro secretário da Organização Geral dos Estados Centro-Americanos. Em 1954 tornou-se "ministro de Relaciones Exteriores de la República de El Salvador".
[741]AN, SV: 458/45. Embora o processo fosse referente a 1944, foi classificado somente em 1945.
[742]Consta a informação de que a esposa era "filha do falecido ministro da Fazenda Dr. Francisco Salles".

o arquivamento. Ou então indeferir o pedido em razão de não atender a nenhuma das — sistematicamente mencionadas — exceções estabelecidas na lei. Ou então exigir que fossem apresentadas as comprovações ou certidões de nascimento do rapaz e do casamento com a brasileira. Seguindo a praxe regular, Ernani Reis também encaminharia à CPE e ao arquivo do próprio Serviço de Visto solicitação para saber "o que consta" sobre o estrangeiro. Para depois encaminhar também à DEE semelhante consulta. Não é dito nos autos nada sobre as condições econômicas do requerente. Tampouco sobre qualquer qualificação do filho. O pedido visava a reunir pai e filho. O que em tantas oportunidades, algumas aqui já mencionadas, pareceu fora de propósito para o assistente do ministro. Não por acaso, o tão mencionado Decreto-Lei 3.175/41 não aparece uma vez mais no parecer. A autorização para a concessão não seguia de fato a lei.

O ministro aprovou o parecer em 6 de dezembro de 1944 e, no mesmo dia, seguiram os comunicados aos órgãos competentes e ao MRE.

Também em fins de 1944, o sueco Marcus Richard Ohlson, residente em Estocolmo, solicitou a concessão de um visto permanente para o Brasil.[743] Como profissão, declarou ser "agente da firma de exportação e importação Simples e Blindberg". Como objetivo, pretendia instalar uma agência da mencionada empresa.

Ernani Reis ou o MJNI não recebeu nenhuma outra informação a respeito do estrangeiro. Em um caso como esse, no mínimo, o Serviço de Visto inicialmente verificaria se a firma já estava funcionando no Brasil. Caso já estivesse estabelecida aqui, encaminharia ao chefe de polícia do estado ou autoridade responsável comunicação indagando se a empresa "está funcionando legalmente".[744] Ou, por exemplo, oficiaria ao Departamento Nacional da Indústria e Comércio solicitando informações ou opiniões relacionadas à natureza da atividade, ou simplesmente para saber se a empresa estava "incluída entre aquelas que dependam de autorização do governo federal para funcionar no

---

[743]AN, SV: 1.222/44.
[744]AN, SV: 982/44.

país".[745] Especialmente nos casos nos quais Ernani Reis não pretendia autorizar a concessão do visto, o número de medidas protelatórias ou recursos que especificamente buscavam justificativa para o indeferimento poderia ser interminável.

No caso de Ohlson, cidadão sueco, do qual não possuía qualquer prova de competência técnica, o assistente do ministro ponderou em seu parecer, datado de 20 de dezembro de 1944, que "tratando-se de natural de um país onde o Brasil tem, neste momento, interesse em formar uma corrente imigratória, e tendo-se em vista o objetivo pretendido, proponho o deferimento". Marcondes Filho aprovou o parecer dois dias depois.

Um dos mais impressionantes casos de contradição ou diferença de tratamento em relação a estrangeiros por parte do MJNI, e ainda de manifesto entusiasmo de Ernani Reis por naturais da Suécia, ocorreu em janeiro de 1945. O sueco Anders Robert Smith estava a bordo de um navio em direção a Buenos Aires "a fim de fazer certos cursos relativos à navegação".[746] Quando chegou ao porto de Santos, em setembro de 1944, "foi obrigado a desembarcar por motivo de doença e, consequentemente, sem visto de entrada em seu passaporte". Por intermédio do MRE, a legação da Suécia informou que Smith era funcionário de "uma empresa" de navegação com sede em Estocolmo, de propriedade do próprio pai. Mas havia "recebido instruções no sentido de prosseguir no Brasil os seus estudos."

As informações absolutamente imprecisas, não comprovadas e no mínimo estranhas não chamaram a atenção de Ernani Reis, que simplesmente as repetiu no parecer que preparou para o ministro a respeito do caso, no dia 2 de janeiro de 1945.

Se o estrangeiro doente a bordo do navio fosse de outra nacionalidade ou fosse classificado de outra forma, o desembarque seria absolutamente

---

[745]Como ocorreu, por exemplo, nos processos AN, SV: 588/42 e 950/43.
[746]AN, SV: 77/45. Informações do parecer de Ernani Reis redigido em 2/1/1945.

improvável. Se autorizado, em caráter muitíssimo excepcional, em razão do tipo de doença do passageiro, o doente seria encaminhado para a enfermaria, por exemplo, existente na Ilha das Flores. Ali permaneceria até que pudesse reembarcar em outro navio.

O MJNI, tão cioso das condições de saúde de cada potencial imigrante, não foi sequer informado a respeito de qual doença teria atingido o estrangeiro. Se fosse uma das doenças graves relacionadas no decreto que tratava a matéria, o impedimento não teria sido levantado. Por outro lado, se a doença não tivesse tanta gravidade, em tese, o desembarque não teria sido autorizado a um estrangeiro que não estivesse portando um visto válido. O que não afasta a possibilidade de o desembarque ter ocorrido clandestinamente, especialmente levando em consideração as informações da legação sueca, que, em sendo corretas, indicavam que o navio ou a empresa que o explorava era de propriedade do próprio pai de Anders Robert Smith.

De fato, não estavam esclarecidas as razões e a forma do desembarque. Tampouco os objetivos do estrangeiro ou que "cursos relativos à navegação" e "estudos" Smith faria exatamente no Brasil. O caso não era absolutamente previsto pelo Decreto-Lei 3.175/41, que, em razão disso, sequer foi mencionado.

Em parecer escrito em 2 de janeiro de 1945, Ernani Reis descreveu o histórico do caso e considerou que:

> Tendo em vista que o desembarque se deu por motivo de força maior; considerando o interesse do Brasil em criar um ambiente favorável em torno da imigração sueca e, finalmente, que só pode ser benéfico para o Brasil o interesse pelo estabelecimento, em seu território, de uma companhia de navegação, proponho seja o Itamaraty informado de que o interessado poderá requerer permanência, por intermédio da Delegacia de Estrangeiros.

O que mais chama atenção na decisão é o fato de o governo brasileiro ter nesse período impedido o desembarque de centenas — talvez milhares — de pessoas. Passageiros doentes foram mantidos em embarcações nas quais alguns passageiros haviam falecido em decorrência de doença e outros recorrido ao suicídio.[747] A posição de impedir o desembarque não foi modificada.[748]

Entre outros casos, um dos mais impressionantes e que fez produzir um volumoso processo foi o da viúva polonesa Ana (ou Chana) Gross.[749] Era portadora de um passaporte alemão para estrangeiros, emitido pela Gestapo em 6 de fevereiro de 1941, no qual a nacionalidade fora omitida.[750] Nele conseguiu obter um visto permanente para o Brasil concedido em uma quota especial para "católicos não arianos".[751] O visto foi concedido em 25 de maio de 1941 pela Missão Diplomática do Brasil junto ao Vaticano, válido por 90 dias e prorrogado por tempo igual no dia 18 de outubro de 1941. Quando chegou a primeira vez ao Brasil, em 9 de novembro de 1941, teve o desembarque impedido. O visto foi considerado não válido. Foi então "recambiada para a Europa" em outro navio, que zarpou no dia 4 de dezembro de 1941. Chegando a Lisboa, as autoridades não concordaram com o desembarque "porque ela não teve direito de regresso para a Alemanha, onde ultimamente morava, nem para a Polônia, de onde é natural".[752] Ana então voltou no mesmo navio em que viera. Chegou novamente ao Brasil em 4 de janeiro de 1942. Foi então internada na Ilha das Flores "para ser novamente recambiada para a Europa". Em razão de "seu precário estado de saúde abalado pelas fatigantes viagens marítimas"

---

[747]Em especial, as más condições dos ex-passageiros do vapor francês *Alsina*, embarcados em outros navios depois de mais de cinco meses retidos no porto de Dakar. Os falecimentos e suicídios foram registrados pelos capitães dos navios nas respectivas listas de passageiros. Constam também dos livros de memória e depoimentos daqueles que ali estiveram. Entre outros, Alcalá Zamora (Niceto Alcalá-Zamora y Torres), que havia sido presidente da Espanha entre 1931 e 1936, estava a bordo do *Alsina*, viajando em terceira classe, e sobre essa experiência publicou um livro intitulado *441 dias... uma viagem atribulada da França à Argentina* logo depois que, finalmente, desembarcou em Buenos Aires, em 28/1/1942.

[748]Sobre o assunto, ver KOIFMAN, Fábio, op. cit.

[749]AN, SV: 213/43. Ana, também grafada Anna ou Chana, nasceu na Polônia, na cidade de Buck, em 9/3/1888.

[750]AN, Prontuário do SRE. Em relação à nacionalidade, aparece somente a informação de que Ana "não possui a nacionalidade alemã". Na documentação relativa ao SRE, aparece como "sem nacionalidade".

[751]Sobre o assunto, ver MILGRAM, Avraham. *Os judeus do Vaticano*. Rio de Janeiro: Imago, 1994.

[752]AN, SV: 213/43. Carta da legação da Polônia de 5/2/1942 ao MRE.

a legação da Polônia solicitou que o MRE examinasse "esta questão do ponto de vista humanitário" e permitisse "o desembarque dessa infeliz mulher". Mas a razão para a autorização da internação na Ilha das Flores foi de ordem econômica. O navio pertencia ao Lloyd Brasileiro e como nenhum país concordaria com o desembarque, a empresa brasileira teria de arcar com os prejuízos relativos ao custo das viagens e à manutenção da estrangeira a bordo.

O processo de Ana Gross no Serviço de Visto do MJNI foi aberto e anexado ao de outro polonês, "ex-prisioneiro de guerra", Joseph Berler, nascido em Zurich "a 20 de dezembro de 1915, batizado em 19 de março de 1916", em situação semelhante. Também portando um visto emitido pela Missão Diplomática do Brasil junto ao Vaticano, em Roma, no dia 22 de novembro de 1941, chegou ao Brasil em 22 de janeiro de 1942 e teve impedido o desembarque "pois seu nome não consta do fichário desta Inspetoria [de Polícia Marítima e Aérea], índice das autorizações para desembarque oriundas do Ministério da Justiça e Negócios Interiores" e foi recolhido à Ilha das Flores.[753]

Diferentemente de outros estrangeiros que chegaram ao país portando vistos considerados caducos, uma vez que, entre a concessão e a chegada ao Brasil, o tempo decorrido havia feito com que as autorizações perdessem a validade — o que gerou debate em relação a considerar ou não os cinco meses em que os passageiros do vapor *Alsina* estiveram dentro do navio —[754], os vistos de Ana e de Joseph estavam perfeitamente válidos. E haviam sido concedidos depois da entrada em vigor do Decreto-Lei 3.175/41. O que fez com que o advogado que passou a assessorá-los, ao encaminhar telegrama ao presidente, em 31 de janeiro de 1942, argumentando que as autoridades consideravam que os vistos concedidos no Vaticano tinham como base "lei anterior" e que os estrangeiros precisariam "legalizar [os] papéis [de] acordo [com as] novas leis", sendo Vargas "a única autoridade que pode valer aos mesmos, [em] razão [das]

---

[753]AN, SV: 213/43. Relatório remetido a Ernani Reis, presidente da CPE, por Hoonholtz Martins Ribeiro, inspetor da Polícia Marítima e Aérea.

[754]Sobre o assunto, ver KOIFMAN, Fábio, op. cit.

normas administrativas seguidas".[755] E, conclui, redigindo que "vistos consulares, empenhando [de] certa forma [a] palavra do Brasil, seria justo atender [o] pedido, pois sanaria [o] erro original [dos] funcionários [do] consulado brasileiro [do] Vaticano, defendendo [o] interesse nacional".

Da Ilha das Flores, assessorados pelo mesmo advogado, os estrangeiros escreveram apelos ao MRE, MJNI e a Vargas. Outras cartas pedindo que os estrangeiros não fossem reembarcados foram remetidas, entre as quais uma da legação da Polônia. Em 4 de fevereiro, Ernani Reis oficiou ao inspetor da Polícia Marítima e Aérea do Distrito Federal solicitando "os elementos constantes" em relação aos estrangeiros e os passaportes. No dia 6 de fevereiro de 1942, Leitão da Cunha dirigiu uma exposição de motivos ao presidente sobre o assunto. Nela escreveu que

> Os referidos estrangeiros foram, realmente, impedidos a bordo do vapor *Siqueira Campos*, por serem portadores dos chamados "vistos do Papa". Esse procedimento foi adotado em virtude de determinações de Vossa Excelência, cujo rigoroso cumprimento o Ministério da Justiça tem exigido às autoridades da fiscalização, e somente por ordem de Vossa Excelência o impedimento será levantado.

No próprio documento remetido por Leitão da Cunha, aparece o despacho do presidente: "Satisfaça as exigências do art. 2° do Decreto-Lei 3.175, de 7 de abril de 1941. Em 19-2-942. GVargas."

Os dois poloneses ficaram na Ilha das Flores por mais de três meses. Durante esse tempo, diversos ofícios foram trocados entre o MJNI e o MRE e outros apelos surgiram. Em 20 de março, a pedido da legação polonesa, o MRE dirigiu um bilhete verbal ao MJNI solicitando a autorização de desembarque. A resposta seguiu em 7 de abril informando que o desembarque "não pode ser autorizado, uma vez que decorre de decisão do Senhor Presidente da República".[756]

---

[755]O advogado era o Dr. Gustavo Simões Barbosa. O telegrama foi enviado ao Palácio Rio Negro (Petrópolis) em 31/1/1942.

[756]AHI, Bilhete verbal SP/284/558 e Ofício de 7/4/1942 de Leitão da Cunha para o MRE. Bilhete verbal é um curto ofício, sem autoria, no qual se comunica ao destinatário providência que o órgão ou sua autoridade vai seguir, implementar ou aplicar, ou simplesmente consulta-o a respeito.

O IMIGRANTE IDEAL VEM DA SUÉCIA

Com o advogado seguindo a escrever a Vargas, três meses depois que Ana chegou ao Brasil e foi internada na Ilha das Flores, no dia 24 de abril de 1942, Leitão da Cunha encaminhou nova exposição de motivos ao presidente:

> A requerente é portadora de um visto concedido pela Embaixada do Brasil junto ao Vaticano, isto é, de um dos poucos remanescentes dos chamados "vistos do Papa" que têm aparecido nos portos brasileiros depois que a sua anulação se efetivou, e o impedimento decorre de ordens expressas de Vossa Excelência.
>
> Quanto a Anna Gross e mais dois ou três outros estrangeiros nas mesmas condições, que viajavam em navios do Lloyd Brasileiro, este ministério, atendendo a que o prejuízo causado à economia do governo brasileiro pelo seu vaivém seria maior do que o custo da manutenção em terra, providenciou pelo seu internamento na hospedaria de imigrantes da Ilha das Flores, onde, salvo melhor juízo de Vossa Excelência, aguardarão a oportunidade de um reembarque definitivo.

O despacho do presidente foi o mesmo proferido na exposição de motivos anterior: "Satisfaça as exigências do art. 2º do Decreto-Lei 3.175, de 7 de abril de 1941. Em 28-5-1942. GVargas."

Ana Gross ficou internada na Ilha das Flores pelos meses seguintes até que no dia 26 de fevereiro de 1943 uma exposição de motivos do ministro do Trabalho, Indústria e Comércio dirigida ao presidente modificou a situação. O texto descreveu longo e minucioso histórico do caso e informou que Ana uma vez mais havia solicitado autorização junto ao Departamento Nacional de Imigração para que lhe fosse autorizado ficar na então capital, em caráter provisório, até que lhe fosse permitido "reunir-se a suas filhas que vivem na Inglaterra. A aludida cidadã é de nacionalidade polonesa (judia)". Reiterou que quando Ana chegou ao país na primeira vez ela possuía um visto válido. Por fim, argumentou que:

De acordo com a explanação supra, verifica-se, Senhor presidente, que aquela estrangeira não poderia, legalmente, ser impedida, por caducidade de visto, de desembarcar no porto do Rio de Janeiro, de vez que embarcara dentro do prazo de validade do visto de que era portadora. O impedimento em causa foi aposto pela Inspetoria de Polícia Marítima e Aérea e pelo já citado Departamento Nacional de Imigração, sob a alegação das restrições impostas pelo decreto 3.175, de 7 de abril de 1941, que exigiu autorização prévia do Ministério da Justiça e Negócios Interiores para a concessão de visto em caráter permanente. No entanto, esse decreto não poderia servir de impedimento legal, porque, datando de 7 de abril de 1941, a Embaixada em Roma só foi cientificada de sua expedição a 24 de maio de 1941, quando anteriormente já o havia concedido com data de 25 de abril do mesmo ano. A este ministério, de acordo com o parecer da Consultoria Jurídica, afigura-se que o presente caso está em pé de igualdade com os dos Snrs. Leon Lampel e Pauline Seasseran, aos quais Vossa Excelência autorizou desimpedimento e permanência no país, com informação favorável da 1ª Seção daquele Departamento e exposição de motivos do Snr. ministro da Justiça e Negócios Interiores, anexos a esse processo. Não tendo havido dolo ou má-fé por parte da Sra. Gross, que não se valeu de meios ilícitos para entrar no país, militam em seu favor os mesmos direitos que foram arrogados àqueles dois estrangeiros. À guisa de outros subsídios, que possam esclarecer ainda mais o assunto, tenho a honra de ponderar a Vossa Excelência, com a devida vênia, que a permanência prolongada e por período indefinido, na Hospedaria de Imigrantes da Ilha das Flores, daquela senhora, não é medida equitativa e nem consulta o interesse público. E atendendo à atual situação de guerra que impede o seu repatriamento ou reembarque para o porto de procedência, e considerando ainda que não há motivos de segurança nacional que aconselhem a sua retenção naquela Hospedaria, cujo albergamento constitui ônus para os cofres públicos, poderia ser adotada para o caso em apreço a concessão de permanência — a título precário — de acordo com o que está estabelecido na Portaria 4.941, de 24 de julho de 1941, do Ministério da Justiça e Negócios Interiores, para os casos de repatriamento prejudicados com a situação internacional. Nestas condições, tenho a honra de sugerir seja dada à interessada a autorização indicada. Vossa Excelência, entretanto, com o habitual acerto e espírito de justiça, melhor decidirá.

O IMIGRANTE IDEAL VEM DA SUÉCIA

Em 20 de março de 1943 o Departamento Nacional de Imigração comunicou o MJNI que o presidente "em despacho exarado naquela exposição", aprovara a Ana Gross permanecer no território nacional "a título precário".[757]

Não foi possível estabelecer com precisão o autor da exposição de motivos encaminhada pelo MTIC a Vargas. A cópia encaminhada ao MJNI não fornecia essa informação. Com toda a certeza, não foi elaborada e assinada pelo titular da pasta, Marcondes Filho.

Várias razões levam a essa dedução. Além das claras diferenças de estilo, do fato de raramente Marcondes Filho redigir exposições de motivos dessa natureza sem contar com a colaboração direta — e a autoria, na maioria dos casos — do seu assistente especialista no assunto Ernani Reis, o conteúdo denuncia a autoria diversa. A exposição de motivos, produzida com conhecimento de direito, justiça e boa vontade para a solicitante, uma senhora classificada como "indesejável", não era compatível com o estabelecido e o aplicado pelos membros do MJNI dessa época. Sem contar que o próprio MJNI era corresponsável direto (solidariamente com Vargas) pela sistemática manutenção do impedimento de Ana Gross. A exposição de motivos, até onde foi possível apurar, seria a terceira dirigida após as duas primeiras remetidas pelo MJNI não terem recomendado o levantamento do impedimento à Sra. Gross e até se oposto a ele. Não seria coerente e tampouco lógico Marcondes Filho, que respondia conjuntamente pelas pastas da Justiça e do Trabalho, incorrer em tamanha contradição. Ao longo dos anos em que esteve à frente do MJNI não agiu dessa forma em relação a nenhuma exposição de motivos preparada por seus predecessores. Não seria no processo de Ana Gross que isso ocorreria.

---

[757]Somente em 7/5/1943 Ernani Reis remeteu ao ministro pequeno parecer informando "o levantamento do impedimento oposto" e sugerindo que a DEE fosse comunicada do fato. Embora Marcondes Filho tenha assinado o despacho no dia seguinte ordenando o comunicado, esse só seguiu da CPE em 27/5/1943. Entre 1943 e 1945 a estrangeira mudou-se algumas vezes de residência e fez a comunicação obrigatória à DEE. Em julho de 1945 Ana Gross, identificando-se e identificada então como apátrida, solicitou ao SRE licença para viajar para a Itália onde residia uma filha, na cidade de Roma, casada com um empregado da Companhia Ossicuraziane Generali Venezia. A autorização foi concedida em 28/9/1945 e é essa a última notícia que aparece dela na documentação. AN, acervo do SRE e Processo 22.706/45.

Como se já não bastassem esses indícios, o fato de a exposição de motivos do MTIC ter sido encaminhada em 26 de fevereiro de 1943 já dá certeza de que o autor foi outro. Entre fins de fevereiro e meados de março de 1943, Marcondes Filho ausentou-se em férias do MJNI, tendo respondido pela pasta, naquela ocasião, Fernando Antunes. O jurista Oscar Saraiva, que hoje dá seu nome à biblioteca do Supremo Tribunal de Justiça, em Brasília, ocupou interinamente a pasta do MTIC nessa época. É possível que tenha sido ele o autor da mencionada exposição de motivos.

No caso de Ana Gross e dos demais estrangeiros internados na Ilha das Flores, o MJNI e Vargas justificaram o impedimento e os constrangimentos alegando que seus respectivos vistos consulares não eram válidos. Em uma interpretação absolutamente não jurídica do assunto, no qual foram desprezados os mais elementares princípios, se não de justiça — afinal, o Brasil vivia uma ditadura — pelo menos do que os servidores públicos do MJNI e demais juristas que aderiram ao regime ou eram simpatizantes dele chamariam de princípios básicos de direito. Muito não se poderia esperar de Vargas no assunto. Durante o Estado Novo, depois que o Supremo Tribunal Federal (STF) decidiu de forma diferente do que o presidente julgava correto, tratou-se de inverter a hierarquia jurídica, colocando as decisões presidenciais acima das do STF.[758] Mas esperava-se se não melhor, pelo menos uma postura minimamente profissional por parte daqueles que elaboraram o sistema legal e se julgavam técnicos no assunto, se não juristas.

O que de fato ocorreu é que as autoridades do porto estavam na-

---

[758]MENDES, Gilmar Ferreira. *Jurisdição constitucional*. São Paulo: Saraiva, 1996. Na Constituição de 1937 criou-se a possibilidade de se suspender, mediante ato legislativo, decisão judicial que declarasse inconstitucionalidade do ato normativo. Isso deveria ocorrer através de uma resolução do Parlamento, aprovada por uma maioria qualificada de dois terços dos votos (art. 96). Ao longo do Estado Novo a Constituição de 1937 não entrou efetivamente (ou totalmente) em vigor e tampouco qualquer parlamento existiu. A faculdade confiada ao Parlamento de suspender decisões judiciais acabou por ser exercida diretamente pelo ditador mediante a edição de decretos-lei, indicando como base o art. 180 da mesma Constituição. Confirmada a constitucionalidade da lei, passava o Supremo Tribunal Federal a reconhecer *ipso jure* a sua validade.

quele momento impedindo sistematicamente a entrada de refugiados. Boa parte deles realmente portando — tecnicamente, dependendo da interpretação — ou vistos caducos ou vistos considerados ilegais, como os vistos diplomáticos emitidos às centenas pelo embaixador Luiz Martins de Souza Dantas na França. Pretendiam os inspetores e as demais autoridades no porto manter a rigidez exigida pelo MJNI, até mesmo porque, em fins de 1941 Ernani Reis esteve pessoalmente no porto do Rio de Janeiro por conta do assunto dos vistos e dos impedimentos.[759] Ana Gross e Joseph Berler foram em verdade impedidos de desembarcar por erro da fiscalização, preocupada em cumprir as ordens que recebia. Como já era prática regular impedir pessoas identificadas como refugiados ou "indesejáveis", ninguém se importou realmente com a sorte deles. E o caso de Ana só teve longa continuidade por duas razões: o desembarque na Europa foi impedido e o fato de o navio ser brasileiro. Se fosse um dos navios de bandeira espanhola ou portuguesa, que partiam do mesmo porto, o problema seria da empresa de navegação, e não do governo brasileiro, como sucedeu nos casos ocorridos na mesma época com a empresa de navegação espanhola que explorava as rotas para a América do Sul com os vapores *Cabo de Hornos* e *Cabo de Buena Esperanza*, entre outros.[760]

Na exposição de motivos do MTIC o autor daquele texto mencionou como argumento que pretendia estabelecer equidade com casos semelhantes envolvendo os estrangeiros Lampel e Seasseran. Embora o recurso de identificar origens ou opções religiosas por meio unicamente do nome seja comprovadamente falho e impreciso, era bastante adotado pelos servidores públicos daquela época. Sendo ambos os sobrenomes citados improváveis para estrangeiros judeus, é possível considerar que tal característica verdadeira ou presumida tenha influenciado no levantamento dos impedimentos dos respectivos desembarques. Qualidades ou "requisitos morais" que Ana Gross presumidamente não possuía,

---

[759]KOIFMAN, Fábio, op. cit.
[760]Ibidem.

mas que sempre foram atribuídos sem maiores dúvidas, genericamente, aos suecos que aqui chegaram.

Considerando os procedimentos em relação a esses estrangeiros, o contraste de tratamento adotado — ou a aplicação da lei em ambos os casos — pelo MJNI em relação ao sueco Anders Robert Smith, que desembarcou no porto de Santos sem maiores preocupações ao sentir-se doente e aqui permaneceu o quanto desejou, compreende-se que o sistema elaborado utilizou a lei para cumprir com os seus objetivos e deixou a mesma lei de lado quando esta deixou de atender ao que se pretendia aplicar.

No fim de janeiro de 1945, o engenheiro sueco Bo Bjerke e sua família — composta pela esposa France e filhos menores Jan, Nils e Eric — e o também engenheiro de mesma nacionalidade Sven Köler e sua família — composta pela esposa Ingá-Britta e uma filha menor, Siri Elisabet — solicitaram visto permanente para o Brasil. Residindo em Estocolmo, pretendiam vir para o país a serviço da firma sueca Aktiebolaget Atlas-Diesel, na qualidade de conselheiros técnicos da empresa Luporini e Cia., do Rio de Janeiro.

Como das vezes anteriores, nenhuma comprovação técnica foi encaminhada ao MJNI. Tampouco o Serviço de Visto solicitou qualquer tipo de consulta aos órgãos governamentais a respeito da conveniência da vinda de tais técnicos; se as respectivas empresas tinham autorização para funcionar no país; ou Ernani Reis lembrou-se do que havia escrito em outros pareceres quanto à atividade da profissão de engenheiro no Brasil ser "privativa de brasileiros"; ou que conselhos técnicos seriam fornecidos à empresa mencionada. Em resumo, o procedimento para com os suecos era completamente diferente do usual do MJNI. A nacionalidade supria qualquer uma das exigências estabelecidas.

No parecer que Ernani Reis redigiu em 1º de fevereiro de 1945, dessa vez pôde mencionar o decreto e argumentou que "atendendo à qualidade de técnico, Decreto-Lei 3.175, de 1941, art. 2º, nº 6, e tratando-se de naturais de um país onde o Brasil tem nesse momento interesse em formar ambiente para uma corrente imigratória, proponho o deferimento".

CAPÍTULO 9 Ernani Reis e a imprensa

9.1 Reflexões sobre a eugenia, o racismo e os imigrantes no pensamento de Ernani Reis

Entre os anos de 1939 e 1944, sob a vigência do Estado Novo, Ernani Reis publicou artigos de sua autoria no jornal carioca *A Noite*. Escreveu com regularidade e a respeito de diferentes assuntos.[761] O que interessa ao presente livro diz respeito a expressões das políticas de Estado e do pensamento dele próprio.

O primeiro texto aqui reproduzido, assinado "ESR", foi publicado em 5 de julho de 1939 e tem uma curiosidade. No fim do sexto parágrafo, ao lado do comentário reproduzido de Francisco Campos a respeito do fato de o Brasil não comportar "colônias com privilégios de extraterritorialidade, nem minoria, nem o exercício de proteção política", o próprio Ernani Reis escreveu à mão no recorte que fez do jornal que destinou ao seu arquivo o comentário feito a lápis: "E a Fordlândia?"[762]

---

[761]A esse respeito, ver capítulo 4 do presente livro.

[762]Fordlândia foi uma cidade implantada pela Companhia Ford do Brasil entre 1928 e 1934. Com estilo urbano rural americano, esses núcleos serviram de base logística para a exploração racional de borracha, destinada a atender à demanda da indústria de pneumáticos dos Estados Unidos.

O Brasil dos Brasileiros

O panorama contemporâneo não convida, certamente, ao repouso desprevenido e contemplativo. Aos homens do continente americano, e sobretudo aos brasileiros, impõe-se examinar cuidadosamente os problemas da atualidade e fazer — por que não dizê-lo? — imediata revisão dos seus erros e fraquezas — assim falou o presidente, a 13 de dezembro do ano passado, na festa de confraternização das Forças Armadas. Poucos, dentre os erros, poucas, das fraquezas cujo exame foi ordenado terão gravidade tamanha como a desnaturação que sofreu, durante longos anos, o instituto da imigração. Iniciada com o fim de ativar o povoamento e a riqueza do país, a política de portas abertas levou-nos a ignorar ou tolerar que dentro de nosso território os núcleos estrangeiros crescessem e se agrupassem mantendo e, sempre que possível, acentuando as suas características próprias.

As condições do mundo, porém, mudaram demais para que nos seja lícito repetir, no momento atual, a atitude que, em outra era, pôde beneficiar a nações igualmente necessitadas do concurso de estrangeiros. Quando este as procurou, os desejos econômicos limitavam-se, por assim dizer, aos indivíduos, e a fome da matéria-prima não havia ainda inspirado aos Estados os métodos a cuja trágica expansão hoje nos é dado assistir entre fascinados pelo desbordamento de virilidade que testemunham e temerosos das últimas ilações a que podem conduzir. O imigrante atravessava o oceano sem outro intuito que não fosse o bem-estar futuro: a América oferecia-lhe, nos arcanos das montanhas azuis e das imensas florestas, o seu leite de ouro. Por isso, ele corria, sobre a trilha misteriosa dos navegadores, a cortina do esquecimento. A vida seria nova no mundo novo: da pátria remota, nada mais que a saudade (meio diluída na lembrança da miséria e da perseguição), ou, confessada a medo, a memória da língua e dos costumes.

Com o tempo, no entanto, a imigração passou a ser manejada como arma, o colono guardando, por orgulho da raça, por fidelidade a instruções recebidas ou por obra do conflito de interesses, toda a formação recebida: por outras palavras, ele não quer encontrar a sua segunda pátria, mas construir, sob outro céu, um pedaço da sua pátria verdadeira.

Esta é a situação, esta a mentalidade que nós, brasileiros, temos que enfrentar. Mas o pensamento do Brasil e do seu governo já está definido com vigor nos textos de lei e no consenso geral. O estrangeiro entra no país e aqui se fixa porque o Brasil lhe concede a graça e o privilégio, por tantos outros almejados, de participar do seu trabalho, da sua riqueza, da sua paz. Como, porém, o Brasil foi feito pelos brasileiros e estes não estão dispostos a perdê-lo, cumpre ao estrangeiro afeiçoar-se às condições que lhe são impostas: renúncia a qualquer espécie de direção da pátria de origem, abstenção de atividade política, absoluta sujeição à lei e à autoridade brasileira.

Na sua memorável entrevista a *A Noite*, de 15 de abril deste ano, o ministro Francisco Campos, com a habitual precisão e energia de sua palavra, colocou nestes termos a questão:

"A raça brasileira foi bastante inteligente, bastante tenaz, bastante heroica para conquistar e reivindicar este território, para repelir agressões, para esmagar inimigos, para construir uma civilização de primeira plana. A ajuda estrangeira foi, apenas, episódica e acessória. Nunca, porém, nunca — e o Brasil já selou com o sangue o seu amor à liberdade —, nunca essa ajuda poderá importar a instauração de um regime de capitulações ou de concessões, cujos catastróficos efeitos são demasiadamente conhecidos para que algum povo tenha a coragem de atentá-los. Para nós, os estrangeiros que se encontram no Brasil, e assim considerados os indivíduos, como os seus capitais e interesses, não têm representação política, não têm voz coletiva. O Brasil não comporta colônias com privilégios de extraterritorialidade, nem minorias, nem o exercício de proteção política." [a lápis: "E a Fordlândia?"].

Si, nessas condições, o estrangeiro quiser prestar o auxílio do seu braço e da sua experiência ao amanho desta terra prodigiosa que restitui ao cêntuplo o que lhe é confiado, as portas lhe estarão mais uma vez abertas e em nosso coração haverá um lugar para ele. Não nos inquieta, porém, a sua recusa, nem as vastas extensões despovoadas do sertão nos levem a alterar os termos do compromisso. Haverá um dia brasileiros em número suficiente para cobrir e fazer prosperar essas terras enormes que a audácia e a bravura dos antepassados demarcou para sempre. E ninguém antes disso terá força que baste para tomá-las. "Si nos pudéssemos atribuir ambições imperialistas, estas só haveriam de ser as de ocupação econômica e defesa do nosso grande patrimônio territorial. E si isso merece denominar-se imperialismo, não devemos temer o ar de papão com que se apresenta hoje essa palavra, para convencer-nos de que não podemos aparecer perante o mundo como incapazes de valorizar as próprias riquezas e defendê-las, quando necessário for." Disse-o Getúlio Vargas. E a decisão, assim traduzida na palavra do chefe, o povo brasileiro já a formulara no íntimo da sua consciência.

O segundo texto — assinado "ESR" e publicado na coluna "Fatos e ideias da semana" de 31 de outubro de 1943 — possivelmente tem relação com a experiência própria de Ernani Reis ou de um dos filhos, que naquele momento sofria dificuldades, em decorrência da deficiência que possuía, nas escolas pelas quais passava. De qualquer forma, o texto é surpreendente, pois se trata de uma crítica a critérios eugenistas estabelecidos. Não muito diferentes, pelo menos em critérios e princípios, do que ele próprio, naquele mesmo momento, colocava em prática no Serviço de Visto do MJNI.

Aviso contra os excessos da técnica

O Departamento Administrativo do Serviço Público foi autorizado a estudar o aproveitamento, nas repartições federais, dos indivíduos de capacidade reduzida. Entende-se: àqueles que, por não satisfazerem determinados índices, fixados como regra geral, são recusados nas provas sanitárias, mas cuja presença não constitua um perigo para o meio, dar-se-á oportunidade de pleitearem colocações para os quais se demonstrem aptos não obstantes as enfermidades que os tornam incapazes para o desempenho de outras funções.

Com isso, se terá adotado um corretivo muito útil para a tendência que se vinha observando, de fazer com que os exames de habilitação para as carreiras oficiais, e o mesmo se pode afirmar quanto à admissão em certas escolas civis, dependa de um verdadeiro concurso de robustez. Tivemos há pouco um exemplo desse estreito critério biométrico através da análise, feita pelo próprio DASP, do caso de um candidato ao cargo de escrivão. Julgado incapaz, como portador de lesão cardiovascular, o candidato recorreu. A decisão foi mantida. Novo recurso, com a alegação de que já exercera interinamente o emprego e que este não reclamava esforço físico. O serviço biométrico tornou a recusá-lo, sustentando que a doença obrigaria a licenças frequentes e, talvez, a aposentadoria prematura. Foi apresentada a palavra de um grande clínico, certificando que o interessado era bom para o exercício de qualquer função burocrática. Insistiu o serviço no seu ponto de vista. Por fim, o DASP convoca duas sumidades médicas para opinarem, juntamente com o chefe do serviço e contra o parecer deste último, que mantém, "et pour cause", o decidido, chega-se à conclusão de que o candidato era perfeitamente apto para, com eficiência, desempenhar as funções do cargo. Com a aprovação do presidente da República, o Departamento propõe, afinal, a admissão do funcionário e que a sua posição no quadro dos servidores da União se reconstitua como se não tivesse havido a inabilitação inicial. Se a exposição do assunto, publicada no Diário Oficial de 30 de setembro, revela o senso de gravidade com que a administração brasileira se está habituando a tratar os interesses do governo e os do povo, dela podemos tirar, igualmente, um ensinamento valioso, destinado a premunir contra os excessos do critério biométrico no provimento dos cargos públicos. Mostrou o DASP que as objeções levantadas contra a nomeação diziam respeito ao futuro, isto é, aos acidentes possíveis da vida do candidato a quem, por amor desse cálculo de probabilidades, se pretendia negar aquilo a que fizera jus por seu preparo e sua diligência. Como se, para a enfermidade ou a morte, a condição primeira não seja a de estarmos vivos...

Há uma considerável dose de especulação, teoria e arbítrio nos processos mediante os quais se estipulam as medidas que servem de base ao pomposo aparelhamento técnico de que resultam os índices de rigidez. Diríamos sem erro que estes índices têm, muitas vezes, um valor meramente estatístico, ou melhor, eles fornecem, aos responsáveis pelo bemestar da nação, elementos para que apliquem o seu zelo nesta ou naquela direção. Que pudessem, contudo, ser tidos como dados absolutamente certos, no que se refere ao desenvolvimento da vida humana, tão cheia de edificantes surpresas que é, em verdade, uma surpresa quotidiana, e duas perguntas subsistiriam: primeiro, é lícito ao Estado seguir a política de eliminar, dos seus quadros administrativos, a parte da população que não possua as condições "ideais" tabeladas para a saúde? Segunda, o Estado tiraria proveito de semelhante política?

Vamos figurar a hipótese brasileira.

Tempo houve em que se dizia que o Brasil era um imenso hospital. Uma parte se faça ao exagero, que não correspondeu a uma simples expansão de pessimismo, porém serviu de incentivo à melhoria das condições sanitárias do país. Não resta dúvida de que a média da população brasileira ainda está longe de exibir um índice de saúde muito brilhante. É claro que, num meio assim constituído, a maior parte dos candidatos

IMIGRANTE IDEAL

ao serviço geral do Estado, e aí serviço geral se diz em contraposição aos serviços que exigem especificamente um determinado grau de robustez, não pode achar-se naquelas condições ideais de saúde. Se o Estado, que tem de suportar os ônus gerais do país, a totalidade de cuja população nele se representa, inovasse o direito de escolher apenas os indivíduos que os pressupostos da biometria viessem apontar como os menos sujeitos a enfermidades, todas as organizações privadas, grandes ou pequenas, encontrariam nisto um incentivo para seguir o mesmo caminho — e com maior soma de razão, uma vez que elas nem jurídica, nem moralmente são, como o Estado, responsáveis pelo bem comum. Resultaria, ao fim de um certo período, a formação de um enorme contingente de cidadãos aos quais estaria negada qualquer oportunidade de progresso cultural e econômico. Hipótese que não só é bárbara, como importa a consequência de que os indivíduos, por esta forma impedidos de procurar a sua subsistência, teriam de ser assistidos pela coletividade nacional, desde que a consciência da nossa época repugna o recurso ao velho expediente espartano [palavra corrigida à mão, sobre o jornal, pelo próprio ER] para a melhoria da raça.

Na concepção utilitarista que é a mola das exigências de natureza eugênica nos exames sanitários para os serviços do Estado, existe muito daquele princípio de seleção artificial. É um conceito flagrantemente anticristão que a brutalidade alemã se encarregou de propagar nos meios científicos. Apenas, os técnicos que se aproveitam das lições ignoram, ou esquecem, confinados na sua especialidade, a inspiração filosófica sob a qual, na prática, estão operando.

Lucraria, aliás, o Estado, adotando semelhante política? Chegamos à segunda questão que nos propusemos. Por outras palavras, na ordem de civilização que nós herdamos e que hoje defendemos pelas armas, a saber, numa ordem em que os valores morais conservam o seu primado, numa ordem cujo programa não é somente durar, devorar e procriar, devemos acreditar que a perfeição física seja uma base para o aproveitamento dos mais aptos? Deitando os olhos ao panorama do mundo, no presente como no passado verificamos que as conquistas da civilização, tanto no campo material quanto no espiritual, e a pujança das nações têm sido e continuam a ser, em grande parte, obra dos enfermos e dos fracos. Caberia, a este passo, aludir aos fenômenos da sublimação e a coincidência maravilhosa entre o deficit corporal e a aplicação de imensas energias espirituais nas realizações humanas. Os dados que nos oferecem a história e a observação dos fatos atuais serviriam para escrever-se uma fascinante apologia dos fracos e dos enfermos. Estas são, porém, verdades que não necessitam de prova e que estão presentes na consciência do povo, a quem jamais iludiu o que é grande ou belo por fora...

O terceiro texto aqui selecionado — assinado "ESR" e publicado na coluna "Fatos e ideias da semana" de 21 de novembro de 1943 — faz um resumo importante da política imigratória do período e o discurso apresentado ao público que a justificava.

Imigração e sentimento nacional

Formula-se a hipótese de vir o Brasil a receber, no após-guerra, consideráveis massas de imigrantes. A ideia representa, de certo modo, uma antecipação sobre as condições que, uma vez cessada a luta, vigorarem na Europa e — por que não? — na Ásia. Há, com efeito, razão para admitir que muitas pessoas dominadas por aquilo a que poderíamos chamar susto retrospectivo ou compelidas pelas dificuldades que, via de regra, seguem os grandes choques dos exércitos, procurarão, como sucedeu no passado, ambientes que se tenham mostrado mais favoráveis ao trabalho pacífico. O problema é, no entanto, para os países que se disponham a receber esses contingentes humanos, de uma extrema complexidade.

No que diz respeito ao Brasil — e o mesmo podemos afirmar de todas aquelas nações que já alcançaram um determinado grau de consistência política, o princípio da seleção deve orientar qualquer iniciativa neste sentido. Se quisermos conhecer o pensamento brasileiro na matéria, e pensamento brasileiro significa, aí, ao mesmo tempo, o verdadeiro ponto de vista governamental e a tendência necessária da vontade do povo, não precisamos de recorrer a outra fonte além das palavras com que o então candidato à Presidência da República traduziu o seu programa de ação. "Durante muitos anos" — dizia o Sr. Getúlio Vargas em 2 de janeiro de 1930 — "encaramos a imigração, exclusivamente, sob os seus aspectos econômicos imediatos; é oportuno entrar a obedecer ao critério étnico submetendo a solução do problema do povoamento às conveniências fundamentais da nacionalidade". Verificada a formação de volumosas correntes imigratórias à procura do trabalho que lhes faltava nos centros densamente povoados, o Brasil, atendendo, contudo às suas necessidades de mão de obra, particularmente para o cultivo da terra, não havia de continuar na velha política da porta aberta. Tinha o direito de escolher: "A livre entrada de elementos de toda origem não respondia ao objetivo de povoar para produzir" — declarava em 1933, o presidente, fiel aos propósitos do candidato. Da mesma forma em 1938: "Assim como procuramos destruir os excessos regionalistas e o partidarismo faccioso dos nacionais, com maior razão, temos de prevenir-nos contra a infiltração de elementos que possam transformar-se, fronteiras adentro, em focos de dissensões ideológicas ou raciais". Uma impressionante constância pode ser observada através destas e de outras definições do presidente no campo da política demográfica. Elas se fundam num argumento que é essencial e que ninguém deve esquecer dentre quantos se proponham a encarar, no Brasil, o problema da imigração: a conservação dos característicos, da homogeneidade, da coação [sic] nacionais. A esta proposição acrescenta-se outra, que é seu consectário. Não basta admitir o imigrante. Cumpre fixá-lo: dele há de fazer-se um elemento da formação nacional. Realmente, escasso proveito a nação tiraria de massas flutuantes a mais ou menos nômades, que hoje estariam aqui e, amanhã, onde acreditassem encontrar melhores oportunidades econômicas. Por isso não é possível contar demasiado com os indivíduos que não anime o desejo consistente de estabelecer um novo domicílio definitivo, mas apenas o desequilíbrio psíquico resultante das privações da guerra. Quanto a este ponto, a oração do chefe de Estado, proferida em 31 de dezembro de 1940, não denota a expectativa de que a terminação do conflito importe deslocamentos de importância decisiva para nós: "Os regimes vigorantes nos países de alta densidade já haviam criado restrições à transferência de potencial humano, e a guerra atual, dando ensejo a grandes perdas e vultosa reconstrução, certamente reduzirá mais ainda as possibilidades de recebermos fortes correntes imigratórias". Essas correntes imigratórias, em todo caso, não devem ser capazes de modificar aqueles nossos caracteres étnicos

ERNANI REIS E A IMPRENSA

e culturais, a que aludimos. Somos donos destas extensões ricas que nos legaram os nossos maiores; queremos que o imigrante nos dê o seu auxílio e o seu respeito, mas queremos ser nós mesmos, com as nossas tradições e o nosso tipo de vida, as nossas convicções, o nosso sentimento patriótico — eis aí conceitos que extraímos aos discursos de 11 de abril de 1939 e 8 de outubro e 31 de dezembro de 1940.

O problema da imigração, por conseguinte, não é simplesmente numérico: não basta contar o número de braços que entrem no Brasil para julgar-se da maior ou menor utilidade de uma solução: de outra parte, nenhuma solução será boa, quando deixe de ter em vista, principalmente, o interesse do Brasil, mas o interesse permanente do Brasil, o interesse do seu crescimento orgânico e processado dentro dos quadros de sua formação. Assim como nós conhecemos, no Brasil dos nossos dias, os largos traços do Brasil que os nossos antepassados fundaram, é preciso que estes mesmos traços venham a ser identificados no futuro. Nessa transmissão dos seus elementos substanciais, nessa aptidão para a sobrevivência é que consiste o mais precioso elemento da diferenciação de um povo como unidade nacional. Ora, a introdução maciça de populações com o fim de encher os espaços vazios do nosso território, isto é, a introdução de uma quantidade tal de imigrantes que superasse a nossa capacidade atual de assimilação, significaria fatalmente a desfiguração e o desnaturamento, do ponto de vista nacional, de vastas extensões do solo pátrio. Da tentativa de acrescer demograficamente o país resultaria, destarte, uma diminuição espiritual da pátria, e esta diminuição espiritual poderia tornar-se, mais tarde, um fator da própria redução material da pátria, a saber uma ameaça à sua unidade. Igual consequência teria, de outra parte, a admissão de contingentes demográficos que a nossa própria experiência e a lição da história têm demonstrado pouco suscetíveis de fusão, e também daqueles cuja fusão representa uma força contrária à tendência para a perfeita diferenciação de um tipo nacional. Só nos povos que pertencem ao nosso grande tronco étnico e cultural poderemos ir buscar imigrantes de cujos descendentes seja razoável esperar que se integrem no conjunto da nação brasileira e correspondam ao seu desejo de perpetuar-se com os outros, estejam hoje no terreno político em que estiverem, caberá mantermos trocas econômicas, pactos de melhor compreensão e até, eventualmente, alianças de interesses de qualquer gênero; nunca, porém, a câmbio de populações.

Ante os obstáculos criados no passado, ou previstos no futuro, a um aumento intensivo da imigração, um pensamento se impõe de si mesmo, ao qual o nosso presidente deu esta formosa expressão no seu discurso de 31 de dezembro de 1940: "O Brasil terá de ser povoado, desbravado e cultivado pelos brasileiros. É indispensável, portanto, preparar os moços com um sentido pioneiro da existência, enrijando-lhes do caráter, tornando-os sadios e aptos a expandir suas energias criadoras."

A energia da gente criadora da gente brasileira! Devemos-lhe este solo, cujos limites foram lançados para além do que se previra na época da conquista: devemos-lhe a posse de áreas bastantes para comportar um desenvolvimento, na prática indefinido, da sua população. Estas áreas, já indestrutivelmente incorporadas à nação, têm de ser preenchidas sem renúncia do nosso direito de nelas conservarmos os nossos próprios caracteres específicos. A audácia, a tenacidade e o sofrimento dos pioneiros fizeram com que hoje ignoremos o problema do espaço, que tem desencadeado imensas carnificinas: não nos entreguemos, com uma sofreguidão fatal, à tarefa de criar, para os nossos filhos, ou os filhos dos nossos filhos, o espectro do encarceramento geográfico. Deixemos que a nossa gente cresça por si mesma, com a ajuda que lhe for útil: mas sem perder esse rosto que já principia a identificar-se à primeira vista, e com o seu aspecto, a sua língua, a sua crença, os seus hábitos, para que os nossos filhos e os filhos dos nossos filhos reconheçam como fisionomias familiares os nossos retratos.

O quarto artigo — assinado "ESR" e publicado na coluna "Fatos e ideias da semana" de 25 de dezembro de 1943 — é bastante expressivo no que concerne ao tema do racismo e às concepções do Estado Novo a esse respeito.

Pretos e Brancos

No Brasil não há pretos e brancos. Há brasileiros, e a todos os brasileiros a lei e, mais do que a lei, o sentimento geral asseguram um tratamento que não depende da cor da epiderme.

Isto é uma coisa. Outra coisa é, porém, admitir que novos contingentes de pretos — sem falar nos amarelos — tenham o direito de procurar o nosso país. Esses pretos de fora não têm nada que ver com os nossos pretos. A estes dedicamos o nosso respeito, o nosso carinho, a nossa gratidão pelo que trouxeram à formação do Brasil e da sua riqueza. Quanto aos outros, seriam apenas imigrantes de assimilação difícil e muitas vezes trabalhados pela presunção de superioridade.

Fosse possível indagar dos nossos pretos o seu desejo, e estamos certos de que eles seriam os primeiros a manifestar a sua repulsa à criação de uma corrente imigratória de sua cor.

Porque, no Brasil, nós já conseguimos esquecer as diferenças de pele, e isto, em parte, pôde ser alcançado precisamente graças à progressiva diluição do contingente negro na massa da população. Aumentar, de futuro, tal contingente por meio de contribuições vindas do exterior, será abrir caminho para a formulação de um problema que desconhecemos.

As conclusões do Congresso Brasileiro de Economia deram oportunidade a que esta questão fosse trazida a um debate público e não faltou quem visse laivos de racismo nos que se opõem à imigração de cor.

Racismo? Teria então sido racista, há quase meio século, a política dos Estados Unidos. Não se trata de racismo, que seria uma preocupação perfeitamente idiota.

O que é preciso é não perder de vista a necessidade de trabalhar para que a população brasileira se torne cada vez mais homogênea e para que se conserve a nossa paz nacional; o que se impõe é preservar a união brasileira e não perturbar o processo de aperfeiçoamento do tipo étnico brasileiro por amor de princípios adotados num congresso demográfico mexicano, que positivamente não deve ter um conhecimento muito profundo daquilo que interessa ao Brasil, nem por obediência a lições que, para uso externo, ditarem as aureoladas sumidades de outra língua e outro clima.

IMIGRANTE IDEAL

O quinto artigo — assinado "ESR" e publicado na coluna "Fatos e ideias da semana" de 1º de janeiro de 1944 — volta ao tema dos "exames biométricos".

> Provavelmente não passaria num desses minuciosos exames biométricos em que tanto se comprazem hoje os especialistas que tendem a fazer das escolas e dos serviços públicos um campo de seleção fisiológica, ou, por um processo eminentemente simplista, a transportar a noção do super-homem para o domínio da força material.
>
> Seria de resto muito difícil encontrar, entre os homens que têm nas suas mãos os destinos do mundo, a saúde perfeita. O próprio Sr. Stalin, que a muitos aparece como um exemplar de resistência física, tem o coração dilatado.
>
> Neles a vontade de viver é que realiza prodígios: a vontade de viver e a de superar os obstáculos naturais, todos os obstáculos — os que estão no exterior, bem como as deficiências naturais, que se acostumam a suprir por meio de uma prodigiosa concentração de esforços e uma constante sublimação.

O sexto artigo — assinado "ESR" e publicado na coluna "Fatos e ideias da semana" de 16 de janeiro de 1944 — trata da guerra na Europa e de seus desdobramentos. Aqui reproduzo somente a conclusão, na qual o autor revela suas impressões sobre a sua ancestralidade.

> [...] Tudo isto nos leva a contemplar, com renovado carinho, a vastidão do oceano, que é o nosso "cordão sanitário". Deixa-nos, porém, melancólicos. Povos e cultores que descendemos do velho tronco europeu, nós sentimos que no âmago de todas as nossas ideias vive o espírito da Europa. Nela achamos o encanto do seio materno e é por isso que o Atlântico não consegue impedir que os nossos pensamentos se concentrem no que sucede a milhares e milhares de quilômetros.

O sétimo artigo — assinado "ESR" e publicado na coluna "Fatos e ideias da semana" em 30 de janeiro de 1944 — é uma expressão de seu preconceito em relação aos japoneses. O texto é um comentário a respeito da notícia divulgada sobre as torturas e maus-tratos que os militares japoneses estariam impondo aos seus prisioneiros civis e militares. Não aparece, entretanto, entre os artigos publicados, nenhum sobre os campos de concentração e extermínio nazistas, também divulgados, a essa época, pela imprensa internacional. Reproduzo abaixo tão somente a conclusão do artigo.

As barbaridades japonesas e a sua advertência

[...] O Japão entende que pode guerrear ao seu modo e seguindo apenas as conveniências, as idiossincrasias e os ódios que têm raízes num terreno misterioso de recalques étnicos. Há, nas relações entre o Japão e o Ocidente, um problema bem mais grave do que o resultante das condições atuais do mundo. Entre o Japão e o Ocidente há uma incompatibilidade fundamental de tipo e concepção de vida, uma contradição intrínseca, e o que mais espanta é que muitas nações ocidentais tenham, num passado não muito remoto, acreditado que lhe seria possível admitir, no processo da sua composição étnica, uma corrente demográfica japonesa, ou pensado em firmar, com o Japão, acordos fundados na sinceridade e no desejo de cooperação amistosa. Que valha a advertência do presente.

O oitavo artigo — assinado "ESR" e publicado na coluna "Fatos e ideias da semana" de 16 de abril de 1944 — é coerente ou dá continuidade à mesma linha de pensamento expressa por Francisco Campos na longa exposição de motivos encaminhada a Vargas comentada no presente livro.

Uma forma singular de racismo

Fala-se na existência de um movimento destinado a promover, no Brasil, a fundação de uma sociedade beneficente para homens de cor. Vale dizer — porque a invocação da beneficência não é senão um passo inicial — trata-se de agremiar o negro brasileiro para fins de assistência e defesa, ou de nele despertar o sentimento de reação coletiva, melhor diremos ação coletiva sobre o ambiente social.

IMIGRANTE IDEAL

Nada podemos imaginar que seja mais contrário do que essa modalidade singular de racismo, a saber, esse racismo "à rebours", aos costumes do Brasil e ao próprio espírito da nossa Constituição e das nossas leis e às nossas tendências nacionais. O negro brasileiro não forma um grupo cuja defesa e assistência haja de ser procurada por meios peculiares. Ele tem a situação que pode ter um branco nas mesmas condições e os seus problemas não diferem substancialmente dos problemas dos brancos. A nossa admiração e simpatia pelos nossos irmãos norte-americanos, por exemplo, não deve ser levada até o ponto de lhes copiarmos os problemas, inclusive esse grave e cruciante problema de assimilação do negro à comunidade nacional, que os nossos antepassados e o gênio político dos homens que construíram esta nação tiveram a sabedoria de evitar.

Pouco importa que não existe no Brasil algo a que se possa chamar "cultura negra". Mais acertado seria dizer, um ambiente reservado aos negros para o seu progresso cultural, o que é o mesmo que uma esfera de progresso econômico deixado pelos brancos, ou arrancada aos brancos, para que dentro dela os negros escapem às restrições do preconceito. Uma cultura negra, ou amarela, ou alemã, ou síria, ou italiana, em suma, qualquer espécie de cultura que seja informada por um motivo étnico ou racial, eis precisamente o que temos desejado e conseguido poupar ao Brasil, onde todas essas "culturas", que se opõem à simples noção de cultura, não poderiam coexistir sem prejuízo da unidade espiritual e, talvez, material do país.

Que o cantor Paul Robeson, em declarações que nos transmitiu o noticiário telegráfico, receie pelo destino da África nas mãos dos ingleses, como se a África fosse um assunto que lhe interessasse pessoalmente, ou para o qual o atraísse a voz do sangue, é coisa que só podemos atribuir a um irreprimível gosto pelo cartaz. Entre o preto que vive na América, em qualquer país da América, e o continente onde viveram os seus remotos antepassados, não há nenhum vínculo nacional, cultural ou sentimental. A verdade é esta. O mais é puro romance.

Dir-se-á que o padrão de vida do negro americano é superior ao do negro brasileiro. Concedemos até que a melhoria do padrão de vida de grandes massas de negros, nos Estados Unidos, tenha resultado, em parte, do seu esforço para sobrepujar o preconceito que os afastava, e afasta, do convívio dos brancos. É uma lei da natureza esta, que a contingência de reagir contra o meio exalta certas qualidades do indivíduo. O certo é, porém, que o padrão médio de vida de toda a população, brancos e pretos, é nos Estados Unidos mais alto do que no Brasil. Portanto, não é razoável fazer o paralelo da vida do negro americano e do negro brasileiro.

O fato de que o preto e o mulato, no Brasil, quando triunfam em suas carreiras, esquecem as suas origens, não deve ser tomado como um testemunho contra eles, mas como um testemunho em nosso favor, em favor dos nossos hábitos e do nosso tipo de civilização. Isto se dá porque as condições que nós criamos aqui o permitem e porque, na realidade, a ideia de raça tem aqui uma importância mínima. As prevenções, que subsistem, são fatos individuais, que tendem a decrescer por força da educação, da convivência e do exemplo. Não fazem parte de um sistema. Se um preto e um branco se tornam culpados do mesmo crime, a ninguém ocorre, no Brasil, atribuir ao crime do negro um caráter, mais revoltante, nem sujeitá-lo a uma punição que seria considerada excessiva para um branco. Quando, pelo contrário, um negro se distingue por seus méritos, a nossa admiração por ele é acrescida por um apreço especial.

Com o tempo, nós também esquecemos a sua cor. Foi o que se deu com Rebouças, Machado de Assis e toda uma legião de pretos e mulatos brasileiros. Esqueceram-se da sua origem racial? Talvez. Mas os seus contemporâneos esqueceram igualmente esse detalhe, que não impediu Machado de Assis de presidir, na Academia, a uma considerável maioria de brancos, entre os quais o aristocrático Joaquim Nabuco e o descendente de franceses visconde de Taunay.

É possível que negros e mulatos não apreciem, no Brasil, que lhes recordemos o seu pigmento. A razão está com eles. Por que e para que, a que propósito lembrá-lo? Trata-se de uma simples questão de bom gosto, o bom gosto que nos leva a omitir alusões pessoais e que nós aprendemos desde muitos anos, numa sociedade onde pretos eram contemplados com títulos de nobreza e tinham precedência sobre os mais puros rebentos europeus.

Continuemos fiéis a estes hábitos, que fazem parte da nossa glória, e acima de tudo não imitemos os pecados alheios, nem agravemos as nossas dificuldades com as dos outros.

9.2 A notícia da morte de Ernani Reis na imprensa

Poucos jornais deram notícia da morte de Ernani Reis. Reproduzo abaixo duas notas. A primeira do *Jornal do Brasil*, publicada em 25 de setembro de 1954.

Nota fúnebre

A própria imprensa, em que ele atuou com destaque, não registrou senão discretamente o desaparecimento de Ernani Reis. Entretanto, os serviços que o país ficou devendo à sua inteligência, cultura e integridade moral não devem ser esquecidos.

Durante o período da guerra, quando se impunha a conveniência de exercer severa vigilância na execução das leis de defesa do Estado, desempenhou papel proeminente no preparo de decisões ministeriais de alta relevância ou à frente de comissões que orientaram as autoridades públicas a resolver questões que dependiam de ponderação e acuidade jurídica.

Boa parte da legislação sobre a permanência de estrangeiros no país teve a sua colaboração. No antigo Conselho de Imigração e Colonização e em outros órgãos institucionais em que se debatiam os problemas do momento, Ernani Reis se destacava pela sua capacidade e por uma inflexível correção no encaminhamento e solução dos mais graves assuntos.

Foi também relevante a sua atividade na imprensa diária, tendo dirigido com brilho um dos órgãos integrantes das Empresas Incorporadas ao Patrimônio da União. No magistério e no Ministério Público foi igualmente brilhante a sua passagem.

A segunda, publicada no *Diário da Justiça* em 29 de setembro de 1954.

Ata da 31ª Sessão, de 17/9/1954, em homenagem a Ernani Reis.
O desembargador Narcélio de Queiroz manifestou, de início, a sua profunda emoção, pois, através de um convívio de muitos anos com o extinto, firmara com ele amizade das mais sólidas e puras e que lhe permitiu apreciar, de perto, as excepcionais qualidades morais e intelectuais do Dr. Ernani Reis. Foi ele, realmente, um alto espírito, um nobre e generoso coração, uma luminosa e fina inteligência, forrada de cultura

humanística e jurídica, das mais completas, que procurava inutilmente esconder em rara e admirável modéstia. Aliando a tudo isso cendrado sentido cívico das coisas brasileiras, a que se irmanava uma incomum compenetração dos deveres funcionais e uma invulgar austeridade na vida privada, o Dr. Ernani Reis foi, portanto, um notável expoente de sua geração e um brasileiro dos mais eminentes, que deixou traço luminoso e duradouro de sua passagem neste mundo, concretizado em labor dos mais fecundos e úteis para a coletividade, honrando a família e a pátria, como poucos. A mensagem que nos legou é eterna, porque tecida de beleza e bondade, de amor e ternura, em síntese, de fidelidade aos mais nobres ideais humanos.

Conclusão

Com o estabelecimento do Estado Novo, uma série de projetos relacionados ao controle e à entrada de estrangeiros foi sendo implantada. As razões eram devidas às preocupações com a segurança e com o projeto de formação nacional. Afetavam os estrangeiros e filhos de estrangeiros aqui residentes e os potenciais imigrantes.

No plano interno, os esforços dirigidos tinham o sentido de identificar, legalizar e controlar os estrangeiros aqui domiciliados. Em um segundo estágio, propiciar a assimilação cultural e social dos aqui residentes.

No plano externo, a ideia era a de estabelecer e implementar critérios que possibilitassem um controle seletivo rígido de imigrantes que permitissem a entrada em larga escala de estrangeiros desejáveis que, em última análise, correspondessem a determinados critérios econômicos, técnico-profissionais ou físicos.

Em relação aos critérios econômicos, a concessão de vistos a grandes investidores, o Brasil não se diferenciava dos demais países americanos. No que se refere aos profissionais cujo conhecimento técnico agregado também se constituía em valor, se pode dizer a mesma coisa.

A particularidade do Brasil naquele momento dizia respeito à manutenção do grande interesse do Estado em atrair grandes levas imigratórias, desde que devidamente selecionadas, diferentemente dos demais países do mundo, então genericamente fechados à imigração.

Ponto especialmente caro aos eugenistas brasileiros, o tema da imigração recebeu do Estado uma atenção cuidadosa. A presença do pensamento eugenista acabou expressa nas leis e regras que foram criadas.

O sistema de controle e seleção dos potenciais imigrantes que começou a ser implantado precisou acompanhar as rápidas mudanças e situações que iam se criando, especialmente na Europa. A contínua entrada de estrangeiros — em especial refugiados — que obtinham sucesso em vir para o Brasil, seja no universo das possibilidades estabelecidas à concessão de visto permanente, seja fazendo uso de vistos temporários com fins imigratórios, fez com que o governo buscasse intensificar ainda mais as regras e os controles.

As preocupações e os objetivos daquele momento ficaram em boa parte registrados no processo do MJNI que concluiu pela aprovação do Decreto-Lei 3.175/41. Nesse contexto, o assunto foi delegado integralmente à competência de um só ministério, o MJNI.

Para que o Estado pudesse identificar com precisão quais estrangeiros de fato poderiam qualificar-se às exceções, para flexibilizar ou endurecer as exigências estabelecidas, esse controle foi centralizado no Serviço de Visto.

No primeiro momento, em razão da intensa demanda de autorizações relacionadas à entrada de estrangeiros provenientes da Europa, genericamente identificados como refugiados, o MJNI tratou de indeferir sistematicamente boa parte dos pedidos que porventura passaram pelos cônsules. Mesmo procedimento adotado em relação àqueles que, munidos de vistos considerados inválidos, lograram chegar aos portos brasileiros. Ou, ainda, outros pedidos que, todavia, contaram com interessados requerendo, em nome deles, a concessão encaminhada no Rio de Janeiro.

Foram normalmente deferidos os pedidos dirigidos por estrangeiros residentes nos Estados americanos, desde que devidamente comprovadas as garantias de "idoneidade moral e financeira e de boa saúde", e, especialmente, aos não naturais desses Estados, os que solicitaram vistos em caráter temporário, desde que lograssem reunir provas consistentes de que estavam habilitados a voltar ao país de origem ou seguir viagem. E o rígido controle e seleção, para os pedidos de concessão em caráter permanente, todos sujeitos a prévia consulta ao MJNI. O foco principal naquele momento era parar a entrada de refugiados.

CONCLUSÃO

O sistema de controle foi bastante eficiente a partir de maio de 1941, quando passou a ser implantado. Mostrou eficiência também quando, a partir de setembro de 1941, os últimos grandes grupos de refugiados chegaram aos portos brasileiros e tiveram o desembarque impedido.

Uma vez mais, a conjuntura na Europa fez com que os procedimentos no Brasil sofressem influências. Em outubro de 1941 os alemães passaram a proibir a saída dos seus territórios dos que eles identificavam como judeus. Deixaram de sair da Europa os navios levando grande número de refugiados em direção à América do Sul.

Os refugiados remanescentes ainda na França "não ocupada", na península Ibérica e, em pequeno número, em outros países do mundo que ainda tentavam sair da Europa ao longo de 1942 e porventura solicitaram a concessão de visto para o Brasil foram eficientemente controlados e selecionados.

Por outro lado, com o rompimento das relações diplomáticas e posterior declaração de guerra do Brasil às potências do Eixo, um grande contingente de estrangeiros passou a ter, em razão da naturalidade, os pedidos de vistos indeferidos. A condição de natural de Estado com o qual o Brasil não mais possuía relações diplomáticas era de fácil e simples verificação e quase sempre o impedimento já ocorria no consulado brasileiro no exterior.

Ocorreu então uma diminuição da demanda por autorizações de concessões de visto para o Brasil, sobretudo daqueles que as regras vinculavam a autorização prévia. A partir de julho de 1942 e da entrada de Marcondes Filho no MJNI, o Serviço de Visto passou a organizar cada um dos pedidos em processos nos quais os critérios decisórios relacionados à aprovação de concessão de visto eram redigidos por meio de pareceres (nível interno do MJNI) e exposições de motivos (encaminhamento ao presidente da República). Dos pedidos e casos anteriores a essa data, as evidências relacionadas aos argumentos e fatos limitavam-se ao conteúdo das exposições de motivos que permaneceram no acervo.

A partir dos processos instaurados depois de meados de 1942, guardados de forma mais sistematizada em autos nos quais a documentação geral normalmente permaneceu anexada, foi possível o acesso a argumentos e critérios que pautaram as aprovações e os indeferimentos dos pedidos de concessão de vistos encaminhados entre julho de 1942 e fevereiro de 1945.

Considerando que os mesmos funcionários envolvidos na elaboração do sistema e das regras mantiveram-se envolvidos no assunto desde pelo menos 1938, e que o governo se manteve o mesmo, é possível afirmar que os pareceres e as exposições de motivo do Serviço de Visto desse período são uma continuidade dos projetos, critérios e conceitos que pautaram os primeiros decretos relacionados ao tema dos estrangeiros e se mantiveram ao longo do Estado Novo. Impressão essa que é reforçada pela contínua remissão dos pareceristas a essa continuidade de uma política e um projeto estabelecido a partir de 1938.

O tema do controle de entrada de estrangeiros entre 1938 e 1941 esteve muito relacionado aos imigrantes judeus em razão de esses se constituírem à época no grande contingente de estrangeiros que buscavam a saída da Europa por meio de um visto brasileiro.

Entretanto, o sistema de controle de entrada de estrangeiros, que foi bastante influenciado por essa demanda de momento, não foi elaborado especial e necessariamente para evitar a entrada específica de judeus, mas sim de estrangeiros considerados indesejáveis entre os quais os judeus também eram classificados.

Outros grupos humanos também foram identificados como imigrantes indesejáveis. Não foram mencionados na mesma intensidade que os judeus apenas pelo fato de que naquele momento não se constituíam na mesma proporção em estrangeiros que desejaram entrar no Brasil. Também pelo fato de os judeus terem como especificidade quanto à identificação de sua etnia a ausência de características físicas específicas, fazendo com que nem sempre a apresentação ao consulado, o sobrenome ou a declaração do solicitante pudesse elucidar e esclarecer. Diferentemente dos orientais, pessoas consideradas "não brancas" e dos deficientes de um modo geral, a condição judaica precisava ser identificada pelo cônsul ou pressuposta.

O projeto do Estado não era especialmente impedir a entrada de judeus. Era impedir a entrada de estrangeiros que não fossem considerados adequados para a formação étnica e eugênica do povo brasileiro.

CONCLUSÃO

As exceções criadas em 1941 em relação à proibição de concessão de visto permanente foram estabelecidas para possibilitar ao MJNI, que julgava cada caso, uma margem decisória mais flexível, que lhe permitisse autorizar a concessão de vistos permanentes aos estrangeiros considerados desejáveis. E assim foi. Quando o solicitante era considerado desejável, a análise do Serviço de Visto em relação ao cumprimento das exigências e provas era normalmente tolerante, elástica e liberal. Por outro lado, todos os estrangeiros considerados indesejáveis que buscaram entrar no Brasil dentro de uma das exceções à concessão de visto permanente receberam do Serviço de Visto do MJNI um tratamento extremamente rigoroso cujo fim era mesmo o de dificultar e de induzir ao indeferimento do pedido.

Ainda assim, em alguns casos relativamente raros, em razão de diferentes motivos, certos estrangeiros classificados como indesejáveis lograram encaixar-se em uma das exceções e obtiveram o visto permanente para o Brasil, depois de passar por longos e rigorosos processos.

Essa evidente diferença de critério na análise dos pedidos — nos quais estrangeiros sob as mesmas condições de cumprimento das exceções tiveram seus pedidos analisados, deferidos e indeferidos, sob diferentes graus de exigência cujo fator determinante não foi o critério do cumprimento da lei ou da formação técnica, mas sim a origem étnica do solicitante — nos leva a concluir que mesmo tendo existido tais critérios técnicos seletivos dos estrangeiros, o que de fato considerou-se foram critérios que, em última análise, levavam em consideração as características eugênicas.

Daí os indeferimentos propostos pelo Serviço de Visto quando os casos, mesmo se encaixando nas exceções do decreto, tratavam de indivíduos indesejáveis. Seja em razão de origem étnica ou do não cumprimento dos ditos requisitos físicos e morais.

Parte dos processos e casos apresentados no texto logrou a obtenção final do visto. Mas é importante reiterar que a grande maioria dos pedidos cujo solicitante não atendia aos critérios "físicos e morais" estabelecidos no decreto era indeferida *in limine* pela autoridade consular. E só temos notícia dos casos aqui relatados em razão de eles, por questões

IMIGRANTE IDEAL

(e influências) específicas, terem conseguido passar pelo rígido sistema que começava no consulado e terminava, em muitas oportunidades, na mesa do presidente Vargas.

Tanto o governo como os intelectuais que publicavam em apoio às políticas do Estado Novo apresentavam ao público uma política imigratória na qual o principal foco seria voltado para a preservação de valores nacionais de toda ordem. O argumento justificava a suspensão de visto permanente para estrangeiros e o estabelecimento de um rígido controle do Estado em relação aos novos imigrantes, exceto para aqueles que o governo indicava a adequação e identificação completa com os valores nacionais: portugueses.

Entretanto, a posição do MJNI e do próprio governo em relação à entrada de outros grupos de imigrantes — notada e explicitamente os suecos — tornou-se registros que evidenciam que, além dos declarados e expostos objetivos relacionados à atração de novos imigrantes, estava a contínua ideia e o projeto de aprimoramento eugênico da composição do povo brasileiro.

Esse aspecto evidencia que o discurso nacionalista, em certa conta, no caso específico dos projetos relacionados à imigração, guardava em boa medida os projetos de branqueamento da população. Projetos esses filiados ao ideal eugênico.

Fontes e bibliografia

PERIÓDICOS

A Noite. Rio de Janeiro
A Tribuna. Santos/SP
Jornal do Brasil. Rio de Janeiro
O Estado de S. Paulo. São Paulo
Revista de Imigração e Colonização. Rio de Janeiro

ARQUIVOS

Arquivo Histórico do Itamaraty (Brasília)
Arquivo Histórico do Itamaraty (Rio de Janeiro)
Arquivo Nacional (Rio de Janeiro)
Arquivo Público do Estado do Rio de Janeiro (Rio de Janeiro)
Biblioteca Nacional (Rio de Janeiro)
Casa de Oliveira Vianna (Niterói)
Centro de Pesquisa e Documentação de História Contemporânea do Brasil (CPDOC),
    Fundação Getúlio Vargas (Rio de Janeiro)

ARQUIVOS DO EXTERIOR CONSULTADOS PELA INTERNET:

http://books.nap.edu. Acesso em 2/ 2004
http://www.nationalacademies.org. Acesso em 2/2004
http://www.ofce.sciences-po.fr. Acesso em 2/2004
http://www.crl.uchicago.edu. Acesso em 5/2005
http://www.eugenicsarchive.org. Acesso em 2/2004

DEPOIMENTOS ORAIS:

Recolhidos pelo autor:
Abraão Koogan (30/9/1999)
Álvaro da Costa Franco (21/6/2000)

Antônio Corrêa do Lago (8/5/1997)
Beatriz Reis, por telefone e e-mail, ao longo de 2004
Chana Malogolowkin, por e-mail (21/2/2007)
Donatello Grieco (15/11/1999)
Flávio Reis, por e-mail (17/9/2004)
George Jean Marx, por telefone (7/10/2010)
Guy de Castro Brandão (4/5/2000)
Jorge Bemski (9/2/1999)
Jorge Josef (30/6/1997)
José Carlos Reis, por telefone e e-mail, ao longo de 2004
Júlio Nuhaus, por telefone (14/6/1998)
Lisbeth Forell (25/4/1998)
Marcos Swensson Reis, por telefone e e-mail, ao longo de 2004
Maria Isabel Arthou, por telefone (15/9/2006); por e-mail (5/10/2006)
Maria Stella Rangel Reis Rosati, por telefone e e-mail, ao longo de 2004
Marietta Burdman de Souza Pereira (15/9/2003)
Nicolas Zabludowiski (12/5/1998)
Oswaldo Frota-Pessoa, por telefone (4/7/2006)
Paul Frey Wolff, por telefone (30/1/2007)
Roberto Luís Assumpção de Araújo (17/4/1998)
Samuel Malamud (23/3/1999)
Sérgio Correia da Costa (23/8/2000)
Warwick Estevam Kerr, por e-mail (4/9/2006)
Recolhidos em instituições:
Vasco Leitão da Cunha, originais da transcrição do depoimento concedido ao CPDOC/
FGV em 1983.

BIBLIOGRAFIA

ABREU, Alzira Alves [et alii.] (coord). *Dicionário Histórico-Biográfico Brasileiro Pós-1930*. Rio de Janeiro: FGV/CPDOC, 2001.

ALBERDI, Juan Bautista. *Fundamentos da organização política da Argentina*. Campinas: Unicamp, 1994.

_____. *Bases y puntos de partida para la organización política de la República Argentina, 2ª ed*. Buenos Aires: Cult. Argentina (La), 1915.

AMARAL, Azevedo. *O Estado autoritário e a realidade nacional*. Rio de Janeiro: José Olympio, 1938.

ANDRADE, Gabriel de. *O problema da immigração nos Estados Unidos da América*. Rio de Janeiro: Imprensa Nacional, 1928.

FONTES E BIBLIOGRAFIA

ANTIPOFF, Helena. "A experimentação natural — Método psicológico de A. Lazourski". *Coletânea das obras escritas de Helena Antipoff,* v.1. Belo Horizonte: Imprensa Oficial /Centro de Documentação e Pesquisa Helena Antipoff, 1992. Disponível em: http://www.scielo.br/scielo.php?pid=S010340142003000300013 &script=sci_arttext&tlng=pt. Acesso em 5/4/2005.

BARROS, Orlando de. "Preconceito e educação no Governo Vargas (1930-1945). Capanema: Um episódio de intolerância no Colégio Pedro II". *Cadernos Avulsos da Biblioteca do Professor do Colégio Pedro II.* Rio de Janeiro: Colégio Pedro II, 1987.

———. "O incêndio do teatro e outras encenações. História e semiologia no labirinto de um texto". *Advir,* a. II, n.º 1, Rio de Janeiro, abr., 1933, pp. 34-38.

———. *Corações de chocolate: a história da Companhia Negra de Revistas (1926-1927).* Rio de Janeiro: Livres Expressões, 2005.

———. *Custódio Mesquita: um compositor romântico no tempo de Vargas (1930-45).* Rio de Janeiro: Funarte/ EdUERJ, 2001.

BARTHES, Roland. *Mitologias.* Rio de Janeiro: Bertrand Brasil, 1989.

BEOZZO, José Oscar. "A Igreja entre a Revolução de 1930, o Estado Novo e a Redemocratização". In: *História Geral da Civilização Brasileira.* L.11, cap. VI, pp. 273-341. Rio de Janeiro: Bertrand Brasil, 1997.

BLACK, Edwin. *A guerra contra os fracos.* São Paulo: A Girafa, 2003.

BOURDIEU, Pierre. "Ilusão biográfica". In: FERREIRA, Marieta de Moraes & AMADO, Janaína. (org.). *Usos e abusos da história oral.* Rio de Janeiro: FGV, 2001.

BROWDER, Laura. *Under Cover: Ethnic Imposture and the Construction of American Identities.* Palestra realizada em 10 de novembro de 1997 na Virginia Commonwealth University — College of Humanities & Sciences. Disponível em: http://www.has.vcu.edu/eng/symp/p_o.htm. Acesso em 2/2004.

BROWDER, Laura. *Imaginary Jews:* Elizabeth Stern's Autobiography as Amnesia. Richmond: Virginia Commonwealth University, 1995. Disponível em http://www.has.vcu.edu/eng/symp/brow_txt.htm. Acesso em 2/2004.

BROWN, Lawrence Guy. *Immigration: Cultural Conflicts and Social Adjustments.* New York: Harper and Brothers, 1932.

CAMPOS, Francisco. *O Estado nacional: sua estrutura, seu conteúdo ideológico.* Rio de Janeiro: José Olympio, 1941.

CANCELLI, Elizabeth. "Ação e repressão policial num circuito integrado internacionalmente". In: PANDOLFI, Dulce Chaves (org.). *Repensando o Estado Novo.* Rio de Janeiro: FGV, 1999.

CARNEIRO, Maria Luiza Tucci. *O antissemitismo na Era Vargas: fantasmas de uma geração (1930-1945).* São Paulo: Brasiliense, 1988.

CARVALHO, José Murilo de Carvalho. "Forças Armadas e política, 1930-1945". In:
———. *Forças Armadas e política no Brasil.* Rio de Janeiro: Jorge Zahar Editor, 2005, p. 80.

CARVALHO, Péricles de Mello. "A legislação imigratória do Brasil e sua evolução". *Revista de Imigração e Colonização*, Rio de Janeiro, out., 1940.

CASTRO, M.H.M & SCHWARTZMAN, S. *Tecnologia para a indústria: a história do Instituto Nacional de Tecnologia*. Rio de Janeiro: Iuperj/INT, 1981.

CORRÊA, Maria Letícia. *O setor de energia elétrica e a constituição do Estado no Brasil: o Conselho Nacional de Águas e Energia Elétrica (1939-1954)*. Tese (doutorado em história). Instituto de Ciências Humanas e Filosofia, UFF, Niterói, 2003.

COSTA, Cláudia Ferreira da. *Eugenia e identidade: a campanha contra a imigração assíria para o norte do Paraná no ano de 1934*. Trabalho de conclusão de curso (graduação em história). Universidade Federal do Paraná, 2003. Acesso em 8/10/2011. Disponível em: http://www.historia.ufpr.br/monografias/2002/claudia_ferreira_costa.pdf.

CUNHA, Vasco Leitão da. *Diplomacia em alto-mar: depoimento ao CPDOC*. Rio de Janeiro: FGV, 1994.

CYTRYNOWYCZ, Roney. *Guerra sem guerra*. São Paulo: Geração Editorial/Edusp, 2000.

DAVIE, Maurice Rea. *World Immigration*. New York: Macmillan, 1936. Disponível em: http://www.schwartzman.org.br/simon/redesc/novo.htm#Os%20ideólogos. Acesso em 4/2005.

ESTEVES, Bernardo. *Domingo é dia de ciência*. Rio de Janeiro: Azougue Editorial, 2006.

FARÍAS, Victor. *Salvador Allende. Antisemitismo y eutanasia*. Barcelona: Áltera, 2005.

FAUSTO, Bóris (org.). *Fazer a América*. São Paulo: Edusp, 1999.

FERREIRA, Marieta de Moraes & AMADO, Janaína (org.). *Usos e abusos da história oral*. Rio de Janeiro: FGV, 2001.

FREITAS, Marcos Cezar de. "Política social e racismo como desafios para historiadores da educação". *História, Ciência, Saúde — Manguinhos*, v. 11, nº 3, Rio de Janeiro, set./dez., 2004, pp. 797-803. Disponível em: http://www.scielo.br/scielo.php?script=sci_arttext&pid=S0104-59702004000300017&lng=pt&nrm=iso. Acesso em 8/2005.

GAMBINI, R. *O duplo jogo de Getúlio Vargas: influência americana e alemã no Estado Novo*. São Paulo: Símbolo, 1977.

GATTO, John Taylor. *The Underground History of American Education*. New York: Oxford Village Press, 2001. Acesso em 2/2004. Disponível em: http://www.johntaylorgatto.com/chapters/11d.htm.

GOMES, Ângela de Castro (org.). *Capanema: o ministro e seu ministério*. Rio de Janeiro: FGV, 2000.

FONTES E BIBLIOGRAFIA

_____. *História e historiadores: a política cultural do Estado Novo*. Rio de Janeiro FGV, 1996.

_____. *A invenção do trabalhismo*. Rio de Janeiro: Relume Dumará, 2ª ed., 1994.

GUNTHER, John. "Brazil Is Ready to Join USA". *Newsweek*, Estados Unidos, jun., 1940.

HILTON, Stanley. *O Brasil e a crise internacional (1930/1945)*. Rio de Janeiro: Civilização Brasileira, 1977.

_____. *Oswaldo Aranha: uma biografia*. Rio de Janeiro: Objetiva, 1994.

KOIFMAN, Fábio. *Quixote nas trevas: o embaixador Souza Dantas e os refugiados do nazismo*. Rio de Janeiro: Record, 2001.

LACERDA, Carlos. *Rosas e pedras de meu caminho*. Brasília: UnB, 2001.

LAMENGO, Valéria. *A farpa na lira: Cecília Meireles na Revolução de 30*. Rio de Janeiro: Record, 1996.

LAMOUNIER, Bolívar. "Formação de um pensamento político autoritário na Primeira República: uma interpretação". In: FAUSTO, Bóris (org.). *História geral da civilização brasileira*. t. III, v. II, 4ª ed. Rio de Janeiro: Bertrand Brasil, 1990.

LENHARO, Alcir. *Sacralização da política*. Campinas: Unicamp/Papirus, 1986.

LESSER, Jeffrey H. *O Brasil e a questão judaica: imigração, diplomacia e preconceito*. Rio de Janeiro: Imago, 1995.

_____. "Repensando a política imigratória brasileira na época Vargas". In: ABREU, Carlos Eduardo de & MALATIAN, Teresa (orgs.). *Políticas migratórias: fronteiras dos direitos humanos no século XXI*. Rio de Janeiro: Renovar, 2003.

LEVI, Giovanni. "Usos da biografia". In: FERREIRA, Marieta de Moraes & AMADO, Janaína (org.). *Usos e abusos da história oral*. Rio de Janeiro: FGV, 2001.

LEVINE, R.M. *O regime de Vargas: os anos críticos (1934-1938)*. Rio de Janeiro: Nova Fronteira, 1980.

LYRA, Heitor. *Minha vida diplomática*. Brasília: UnB, 1972.

MARTINELLI, Ociola. "O Serviço de Registro de Estrangeiros do Distrito Federal (Relatório dos trabalhos realizados em 1939)". *Revista de Imigração e Colonização*, nº 3, ano I, s/e, Rio de Janeiro, out., 1940.

MEHLER, Barry Alan. "Brief History of European and American Eugenics Movements". Disponível em: http://www.ferris.edu/isar/arcade/eugenics/movement.htm. Acesso em 2/2004.

_____. *A History of the American Eugenics Movement*. Urbana-Champaign Estados Unidos: University of Illinois, 1988.

MENDES, Gilmar Ferreira. *Jurisdição constitucional*. São Paulo: Saraiva, 1996.

MILGRAM, Avraham. "Arthur Hehl Neiva e a questão da imigração judaica no Brasil". In: NACHMAN, Falbel; MILGRAM, Avraham; DINES, Alberto (orgs.). *Em nome da fé. Estudos in memoriam de Elias Lipiner*. São Paulo: Perspectiva, 1999, pp. 145-156.

_____. *Os judeus do Vaticano*. Rio de Janeiro: Imago, 1994.

_____. "Reseñas". *EIAL — Estudios Interdisciplinarios de America Latina y el Caribe*, v. 6, nº 2, Universidad de Tel Aviv, Israel, 1995.

MOURA, Gerson. *Autonomia na dependência: a política externa brasileira de 1935 a 1942*. Rio de Janeiro: Nova Fronteira, 1980.

MOVSCHOVITZ, Jeronymo. *Nem negros nem judeus: a política imigratória de Vargas e Dutra (1930-1954)*. Rio de Janeiro: PPGH-Uerj, 2001.

NABUCO, Maurício. *Reminiscências sérias e frívolas*. Rio de Janeiro: Pongetti, 1969.

NALLI, Marcos. "Antropologia e segregação eugênica: uma leitura das lições de eugenia de Renato Kehl." In: BOARINI, Maria Lúcia (org.). Higiene e raça como projetos: higienismo e eugenismo no Brasil. Maringá: Eduem, 2003, pp. 165-183.

NEIVA, Artur Hehl. "Estudos sobre a imigração semita no Brasil". *Revista de Imigração e Colonização*, Rio de Janeiro, jun., 1940, pp. 215-422.

OLIVEIRA, Lúcia Lippi; VELLOSO, Mônica Pimenta; GOMES, Ângela Maria de Castro. *Estado Novo: ideologia e poder*. Rio de Janeiro: Jorge Zahar Editor, 1982.

PANDOLFI, Dulce Chaves (org.). *Repensando o Estado Novo*. Rio de Janeiro: FGV, 1999.

PEREIRA, Júnia Sales. *Juventude e eugenia no Ministério Gustavo Capanema*. Belo Horizonte: mimeo, 2000.

REIS, Fernando. *O ramo Otelo*. São Paulo: mimeo, 2001.

REIS, J.R.F. "De pequenino é que se torce o pepino: a infância nos programas eugênicos da Liga Brasileira de Higiene Mental". *História, Ciências, Saúde — Manguinhos*, v. VII, nº 1, Fiocruz, Rio de Janeiro, 2000.

_____. "Raça, imigração e eugenia: o projeto de regeneração nacional da Liga Brasileira de Higiene Mental". *Estudos Afro-Asiáticos*, v. 36, Rio de Janeiro, 1999.

REIS, José Carlos. *Biografia de Ernani Reis*. São José dos Campos: mimeo, s/d.

_____. REIS, Marcello; REIS, Flávio. *A árvore dos Reis — O ramo Ernani*. São José dos Campos: mimeo, 2001.

REIS, José. "José Reis". In: REIS, Fernando. *O caixeiro-viajante da ciência e outros 99 perfis*. S/l, mimeo, s/d.

_____. "Otelo Reis". In: REIS, Fernando, *O caixeiro-viajante da ciência e outros 99 perfis*. S/l, mimeo, s/d.

_____. *A árvore dos Reis*. São Paulo: mimeo, 1977.

FONTES E BIBLIOGRAFIA

REIS, Marcos; REIS, Paulo Swensson. *A história dos Reis — O ramo José Reis*. Rio de Janeiro: mimeo, 2000.

ROQUETTE-PINTO, Edgard. *Seixos rolados (estudos brasileiros)*. Rio de Janeiro: s/ed., 1927.

ROSATI, Maria Stella Rangel Reis. *Alfredo — Cem anos*. Niterói: mimeo, 1992.

ROSS, Edward Alsworth. *Social Psychology: an Outline and Source Book*. New York: Macmillan, 1908. Disponível em: http://spartan.ac.brocku.ca/~lward/Ross/Ross_1919/Ross_1919_toc.html. Acesso em 2/2004.

ROUDINESCO, Elisabeth. "Sujando a memória de Allende". *Revista Viver Mente & Cérebro*, nº 156, São Paulo, jan. 2006. Disponível em: http://www2.uol.com.br/vivermente/conteudo/editorial/editorial_18.html. Acesso em 27/1/2006.

SANTOS, Ricardo Augusto dos. "Estado e eugenismo no Brasil". In: MENDONÇA, Sônia Regina de. *Estado e historiografia no Brasil*. Niterói: Eduff, 2006.

_____. "Lobato, os jecas e a questão racial no pensamento social brasileiro". *Revista de Ciência Política*, nº. 7, Rio de Janeiro, mai. 2003. Disponível em: http://www.achegas.net/numero/sete/ricardo_santos.htm. Acesso em 2/2005.

SCHWARCZ, Lília Moritz. *O espetáculo das raças: cientistas, instituições e questão racial no Brasil (1870-1930)*. São Paulo: Companhia das Letras, 2000.

SCHWARTZMAN, Simon. "A Igreja e o Estado Novo: o Estatuto da Família". *Cadernos de Pesquisa*, v. 37, Fundação Carlos Chagas, São Paulo, mai., 1980.

_____. BOMENY, H.M.B. & COSTA, V.M.R. *Tempos de Capanema*. 2ª ed. São Paulo e Rio de Janeiro: Paz e Terra/FGV, 2000.

_____. *A redescoberta da cultura*. São Paulo: Edusp, 1998.

SEITENFUS, Ricardo A. Silva. *O Brasil de Getúlio Vargas e a formação dos blocos: 1930-1942*. São Paulo: Companhia Editora Nacional, 1985.

SEYFERTH, Giralda. *A assimilação dos imigrantes como questão nacional*. v. 3, nº 1. Rio de Janeiro: Mana, 1997. Disponível em: http://www.scielo.br. Acesso em 15/2/ 2007.

SILVA, Hélio. *1937: Todos os golpes se parecem*. Rio de Janeiro: Civilização Brasileira, 1970.

_____. *1938: Terrorismo em campo verde*. Rio de Janeiro: Civilização Brasileira, 1971.

_____. *1939: Véspera de guerra*. Rio de Janeiro: Civilização Brasileira, 1972.

_____. *1942: Guerra no continente*. Civilização Brasileira, 1972.

_____. CARNEIRO, Maria Cecília; DRUMMOND & José Augusto. *A ameaça vermelha: o Plano Cohen*. Porto Alegre: L&PM, 1980.

SILVA, José Luís Werneck da (org.). *O feixe e o prisma: uma revisão do Estado Novo*, v. I: O feixe: o autoritarismo como questão teórica e historiográfica. Rio de Janeiro: Jorge Zahar Editor, 1991.

SILVA, Marcos Virgílio da. *Detritos da civilização: eugenia e as cidades no Brasil.* Portal Vitruvius/Arquitextos, 2004. Disponível em: www.vitruvius.com.br/arquitextos/arq000/esp235.asp. Acesso em 12/2004.

SKIDMORE, Thomas. *Preto no branco: raça e nacionalidade no pensamento brasileiro.* Rio de Janeiro: Paz e Terra, 1989.

SOEIRO, Renato Souza Pinto. *A contribuição da Escola de Educação Física do Exército para o esporte nacional: 1933 a 2000.* Mestrado em motricidade humana. Rio de Janeiro, UCB, 2003. Disponível em: http://www.esefex.ensino.eb.br/esefex/historiaprincipal.htm. Acesso em 5/3/2005.

SOUSA, Antonio Candido de Melo. *Teresina e etc.* Rio de Janeiro: Paz e Terra, 1992.

STEFANO, Waldir. "Relações entre eugenia e genética mendeliana no Brasil: Octávio Domingues". In: MARTINS, R.A. [et alii.] (orgs.). *Filosofia e história da ciência no Cone Sul: 3º Encontro.* Campinas: AFHIC, 2004.

STEFAN, Nancy Leys. *A hora da eugenia: raça, gênero e nação na América Latina.* Rio de Janeiro: Fiocruz, 2005.

_____. *Eugenia no Brasil, 1917-1940.* In: HOCHMAN, Gilberto (org.). *Cuidar, controlar, curar: ensaios históricos sobre saúde e doença na América Latina e Caribe.* Rio de Janeiro: Fiocruz, 2004.

_____. *The Hour of Eugenics: Race, Gender, and Nation in Latin America.* Ithaca: Cornel University Press, 1991.

STERN, Elizabeth. *I Am a Woman — and a Jew.* New York: JH Sears & Co., Inc., 1926.

STERN, Thomas Noel. *Secret family.* Estados Unidos South Dartmough: a/e, 1988.

THIELEN, Eduardo Vilela & SANTOS, Ricardo Augusto dos. "Belisário Penna: notas fotobiográficas". *História, Ciências, Saúde — Manguinhos*, v. 9, nº 2, Fiocruz, Rio de Janeiro, 2002.

TORRES, Alberto. *A organização nacional.* São Paulo: Companhia Editora Nacional, 1938.

VAINER, Carlos Bernardo & AZEVEDO, Vânia Maria Ramos de. "Classificar, selecionar, localizar. Notas sobre a questão racial e a imigração." Disponível em: http://bibliotecavirtual.clacso.org.ar/ar/libros/anpocs/vainer.rtf. Acesso em 6/2005.

VALADARES, Paulo. "O 'tição' do Colégio Pedro II: identidade judaica no Rio de Janeiro (década de quarenta)". *Boletim Informativo do AHJB*, nº 37, ano X, mai., 2007, pp. 29-33.

VIANNA, Oliveira. "Os imigrantes semíticos e mongóis e sua caracterização antropológica". *Revista de Imigração e Colonização*, n.º 4, ano I, Rio de Janeiro, out., 1940, pp. 617-634.

FONTES E BIBLIOGRAFIA

VOGT, Carlos. "José Reis (1907-2002) — O semeador, o cientista e o poeta". *Observatório da Imprensa*. Disponível em: http://www.observatoriodaimprensa.com.br/ofjor/ofc/220520022.htm. Acesso em 22/5/2002.

WORCMAN, Susane. *Heranças e lembranças: imigrantes judeus no Rio de Janeiro*. Rio de Janeiro: ARI/Ciec/MIS, 1991.

SITES DA INTERNET

http://www.crl.edu/pt-br/collaborative-digitization/brazilian-government-documents
http://www.jusbrasil.com.br/diarios

Lista de abreviaturas

AHI – Arquivo Histórico do Itamaraty
AN – Arquivo Nacional, Rio de Janeiro
CIC – Conselho de Imigração e Colonização
CPDOC – Centro de Pesquisa e Documentação de História Contemporânea
    do Brasil, Fundação Getúlio Vargas
CPE – Comissão de Permanência de Estrangeiros
CSN – Conselho de Segurança Nacional
DASP – Departamento Administrativo do Serviço Público
DEE – Delegacia Especial de Estrangeiros
DIP – Departamento de Imprensa e Propaganda
DNI – Departamento Nacional de Imigração
DNIC – Departamento Nacional de Indústria e Comércio
MJNI – Ministério da Justiça e Negócios Interiores
MRE – Ministério das Relações Exteriores
MTIC – Ministério do Trabalho, Indústria e Comércio
SRE – Serviço de Registro de Estrangeiros
SV – Serviço de Visto do Ministério da Justiça e Negócios Interiores

Índice onomástico

Abderhalden, Margrit Sulser, 266
Aché, Átila Monteiro, 379, 380
Adlerstein, R., 159
Agrícola, Ernani, 305
Aguiar, Cipriano Justino de, 183
Ajala, Eleodora, 363
Akerman, Tereza, 177
Alberdi, Juan Bautista, 91, 95
Albergaria, Ilda Soares, 289
Alexandrow, Arom, 216
Allende, Salvador, 68
Almeida, Maria Antich de, 368
Alonso, Aníbal Martins, 172
Amaral, Azevedo, 17, 30, 76
Amézaga, Juan José de, 260
Amoedo, Valentim Justo, 324
Andrade, Gabriel de, 76, 93
Andrade, Oswald de, 177
Antich, João, 325, 368
Antipoff, Helena, 88
Antunes, Fernando, 52, 59, 60, 61, 62, 146, 152, 238, 255, 258, 286, 305, 398
Apstein, Teodoro, 361
Aranha, Oswaldo, 19, 42, 86, 87, 136, 174, 182, 183, 203, 204, 205, 228, 270, 274, 275, 276, 277, 312, 319
Araújo, Ivens de, 171, 172
Araújo, Maurício Nabuco de, 209, 212, 213, 245

Araújo, Roberto Luís Assumpção de, 140
Arendt, Hannah, 12, 13, 19, 20
Arthou, Maria Isabel, 62
Arthou, Theodoro, 62
Assis, Machado de, 415
Athar, Jayme Aben, 300
Auffmann, Isaac, 254
Auyanet, Luis Quesada, 337.
Ayres, Adroaldo Tourinho Junqueira, 66, 362
Azambuja, Herophilo, 216, 217

Barbosa, Gustavo Simões, 394
Barbouth, José Zeki, 325, 326
Baronter, William Garthwaite, 339
Barreira, Zorobabel Alves, 379
Barreto, Manuel José Pimenta, 33
Barros, João Alberto Lins de, 263, 264, 265
Baumann, Emile, 237
Beckelman, M.W., 159
Beiguelman, Paula, 227
Beleza, Beatriz Gimenez, 295
Bemski, Jorge, 159
Benelbaz, Guillermo, 253
Berger, Etiene, 347, 348
Berler, Joseph, 393, 399
Berlin, Isaiah, 15, 17
Bertazon, Hugo, 177
Bevilacqua, Clovis, 22

IMIGRANTE IDEAL

Beya, Ramon Mas, 222
Bjerke, Bo, 400
Bjerke, Eric, 400
Bjerke, France, 400
Bjerke, Jan, 400
Bjerke, Nils, 400
Blasquez, Gabriel Gimenez, 295, 296
Bloch, Hélio, 177
Blokland, Adrian, 237
Blum, Harold, 255
Boaventura, Octávio Sérgio, 227
Bollack, Robert, 61
Bonifácio, José, 22
Bordini, Osório Porto, 65, 208
Boronski, George Etienne, 254
Borras, Casimiro Nobel, 321
Botelho, Francisco Joaquim, 296
Botelho, Octávio de Abreu, 229, 230
Bourel, Dominique, 23
Braz, José Augusto, 284
Brennan, Martin James, 337
Brestawitzky, Leib, 216
Brito, José Botelho de, 296
Bromet, William Jukius, 325
Browder, Laura, 123
Brown, Lawrence Guy, 91, 111, 112
Brown, Vance Edward, 353
Buckle, Henry Thomas, 72
Buckloy, Al Gillan, 259
Burnay, Pedro Henrique, 251, 303, 304

Cairoli, Eugenie Louise, 215
Cairoli, Philippe Louis, 215
Câmara, Aristóteles de Lima, 379
Campos, Emilia da Silva, 297
Campos, Ercy, 297
Campos, Francisco Luís da Silva, 16, 17, 18, 19, 20, 21, 22, 26, 33, 52, 53, 54, 55, 56, 57, 58, 67, 76, 79, 80, 82, 83, 84, 85, 86, 87, 88, 89, 90, 91, 92, 93, 94, 95, 96, 97, 98, 99, 100, 101, 102, 103, 104, 105, 106, 107, 108, 109, 110, 111, 112, 113, 114, 115, 116, 117, 118, 119, 120, 121, 122, 123, 124, 126, 127, 128, 129, 133, 136, 138, 139, 146, 158, 166, 167, 168, 169, 173, 174, 175, 176, 177, 178, 181, 182, 183, 185, 186, 187, 188, 189, 190, 191, 192, 194, 195, 196, 197, 198, 199, 201, 203, 204, 205, 209, 210, 212, 228, 263, 308, 314, 315, 316, 322, 343, 375, 376, 378, 382, 401, 403, 413
Campos, Miguel, 33, 71, 297, 298, 299
Candido, Antonio, 21, 88
Capanema, Gustavo, 70, 136, 137, 179, 180, 266, 268, 298, 311, 355
Capelli, Mario, 260
Carlson, Vander Gustav, 385
Carneiro, Levi Fernandes, 137, 145, 146
Carney, Damian, 355
Carpeaux, Otto Maria, 35
Carvajal, Alejandro Arias, 328
Castro, Joaquim Pinto de, 172
Chaves, Antiógenes, 348
Chaves, Raul Augusto, 371
Chenivesse, Emile, 357
Chenivesse, Marie Therese, 357
Chermont, Vitor Midosi, 379
Chiroky, Pedro, 223
Christino, João Evangelista, 367
Clark, Frederico do Castelo Branco, 380
Clavell, Emilio Recorder, 288, 289
Cohen, Maud, 90, 273, 274, 275, 276, 277, 278, 279, 280, 281, 282
Cohen, Nathan, 341
Compte, Gabriel, 253
Compte, Justine, 253

ÍNDICE ONOMÁSTICO

Conahue, Anselm, 355
Conteville, Alberto Regis, 330
Cornreich, Jakub, 240
Costa, Artur Ferreira da, 379
Costa, Cláudia Ferreira da, 76
Costa, Ernesto Lopes da Fonseca, 337
Costa, Sérgio Correia Afonso da, 140, 205
Coste, Maurice Leon, 347
Costiniero, Oliva, 372
Counhago, Manuel Vidal, 285, 286
Couto, Miguel, 75
Couto, Ribeiro, 35
Cristóvão, Luiz Gonzaga Garcia, 248
Cruz, Oswaldo, 75, 142
Cuan, Aiach, 254
Cunha, Antônio Brito da, 258
Cunha, Fernão Henriques da, 372
Cunha, Helena, 372
Cunha, Maria Laura Parreira de, 227
Cunha, Nilo Torres da, 63
Cunha, Vasco Tristão Leitão da, 52, 55,
 56, 57, 58, 138, 139, 205, 226, 228,
 229, 230, 236, 237, 238, 244, 256,
 262, 263, 265, 266, 267, 268, 270,
 288, 293, 294, 295, 305, 307, 316,
 318, 319, 322, 323, 326, 328, 330,
 338, 344, 346, 348, 360, 368, 371,
 375, 384, 385, 394, 395

Dagley, George Henry, 247
Dahlberg, Isabel Grunfeld, 377
Dantas, Luiz Martins de Souza, 14, 23,
 35, 65, 339, 384, 399
Dantas, San Tiago, 21, 22, 236
Darwin, Charles, 15, 108
David-Cavaz, Auguste François, 253
Davie, Maurice Rea, 91, 113
Deutsch, Fritz (Frederico), 253
Diamend, Arich, 361, 362

Dias, Beatriz Neves, 372
Dias, Joaquim Pinto, 303
Dini, Mario, 223
Dini, Tâmara, 223
Di Scala, Ângelo, 321
Dobrzhansky, Feodosy Gregorevich,
 257, 258
Domingues, Octávio, 71, 80
Dominguez, Josefa, 324
Dreyfus, André, 142
Dutra, Eurico Gaspar, 31, 42, 66, 118,
 135, 178, 385
Dutra, Osório H., 42
Dyner, Spencer, 253

Earp, Maria de Sá, 177
Eersel, Christiaan Hendrik, 244, 251, 360
Eidelmann, Póla Cozak, 253
Eidelmann, Sara, 253
Eldmann, Mário, 177
Elisabeth, Harriette, 325
Eppinger, Ladislav, 337
Ernesto, Pedro, 146
Erruá, Isaac Moreno, 313
Esteves, Beata Vettori, 159
Estman, Ulf, 386

Falcão, Waldemar, 181, 197
Farías, Victor, 68
Faro, Stela de, 137
Fasanello, Sebastian, 232, 260
Feder, Arthur, 35
Feder, Ernest, 35
Fedorovich, Chechulias, 262
Felbaum, Chana, 216
Feldbaum, Israel, 216
Feredowsky, Bernardo, 177
Fernandes, Raul, 146

IMIGRANTE IDEAL

Fernandez, Manuela González, 368, 369, 371

Fernandez, Manuel Corrales, 323

Fernandez, Mercedes González, 369

Figueiredo, Francisco de Paula Assis, 379

Filho, Afrânio de Mello Franco, 237, 293, 307, 320, 327, 345, 369

Filho, Alexandre Marcondes Machado, 35, 47, 52, 57, 58, 59, 60, 61, 62, 64, 66, 71, 133, 155, 158, 215, 217, 218, 226, 231, 232, 233, 238, 239, 240, 241, 257, 262, 263, 265, 271, 272, 273, 274, 276, 277, 278, 279, 281, 284, 285, 290, 296, 298, 303, 304, 305, 308, 309, 310, 311, 324, 329, 332, 334, 335, 337, 339, 341, 346, 350, 354, 357, 359, 362, 364, 365, 368, 369, 372, 378, 386, 388, 390, 397, 398, 421

Filho, Cândido Motta, 137

Filho, Carlos Alves de Souza, 165

Filho, Mário Alves da Fonseca, 63

Fischer, Claire, 254

Fischer, Oton, 253

Flores, Javier Viar, 295

Fonseca, Remy, 177

Fontes, Lourival, 53, 57

Fontoura, João Neves da, 35

Forell, Lisbeth, 159

Francisco, Rodolfo Luis, 260

Freire-Maia, Newton, 258

Freitas, Gabriel Paulo Gouveia de, 285

Freitas, Marcos de César, 70

Frey, Gaston, 235, 330, 331, 332, 333, 334, 335, 336, 337, 338

Frey, Georges, 330, 334

Frey, Louise Halphen, 330

Frias, Antonio Marques, 372

Friedli, Hans, 237

Froehlich, Maria Anna, 60, 260

Frota-Pessoa, Oswaldo, 258

Gabaglia, Fernando Antônio Raja, 180

Galazka, Majer, 241

Gallardo, Fernando, 388

Galton, Francis, 15, 72, 108

Gansen, Celsus, 355

Garcia, Manoel Rogério, 372

Garcia, Maria de Las Mercedes Perez, 324

Garrido, Lourdes Lamoso, 316

Geller, Isaac, 177

Gerard, Lucien, 236

Gerst, Yolanda, 223

Gillen, Dorothy, 225

Ginetti, Oscar Nieto, 63, 361

Giorgio, Nicola Annamaria Vincenzo, 235

Giusto, John Baptiste, 260

Giusto, Maria, 260

Goldstein, ChajeNemcie, 216

Goldstein, Wolf Bernard, 216, 217

Gomez, Miguel Cortina, 236

Gonçalves, Maria Joaquina, 363, 372

González, Josefa, 218

Gouveia, Elias Julião de, 285

Granahan, John, 355

Greuter, René, 333

Grieco, Donatello, 134, 140

Gross, Ana (ou Chana), 392, 393, 395, 396, 397, 398, 399

Gruda, Eugeniusz, 323

Gruenau, Curtis T., 356

Grunebaum, Walter, 229, 230, 231, 232, 233

Guedes, Conceição, 33

Guerra, Maria do Carmo, 284

Guerrero, Hortensia Julia, 356

Guffon, René, 347

Gundersen, Adolf Wilhelm, 387

ÍNDICE ONOMÁSTICO

Gutiérrez, Antônio Mattos, 307
Gutiérrez, César G., 307, 309, 311
Gutierrez, Gumersinda Añon, 356
Gyllby, Ragnhild Henriette Cecilia, 385
Gyselynck, Juan, 253

Haas, Alberto, 347, 348
Habraim, Mohamed Abdel Ghani, 243
Hai, Wang Shou, 359
Hajdu, Ladislau, 53
Hartog, Arthur, 253
Hatton, Edward, 347
Hatton, Marjorie Anna Thomas, 347
Hattori, Koiti, 343, 344, 345
Haynes, John Demmings, 354
Haynes, Myrtle Leora Harrel, 354
Heffesse, Leon Rafael, 257
Heilbrunn, Alberto, 254
Herman, Sofia Lerer, 216
Hermina, Jesus González, 316
Herz, Hermann, 382, 383
Herz, Thomas Aage, 382
Heymann, Curt Wolf Carlos, 253
Hilton, Stanley, 118, 131
Horwitz, Willy Leonard, 132
Hughes, Gabriel, 355
Hull, Cordell, 186
Hwang, Jessen, 359

Ives, Hedwig Von Conrad, 261

Jacum, Cecil, 253
Jakubowicz, José, 177.
Janovitz, Ivonne Antoinette Dempster de, 321
Jeanne, Renée Claude, 302
Jefferson, Thomas, 12
Jerome, Harry, 91, 96, 97
Johnson, Albert, 128, 129

Josef, Ernst Georg, 60, 260
Júnior, João Severiano da Fonseca Hermes, 314, 315, 321
Júnior, Joaquim Vaz, 226
Junior, John Dick Fleming, 62
Júnior, Sangirardi, 177
Justo, Manuel, 324, 372
Juvella, Alberto, 322

Kahn, Denise, 294
Kahn, Eliane, 294
Kahn, Joseph, 294
Kahn, Lina, 294
Kassener, Fritz, 61, 255
Kassener, Roger, 255
Kassener, Vera, 255
Kehl, Renato Ferraz, 70, 72, 74, 76, 80
Kempner, Ignácio, 254
Kennedy, Philip, 355
Kent, Electra Gordon, 257
Kent, Luther Gordon, 257
Kerr, Warwick Estevam, 257, 258
Kidd, Benjamin, 72
Klos, Max, 216
Kocher, Georges Emil, 237
Kogan, Berta, 177
Köler, Ingá-Britta, 400
Köler, Siri Elisabet, 400
Köler, Sven, 400
Korican, Leo Lenski, 253
Kovach, Renato, 177
Kraus, Kermit, 239, 240
Krausse, Geraldo, 254
Krieg, John, 355
Kuepfer, Margarita, 237
Kuffler, Ricardo Fernando, 253, 261
Kunstenaar, Leon, 253
Kuznetsov, Nikolai Ivanovich, 262

Lacerda, Carlos, 134, 135
Lagini, Nicolau, 321
Lago, Antônio Corrêa do, 140, 205
Lagoutte, André, 302
Lagoutte, Fernande, 259, 302
Lambert, Paul, 347
Lampel, Leon, 396, 399
Landoff, Luis, 253
Langlet, Charles Victor Henri, 299, 302
Lapouge, Georges Vacher de, 72, 125
Larkin, William John, 354
Latoyte, Bronislava, 321, 322
Lauffern, Lucie, 253
Laughlin, Harry, 128, 129
Laurence, Marie Martha, 299
Lazard, Henri, 222
Lazard, Raymond, 222
Leão, Múcio, 35
Le Bon, Gustave, 73
Leduc, Roberto Henry, 347, 348, 349
Leduc, Suzanne, 268
Leite, Elisa, 235, 351
Leme, Luiz Betim Pais, 262, 379
Lemonier, Luis Leon, 253
Lima, Alceu de Amoroso, 35
Lima, Emerson, 152
Lima, Francisco Negrão de, 178, 305
Lima, Jorge de, 13
Lima, Péricles Monteiro de Barros Barbosa, 159
Lindgren, Cyrus, 385
Linz, Juan, 18
Lobel, Efraim, 233
Lobo, Heloísa Silveira, 63
Lodi, Euvaldo, 332
Lopes, Alda Millet Moreira, 63
Lopez, Juan Llausas, 259
Lord, Andrey Boynton, 358
Lovelle, Concepcion Vidal, 321, 324

Lowczy, Basia, 384
Lowczy, JehudaMojze, 384
Lowczy, Jenny, 384, 385
Lowenstein, Karl, 17, 19
Luderitz, Frederica Sara, 267
Luderitz, Herbert, 267
Lvovich, Mark Isaakvic, 262

Machado, Dulphe Pinheiro, 147, 165, 181, 197, 198, 379, 380
Magalhães, Mário, 142
Malogolowkin, Chana, 258
Manber, José, 261
Mandim, Augusto Luiz, 33
Manet, Maria, 253
Marcel, Paul, 347
Margounato, Leon, 254
Maria, Albina, 183
Markus, Francisco, 339
Marques, Glória da Conceição, 372
Marques, José de Oliveira, 165, 379, 380
Marques, Maria da Conceição, 372
Marrano, Matilde Giorgio, 235
Martinelli, Ociola, 165, 170, 171, 172
Martins, Laura, 63, 216, 217, 218
Marx, George Jean, 287
Marx, Kurt, 287, 288
Marx, Ruth Hanna, 287
Mathis, Suzanne Pierre, 223
Matos, Francisca da Graça, 33
Matos, Marcos Thadeu, 307, 308, 309, 311
Mattos, Lourdes Villar de, 307, 310
Mauas, Carlos Salomon, 253
McLaughlin, James, 257
Medeiros, Jarbas, 17, 18
Medeiros, José Sabóia Viriato de, 35
Medina, Julio E., 257, 364
Mehler, Barry Alan, 96

ÍNDICE ONOMÁSTICO

Meireles, Cecília, 89, 90
Mello, Candido Antonio, 367
Mello, Martinho Nobre de, 292
Memória, Assis, 201
Mendonça, Manuel Gomes de, 306, 307
Meyerhoff, Gualterio, 232, 253
Meyer, Willy, 168, 326
Meza, Heliodora Ayala, 363
Miranda, José Lopes de, 368
Miyassaka, Kunito, 342, 343
Moacir, Gabriel Pedro, 349
Momsen, Richard Paul, 357
Monsacré, Helène, 23
Monteiro, Góes, 118
Mora, Lorenzo Masdival, 350
Morgenstern, David, 177
Mori, Junkichi, 352, 353, 359
Mori, Mitsuko, 352, 353, 355, 356, 357, 358
Morton, Eleanor (ou Leah) *ver*Stern, Elizabeth
Moukarzel, Jean, 253
Mouzillat, Elizabeth, 339
Mouzillat, Josette, 339
Mouzillat, Marguerite, 339
Mouzillat, Robert, 339, 371
Mrozov, Aleksander Petrovich, 262
Müller, Antônio Pedro de Andrade, 379, 380
Müller, Filinto Strübing, 53, 57, 87, 267
Muniz, João Carlos, 182, 183, 185, 190, 379
Mussolini, Benito, 138

Nabuco, Joaquim, 209, 415
Nagnenski, Abraham Albert, 253
Nalli, Marcos Alexandre Gomes, 70
Nansen, Fritjof, 244
Narepki, Leon, 216

Neel, Virginia Payne, 225
Neiva, Artur Hehl, 172, 379
Neves, José Pereira, 372
Newmann, Theobaldo, 172
Neyland, Cristopher, 355
Noren, Lennart, 386
Notkine, Michel, 347, 348

Ohlson, Marcus Richard, 389
Oleary, Connall, 355
Oliveira, João Domingues de, 137
Oliveira, Joaquim Pinto de, 372
Oliveira, Jorge Libânio de, 372
Órfão, Joaquim Rodrigues, 33
Orosco, Eros, 335, 336, 337
Ortis, Alba Puertas, 218
Osserman, G. Vera, 255
Osserman, Jack Charles, 255

Pabon, José Antonio, 372
Pagava, SerapionTadeevich, 262
Paiva, José Agostinho, 316
Palmyra, Firmínia Parreira da Cunha, 183
Paoli, Julieta Giam, 372
Papai, Gyorgy, 221
Paulsen, SuenHelge, 329, 330
Paul, Wanda, 323
Pavan, Crodowaldo, 258
Pechrof, Schmaie, 216
Pederneiras, Heraldo, 159
Peixoto, Ernani do Amaral, 236, 270, 271, 272, 273, 343, 344, 345
Pencille, William R., 353
Penna, Belisário, 80
Pereira, José Vicente, 152
Perez, Carlos Maria Canosa, 349
Perrei, Antonio, 235
Pinto, Manuel Joaquim, 33

Pinto, Manuel Marinho, 32
Pio XI (Papa), 78
Plavina, Gilda, 216
Polack, Henrique (Henry), 254, 276
Polak, Imre, 253
Poldès, Léo, 178
Porciúncula, Antônio, 65, 208
Portman, Charlota Dora Schlaefli, 237
Portman, Robert, 237
Potsios, Constantino, 265
Premiani, Ernestina Beatriz Spira de, 253
Pugacheva, Anna Nikitichna, 262

Queiroz, Narcélio de, 416
Quinn, Andrew, 355

Rabinovici, Etelka Cecília Blind, 216
Radust, Renée Louise, 303
Radust, Roger Charles, 302, 303
Rangel, Maria Gratiae, 144
Rebouças, André Pinto, 415
Rehnberg, Eric, 385
Reis, Alfredo de Sousa, 140, 142
Reis, Alfredo Júnior, 141, 144
Reis, Ernani de Sousa, 20, 21, 25, 26, 27, 29, 33, 35, 44, 47, 49, 50, 53, 58, 59, 60, 61, 62, 63, 64, 66, 71, 97, 131, 132, 133, 134, 135, 136, 138, 140, 141, 142, 143, 144, 145, 146, 147, 149, 150, 151, 152, 153, 154, 155, 156, 161, 165, 167, 168, 169, 171, 172, 173, 176, 177, 183, 193, 212, 215, 216, 217, 218, 219, 220, 221, 222, 223, 224, 225, 226, 227, 228, 229, 230, 231, 232, 233, 235, 236, 237, 238, 239, 240, 241, 242, 244, 247, 248, 254, 255, 256, 257, 258, 260, 261, 262, 263, 264, 265, 266, 267, 268, 270, 273, 274, 275, 276, 277, 278, 279, 280, 281, 282, 284, 285, 286, 288, 289, 290, 291, 293, 294, 295, 296, 297, 298, 299, 300, 302, 303, 304, 305, 307, 308, 309, 310, 311, 312, 314, 315, 316, 318, 320, 321, 322, 323, 324, 325, 326, 327, 328, 329, 330, 332, 333, 334, 335, 338, 339, 340, 341, 344, 345, 346, 348, 349, 350, 351, 352, 353, 354, 355, 356, 357, 358, 359, 360, 361, 362, 363, 364, 365, 368, 369, 371, 372, 373, 375, 376, 378, 379, 380, 381, 383, 385, 386, 387, 388, 389, 390, 391, 393, 394, 397, 399, 400, 401, 404, 416, 417
Reis, Euclides, 141, 142
Reis, Fernando de Sousa, 153, 258
Reis, Flávio Alberto, 145
Reis, Joaquim Soares dos, 289, 290, 292
Reis, José Carlos, 143, 144, 145
Reis, José de Sousa, 140, 141, 142, 143, 144, 155
Reis, José Roberto Franco, 70
Reis, José Tomaz dos, 289, 290, 291
Reis, Marcello Oscar de Sousa, 144, 145
Reis, Maria do Carmo, 141, 142
Reis, Maria Paula Soares, 140
Reis, Maurício Rangel, 142
Reis, Oscar, 141
Reis, Otelo, 140, 142, 144, 153
Reis, Otília, 140, 142
Reuche, Lucienne Amaury, 268
Rezende, Manoel Marcondes, 175, 176
Ribeiro, Antônio Tavares, 372
Ribelli, Delia, 305
Ricardo, Cassiano, 35
Ripley, William Zebina, 92, 124, 125
Robeson, Paul, 414
Rocha, Clovis Paula, 152

ÍNDICE ONOMÁSTICO

Rocha e Silva, Maurício, 142
Rodrigues, Fernando da Silva, 179
Rodrigues, José Carlos, 339
Rodrigues, Lourdes Vidal, 285
Rodrigues, Maria Tereza dos Santos, 290
Rolón, Sofia Nieve Machain, 363, 364
Roosevelt, Theodore, 108, 122
Roquette-Pinto, Edgard, 73, 74, 76, 80, 145
Rosenfeld, Gastão, 142
Rosenthal, Leon, 340
Rosenzveig, Albina, 269
Rosenzveig, Boris, 269, 271, 272, 273
Rosenzveig, Dreisin Rebeca Lia, 269
Rosenzveig, Gianni, 269
Rosenzveig, Leivi, 269, 270
Ross, Edward Alsworth, 76, 91, 107, 108
Ruertas, Antonio, 218

Saban, Rosa Duer, 254
Saban, Selin, 254
Saidman, Maurycy, 329
Said, Salvador, 337
Salles, Francisco, 388
Salles, Walter Moreira, 52
Samaniego, Yolanda, 286
Santos, Carlos Maximiliano Pereira dos, 146
Santos, Labienno Salgado dos, 251, 314, 379
Sá, Paulo, 137
Saraiva, Oscar, 398
Sarpa, Francisco, 321
Sawaya, Paulo, 142
Sayão, Miguel Lage, 380
Schadler, Friedrich Karl, 256
Schadler, Grete, 256
Scherbinin, Andrés, 346, 347
Schlatter, François, 237
Schuck, James, 355

Schwart, Jayme, 177
Scliar, Carlos, 177
Seasseran, Pauline, 396, 399
Segall, Lasar, 13, 177
Seibert, Paul, 355
Semeles, Herman Markus, 177
Seroussi, Nessim, 257
Serra, Waldo Fernandes, 321
Silberschmidt, Karl Martin, 268
Silva, Alexandrina Maria de Oliveira e, 371
Silva, João Manoel Madeira de Barros Ferreira da, 292, 293, 294
Silva, Joaquim Ferreira da, 292, 293, 295
Silva, Paranhos da, 319
Simmons, John F., 247
Simões, Amílcar Moreira, 183, 226
Siperman, Samuel Eidelmann, 262
Sirvenyecais, Alfonso, 218
Smith, Anders Robert, 390, 391, 400
Soares e Silva, Hélio de Macedo, 272, 342
Soederberg, Maria da Conceição Salles, 388
Soederberg, Per Elof, 388
Solla, Herculina Garrido, 316
Soto, Julio, 259
Soubotian, Boris, 262
Soubotian, Eva, 262
Soubotian, Georges, 262, 263, 264, 265
Soubotian, Nicolai, 262
Souza, Alvim Belis de, 172
Souza, Antônio Silva e, 346
Souza, Murillo Martins de, 65, 208
Spagna, Paolo, 235
Speranski, KonstantinFederovich, 262
Stalin, Josef, 412
Stani, Aurora Sola, 362
Stefano, Waldir, 71
Steiger, Robert, 330, 347

IMIGRANTE IDEAL

Stern, Elizabeth, 91, 122, 123
Stern, Thomas Noel, 123
Steuble, Jean Werner, 347
Stockert, Egbert Leopold Fritz Ritter Von, 261
Stramer, Clara, 216
Stramer, Salomão Samuel, 216
Strid, Axel Hermann, 385
Sulivan, John, 347
Sulser, Johannes, 266
Sumyk, Marianne Hausner, 321
Sung, Wu-hua, 235, 351, 352
Sunstedt, Nils Johan, 330, 385
Swenson, Martin, 259, 385
Sztroitman, Michel, 216

Taylor, Alexandre, 60
Taylor, Raquel, 60, 61
Teixeira, Anísio, 146
Tessier, Rosa Queenie, 268
Torres, Alberto, 17
Torres, Hernando Muñoz, 257, 365
Trabanino, José Guillermo, 387, 388
Trainor, Bernard, 355
Trounson, K.E., 72
Tuccimei, Julio, 235
Turbat, Alberto Oller, 225

Uziel, Rafael, 168, 326

Vargas, Getúlio, 14, 16, 17, 18, 19, 21, 26, 27, 28, 29, 30, 33, 34, 35, 36, 37, 40, 43, 44, 50, 52, 53, 54, 55, 56, 57, 59, 62, 63, 65, 67, 71, 76, 81, 82, 85, 87, 91, 92, 93, 94, 99, 100, 101, 102, 105, 112, 118, 127, 129, 132, 133, 135, 136, 137, 145, 146, 147, 149, 151, 153, 159, 166, 167, 168, 174, 175, 176, 178, 179, 180, 181, 183, 187, 188, 190, 191, 192, 193, 194, 197, 199, 201, 203, 204, 205, 209, 215, 216, 225, 226, 227, 228, 231, 232, 236, 260, 261, 263, 266, 267, 268, 271, 272, 284, 285, 286, 287, 288, 290, 291, 293, 294, 296, 298, 299, 309, 310, 311, 317, 318, 319, 330, 339, 347, 348, 366, 369, 370, 371, 375, 376, 377, 379, 382, 383, 384, 385, 393, 394, 395, 397, 398, 403, 407, 413, 424
Veiga, Antenor Mayrink da, 333
Velarde, Maria, 362
Vergara, Luiz, 51, 165, 292
Verhas, Maria Suzanne, 268
Veríssimo, Érico, 52
Vianna, Oliveira, 137, 147
Vidal, Florentino Dominguez, 324
Vidal-Naquet, Pierre, 23

Wainer, Samuel, 177
Walker, Francis Amasa, 107, 108
Washburne, CharletonWolsey, 161
Washburne, Heluiz Chandler, 161
Watson, Nicolson, 337
Weidmann, Gertrude Gut, 237
Weidmann, Heinrich, 237
Weinfeld, Marek, 268
Westman, Maria Clara do Rio Branco, 386
Wibanal, Joaquim, 218
Wiesinger, Leopoldo, 261
Wildgruver, Arno, 224
Wilhelm, Margit Augusta, 387
Wirth, Max, 340
Wirth, Pedro, 340
Wissler, Clark, 96
Wolfe, Evelyn, 225
Wolff, Jeanne Frey, 334, 338

ÍNDICE ONOMÁSTICO

Wolff, Leon, 331
Wolff, Paul Frey, 330
Woods, John Erwin, 354

Yampey, Amado, 363
Young, Nicholas Teodore, 255
Yves, Guy André, 299, 300

Zabludowiski, Nicolas, 159
Zahn, Anselmo Arnoldo Martin Werner, 232
Zamora, Alcalá, 218, 392
Zanotti, Isidoro, 66, 362
Zavarg, Beny Yanga, 244

Zdanowsky, Ernesto, 315, 320
Zdanowsky, Gill, 299, 314, 315, 316, 317, 318, 319, 320, 321, 325
Zdanowsky, Isaac, 314, 315, 316, 317, 318, 319, 320
Zdanowsky, Jaques, 320
Zdanowsky, Rosa, 317, 318, 319, 320
Zdanowsky, Sarah, 317, 318, 319, 320
Zlobin, Yan Danilovich, 262
Zobel-Vandesburg, Carlos, 35
Zobel-Vandesburg, Fanny, 35
Zucchi, Luiz Ricardo, 321
Zukier, Salomon, 361
Zweig, Stefan, 35

*O texto deste livro foi composto em Sabon,
desenho tipográfico de Jan Tschichold de 1964
baseado nos estudos de Claude Garamond e
Jacques Sabon no século XVI, em corpo 11/15.
Para títulos e destaques, foi utilizada a tipografia
Frutiger, desenhada por Adrian Frutiger em 1975.*

*A impressão se deu sobre papel off-white
pelo Sistema Cameron da Divisão Gráfica
da Distribuidora Record.*